学术传承与精神永恒
——西南大学论说吴宓

王本朝 / 主　编　刘志华 / 副主编

九州出版社 JIUZHOUPRESS | 全国百佳图书出版单位

图书在版编目(CIP)数据

学术传承与精神永恒：西南大学论说吴宓／王本朝主编．—北京：九州出版社，2021.6

ISBN 978-7-5225-0039-3

Ⅰ．①学…　Ⅱ．①王…　Ⅲ．①吴宓(1894-1978)—人物研究—文集　Ⅳ．①K825.46-53

中国版本图书馆 CIP 数据核字(2021)第 098877 号

学术传承与精神永恒：西南大学论说吴宓

作　　者	王本朝　主编　刘志华　副主编
责任编辑	姬登杰
出版发行	九州出版社
地　　址	北京市西城区阜外大街甲 35 号(100037)
发行电话	(010)68992190/3/5/6
网　　址	www.jiuzhoupress.com
印　　刷	北京洲际印刷有限责任公司
开　　本	710 毫米×1000 毫米　16 开
印　　张	26.75
字　　数	400 千字
版　　次	2021 年 6 月第 1 版
印　　次	2021 年 7 月第 1 次印刷
书　　号	ISBN 978-7-5225-0039-3
定　　价	88.00 元

目 录

第三辑　论吴宓

第一辑

忆吴宓

我所知道的吴宓先生

——自学生到同事三十年回忆录

刘兆吉

1937年到1939年，我是临时大学和西南联大的学生，吴宓先生是老师，有两年的师生关系。1950年到1978年又在重庆大学、西南师范学院（后改西南师范大学）同事，相处近二十八年。对这位老师知之较多，认识较深。

对他的为学做人、不幸遭遇、悲惨的去世颇多感受，总想写篇怀念他的文章，也许就因为相处了三十多年，又是风风雨雨的岁月，国事、家事，好人、坏人、人面兽心的人，千头万绪，落笔拖了二十年。不能再拖了，自己已经85岁，时间不允许再拖了。

一、两年的师生关系

知吴宓先生的名字，早在抗日战争之前，1935年到1937年我在天津南开大学读书。有一门很受学生欢迎的课程"近代学术代表人物"。主要讲授外国的科学家和文学家的事迹和贡献，文学家部分的讲授由柳无忌和梁宗岱两位教授担任。梁宗岱教授在讲外国文学流派之外，在课外辅导时间也谈到中国近代的文学流派，因而谈到吴宓和"学衡"派。认识吴宓先生是这样开始的：当时并未看到《吴宓诗集》，却已读到了《吴宓先生之烦恼》诗，引起了青年人的好奇心，要进一步了解他，从图书馆翻阅到《学衡》和吴宓先生主编的天津《大公报·文学副刊》。也读过鲁迅的《估〈学衡〉》，又听说他曾留学美国，是中国留学哈佛大学的三杰之一。不满 30 岁就当上清华大学国学研究院主任、外语系主任，通晓几国外语，还是国学大师，《红楼梦》专家等。因而，吴宓在我心目中是一位颇有风趣的天才，有怪脾气的大学者，渴望当面请教。

1937 年，日寇发动了侵略战争，天津、北京相继沦陷。北大、清华、南开三校联合在长沙成立了临时大学。我被分派在哲学心理教育系，属文学院。因长沙校舍不敷分配，文学院暂驻南岳衡山，称临时大学南岳分校。吴宓先生是外语系教授，也属文学院。渴望已久见吴先生的愿望实现了。回忆当时的印象，算来吴先生只有 43 岁，头已半秃，加之高倍近视眼镜，尽管络腮胡子刮得很干净，仍然显得比他的实际年龄更苍老些。身体站得挺直，走路提着手杖有点左右晃动。穿黑青色的西服，袖口裤脚狭小——有的同学说这是英国绅士式西服，面孔很严肃，不苟言笑，我本来想见面后就请他谈谈他对鲁迅《估〈学衡〉》的意见和白话与文言之争的问题，但担心他发脾气，仍然热衷于从与他相识的同学中得到一些小道消息，没敢当面请教，只旁听了他一堂课。临时大学还有后来西南联大有一种学风，教师从不拒绝其他院系的学生、老师甚至校外的人听课，只要教室有座位，不办任何手续，也不需取得主讲教师批准，随时可以听课，来去自由，老师从不干涉。有些教师的课，如闻一多、朱自清上课，有时旁听生比选课的学生还多。我也是在没有专业课的空闲时间，听吴先生的课，他是给外语系讲欧洲文学史，我听起来很吃力。我听课的目的，是为了领略吴先生上课的风采，以后就不再听了。

暂驻衡山半腰的文学院，只有 20 多位教师，190 多位同学。教室、食堂、宿舍都在一个大院落里，师生朝夕相处，见面的机会很多，我想以后见机行事，故未拜访。没想到 11 月 16 日南岳分校才开学，12 月 13 日南京陷落，武汉告急，学校决定西迁云南，人心惶惶，此事也就搁下了。

1938 年 3 月 20 日，师生离开南岳，回到长沙，我参加了湘、黔、滇步行团，2 月 20 日出发，为期 68 天，步行 3500 里，在闻一多先生指导下，还进行了沿途采风工作，4 月 28 日到达昆明。

写到这里，自然又想起罗庸先生填词、张清常先生谱曲的校歌：“万里长征，辞却了五朝宫阙。暂驻足衡山湘水，又成离别。”当时虽然还没有校歌，但大家的确是这样想的。在这里我回忆起一个令人悲痛的故事,临时大学在抗日前线节节败退、学校被逼一迁再迁的情况下,在宣布学校西迁的大会还是在步行团的誓师大会上我记不清了,群情激昂地喊了"打倒日本帝国主义""抗日必胜""中国万岁",竟然也喊了"临时大学万岁"。有些同学觉察到了"临时"怎能"万岁"呢!大家才悟到此口号不通,啼笑皆非,更悲愤心酸,"临时大学万岁"意味着什么呢?

长沙临时大学迁昆明,改称西南联合大学。又因昆明校舍不敷应用,文学院和法商学院暂行云南蒙自,又与吴宓先生殊途同归再次相处了,这次我再不能放过机会,决心当面向吴宓先生请教。

到蒙自后,文法学院男生和部分教授住在学校租借的歌胪士洋行(原为希腊人歌胪士开设的旅馆和洋行)。我和许多男同学在楼下,楼上和对面楼上就是教授宿舍。我曾到楼上访吴先生,遍寻无着。只记得闻一多、陈寅恪、刘文典、陈岱孙、陈序经、柳无忌等老师在楼上。吴先生另住海关大院或法国医院,尚无所闻,因为这两处也有教师宿舍。

有一天,我从教室窗外看见吴先生正在上课,等了一会儿,当他下课时我即追上向他请教。因为在南岳住在一个大院里,朝夕相见,他对我也面熟了,和气地接受了我的提问。但我当时很幼稚也可说是愚蠢,我想讨吴先生同情,便说我对老师主编的《学衡》很有兴趣,可否借我几期看看?吴先生从眼里透出惊讶的目光,问我,这个时候为什么要看早已停刊的《学衡》?我连教科书、字典都未多带呀!从邮局寄,也不知何时能收到。不可能带那些东西,在蒙自也难找到。显然,他不愉快,我也发现自己的愚蠢,便说先生刚下课,应当休息了,以后再向先生请教,他淡淡地点头,我也狼狈地向后转了。此后再没拜访他。

还有一件事,我担心吴先生不高兴,我和北大中文系同学向长清在迁校步行团途中,曾决定到昆明后组织一个新诗社,以壁报形式发表新诗,并请指导我们采风的闻一多先生为诗社指导,他也欣然同意了。到了蒙自又约了中文系、外文系二十多位同学,实现了这一计划。因为蒙自有个南湖,就在学校附近,故将诗社定名为"南湖诗社"。除闻一多是早已确定的指导教师外,还邀请了朱自清先生,他也高兴地同意了。

在蒙自文法学院的教授中,吴宓先生也是一位知名的诗人,也曾翻译过英美著名诗人的创作。请他做指导,对我们的诗社也是有益的。但又想到我们的诗社,是以创作新诗为主,吴先生反对白话文、白话诗的主张,早有所闻,请他做指导,有两种可能,当面拒绝或强行改变我们的方向。从他的著作分析,他与闻一多、朱自清的新文学观点是不相容的,我和向长清考虑到这些,就决定不请吴先生为指导。

有趣的是,南湖诗社的主要成员查良铮(穆旦)、赵瑞蕻、刘重德、李敬亭、王般等,都是外语系吴宓的学生,也没有人建议请吴宓先生作导师。可能大家不谋而合,当《南湖诗刊》第一期张贴出来时,有不少师生围观,有一次我看到吴宓先生也站在壁报前,观读“诗刊”。不知吴先生怎样评价?会不会因为不向他请教、不请他为指导而不高兴呢?没想到这件事在十五年后才得到了答案。可能是在 1956 年政治气氛比较宽松的时期,当他借我的《西南采风录》(民间歌谣集)时顺便谈到民间文学和新诗问题。因为多年相处,已经随便谈心了,便问他是否还反对白话诗?他有点不高兴,提高嗓门说:“我反对的是不像诗的白话诗,同样,没有诗味的旧体律诗我也不喜欢。用白话写诗,也算不了新发明,李白的‘床前明月光’、杜甫的‘两个黄鹂鸣翠柳’、孟浩然的‘春眠不觉晓’、金昌绪的‘打起黄莺儿’,等等。”他一连串举了几个例子,我也记不住,有些诗句和作者是前所未闻的。现在才明白这位大诗人真了不起,他的博闻强记和见解,使我心悦诚服。

没想在蒙自只住了三个多月又迁回昆明,我们的宿舍在昆华师范当年的教室,吴宓先生就住在后面楼上,可以隔窗相望,上课都在昆华农校,这与吴先生相遇的机会更多了。

在昆明相处只有一年多时间,有两件小事,记忆犹新。一位青年教师丢了上课用的教科书,问吴宓先生是否有此书,想借用一下,没想到引起了吴先生的严厉批评:“教师怎能丢失 textbook(教科书)呢?一定要找到,上课前必须找到!”晚上宿舍已熄灯睡觉了,听到后楼敲门声,听到吴先生高声问:“Textbook 找到没有?”也听到不耐烦的回答声:“找到了!吴先生,请放心吧,我已经睡了,就不开门了。”听到吴先生说:“那就好!教师不能丢 textbook,下次再不能丢!”后来听那位青年教师说:“其实当时并未找到,怕得罪吴先生，怕他再发神经（当时是流行的神经病的简称）撒了个谎。”当时同学们也认为吴先生“小题大做”了，鸡毛蒜皮，何必那么认真？老“神经”，传为笑话。现在想来，这件小事反映了吴先生对教育事业的认真负责，而且终生不渝。

另一件事，是西南联大聘请的一位英籍教授燕卜荪（William Empson），英国诗人，在蒙自联大分校外语系任教时，曾数次遭受一个小偷的抢劫，但每次只索5元（当时中国法币），给10元，小偷还退回5元。燕卜荪很惊讶这个小偷，与贪得无厌的西方小偷不同。诗人善感，曾写一首小诗，是英文打印稿，给吴宓先生一份，我看了大意能看懂，但题目有点难懂，吴先生告诉我，题目可译为“盗亦有道”，源出《庄子·胠箧》。可见吴先生学问之深之广，堪称博闻强记。

二、同事二十八年

1939年7月，我在西南联大毕业，即应聘来重庆南开中学教书和做行政工作，1946年后先后在四川教育学院教育系兼课，1950年在重庆大学教育系任教。吴宓先生于1949年秋也来重庆在四川教育学院和重庆大学任教。一别十年，初次见面，我很惊讶，吴先生老了，瘦了，服装也变了。记得在西南联大，无论在长沙、南岳还是蒙自、昆明，吴先生都是西装革履，脸上的络腮胡刮得光光的。现在穿的宽大的长衫，秃顶范围也扩大了，胡须也刮得没有以前那么光了，仍然拿着手杖，过去提而不拄，现在是拄地而行了。是老人的行动了。

虽然十年没见面，也未通过信，我很荣幸，他还认识我，能叫出我的名字，很亲切地谈话。他还谈到初来重庆时，在经济条件还很困难的情况下，我高价买了本《吴宓诗集》。（是与我同在南开中学任教的联大同学刘绶松告诉他的）对这件事他很高兴，还向我借用过，因为他的被朋友久借未还。

还有一件事，年月记不清了，是在学校已由沙坪坝迁北碚之后，吴先生为他父亲仲旗公去世，用黄纸亲笔写的讣告交给我，以悲哀的声音告诉我他父亲去世了，但当时他不能奔丧尽孝，也不愿麻烦朋友们。你有《吴宓诗集》，请把这讣告夹在家父相片处，留作纪念，也就表示哀悼了。我遵命照办。可惜“文化大革命”时我被抄家，《吴宓诗集》也属反动图书被没收了。十年后，我千方百计将书找回，已被虫蛀、鼠咬，变成烂纸一堆，难以整理装订了，但我仍然善为保存，见物思人，作为怀念吴先生最可宝贵的纪念物。其中的诗篇，是他心理活动的写照。卷末的《学衡》杂志论文选录和《大公报·文学副刊》论文选录，能代表他的学术观点，这是研究吴宓最可靠的依据。

1951 年院系调整，吴先生和我都调整到西南师院(西南师大前身)。初期的西南师范学院，是由四川教育学院和国立女子师范学院合并而成，地点在重庆沙坪坝磁器口。1951—1952 年又将重庆大学、四川大学等七所院校有关学科合并进来，校址迁北碚。我家与吴先生的宿舍近在咫尺，经常见面。

“文化大革命”前，吴宓先生在西南师院是受学校领导和全校师生尊敬的，都知道他是国内外知名学者，清华、西南联大、武汉大学等名牌大学的著名教授。特别在评工资时，学校评他为一级教授，他主动申请降为二级。这种不慕名利的高尚品质，曾轰动全校。虽然在思想改造“拔白旗”等运动中也受到冲击，仍属于极“左”思潮中的一般现象，但吴先生是统战对象，是受地方和学校党政保护的。如知识分子思想改造运动，吴宓先生是重点改造对象，被点名做检讨，并将他的书面检讨在重庆《新华日报》发表，《光明日报》转载，作为旧知识分子接受改造、觉悟提高的典型。又如 1955 年推荐吴宓为四川政协委员，西南师院校务委员，他在言谈中表示由衷的高兴，他把珍藏多年的一千多册图书从北京寄来赠西南师院图书馆。其中不少是善本、孤本，难以买到的好书，表明他愿意长期在西师工作。

吴宓是一位爱国守法的知识分子。当他受到尊敬和信任，非常高兴，并勇于承担重任。如 1957 年学校聘他为相当于副博士的研究生(当时称进修生)导师和 1960 年请他指导青年教师，他都欣然同意，履行职责，认真备课、上课，批改作业，也严格要求学员认真学习。学员们对他博大精深的学识、一丝不苟的治学教学态度，十分敬佩。

1961 年，学校统战部推荐他参加重庆市政治协商会议活动。并请他以

"红学专家"的尊称讲《红楼梦》,他从比较文学的角度分析认为,《红楼梦》与世界名著英国的莎士比亚剧作、俄国的《战争与和平》比较,绝无逊色。这是一堂弘扬祖国文化、增长中国人志气的爱国主义教育课。足证吴宓学洋不崇洋,洋为中用。

吴宓认为自己已被领导理解、信任,可以畅所欲言,在教学科研方面,将大有作为了。没想到风云突变,1964 年,学校开展了"四清运动",把吴宓列为"资产阶级知识分子"的典型,重点批判的对象,剥夺了上课的权利。这是对于终身从事教育事业的吴宓教授最大的污辱。

1966 年,史无前例的"文化大革命"狂风暴雨般地在全国,也在西师翻滚而来。在西师挖出了数以百计的"牛鬼蛇神",吴宓被划为"反动学术权威",自然要戴上牛鬼蛇神的帽子。我也未能幸免,与老师成了"一丘之貉"。小会批、大会斗,打入劳改队,戴高帽游街示众等难以忍受的滋味备尝,吴先生身心受的苦难,我也深有体会,但是 1966 年我才 53 岁,吴先生已 72 岁。我已感到难以忍受,他是年过古稀的老人,又怎能忍受呢?

记得"文化大革命"运动开始不久,北京的中国人民大学红卫兵来校"传经送宝",西师小将不甘落后,在大操场举行了全校师生五千多人的批斗大会。被批斗的多为中老年教师和领导干部。有一百二十多人,站满了操场司令台,强逼被批斗者立正、躬腰、低头,腿要挺直,手臂伸直。躬腰不止 90 度,等于把人折叠起来,稍有变动,即遭按脖子打耳光之苦。有的当场晕倒,有的要求跪下。我记得吴先生和教育系也是七十多岁的女教授蒋良玉都跪下了,散会时都不能走路了。有人说这种批斗法,比北京惯用的喷气式还"高明"。

被批斗后不久遇见吴先生,在周围无人的情况下,我悄悄地问吴先生被批斗后的身体情况,他说跪着比站着好些。我听了,想哭又想笑。心想自己是个小人物,才五十多岁,一时受点委屈尚有澄清是非的时间,而吴先生是著名的学者,桃李满天下的老教授,怎能承受如此污辱。他年事已高,能否在有生之年,还他一个纯正的学者、优秀的教师、教育家的真面目呢?

在"四人帮"横行,最黑暗的日子里,吴先生仍坚持真理不说违心的话,当时"四人帮"号召"打倒刘少奇",他在日记里表示不同意,认为刘少奇无罪，他不满意的是姚文元、江青之流；当“四人帮”掀起“批林批孔批周公”运动，他直言不讳地表态，同意批林，反对批孔和批周恩来，自然惹下了滔天大祸，造反派以无限上纲、上线的手法，把他升级为“现行反革命”。频繁的批斗，把这位年近八旬的老教授，摔断了腿，逼瞎了眼，他终于含冤病逝(1978年1月17日)。当平反昭雪时(1979年7月18日)，他已去世一年有半了！

以上我回忆了一些与吴宓先是师生关系，后来是同事三十年的往事，有大事，有小事，凡是对纪念、研究吴宓先生有参考价值的事情都记下来。

我想，为一位品德高尚的老师和胸怀坦荡的学者作怀念文章，他绝不希望死后为他脸上贴金，他希望保持他的真面目，说过的真心话，做过的真心事。把他的著书立说原汁原味地公之于世，这样才无损于吴宓纯真的人格和品德。

(本文选自《红岩》，1999年第2期)

吴宓先生的晚年

曹慕樊

我于1947年在勉仁文学院(重庆北碚,创始人梁漱溟先生)与吴宓(雨僧)先生共事。我时任中文系副教授,吴先生任历史系教授(系主任李源澄先生)。这段时期,我和吴先生往来不多。我当时苦读佛书,喜欢向中文系教授罗庸(膺中)先生请教诗学与宗教的事理。和吴先生在一起,多谈诗,少论事。1949年,吴先生同傅平骧先生等拟创“白屋书院”于江津吴芳吉(碧柳)先生旧游之地。很快重庆就解放了。白屋书院没有办起来。由源澄先生之荐,吴先生去四川省立教育学院任教。解放了,知道吴先生到新成立的西南师范学院任教。1953年,我由四川省文化教育委员会调西南师院,且喜可得与吴先生共事,朝旦请益。从此,一直到1977年吴先生退休回泾阳原籍,前后(包括勉仁的三年)近三十年。对吴先生晚年的公私生活思想行事是知之甚多的。现在略记鳞爪,以供知人论世者参考。

吴先生的声誉是大学的名教授,论其平生的爱好倾向,则是诗人。照我国的传统习俗,论诗先看人品。人品高,诗也自然高,纵然当代并不太被称道,时间的筛子自会将其推荐给人间的。反之,人品不高,诗纵使一时有名,历史的筛子也会把他淘汰掉的。另外,照现代人的观点,论诗先审察诗人的性格。伟大的诗作不在辞藻的华丽、想象的新奇,首先在于诗人性格的伟大。

我所认识的雨僧先生,首先是诗人,其次才是文学教授。

诗人的人品和性格,有一个统一之点,那就是性情真。《庄子 · 渔父》书大赞"真人",就是赞美真正的人。他说:"圣人法天贵真,不拘于俗。""真者,精诚之至也。不精不诚,不能动人。故强哭者虽悲不哀,强怒者虽严不威,强亲者虽笑不和……"

听人谈论雨僧先生,说法不一,有时正相反对。比如,有人说他谦和,平易近人,有人说他古板,难于接近;有人说他立身端正,有人说他内多欲而口谈仁义;有人说他廉洁,一介不取,有人说他悭吝,一毛不拔;有人说他重义气,有人说他重利轻义……好像都有一定的理由,却又并无确证。只有一点好像大致相近,那就是,朋友以为他近于执一,一般人或嫌恶他的人则直抵为顽固、保守。

就我个人深入观察和了解,雨僧先生的性格是真挚端直的。论事总简单片面,论人也是这样。请听托尔斯泰的说法吧:

> 是有的地方河身狭窄,有的地方水流湍急,有的地方河身宽阔,有的地方水流缓慢,有的地方河水清澄,有的地方河水冰凉,有的地方河水混浊,有的地方河水暖和。人也是这样。每一个人身上都有一切人性的胚胎,有的时候表现这一些人性,有的时候又表现那一些人性。他常常变得完全不像他自己,同时却又始终是他自己。①

托翁这里谈的只是"人性"。如果论中国诗人,我想,还应当加上诗人自己民族的传统文化的影响。这影响,除平生爱读的书籍以外,还有幼时家庭环境,长辈、师友的教益,国事的刺激,都一包在内。

吴雨僧只是吴雨僧,没有两个吴雨僧。内因是同一的,但外因有变化,内因也暂时有变化的适应。雨僧先生的性情是真挚的,人品是端直的。但外部条件有变化,他也自然随之适应变化。虽有变化,根本的东西实在并无变化。比如流水,不平则流,流向下,平而止。但"搏而跃之,可使过颡,激而行之,可使在山。是岂水之性哉?其势则然也"②。为了证明我的观察,且举

---

① [俄]托尔斯泰.复活[M].汝龙,译.北京:人民文学出版社,1957.
② 《孟子·告子篇上》[M].

一些事情为证。

上文举有人以为吴先生悭吝。举二大事为反证：一是1956年全国调整工资。西南师院评薪委员会由党委领导分为二组。我在第一组。众人议：吴先生应评为一级。先使人告知。吴先生写信给张永清党委书记，信上说：要求定为三级，拒绝第一级。理由是，据他所知，他的老朋友老同事，人品、学问都比他好，也未评二级，所以自己请求定为三级。信写得非常诚恳坦率，大众都感佩不已。众评至少也要定为二级。会议派人去向他说，化学系郑兰华教授也终评为二级，文科不能没有二级，否则评薪委员会感到棘手。问题才解决。

当时争工资的人不少。为争一级，不惜同人翻脸，使会议难于进行。像吴先生这样退让高级工资的人，能说是见利忘义吗？

还有一件事。“文化大革命”中，吴先生把他的工资（二级月薪297元）分散给生活困难向他借钱的人。西南师范学院每月10号发放工资。吴先生事前把向他借钱、据他了解确系生活困难的人开列一个名单，10号以后按名单给予借款若干，人们排成列行到吴先生宿舍前收受借款。远道的由他亲自邮汇。他自己只留70元的伙食费。有时甚至要向朋友借钱才能敷衍自己一人的简单生活。于是有人向党委和中文系总支告状了，说是吴宓用公家给他的工资来收买“牛鬼蛇神”及其家属。实际上，“借钱”的人也有许多革命群众。“借”也无非是话不得不这样说，没有谁后来“还”过。我当时听见舆论云云，就去劝说吴先生不必这样做。他告诉我，现在大家都穷，我一个人拿二级工资，钱积下来安知非祸？散财一非为名，二非为利，只不过把多余的钱分给暂时有困难的人（许多借钱的人其实他并不认识），也算替国家社会分忧，个人也悄悄得到平安无事，有什么不好呢？他说的时候是十分认真的。我也就不好再说什么了。——像这件事情，能说吴先生是“一毛不拔”的人吗？

又如有人说他一味敷衍别人，遇到批判斗争，照例一声不吭，低头认罪，似乎说不上“端正”或“方正”。吴先生是诗人，是恪守“温柔敦厚”的“诗教”的。听说当年有人把清华园中的教授们戏编为《红楼梦》中的“金陵十二钗”，吴先生被配为妙玉。其理由是他在清华园中正如妙玉在大观园里，与别人一无冲突，置身事外。这也是评吴先生为圆而不正之说的一种。但吴先生并非圆滑苟全一流人，毋宁说他是“皮里阳秋”一路人物。或正如鲁迅论陶渊明之为人，不总是罗汉低眉，也有时会“金刚怒目”。举一二事证之：

“文化大革命”中，（约1971、1972年）有一次一位革命人物领导我们七个“牛棚”中人学习（其中除陈某外，余后都是教授，现存五人）。吴先生和我属于这一组。学习开始，这位领导训话，举吴先生为例。说吴先生之所以顽固不化，根源在于其父亲是反动的大官僚地主云云。话犹未了，突然，吴先生从他坐的小凳上霍地站起来，两手捏拳，怒目圆睁，向着这位领导说：“不准你侮辱我的父亲！”一时寂然。我们（包括领导）都万没料到这一声怒斥。过了几分钟，大家才回过神来，帮领导圆场，说学习会嘛，不能这样说云云。这位领导毕竟是有革命修养的人，也就没有说别的话了。后来也没有人再提起这件事。

还有一件事情。一个人去请求吴先生给予生活补助，得了几十元。第二个月他又去借钱，并且开了一个账单，说他生活如何过不下去。临到10号那天下午，他和一些人一起站在吴先生门前。吴先生对他说，你开这个账单，其实不实，某事完全捏造，因此本月我不借钱给你。那个人因为被揭了底，只好低头退下。

尽管大家在“牛棚”中的学习会上，言都是极其谨慎的，吴先生有时却毫不隐讳地说出真话。比如在“批林批孔”中，吴先生发言，说只可批林，不可批孔。又有一次说毛主席不该为了区区一个刘少奇就发动“文化大革命”，使得“九囿鱼烂”。大家都为先生这些话担心，幸而并未引起风波。由此可证吴先生的真和直。

最后谈谈吴先生的日记（在《吴宓诗集》以后）和新的诗作的下落问题。

作为诗人和现代高寿的文化人，吴先生有数十年积累下来的日记。吴先生对我说，这部日记只漏记了一年，其余全是毛笔小楷写成，没有一天缺记。而且从流传的一鳞半爪看，所记都有关前代和当代政治人物和诗人学者的活动、诗作、笔札、谈话，等等。从清末到新中国成立后，计有五六十年。这部日记吴先生一直珍藏着。不幸“文化大革命”中（约1971年前后）被一个西南师院中文系学生（当时是武斗队名“冲锋号”中人）头目搜去。打倒

“四人帮”后，我一再向西南师院党委提出，请求追回这部日记。最近才听说，这个学生确已将日记交回西南师院有关方面，因内部辗转移交，到现在查不清下落。

至于续诗集，吴先生存稿约有几万首。在吴先生双目失明以前曾经托重庆市石桥铺一位吴老先生钞正。吴先生1977年返原籍以前，此稿不知下落，我曾经向西南师大领导一再提出派人查找，至今未得确信。

吴先生到西南师院后还存了几个皮箱、木箱的书。20世纪50年代曾经将八百多本外文书籍亲自题字盖章赠送给西南师院图书馆。此外所余不过两小架书。除一些杂书寻常易得的不说，有价值的是一些清代和晚近人的诗集，如黄节（晦闻）的《蒹葭楼诗》及散原老人的诗集，均为先生所宝贵。后来先生将他这些书分为两部分，小部分送与一个外文系的学生杨某，大部分送与重庆钢铁公司一个锅炉房的工人陈刚。

1977年，先生双目失明，无人照顾，他的胞妹叫她的儿子和女婿来西南师院迎接先生回泾阳原籍。次年初先生即去世。我当时有一则题记说：

> 一九七七年雨翁归泾阳故里。一九七八年一月十七日翁噩耗至，享年八十四岁。辞多让荣，持正以靖，可谓慎惠。呜呼哀哉，愿翁之灵，永永安息。

关于吴先生的恋爱态度，外边议论最多。西南联大时期，有人曾讥诮他为堂吉诃德。我曾见他在联大时的备课笔记（用英文写的），曾愤怒地反驳其人，以为堂吉诃德人品很高，痴情岂不万倍高尚于轻薄？看他在昆明写的《五十自寿》诗，其中“生平爱海伦，年老益眷恋”一首，赤诚悱恻，高出时流。泸州陈焕先生曾对我说，此吴老师不朽之作，当代无人能及。按吴先生执着于痴情，屡受挫折，老人可怜，不意流俗竟以此为讥议！在西南师院初年，与邹兰芳女士结婚，不幸数年即赋悼亡。暮景孤寂，又值风云多变，乃属意于一寡妇，号之曰“雪君”。事又不遂，作诗数首，不及“生平爱海伦”的真挚远甚，徒为辞藻排遣，可见“真情”是试金石。但吴先生的谈情说爱，都是公开的，且无忤于新旧道德，而适见其诚笃。如果说是一种“过”，可以用《论语·

里仁》篇“观过斯知仁矣”,以及朱熹《论语集注·里仁第四》“君子之过常失之厚,小人之过常失之薄”之言加以理解。

1990年8月25日酷热中

(本文选自《书城》,2006年第3期)

记"棚友"吴宓先生二三十事

谭优学

文教界中年以上的知识分子知道吴宓先生的人,大概并不少。据说《大英百科全书》里也列了他。可算一个"知名人物"吧。

但这标题得先声明一下:"棚"非"朋"之误,两字也不能通假,请校勘学家不要误会。"十"也非衍文,确实不止"二三事",本文为符合实际,故特着一"十"字,请文章家不要删去为幸。

不管从哪方面说,我还够不上是吴先生的朋友,但确实是"棚友",同在"牛棚"之友也。然而,我知道他的大名,却是猗欤久矣。近日偶阅1984年《学林漫录》第九集金克木《记曾星笠(运乾)先生》那篇文章,其中有这么几句话:"……还有吴雨僧(宓)先生,是一位新旧文化交替中的特殊人物,却还未见有文章谈他。"不免触发了我想来补这个空白。不过说起新旧文化,我都是外行,说不出个什么道道来。这儿只记我与吴先生成为"棚友"前后的一些闻见和个人的想法。

以上算是"序"或者叫"引言"吧。

事情得从头说起,圣经贤传不云乎"物有本末,事有始终,知所先后,则近道矣"么?"近道"何敢,为记叙方便而已。这得请读者不嫌我啰唆为荷。

大概是1937或1938年吧?那时我正在高中念书。一天,从《大公报》上看到一篇很长的大学各科"部聘教授"名单,记得中国文学有胡小石先生,英国文学是朱光潜和吴宓。至今印象深刻,其他的人名全忘了。为什么呢?

大概因为我比较喜欢中文，而最感头痛的却是英文。从高小到高中，以至于后来上大学，英文总是不及格。最僻背的历史人名地名，我都记得，却偏偏记不得英文单词和单词的字母。因此，我对于英语学得好的人，总是肃然起敬，艳羡得很。即使在"不学 ABC，照样闹革命"的喧嚣声中，也并未降低我的肃然和艳羡——不过，我"狡猾"，没有表现出来。从此我这个小小中学生，对鼎鼎大名的英国文学部聘教授吴宓先生，有了不忘的记忆。

上小学时，老师教了我们读《婉容词》，对作者吴芳吉很崇拜。后来知道吴芳吉就是白屋诗人，而且是咱们四川江津人，崇拜得更加虔诚。过了些年头，友人送给我一部《吴白屋先生遗书》，知道吴白屋吴宓二吴是挚友，还有《两吴生诗集》，也有《吴宓诗集》一大本，使我对吴宓先生就更加景仰了。学贯中西嘛，怎不令人佩服？不过他的诗集，很抱歉，我却没有拜读。我得老老实实，不能冒充读了。因为在"史无前例"中，"造反派"经常呵斥我们："要老老实实交代！"所以我至今是老老实实的。没读就没读，不能说谎。

后来，有点糟糕了。我从鲁迅先生的文章中，三次碰到他批评吴宓，大意说吴是中西文化的混血儿，半殖民地半封建文化的化身。新中国成立前夕，又学习了毛主席的《新民主主义论》，就更不那么景仰了，但对于他是英国文学部聘教授，精通外语，还是肃然起敬，很艳羡的。

1954 年，我在一所高等师院附设工农中学担任教育行政工作。院领导为了提高我们学校历史教师的业务能力和历史教学水平，叫我们和历史系的教授讲师们开个会，见见面，以便今后帮助我们，我们好向他们请教。会上介绍时，就有吴宓先生在座。这是我第一次见到他。头戴一顶褪了色的毛线睡帽，一套很旧的中山服，朴素得近乎寒碜，与他的名声很不相称。真是"久闻大名，如雷贯耳"，却又使人有"一旦得见，雷从耳出"之感。我是欠恭敬，犯了"以貌取人，失之子羽"的毛病。我想他怎么又搞到历史系去了，而不在外语系或中文系？当然不好问他，他很热情，表示凡来问的，一定尽量解答。这给我印象很好，其实会后我们的历史教师并没有去向历史系的教授讲师请教，不知什么缘故？"位卑则足羞，官高则近谀"吧？很辜负了院领导的一番好意。大概生扯而不拢与？

1961 年夏，我在某高校学习结业了，被分配到这所学院的中文系教书，第一次教研组会上，吴宓先生赫然在焉。他怎么又从历史系转到中文系了，却没有去外语系？我不解，也一直没去调查研究。“没有调查研究，就没有发言权”，我是恪遵了的。根本不问这件事。从此，我就忝与吴先生同事且同组了。

既在一个组里，何以没给他排课？他身体也蛮棒嘛。我刚去时，记得让他教了一年级一个学期的“文言文导读”，以后就一直没他的课上。不过，学院办助教进修班，派他教英语，这可算发挥了他的长处。英国文学的部聘教授岂有不该教一个助教进修班的？这当然是领导的英明决策。后来得知他在班上可能因为讲语法造例句，造了“三两尚不足，而况二两乎”的句子。那是困难年间，就被领导和学员认为他在“恶毒攻击党和社会主义”，从此被撵下讲台。“文化大革命”中，批斗他时，少不了要举这个例子，证明他很反动。“革命群众”一举这个例子，无不义愤填膺，咬牙切齿云。原来当时的领导和学员中的积极分子认定吴宓很反动，是不能让他借讲台“放毒”的，所以从此没给他排课。他当时是学院仅有的两个二级教授之一，月工资 270 余元。有的助教这就有意见了：光拿钱，不做事，白吃人民血汗。其实吴先生是曾要求上课的。他说他有最简便的办法，三个月内可以将英语教上路，只要肯学，一定不难学好。也不知他那办法灵不灵，因为没有让他试验，怕他又来个三两二两的。我也没打算“老来出家”（去学），所以始终未去领教。

系里年轻助教舆论云，吴宓并不懂什么英国文学，只不过记得一些英国作家有几个女儿有几个儿子，恋爱过几次，她们的长相、性格、家世情况如何，作家屋子里有什么陈设，如此等等；或者一些文坛掌故，文人逸事而已，这有什么用？说不上文学。似乎他们比吴宓还内行，故能指出其短处。我是不懂英文的，也没有向他做调查研究，不知是不是真的。但我和他相处近二十年，却从来没有听见他口吐一个英文单词，更不必说抛一句英文了，这和张乔治、李约翰、王玛丽之流，口中常抛出些洋文，迥然不同。算守旧呢？算什么的？我不清楚。

舆论既然如此，吴宓不但不通英国文学，一个同志说，就是中国文学，也没有什么修养的。例证是他认错了两个字。说他还自以为很热爱中国文学、中国传统文化呢！又一个同事向我抱怨：吴宓这人真无用，叫他校对教材,尽把简体字改为繁体字。的确,他是从来不写简化字的。吴先生反对文字改革,反对汉字拼音化是出了名的。因此为他的“花岗岩脑袋”“老顽固”添了一条有力的“证据”。汉字改革是毛主席的指示,是鲁迅的主张。吴宓反对文字改革,就“等于”反对鲁迅,反对毛主席。非反动而何?看,多么严密的推理啊!所以“文化大革命”中,列举其罪状,总少不了这一条。后来,我在想,吴宓先生是精通拼音文字的。和汉字比较起来,音符与意符文字的长短利弊,他应该是很了解的,何以还“顽固”地反对汉字改革?我不是文字学家,不懂。最近,一位朋友告诉我,避居美国的林语堂,说过汉字是中华民族的第二道长城。大家都知道林语堂博士比吴宓先生更学贯中西,他也这么说,其意若曰,汉字拼音化,就等于毁掉中华民族的第二道长城。今天,第一道长城都不容毁,毁了的地段,还要修复呢。当然有些人可以下结论:林语堂、吴宓就是“一丘之貉”。这多干脆简明啊。吴宓抱住汉字不放,真叫作“顽固到底”。概自新中国成立以来,我们树立了一种牢固的信念:政治是统帅是灵魂,简言之叫政治挂帅。这本是无可厚非的。但凡事绝对化不得,真理跨过一步就是谬误。不承认学术问题对政治有相对独立性,许多问题是扯不清楚的。否则就无所谓“百家争鸣”了。

吴先生很笃于友情。吴芳吉去世多年了,但他每月寄钱去接济吴的夫人和他的两个儿子。据说从未间断过。除了吴家而外,他还接济一些有困难的朋友。吴先生不抽烟(而且讨厌抽烟),不喝酒,似乎也不买什么书,他的一些外文书都捐给院图书馆了,收入那么多而生活很简朴,他的衣着,在全院老教师中算最坏的,甚至有人目之为“老叫花子”。是“豪华落尽见真淳”吧?他每月 270 余元哪里去了呢?有些青年教师经过调查研究,断言:拿国家的钱去接济坏人了,是吴宓立场反动的表现。这又是吴宓的一条罪状。“文化大革命”中“革命群众”批斗他时,也没有少掉这一条。

其实,吴先生不但“接济坏人”,“好人”他也是接济的。“好人”向他借钱,他都肯借。有些是存心借了不还,理由是:不义之财该拿来共产。“好人”不还,他也并不逼着要,久了也就算了。认真说来,吴先生在金钱上是慷慨的,并非吝啬鬼、守财奴那一路数的人。

“文化大革命”中,我们被扣了工资,只发生活费。我向他借了近百元来生活，后来如数奉璧，他还感激称赞说，只有您这么讲信用啊。据此推知，对他不讲信用，借而不还的是大有人在。《增广贤文》曰：“酒中不语真君子，财上分明大丈夫。”大丈夫小丈夫且不去管它，与朋友信嘛，这恐怕应是做人的起码品德。

因为吴先生是个“高薪阶层”，我们刚成为“棚友”时，白天劳动，晚上“学习”。监管我们的“红卫兵小将”有一天晚上，“学习”完，叫我们各人滚回去，只留下吴宓，说是要对他单独训话。我们都很关注“训话”的内容，因为休戚与共嘛。但又不敢打听。这是“纪律”，不得违犯。记不清过了许久，终于知道所谓“训话”者，红卫兵小将要他出 200 元钱，作为捐献，支持红卫兵小将去“大串连”也。吴先生说他是“赎罪”。我们认为这是可耻的敲诈勒索。不但勒索了吴先生，另一“肥实”的“棚友”也是被勒索了的，且遵令不得泄露，否则，“一切严重后果，自己负责”。还是那位“棚友”的夫人——没有辫子，挂不起，毛着胆子去问那个“革命组织”，事情才敞开来。真是，在“格抄勿论”“格斗勿论”“格砸勿论”“格抢勿论”之外，还发明了“格借勿论”，这也算“革命群众的首创精神”吧。我还是没有调查研究，不知“格借勿论”去的钱退出来没有？

吴先生离婚后，晚年曾得到一个女生的爱戴，后来做了他的夫人。可惜这位夫人患肺结核，不久就死去了。吴先生将她土葬在距学院数里外原是乱草坟的地方。“文化大革命”中批判他时，同组一个青年积极分子揭发说，这个女人地主家庭出身，痨病鬼，吴宓爱她，她爱吴宓，心有灵犀一点通，立场同样反动，所以一拍即合云云。又揭发吴先生寝室中还变相供奉着她的灵位。有一年清明节，吴宓还偷偷摸摸去上坟扫墓，烧钱化纸，大搞“封建迷信”云云。那位青年教师又是咬牙切齿，义愤填膺。

当我们第二次被“勒令”集中监管“学习”时，监督者忙于“革命”搞武斗去了。“棚友”们违背学习“纪律”，便不免闲扯起来。一次，吴先生不在，“棚友”中他的一个学生辈说，吴宓和师母关系不好，他们也不离婚，君子协定，分居各过生活，吴宓每月按约定给师母送生活补偿费。那时他们都在昆明，吴宓很守信用，每月领了薪水，当天即奔赴师母住处，笃！笃！笃！敲开门，脸朝着一边，手递过钱去，师母接了，他转身就走，不看也不交一言。又说吴宓从美国留学回来,在上海和一个有名的交际花叫毛彦文的,打得火热。毛要求结婚,吴宓老是迟疑不决。突然一天,吴宓接到毛寄来的结婚请帖,是和曾任袁世凯内阁总理的熊希龄结婚。毛 37,熊 73,年龄倒转巧合,上海传为"佳话"。这可把吴宓气得一佛出世,二佛升天,悲愤之余,赋诗抒怀有云:"奉劝世人莫恋爱,恋爱无益有百害。"吴先生的奉劝当然不起作用,世人照旧恋爱不误。我们听了,一阵哈哈。自幸没有拜读吴先生的诗集。但不知那位"棚友"所叙是否属实。我不是"专案组同志",没有资格去"清"别人的"队",无法核实。

也是那位"棚友"讲了吴先生在昆明西南联大时的另一件逸事。昆明当时有个牛肉馆,老板异想天开,招牌标为"潇湘馆"。吴先生是红学家,很气愤这家馆子胆敢亵渎林妹妹,提着手杖去一顿打,锅盘碗盏,盆盆罐罐,被砸碎一地。吴先生是社会名流、名教授,那牛肉馆老板只好自任晦气,谁叫你乱去附庸风雅呢？舆论说,该打。这或可看出吴先生维护传统文化尊严的憨厚直戆。

1966 年夏,从学习《五一六通知》起,到 9 月初我们被"揪出,挂起"那一段时间,因为搞运动——其实我们是被搞,规定天天到教研室学文件,写大字报揭发,我们能"揭发"谁？只有被揭发。吴先生的任何一句话,都是要挨批驳的。为了"加强火力",领导还特从其他组调来几尊大炮——最革命的积极分子,专轰早已内定的我们几个。例如吴先生曾说,他在哈佛大学时,系里(院里?)办事人员只有一两个,事情却办得井井有条。这就不得了了,"大炮"立即发言,骂他是崇洋媚外,攻击了我们的人事配备,毛主席早说了:我们三个人的饭五个人吃。引而申之,不是和毛主席"唱对台戏"吗?!真是"狗胆包天"!事后吴先生悄悄问我:"怎么现在他们对我这么严厉了？说任何一句话都错?"我说这是在搞运动,对我们老教师——当时还没有发明"臭老九"之称——要严厉些。运动过了就好了。哪料到一运动就是十年!连他的健步如飞,也被"运动"成了个跛子。此系后话,且按下不表。

1966 年 9 月初的一天,我们早已被抄、被揪过了,战战兢兢地坐在教研室里。忽然一个"革命小将"叫我们出来,在巷道里站成一排,赏每人一块上书"反党反社会主义分子"的牌子,挂在颈上,亮在胸前。挂讫,押到大操场主席台上去接受批斗。啊哟,我的乖乖!济济一台的“牛鬼蛇神”!台下场上黑压压的一片“革命群众”。我们虽然是“一小撮”,但也不免有“浩浩荡荡”之感,并不觉得孤寂。吴先生就走在我的前头,躬腰站在我的旁边。批斗完毕之后,系里一个“革命小将”向我们呵斥宣布:从今天起,你们被专政了,只许规规矩矩,不许乱说乱动,白天劳动,晚上学习,或写交代,准备接受批斗云云。

这里得诠释一下“棚友”之义。棚者,牛棚也。凡住入牛棚者,相互间,均得谓之“棚友”。人而谓之牛者,斥言之耳。牛系牛鬼蛇神之省称也。我为什么仿《公》《谷》笔法,之乎者也地解释一通?盖窃恐一百年后难住考据学家搞不清楚。用心核算是好的。

其实我们并没有真正“住”牛棚,晚上是各自住在家里的。不可“诬蔑”“革命群众”。本来“革命群众”正筹设牛棚,勒令我们住进去,好监督管理。一时还没找到适合的地方,“保”与“革”之间便激烈斗争起来了。接着又是“一月风暴”和所谓“二月逆流”,他们忙于“揪走资派”,又接着弃文斗而武斗,“革命行动”忙煞了“革命小将”,也就不暇考虑我们的牛棚问题;当然我们很乐得如此。

我们的牛棚,其实是存放锄头、箩筐、扁担等劳动工具的地方。一片矮塌、潮湿、阴暗的瓦房。每天早饭后,他们遵令低头列队站在指定的教学楼前,恭聆小将一顿呵斥训诲后,就下降到牛棚,由队长分配任务,拿起工具就开干。这时,吴宓因为年纪大了,监管人默许他就留在牛棚里,为我们看守衣服。有时叫他烧开水,他却分不清水开没开,大家教了他辨认,还是搞不清楚。有一次,在牛棚附近插红苕秧子和栽大蒜,轻微劳动,叫吴先生参加。他分不清倒顺,都栽插反了,出了洋相。被舆论斥为“百无一用的老废物”,“剥削生活过惯了,四体不勤,五谷不分”云云。那时用脑子是不算劳动,只有种庄稼做工才算。让吴宓种庄稼哪能不出洋相?那年头出洋相的总是知识分子。至于从大字报和高音喇叭传出的批判词中,常常会碰到“向偶(隅)而立(泣)”呀,“现刑(行)反革命”呀,“沾(玷)污”呀,“七屈(届)二中全会”呀,据说那正是“造反派脾气”的表现,谁敢说他们错了呢?“知识越多越反动”,愚昧是最革命、最好的。我曾暗中打油二句:“悔不当初事百工,亦未南亩学老农。”而今落得个“牛鬼蛇神”的恶谥，将要被“扫进历史的垃圾堆”。呜呼！彻底完蛋了。至于吴宓先生的完蛋，会比我更彻底，我想。

1968年夏，两派斗争又紧张起来。“革命群众”突然对吴宓采取了一次“革命行动”，抄走了他的“反动日记”。这可惹下泼天大祸了。不但自讨苦吃，还连累到我们。他日记里说，叫中学生造反，等于拿小刀给孩子玩，没有不伤手的。“文化大革命”是毛主席“亲自发动亲自领导的”。这不是明目张胆地反对毛主席？罪状之一。日记说“姚文元在江青卵翼之下”，是恶毒攻击中央“文化大革命”和“江青同志”、姚文元。罪状之二。日记里有些地方对毛主席的文艺讲话，说了不全赞同的话，“狗胆包天”，竟敢“唱反调!”罪状之三。我们在“学习”中，监督有时不在，不免对两派的某些事有长短得失的议论。他也记在日记里，而且记下是“某君云”。“牛鬼蛇神想翻天了！那还了得!”于是我们被勒令于某日上午去某处集合。其他系的几条“辫子”挨了毒打，杀鸡给鹅看。我们还挨了一顿毒骂。吴宓大概因为年老，免于挨揍，但被宣布为“现行反革命”，严加监管。还据说“两派同志都同意，公安部已批下来给吴宓戴这顶帽子”。这下真成为“不齿于人类的狗屎堆”了。

1969年和1971年，我们都曾被赶到川东某县某乡的一个幺店子旁边去劳动和重新清队。住地原系劳改农场，以后学院就办在那里。

我们当然很清楚，“革命群众”是劳动锻炼和“清”我们，我们是劳动改造和被“清”。很荣幸，我的“罪恶”轻些，已放到“革命群众”中去受监督。领导宣布编组名单时，摆在最后，加了“还有”，以示区别。其实我并没有妄图混进去的意思。而“现行反革命分子”吴宓的几个“棚友”，“罪恶”大概重些，单独关在一边。三顿饭前，拿着碗筷，还要站在毛主席像前“请罪”。我虽有罪而不请了。谁愿意无罪去请罪来着？但“革命群众”只要高兴，随时可以喊着吴宓或我们的名字，奚落或臭骂几句，吴宓点头称是，我们默不作声。“秀才遇到(红卫)兵，有理说不清。”何况你根本无权说呢？“闭关自守”，是我们的基本国策。

一次，开吴宓的批斗会，会毕，两个最富于革命精神的彪形“革命‘大’将”把跪着的吴宓，凶恶粗暴地拖出去，这是按规矩不能由自己“滚下去”的。不知是有意或无意，一下子竟把吴宓的一条腿整坏了。从那以后，他便成了跛子，再也不能健步如飞了。“革命群众”说，对“现行反革命分子是不能手软的，否则便要丧失革命立场”云。

吴先生鳏居多年，由一个隔房的妻侄儿经佑他，给他当用人。这个妻侄儿五短粗壮身材，流里流气，不三不四，说不准那是个什么人，总之，大家对他印象不好。吴宓先生为人忠厚，困难年间，上级分配给他“高知”享受的许多东西，买来都归他侄儿享用。前后两间屋，好的一间让给他侄儿住。这大概是“爱屋及乌”的缘故吧。“文化大革命”开始，“横扫”一切，那侄儿被扫回老家去了，吴先生已是“牛鬼”，当然不能有用人了。白天进牛棚，早晚生活自理。人是个贱皮子，颠顿狼狈，也存活过来了。

从1972年开始，革命高潮已过，学校又逐渐从那幺店子旁边迁回重庆。1973年，工农兵进大学“上管改”，当然“也要批判资产阶级”。找哪个做“黑靶子”呢？吴宓名气大，最合适。上头也派了人来住下一同整材料。整来整去，就是那么几条（如上文所说的），没有新的。“可恨”的是，这吴老头历史上连普通国民党员都不是，更不要说军、政、警、宪、特、反动会道门了。再打“死老虎”，激不起群众的义愤，收不到什么效果。“阶级斗争，一抓就灵”。斗吴宓，肯定抓而不灵，只好收刀捡卦，算了。这是粉碎“噬人帮”后，上头派来的那位同志，亲口告诉我，对吴宓曾有那么一场暗算。

对吴宓既然“算了”，组织和“革命群众”也就不再去管他。“现行反革命分子”的帽子也就不翼而飞掉了。吴宓更加衰老，他后来雇了个中年妇女照看其生活起居。据说每月给好几十元的工资，他从不亏待用人的。公私均忙于迁校搬家和给“上管改”的工农学员上课，事情很多，无暇去理吴宓，吴宓和这些事也全不沾边，再说，牛鬼蛇神哪有资格去沾边呢？我有时偶尔碰到他一瘸一跛地在他门前路上散步，女用人的姑娘还得在旁边扶着他。招呼他，他却叫不出我的名字，老糊涂了，我想。

吴先生雇的中年妇女，早来晚归。听说有一夜，吴先生从床上跌下来，稀里糊涂在地上睡了一夜。第二天早上，才被女用人发觉。年过80，记忆力消失殆尽，谁也不愿去看看他。说他精神上“晚景凄凉”，应是恰当的。

听说他两个女儿中有一个是党员高干，要坐小包车来看父亲。单位领导也为此忙了一阵。高干一走，“外甥打灯笼——照舅（旧）。”女儿也未能把固执的老父亲接走。后来吴先生的陕西泾阳老家,派人来将他接走了。落叶归根,狐死首丘,这大概是吴先生情愿的。

吴先生长离单位归去,不知有人去送行否?我估计有也很寥寥。我们这批"棚友"就没有一个人去的。再则,那时谁又敢去呢?

大概是1978年吧,听说吴宓先生已在原籍老家病故。大概又过了一两年,由系主任主持,在教研室里开了一个规模小得不能再小的追悼会。历时大约十分钟。用意算是平反,恢复名誉。主持人报告中说,吴宓先生在新中国成立前夕,反动派再三逼他去台湾,他坚决拒绝了。可见吴先生在政治上何尝无可取之处?!然而他自己从来没说,大家也是第一次才听到。从这件事看来,并不如"革命"大小将呵斥的"反动透顶"。反动容或有之?透顶则未必也。根据我近二十年的观察,说吴先生思想反动,也还需要研究一下:正如毛主席所说,从旧社会来的知识分子,一般都是爱国的。他们对新社会一时还不习惯,有一个适应的过程(大意)。我觉得这是很公平的。我从来就没有听他说过一句攻击党、攻击社会主义的话。用马列主义思想、共产党员水平(我这里说的是真正的共产党员)去要求吴宓这种旧知识分子,当然就百无一是,"反动透顶"了。这是时代的"悲剧"吧?"在劫难逃!"但我深信、庆幸,这"悲剧"是不会重演的。"棚友"吴宓先生安息吧。

作于1985年8月初旬

(本文选自《龙门阵》,1986年第1期)

吴宓先生印象记

徐洪火

1960年高考后,我与几个穷同学一起到学校附近的火车站挑炭灰,一天挣一块钱。接到录取通知书的当天,几个挑炭灰的同学都极为高兴,大家相约去街上馆子吃一顿以示庆祝。当时我对考入西师并不高兴。饭后一人闷闷不乐回到学校。刚进校门,碰见刚从西师毕业不久的王老师,他听说我考入西师中文系,特意约我到他寝室,向我大吹特吹西师校园是如何之美,西师大校门是如何之壮观,并且大名鼎鼎的吴宓教授就在中文系,他曾和鲁迅先生打过笔仗!这是我第一次听说吴先生的大名。当时我想,敢跟鲁迅先生"打笔仗"的人,肯定有过人的胆识和高深的学问,绝非等闲之辈,我的失望情绪在不知不觉之中一扫而光。可以这么说,我是怀着对吴宓先生的高度崇敬之情跨进西南师范学院大门的。

我进大学时,不知什么缘故,当年的毕业生尚未离校,我们被安插进毕业班同学寝室。我住的寝室住有六位毕业生,一位姓邱的向我讲述了不少吴宓先生的情况。他告诉我,吴宓先生早年留学西洋,毕业于著名的哈佛大学,回国后任过清华国学研究院院长,在国内许多名牌大学当过外文系教授、系主任,还是"红学"专家等。可以这么说,在我认识吴宓先生之前,先生的大名对我早已是"如雷贯耳"了。

按照后来"路线斗争"的说法,其时正值"黑线回潮"时期,所以中文系著名教授都在我们年级开课,吴宓先生就是其中最著名的一位。"回潮"的时间并不太长,不到一年,吴先生就被彻底赶下了大学讲台。按照武侠小说的说法,我们就成了吴先生的“关门弟子”。但是,现实生活毕竟不同于武侠小说,我们这些“关门弟子”不仅不能传先生的衣钵,而且连先生的生平、学术也所知甚少。时至今日,先生的生卒年我也依稀恍惚,经多方询问,才确知吴先生生于 1894 年,卒于 1978 年,因此,我是无论如何也不敢称吴先生为“恩师”的。囿于见闻,我只能记一点有关先生的琐碎小事,如能给专门研究吴宓先生的学者提供一丁点参考,那就万幸之至了。

一、课堂上的吴宓先生

兴许当时真是“黑线回潮”,以前和后来中文系的古典文学课都是开三年,一年级不开。唯独我们这个年级很特别,一年级新开了一门《文言文导读》,每周四课时,任课的是三位名教授:吴宓、徐德庵、宗贞甫。岁月如流,不觉得就过了三十七年。现在,徐、宗二教授上课的情景已淡忘殆尽,但吴宓先生上课的某些情景却还历历在目,也许永生永世都不会忘怀。

《文言文导读》是在一阶梯教室上大课。第一次上课我早早进了教室,坐在第二排正中,想到马上就可以目睹吴大教授的风采,心中难免有几分莫名的激动。

上课铃响,吴宓先生随着铃声走进教室。当时我发现,吴先生是一位面貌清癯、精神健旺的老人,秃顶,戴一副毫无特色的眼镜,步履矫健,俨然像中年人,穿一件早已洗得发白的长衫,左手小臂挂着一根手杖。总之,他的穿着打扮朴素得近乎寒碜,与我原来想象中西装革履、高大英挺的样子完全是两回事,只有那手臂上挂着手杖的姿态似乎还有一丁点洋派头的残余。

吴先生健步走上讲台,将左腋下的课本放在讲桌上,向肃然站立的学生还礼,依然挂着手杖,转身在黑板上直书了五个大字:“吴宓字雨僧。”接着就讲他的名字,讲“宓”的音义,讲为什么字“雨僧”,可惜我已经忘记了。

吴先生给我们讲《诗经》,在我的印象中,先生讲《诗经》重在串讲和翻译,讲完一段再翻译一遍,似乎没有什么特别与众不同,更没有什么惊人的观点。后来我发现,先生的翻译事实上用的就是余冠英的《诗经选译》。先生大概是一个激情型的人,讲课中也常常激动。有一次,先生讲中国诗歌和西方诗歌的区别,他说:“中国诗歌重韵,西方诗歌更重节奏。”为了让我们理解,先生为我们背诵了一首并不算短的莎士比亚的诗。这时,先生神情激动,右手拄着手杖,一面背诗,一面在讲台上来回走动,手杖一次次重重地拄在讲台上,发出有节奏的“笃、笃”声。很明显,先生是要我们体会西洋诗歌的节奏。可惜我们英文水平太差,竟然连一句也听不懂。何止我们,我偷眼瞧那七八个佩红校徽的我系或外校的进修教师,他们何尝又不是满脸惶惑之色呢?大概他们中大多数人的外语水平也比我们好不了多少。先生是中国比较文学的奠基人,先生所讲不就是比较文学吗?可惜当年我们谁也没有意识到这点。不是先生讲得太深,只恨自己实在浅薄之至,先生的心血确实白费了。

吴先生虽不是专治《诗经》的专家,学术上也不以古典文学见长,但古典文学的修养还是相当高深的。按理,由他这样的名教授来给我们“导读”,似乎用不着花什么力气,事实并非如此。吴先生不写正规教案(当时的大学教授大多如此),但讲课的重点、难点,特别是要板书的内容,他都事先写在香烟盒纸的背面。下课时,我曾到讲台上去看过先生写在香烟盒纸背面的备课笔记,钢笔楷书,直行书写,全是繁体字,一丝不苟。先生的板书,也是直写,全用繁体,异常工整。先生一贯反对简化汉字,在任何场合,从不写简体字。这一条在“文化大革命”中成了他“反动”罪状之一。毛主席提倡汉字简化,吴宓反对,就是反对毛主席,非“反动”而何?毛主席写繁体字是艺术,吴宓写繁体字是顽固。当时的逻辑就是这样。事实上,简化汉字的功与过一时尚难说清。今天攻读古典文学的研究生一读古代典籍就头痛,其中一个原因就是认不得繁体字;台湾、香港未推行简化汉字,似乎文盲的比例也并不比大陆高。吴宓先生反对汉字简化是实,但反动则未必。

我曾经在路上问过先生一个问题:“怎样才能学好古典文学?”先生回答了我八个字:“多读、多记、多背、多用。”说真的,我悟性并不高,对“多用”二字并不理解,难道先生还要我们去写文言文?或许问同类问题的不止我一人,一次先生在课堂上说:“好些同学说文言虚词难以理解,其实不难,你自己经常用就解决了。你把生活中遇到的事改用文言来表达就行了。比如吃饭,就可以说三两尚不足,何况二两乎?这不就用了几个虚词!”这下可不得了！须知，当时正值困难时期，教师定量只有21斤，李井泉政委又强迫每人“自愿”节约2斤，实际只有19斤，平均每顿就是二两。先生身体健壮，食量不小，每顿三两自是不够，二两就实在太少了。先生是个性情真率的人，向来实话实说，谁知这次示范却给他惹来无穷的麻烦。课后，一些“觉悟颇高”的同学纷纷去系办公室反映，一时间在西师校园被传得沸沸扬扬。吴宓公开反对党的粮食政策似已成了不争之论。平心而论，先生只不过说了句大实话而已。他是觉得粮食定量少了点，但反对党的粮食政策则未必。或许正是“黑线回潮”吧，当时虽已舆论鼎沸，但先生并未因此而被赶下讲台，一切仍按教学计划安排进行。在“四清”和“文化大革命”中，这句话招来了铺天盖地的大字报，这又是他“反动”的罪证之一。“四清”运动我不在校，在省委工作团当“四清”干部，“运动”别人。返校时“文化大革命”已如火如荼，人们已开始写揭发“牛鬼蛇神”的大字报。隔不多久，我们四个同班留校的同学聚在一起，也给吴先生写了一张大字报，内容就是“三两尚不足，何况二两乎”，当然也上纲到反对党的粮食政策。这是我给先生写的唯一的一张大字报，虽然“四清”中别人早就写过，“文化大革命”中别人也比我们写得更早，上纲也上得更高，但现在想起来也难免愧疚于心，因为当时确有以此表示划清界限之意。

先生上课从不迟到，总是伴着铃声走上讲台。先生讲课语音并不特别高亢，但中气充沛，随便坐在哪个角落都可以听得清清楚楚。先生讲课一向严肃认真，从不闲扯课外的事情。只有一次例外，记不清是讲哪一首诗了，可能是涉及女孩子吧，先生说：“有人重男轻女，女孩子有什么不好？林语堂是三个女儿，陈寅恪是三个女儿，我也是三个女儿！”显得颇为自豪。《红楼梦》中贾宝玉说：“天地间灵淑之气，只钟于女子，男人们不过是些渣滓浊沫而已。”“女儿是水做的骨肉，男儿是泥做的骨肉，我见了女儿便清爽，见了男人便觉浊臭逼人！”先生是著名的“红学”家，对男女的看法大概也和贾宝玉差不多。但是后来我才知道，先生虽有三个女儿，其中且有地位不低者，但除二女儿外，对吴先生都不怎么好，二女儿又远在厦门工作，所以先生在西师始终是孑然一身，未能享受到天伦之乐。

先生不仅上课认真，对别人看来不足道的小事也格外认真。在大学里，老师们常常是上完课就走,课后学生也往往忘了擦黑板。对此,大家见惯不惊,先生却似乎很在意。先生发现空教室黑板上有粉笔字时,总是默默走去擦干净,拍拍手又默默离开。先生上课总是坚持自己擦黑板,有一次先生把刷子放在讲台下了,要擦时找不到,他居然用自己的衣袖来擦黑板,急得前排同学赶紧跑去找出刷子来擦,这次他没有拒绝,算是例外。每次下课,先生也总是把黑板擦得干干净净才离开教室。先生这种对小事都极为认真的精神,我们至今没有学到,真是愧对先生。

先生给我们上课时,有几次在第一节下课之后,擦完黑板,满手是粉笔灰,他拍拍手,从裤包里摸出小半截冷馒头,背着大家,就在教室门边满不在乎地啃将起来。当时我们见了心里很不是滋味,但大家都知道先生是"有问题"的人,谁也不敢在讲台上给先生泡一杯热茶,甚至个别同学还公然说这个老头太不讲卫生!先生何以在第一节课后才来啃那小半截冷馒头,我想不外两点,一是冬天亮得晚,先生怕迟到,来不及吃完馒头就匆匆往教室赶;二是确实"三两尚不足,何况二两乎",为了第二节课有精力,没奈何只有留下小半截馒头在第一节课后再吃。不管是哪种情况,先生的精神都着实感人。

二、生活中的吴宓先生

吴宓先生是中文系唯一的二级教授,按他的学术水平和知名度,当然应是一级,但他反对过鲁迅,政治上"有问题",所以只能评二级。事实上,吴先生连国民党都没有加入过,新中国成立前当部聘教授完全是凭本事。新中国成立前夕,国民党反动派曾逼迫他去台湾,他严词拒绝(1978 年中文系领导在吴先生追悼会上说的),可见他确是一个不折不扣的爱国知识分子。二级教授当时月工资约 270 元,是名副其实的高薪阶层。吴先生不喜吃肉,不吸烟,不喝酒,唯爱吃鸡蛋而已。他生活极为俭朴,穿着更是近乎寒酸,也不大买书,可是不仅家无余财,还得借债。先生每月都向邻居钱泰奇先生借四十元,次次都留下借条:"今借到钱泰奇先生四十元。上月已还清。"这是怎么回事呢?原来吴先生的钱大部分都拿去资助别人了。

吴先生与四川才子、白屋诗人吴芳吉是至交,时称“南北二吴”。吴芳吉英年早逝,吴宓先生几十年如一日资助吴芳吉的家属。每月发了工资就给吴芳吉的妻儿寄钱,过年时还供上吴芳吉遗像,摆上祭品,以寄哀思,这在学术界早已传为美谈。吴先生还定期资助另一些人,保姆费也给得特高。偶尔还有学生向他借钱,也定是有求必应。据我所知,这些借钱的学生其中包括我们年级的两位,大多是只借不还,先生对此也从不介意。先生成了“反动学术权威”后不久,又升级为“反共老手”,成了“一小撮”之一,工资被扣发,再也无法资助他人了。后来补发工资后,他竟然给这些人补寄了生活费!

新中国成立前夕,吴先生与原重庆大学女学生邹兰芳相恋结婚,新中国成立后高校院系调整,吴先生来到西南师范学院,不久邹女士即去世。有人告诉我,先生对邹女士用情甚深,“文化大革命”前有时还到北碚某山冈邹女士坟前去凭吊;在邹女士的生日和忌日,吴先生吃饭时还为她摆上碗筷;先生偶尔也去看电影,总是一人买两张票让旁边的座位空着,似乎觉得这是在与夫人一道看电影。

邹兰芳去世后,她的一个隔房的侄儿邹开贵来此服侍吴先生。此人身材五短粗壮,来不久即显得流里流气,给人的印象极差。先生为人忠厚,待他极好,一套两间房,先生把大间让他住。自己在小间。困难时期,先生从政协买回菜肴,说:“里面有葱,我不吃,你吃吧。”邹开贵也就毫不客气安然享用;上级分配的“高知”享受物品,买来也全归邹安享。邹对吴先生的照顾却并不怎么样。对于这些,旁人都议论纷纷,先生却从不过问,这大概是“爱屋及乌”的缘故吧。

1964 年底,西师开始“四清”。1965 年,随着“四清”的深入,家属中一些“有问题”的被清理出西师,邹开贵自在被“清”之列,回了老家。这时,中文系田子贞教授家的保姆唐大姐同时又帮吴先生。先生对保姆极好,既给工资又送东西,甚至连自己床上的蚊帐、棉絮都送给了她。因此,唐大姐也精心照顾先生。一位退休小学女教师“阶级觉悟颇高”,曾对唐大姐说:“吴宓是‘有问题’的人,你应该与他划清界限,怎么能帮他呢?”唐大姐回答得很干脆:“我是帮人的,管他问题不问题,只要给钱我就帮!”

“文化大革命”中先生顺理成章成了“牛鬼蛇神”，当然不准雇用人。先生在生活上本来什么都不会，这时也只有硬着头皮生活自理，几年的时光居然过来了，不过其狼狈之状可以想见。

1969年，在暴风雨般的“革命洗礼”中，先生被“革”断了一条腿。1972年先生搬回西师，因腿残怕潮，改住三楼。这时，在西师校园又可见到先生跛着行走的身影，不过那根手杖再也不是装饰品了。这时先生已不再具有“文化大革命”中的各种头衔，于是请同楼的曾大娘照顾他的饮食起居，先生每月给工资60元。先生住房无卫生间，每天由大娘的孙女帮先生倒痰盂，先生额外再给小女孩一份工资。先生对人之厚道，由此可以想见。

1964年某天，先生把钥匙串掉了，他用一张烟盒纸写遗失启事贴在三教学楼大门门框上，启事说：“宓不慎遗失钥匙一串（如左图），有拾得者请交中文系办公室或文化村一舍105号……。”仍是钢笔直书，工楷繁体，且“宓”字小一号并退右半行。后面还真用钢笔画了一串钥匙，形象逼真。见者无不窃笑。

同年夏天，我们正复习考试，系上一钟姓教授去世，吴先生为治丧委员会成员。有人告诉我，当时在三教学楼地下室某教研室讨论追悼会事宜，有人说家属致辞不好办，钟先生的儿子还戴着“帽子”，只有让儿媳来致辞。吴先生听后说：“三伏天干吗戴帽子？叫他把帽子揭了不就得了！”弄得大家哭笑不得。几天后，我们参加钟教授的追悼会，代表家属致辞的果然是女的，原来就是西师家属委员会缝纫组那位漂亮的大嫂。吴先生是否真的说过那句话，抑或是别的老先生说的，因为人事变迁，现已难以核实了。不过我想，对于“帽子”的特殊的、革命的含义，吴先生肯定是不会明白的。

吴先生一生都有捡纸烟盒的习惯，无论在什么地方，一见烟盒必捡回家。他曾经说：“我讨厌抽烟，也讨厌乱丢烟盒，影响公共卫生。”又说：“烟盒纸都很好，背面完全可以利用。”先生有记日记习惯，几十年从不间断，“文化大革命”前期仍然天天记日记。后来，“革命小将”与“革命‘大’将”联合抄了先生的家，抄走了他的全部日记。这时，人们惊奇地发现，吴宓的“反动日记”竟然绝大部分是记在纸烟盒上的。经过“文化大革命”的变迁，先生的日记不知还在人世否？如果还在，自是研究中国现代文学史的宝贵资料。

三、“文化大革命”中的吴宓先生

1966年6月28日，我们参加省委工作团的十三位青年教师奉命回校“闹革命”。不久，吴宓先生座位旁边墙上赫然出现了一幅标语——“打倒反动学术权威吴宓！”吴先生走进教研室，看见墙上的标语不由一怔，他未说话，泰然地坐到了自己的座位上。隔了两三天，教研室开会批判吴先生。会上，几位了解情况的党员教师，声色俱厉地揭发批判吴宓，说他反对鲁迅、反对文字改革、恶毒攻击党的粮食政策、资助牛鬼蛇神，简直反动透顶云云。对这一切，吴先生闭口不言，不置可否，于是有人领呼“打倒”口号，一阵“炮轰”，空气顿显紧张。我坐在最后一排，看不见先生的表情，从后面看去，只见他一动不动，犹如老僧入定，似乎也并未怎么在意。对先生这样的“老运动员”来说，批判似乎已习以为常。说真的，这次批判会是相当温和的，大家说话也还有三分客气，也不作人身攻击，还让先生坐着接受批判。会后，主持会议的刘遗贤先生叫我留下，给我分配任务，要我晚上去找吴先生谈谈，松包袱，免得他想不通，出事情。所谓“出事情”就是自杀。当时有的老先生对“文化大革命”那种惊人的阵仗很不理解，在大字报和漫画的“炮轰”声中，丢不起面子，认为人格受到极大侮辱，还未等到“触及灵魂”并进而触及皮肉的阶段就饮恨自杀了，死了还被骂为“自绝于人民”，是“不齿于人类的狗屎堆”！我当过一年半的“四清”工作队员，做“放包袱”的工作算是驾轻就熟。当晚我到了先生家，先生家中陈设简陋得令人难以置信。先生坐在小床上，我坐在先生对面的一张藤椅上。略事寒暄之后，我对先生说：“下午大家对你的批判，你要正确对待，你要多学习中央文件，要实事求是地交代自己的问题。实事求是就是有什么问题交代什么问题，没有的事不要乱交代，这样会害人害己。”我一边说，先生一边点头称是。我见先生神情很平静，不像要“出事”的样子，安慰了先生几句就匆匆告辞回家了。谁知当晚先生就把我说的话一字不漏地记在日记中，末了还加了四个字的评语：“此言有理。”后来先生日记被抄，看过日记的一位好心人将此情况告知我，我还着实吃了一惊，因为那时先生已“升格”为“现行反革命”了，他说“此言有理”那岂不糟糕？不免暗中埋怨先生“糊涂”，要记就记“早餐：稀饭一两、馒头一个、鸡卵二枚”之类，干吗把我说的话也记下来？不过还好，我没有“辫子”可抓，也没有谁想从中“捞油水”，于我毫无影响。

八月下旬某日，先生被“革命小将”挂上“反共老手”的黑牌，抓去游斗，从此被关进“牛棚”，进了“劳改队”，各种“触及灵魂”的批斗会，自是少不了先生。1966 年 11 月，监管“劳改队”的“革命小将”要去“革命大串联”，但苦于囊中羞涩，想到吴老先生是高薪阶层，于是找他单独“训话”，意思是有钱出钱，以实际行动支持“革命小将”的革命行动。先生虽然家无余钱，但岂敢抗命，东拼西凑，总算凑足了二百元。“小将”似嫌未足，临出发前还“借”走了先生手上那块并不名贵的手表。

日记被抄，给先生带来更大的不幸。经“革命小将”和“革命‘大’将”们的精心发掘，从先生日记中又找出不少“钢鞭”罪证，其一是说让中学生造反，无异让小孩玩刀，没有不伤手的；其二是说“姚文元在江青卵翼之下”如何如何。仅这两条就不得了。在此之前，先生早已“升格”为“反共老手”。这一来再次“升格”为“现行反革命”，大字报、大标语铺天盖地，派报上不断发表批判“现行反革命”吴宓的大块“编辑部文章”，看那阵势，似乎很快就要被“扫进历史的垃圾堆”。大概因为先生年纪太大的缘故，对先生向来是只“触及灵魂”，免于触及皮肉，所以先生也算平安熬过来了。大轰大嗡一阵子之后，“小将”们渐渐失去了兴趣，因为在他们看来，打“死老虎”毕竟远没有打派仗过瘾。

1967 年 6 月开始，“革命小将”逐渐弃文斗而尚武斗，当时的时髦口号曰“文攻武卫”，这时谁也懒得来管“牛鬼蛇神”，吴先生等“一小撮”在家“逍遥”。经过“文化大革命”的人都清楚，武斗期间，唯有“牛鬼蛇神”最有安全感。那时若被武斗人员抓住，开口必问哪一派，你知道他是哪一派？回答错了难免皮肉受苦。于是有人就冒称自己是“牛鬼蛇神”，对方立即申斥道：“牛鬼蛇神跑出来干啥？滚回家去！”一场凶险由此化为吉祥。吴先生这段时间一直安居西师家中，虽然外面乃至西师园内枪声不断，先生却能在家中“安享清福”，谁也不去打扰，这恐怕是先生在“文化大革命”中过得最为安闲的一段时光。

“文化大革命”中，随着先生身份的“升格”，有的“革命小将”为了表示自己立场坚定，居然当面称他为“吴老狗”，在批判会上也高呼“坚决砸烂吴宓的狗头”“把吴宓打翻在地再踏上一只脚”之类的口号，喊归喊，其实并没有真正去砸“狗头”。但不少“小将”特别偏爱他的光头，一见到他就要上去摸摸拍拍。先生对此似乎特别不能容忍，遇此情况，总是用手护头，铁青着脸，一面躲一面逃，嘴里还唧唧哝哝，谁也听不清说些什么，显然是在发泄内心的极度不满。我多次见到这种情形，心里感到特别难受，但为了自身安全，只有快步离开。

1969 年夏秋之际，西师中文、音乐、教育、物理四系师生赴梁平西师农场劳动锻炼，而吴先生之类的“牛鬼蛇神”则是去劳动改造，并同时接受革命群众的批判。在当时，这叫作“革命、生产两不误”。农场在梁平屏锦镇七涧桥，当时西南师范学院正准备在那儿筹建分院，不久，西师的部分职工就搬到了那儿。一次，批斗吴先生的大会结束后，主持人宣布：“吴宓，滚下去！”按当时规矩，“牛鬼蛇神”是不能自己“滚”的。于是两员“小将”一人挟着先生一只胳膊帮他“滚”，刚“滚”出会场不远，也不知是有意还是无意，两人同时手一松，先生“扑通”一声重重跌在石板地上。这次先生是真正被“打翻在地”了，无须“再踏上一只脚”，先生的一条腿已被生生跌断。当时大家都以为这下先生真完了，75 岁的老人哪能经受起如此痛苦的折磨。经过简单的治疗包扎，腿居然接上了，先生也从极端痛苦之中熬了过来，拄着手杖居然还可以跛着行走，这不能不说是奇迹，但先生走路“健步如飞”的情景从此成了历史。

1971 年春，西师全校教职工集中在七涧桥搞“批清”运动。当时那儿刚开始建校，宿舍还未修起，男女老少一律住大工棚，上下铺，除了搞运动还要参加建校劳动，条件十分艰苦。“牛鬼蛇神”还要接受批判，日子就更难过了。“九一三”事件之后，紧张的政治空气有所缓和，不久，大家搬进了新修的宿舍，三人一间，条件有了很大改善。这时，先生的健康已大不如前，最为明显的是记忆力急剧衰退。当时先生住一楼，我住二楼，休息时常到先生寝室闲谈。先生总是坐在床上，闭目不语，有人进屋就睁眼看看，然后闭目冥思，用手指轻轻叩击脑袋，嘴里自言自语：“这位先生叫什么名字呢？这位先生叫什么名字呢?”连同教研室的教师他都忘了姓名,但《红楼梦》的回目却全背得,一字不错,我们试过,千真万确。

1972年开始,西师迁到梁平、忠县的教职工先后搬回北碚,1973年招了第一批工农兵大学生,时称“工农兵学员”。这批学生肩负着“上、管、改”的重任,是来“掺沙子”的,不久,“批林批孔”运动开始,师生混合编组,学习讨论,先生也每会必到,但从不发言。一次在一教学楼1202教室召开“批林批孔”大会,中途休息时,一学员走到先生面前,故意向先生提问:“吴宓!你对‘克己复礼’有什么看法?”周围立即围了一圈人。我以为先生会置若罔闻,不予理睬,不想先生竟然抗声回答道:“‘克己复礼’是很高的道德标准!林彪是反革命,他永远做不到!”围观者立即哗然,纷纷谴责先生“反动”,简直是“死顽固”,这事给我印象特深,可见先生对真理的追求是多么执着!这是我最后一次听见先生公开表明自己的见解。

记不清什么时候,突然听人说,先生老家陕西三原来人把先生接走了。落叶归根,想必先生是很情愿的。1978年春,传言先生已在三原老家去世。果然,有一天在我们古典文学教研室,由系领导主持,草草为吴先生开了一个追悼会,除古典组全体参加外,外教研室参加追悼会者寥寥无几。追悼会极草率,不到二十分钟即宣告结束。当时我很感慨,想不到一代宗师、名流学者的追悼会竟会如此草率、冷清。但想到这大概意味着给先生平反,恢复名誉,心里也就慢慢释然了。后来,外地学者对吴宓先生遭受的冷遇公开表示不满,西师才在东方红图书馆再次给先生开了一个高规格的、像模像样的追悼会。一个人死后本单位为之开两次追悼会,这则是先生的“殊荣”。

先生是学界名流,一代宗师,年轻时名誉昭然,蜚声海内。不想遭遇“文化大革命”,备受摧残,晚景凄凉,郁郁以终。时欤?命欤?吾生也晚,虽蒙先生教诲,然愧无所成。吾与先生交浅言少,对先生学术、思想、道德、文章,不敢妄评。初识先生时,我还是十七八岁的幼稚青年,岁月如流,三十余年,忽焉已过,今已年过半百,垂垂暮矣。忆及先生只留下一些零星印象。大家如能从这些“印象”中体会先生之为人,予之愿也。

(本文选自《红岩》,1998年第1期)

怀念恩师吴宓(雨僧)先生

江家骏

雨师离开我们,已经整整十个年头了。十年来,他的音容笑貌无时不在我的心中。一想到雨师,历历往事就浮现在眼前。我至今还清楚记得三十八年前的初秋时节,第一次同雨师见面的情景。当时我刚刚考入重庆大学外文系攻读英语,雨师是该系的兼任教授,在二年级讲授英国小说和在四年级讲授欧洲文学史。当我还在江津县立中学读书的时候,就知道雨师的博学,因为我家乡江津的白屋诗人吴芳吉先生同雨师是莫逆之交,同时我也读到过雨师的《吴宓诗集》,但始终未得见面,直到我考入沙坪坝的重庆大学,在外文系举办的入学迎新晚会上,外文系系主任周考成教授和其他老师们作自我介绍时,一位五十开外、精神饱满、衣着朴素、正襟危坐的老先生介绍自己,用英文说:“My Chinese name is Wu Mi. My English name is Mi Wu.”这时全场发出愉快的欢笑声。这就是我第一次会见雨师的情景,给我留下了极其深刻的印象。雨师当时是磁器口西南师范学院外文系的教授,他来重庆大学外文系兼课,从磁器口到沙坪坝,他总是步行。在沙磁公路上,人们常常见到一个老人,身穿一件已经洗得几乎变白了的灰布长袍,一手拿书,一手拄着一根极普通的木质手杖,在健步如飞地赶路。寒冬季节,头上多了一顶土棉纱睡帽,睡帽原先的棕色也是因为时间久了洗得褪色了。这个老人就是雨师。雨师来重庆大学外文系上课,风雨无阻,我也从未见他迟到过。他每次总是提前到达,在未响预备上课铃之前,他已经来到系办公室了(因为当时重大外文系没有专门的教员休息室)。记得有一天,上课之前,我打从办公室门口经过，看见雨师正坐在一张靠背长木椅上，当他看见我时，他向我招手，于是我进屋去走到他眼前。他先问我是什么地方人，当我回答是四川江津人时，他顿时喜形于色。随即他又问我知道吴芳吉先生不。我说知道，并且顺口背出“天愁地暗，美洲在哪边？剩一身颠连，不如你守门的玉兔儿犬。残阳又晚，夫心不回转。……”[①]雨师听我背出《婉容词》，感到格外高兴，也许就因为我是他故人的同乡，又能熟背他知己的诗词，这给雨师留下了好的印象，因而对我产生了特殊的感情。接着，雨师对我说：“好，你坐下，现在让我来教你如何使用《简明牛津字典》（即 C.O.D.）。”他于是把他随身携带的那本《简明牛津字典》翻开，一一为我讲解它的用法，以及使用任何字典时，都要先细读（前言）和熟悉该书的编辑体例等。当他得知我是一年级新生时，他说：“你在一年级，我现在教的是二年级的英国小说和四年级的欧洲文学史。这没有关系，只要你的课与我的课不冲突，从下周起，你就来听我讲英国小说和欧洲文学史，能听懂多少算多少。”最后，我离开雨师时（因为快上课了），他还一再叮嘱我，叫我一定去他班上听课。果然，我从此就按时去听雨师讲英国小说和欧洲文学史。因为雨师在重大外文系上完课后，已是中午，他无法赶回磁器口西南师范学院去吃午饭，只能在沙坪坝街上一家小饭馆去用餐。那时，我听完课后，他总是叫我和他一道到小饭馆去共进午餐，同时也给我以教诲，指定读物，布置功课。比如他教我做任何事都要专心，全神贯注。他用开抽屉作例子，做某件事时，专门打开某个抽屉，晚上就寝时，就把抽屉全关上，什么也不去想。我当时是外文系学生会的副主席，主席是四年级的徐炳旸同志。平时工作颇忙，加之解放初期，政治运动一个接着一个，甚至全校正在上课时，突然一声广播，于是上课立即停止，到团结广场开大会。有的同学对这种情形不适应，说等这个运动完，再打开书好好学习。谁知这个完了，那个又开始了。当时雨师就对我说，现在情况变了，不可能安安静静地、较长时间地坐下来学习。社会活动、政治运动必须参加，就只能抓紧余下的片段的、短暂的时间学习。有半点钟学习时间，

① 这是吴芳吉先生著名的《婉容词》，在四川流传甚广，曾被许多中、小学选作国文教材，我在读初中时，就已经能熟背了。

就专心学半点钟。哪怕只有十分钟，也要专心学习十分钟。我当时就按照雨师的教导去办。因而，即使在1950年、1951年那段时间，社会活动、政治运动如此频繁之际，我还是未放弃学习，这对我后阶段的学习打下了一定的基础，也是在到四川大学外文系念三年级时，不少同班同学放弃英语，改学俄语，而我始终坚持学习英语的原因之一。记得一次同雨师在沙坪坝一家小饭馆吃了午饭之后，他为我布置作业，要我自学尼尔逊和桑代克合编的《英国文学史》中的某页至某页，并且说，下次见面时，他和我都来背诵书中所引的W.Hazlit[①]论莎士比亚的Hamlet的那一段文字，因之，至今我还能背出："Hamlet is a name; his speeches and sayings but the idle coinage of the poet's brain. What then, are they not real? They are as real as our own thoughts."[②]想到这些，我是多么地感激循循善诱教导我的雨僧师呵！我刚步入高等学府，就能得到这样一位德高望重、学识渊博、热爱后生的老教授的指导，使我在英语专业学习上，受益匪浅，对我以后从事英国文学教学有直接的影响。

1952年，全国高等学校院系调整，重庆大学外文系调整到成都四川大学外文系，因此，在1952年9月，我向雨师告别。到川大外文系后，我仍不断向雨师请教。院系调整时，西南师范学院就从磁器口迁到北碚，仍然叫西南师范学院，直到前几年才改名为西南师范大学。雨师在1952年秋，就随西南师范学院迁到了北碚。先后在外文系、历史系和中文系担任教授。雨师在北碚，我在成都，当时因交通不便，平时只有靠通信。大概是1953年底，当时担任我们翻译课非常成功、深受全班同学敬爱的周汝昌老师（即《红楼梦新证》的作者），因事到重庆去。他到了北碚，会见了雨师，他们还一道饮宴。雨师就曾主动托周汝昌老师给我带回了5元钱作零用。1954年8月，我在四川大学外文系英语语言文学专业毕业，当时中学的英语课已全部停开，我在大

---

① 威廉·哈兹里特（1778–1830），英国著名评论家、散文家、画家。——原编者注。

② 此段英文是哈兹里特论述莎士比亚悲剧《哈姆雷特》主人公之一段话，意为："哈姆雷特只是个名字。其言论纯粹是诗人头脑中遐想的产物。然则，这些言论都是虚妄的吗？它们真实得一如我们自己的思索……"出自作者1817年写的《莎士比亚戏剧人物论》中《哈姆雷特》一章。——原编者译。

学的二外学的是俄语。进重大就选学了俄语，启蒙老师是当时西南地区闻名的李德才教授，到了川大外文系后，在我已经选修完毕之后，我仍继续选学俄语，因此，我被分配到内江市的第二中学教俄语。当桐梓坝内江高级中学建立后，我又由二中调到高中教俄语。在此期间中，我仍继续向雨师请教关于英语语言文学方面自己遇到的问题。雨师在给我解答问题时，多半用红墨水毛笔，将解释直接写在我问题的下方。我在重庆大学外文系听雨师讲《傲慢与偏见》和《名利场》时，一次雨师对我说，他有一本授课用的《名利场》（即 *Vanity Fair*），上面有他的批注，此书当时尚在北京家中，他说，等以后书运到后，他一定将该书赠我。1956 年，我在桐梓坝内江高中教俄语时，一天我收到了雨师自北碚西南师范学院给我用挂号寄来的一册书，打开一看，是一册版本甚好、在 20 世纪印行的《名利场》，内中并无雨师的批注。雨师专门在书的封面上贴了一张约二寸宽三寸长的纸条，他用毛笔在这张纸条上端端正正地竖着书写了下面这几行字："宓藏有 Oxford 本 *Vanity Fair* 一册，附 Thackeray 自绘插图，该册并有宓之批注，为昔年授课用者，曾约定以该册奉赠江家骏学弟。乃今春北京藏书运到，竟缺此册，益为友生取有之矣。只得以另一本奉赠，尚可读。宓译此书名利场第一回《媚高门校长送尺牍　泄奇忿学生掷字典》载《学衡》中，容另寄。"雨师在这段话中第二个"奉赠"二字的右边，还用红墨水笔各加了一个圈。雨师的做事不苟，重然诺，于此可见。在"文化大革命"的十年动乱中，我的不少图书遭到损失，连《吴宓诗集》也被迫交出，然而，雨师赐我的这册 *Vanity Fair*，虽费尽周折，终于得以幸存。今天，每当我捧出这本书来，凝视着封面上雨师留下的墨宝时，真叫人心潮起伏，思绪万千，情不自禁，为之泫然。

1957 年夏，西南师范学院外语系英语专业已经恢复招生有一年了。我由原重庆大学外文系系主任熊正伦教授（我大一时的老师）的推荐，在 1957 年 9 月由内江高中调到了西南师范学院外语系，雨师当时在历史系教世界古代史课程。我这时可以随时去向他请教。那段时间，雨师的心情不太好，因为师母邹兰芳在 1956 年刚病逝。邹兰芳师母，原本是相辉学院法律系的学生，1950 年 9 月转入重大法律系三年级，我在 1950 年 9 月考入重大外文系，因此我们是同学。邹兰芳在重大法律系时，还未和雨师结婚，她和雨师结婚是1953年6月8日的事。我常见雨师到女生院（就是女生宿舍）去找她。因为我和雨师的师生关系，雨师也曾与邹兰芳女士提起过，因之邹兰芳女士对我也颇了解，我们平时彼此都有招呼。我记得碰见她时，特别是当她和雨师一道在校园散步时，她总是常常带着一种一般少女的腼腆，嘴角常常挂着微笑。1957年9月，我到西南师范学院后，才知道邹兰芳师母病逝。我记得我曾写过一首悼念她的小诗，并抄呈雨师，其中有这样的句子："我原以为今天您会为我捧出喜糖，谁知我却把鲜花放在了您的坟上！"邹兰芳师母病逝后，雨师垂老黄门之痛，十分明显。为了表示他对继妻（"继妻"是雨师的用语）的怀念，他将邹兰芳师母生前所用过、学过的书籍全部封存不动，放在特定的地方。我去看望雨师时，他指着这些书，深情而忧伤地告诉我，这是邹兰芳师母的遗物。晚饭后，我常陪雨师在校园散步，散步时他也为我讲解英国文学或关于中国古典诗词方面的问题。当我们漫步到办公大楼正门前，他总要驻足凝视对面的远山。一次，他指着对面远山顶上有三根高压电线杆的地方，因为太远，只能隐约看见。他说，在第三根电杆下，就是邹兰芳师母埋葬的地方。我这才明白，为什么每次来到办公大楼正门前空坝上时，雨师总要久久凝视对面的远山。记得有一次，雨师要我把他住的屋子画下来，当时他住在现在的新图书馆附近的民主村，他当时住的这幢房子，上次修新图书馆时就拆去了。我就照他的要求，将他住的屋子从外部看见的情形画了下来送交给他。雨师把它贴在书桌旁的壁上。在屋子内，在一间空着的单人床靠着的墙壁的上方，雨师贴了一张约一尺五寸长、一尺二寸宽的淡绿色土纸，工工整整地在上面写了两个字："兰室。"因为这间屋子和这张床，是邹兰芳师母曾经住过的。

1958年初，西南师范学院将部分教师下放农村劳动锻炼，我是属第一批下去的。当时的口号是"知识分子劳动化，劳动人民知识化"，要把知识分子培养成为无产阶级革命事业的可靠的接班人。在农村我们分别住进贫下中农的家里，等于成了他们家中的成员之一，和他们一道上坡干活。回家后烧火、煮饭、挑水、砍柴乃至喂猪。总起来说，就是和贫下中农同吃、同住、同劳动。这段生活，在我一生中是十分值得回忆的，我也十分珍惜和贫下中农共同建立起来的那种同甘共苦的真实感情。在农村，生活的确比在高等学校要艰苦得多,每月吃肉打牙祭至多也只不过两次。有时星期天我回到学校,便去看望雨师,每次去看他,他都一定要留我和他共进午餐。当时雨师也是在食堂搭伙,到时去食堂买菜、饭,由于荤菜是凭票定量,每月只能买多少份是固定了的。雨师知道在西师我没有家,因为我的爱人冯昌敏(也是雨师的学生)尚在内江高级中学。吃饭前,雨师也总是叫邹开桂(邹兰芳的侄子,邹兰芳死后,邹开桂就留在雨师身边,照顾雨师的起居,同时雨师也为了帮助邹开桂的经济、生活)到食堂打菜、饭时,多打一份肉来招待我,这样该月雨师就得少买一份了。

逢年过节,雨师都要请我去吃饭,席间总要多摆上两副杯筷,一为亡妻邹兰芳、一为亡友吴芳吉。在我们举箸前,都要静坐、低头、默祷两三分钟。雨师对吴芳吉先生的友情,特别深厚,芳吉先生逝世后,家境困难,雨师始终尽力资助他的遗孀和后人。

60 年代初,全国高等学校纷纷为部分学有专长的老教授配备助手,让青年向老一辈学习,以期后继有人。我在当时被雨师选作他的助手,并得到当时院领导的批准,同时由当时担任学院教务长(后又任副院长)的著名诗人方敬同志直接领导,我的学习情况以及雨师批改过的我的作业,几乎每次都送呈方敬同志。方敬同志也是十分关怀我的学业和进步,他总是勉励我虚心向雨师学习。对于雨师,方敬同志对他的关怀照顾也是很多的。我记得,一次我去见方敬同志,当时他正卧病在床,我坐在他的床边,他语重心长地对我谈到了雨师。他说:"对于吴宓这样的老教授,我们应看到他的进步(因为在当时雨师似乎总被别人目为'老落后')。新中国成立前夕,吴老师曾经产生过出家的念头,他打算在新中国成立之后,如果社会与他不合,他就愿在入睡时,一睡不醒,长眠而去。新中国成立之后,吴老师不仅继续工作,今天还愿为我们培养青年教师,这就是吴老师的进步之处。"在当时那种"左"的气氛下,能这样实事求是地看待问题,时时看到老知识分子进步的一面,的确是难能可贵的。自从我担任了雨师的助手之后,便从雨师学习英国文学,主要是英国文学史和英国浪漫派诗歌。这是在 1962—1964 之间的两学年。头一年是半脱产,第二年全脱产。在这两年中,可以说朝夕与雨师见面,聆听雨师的教诲,受益至深。雨师规定应阅读的书籍、篇章,我总是努力去完成,从不拖欠。结业时,承雨师夸奖,评我“勤敏为学,精力过人”。今天回忆起来,对于雨师的嘉许和期望,我只感到万分惭愧,因为年年除忙于教课外,别无成就,实在有负雨师当年的厚望。

“文化大革命”肆虐时期,全国各大学掀起学“朝农”,当时盛传大学都要迁出城市,要一锅端到农村。一天下午,我去看望雨师,他正坐在床沿上,神情沮丧。我进屋后,他让我坐下,然后对我说:“御周①,听说所有大学都要搬到农村去劳动。我这样老了,去做庄稼怎么行?”我宽慰了他一番,我说:“如果雨师真的搬到农村去劳动,我一定和您在一起。照顾您的生活,帮您干活路。”我说这话时是有考虑的,因为我身体甚好,过去下放劳动锻炼时,在乡下栽秧、打谷、犁田、耙田、挑粪、喂猪什么都干过的。最后,雨师经过一番思索,带着一种无可奈何的痛苦神情对我说:“到那时,我就只有申请退职了。”然后又叹了一口气。在这段时间,邹开桂已经被送回原籍,不许留在学校。当时只有一个姓曾的老大娘在帮助雨师做点生活琐事,如打水、打饭、买菜等。“文化大革命”中,雨师在学校第一批被打成了“牛鬼蛇神——反动学术权威”。特别是当1971年“批林批孔”时,雨师被打成“现行反革命分子”之后,一般人接近他且不敢,就更不用说去帮他做事。而曾婆婆年岁较大,心地善良,加之又是劳动人民出身,她不怕别人说什么,因此她帮了雨师相当长一段时间。在怀念雨师时,是怎么也不会忘记曾经细心照顾和十分同情过雨师的这位老大娘——曾婆婆的。

雨师对人十分诚恳,且乐于助人。他自己则粗食布衣,自奉甚薄。对工作他总是希望能多做些;对待遇,他曾几次主动请求领导减少他的工资,领导自然不能这样做。每月领工资之后,他就忙于填汇款单(有时他事先就将汇款单填好),然后分寄各地他所资助的亲友或学生,而他自己则往往所剩无几,有时还要向别人临时借少许款项。雨师对别人总是考虑得十分周详,无微不至的关怀;而对他自己,则刚好与此相反。这真是心中时时装着别人,唯独没有他自己,这是一种多么崇高的忘我精神呵!雨师也常说他乐于

① 御周是我的号,家骏是我的名。雨师曾对我说,他的祖父名叫“家骏/俊?”,他觉得时时叫家骏这名字,似有对先大父不敬之嫌,因此他有时又叫我“御周”。

助人,特别是对身处困境中的,他喜欢雪中送炭。他告诉我说,他助人“并无特别的目的,亦不望人报答”。

1977 年 1 月 8 日(雨师因长期生病,双目几乎完全失明,卧病在床,生活困难,不能自理),他的胞妹吴须曼便把他接回老家陕西泾阳医治、调养。雨师离开西师的前一天,即 1 月 7 日,我到文化村一舍他的住处去看他。他当时躺在床上,手里拿着一把已经生锈的普通小剪刀,在边摸边修剪他脸上的胡子(雨师头虽早秃,但须眉甚浓密),他脸上的胡须都已经基本白完了,看来他已经许久未理发修面了。我进门之后,须曼同志迎着我,告诉我明天就动身,要我劝雨师同意和她一道回泾阳老家,因为最初他表示不愿离开西师到别处去,而一些平时从他那儿拿钱用的人也尽量想把他留住,这些人认为,留住了他就等于留住了钱。当我们刚说了几句话时,他听见屋内来了外人(因为他双眼已看不见,只凭听觉知道),便问:“妹妹,谁呀?”我忙接着说:“吴老师,是我,我是家骏。”于是他说:“呵,是家骏,过来!”我走到他床前,俯下身去握住他的手说:“吴老师,您的妹妹这次专程来接您回老家去治病,您就和她一道走吧!回老家去有亲人照顾,比这里好得多,您就同她一道回去吧!”他听了,兴奋地说:“好,我去,我去。”他马上又问须曼同志关于车票的事。当时,我见雨师双目失明,面容清瘦,卧病在床,我觉得他当时的思路也不似从前那样清楚。我最后又安慰了他一阵,并说以后要到泾阳去看他,当时我心里难过极了,满含热泪从屋子走了出来。第二天(即 1977 年 1 月 8 日)是周恩来总理逝世一周年,全校要开大会纪念。我一早便先到雨师处去给他送行,我还未走到他的住处,就见须曼的子、侄已用凉椅绑成滑竿样的轿子,一前一后把雨师抬了出来。我快步向前去向雨师道别,并表示我以后定到泾阳去看他。想到雨师含冤而去,我情不自禁,眼泪夺眶而去,心里预感到一种不祥。果然,这次向雨师告别也就成了我们师生的永别了。1978 年 1 月 17 日,雨师在老家泾阳含冤逝世,终年 84 岁。

1979 年 7 月 18 日,西南师范学院为雨师召开了平反昭雪大会,把“四人帮”横行时强加在他头上的诬蔑不实之词,统统推倒,恢复了雨师的政治名誉。对于 1971 年 9 月“四人帮”当道时做出的“现行反革命分子”的错误结论,予以撤销,所形成的材料,也统统销毁。

1983年和1986年,我曾先后两度去美国。第一次组织上同意我去美并经北京大学英语系教授李赋宁老师介绍,到著名的耶鲁大学的英语系,以访问学者身份,在该系研修英国文学,特别是研究苏格兰农民诗人罗伯特·彭斯的作品,整整住了一年。第二次赴美是以校际交流,交换教授身份,应堪萨斯州威奇托市友谊大学之邀,去该校任教,除讲授中国文化及中国历史课程外,并应当时该校文学院长R.纳尔逊教授之请,为选读英国文学课的学生,专门讲授彭斯诗歌,颇获师生好评。我记得在学生听完课后的鼓掌声中,我心情十分激动,我想到了辛勤教导过我的雨僧老师。我对在座的教师和同学说,如果大家觉得我今天的讲课还有些许可取之处的话,这应当归功于过去教导过我的老师们,尤其是我敬爱的导师吴宓教授。是他多年、辛勤、无私的教诲,我才有今天。记得我跟雨师学习英国文学和担任他的助手阶段,雨师对我说过:"如果你现在能到美国去进修一段时间,那就太好了。"接着他又说:"看来,现在是不可能了。"连我自己也没有想到,粉碎"四人帮"之后,我真的到了美国最著名的大学之一——耶鲁大学。组织对自己的信任,使我深为感动。假如雨师健在,他该是多么高兴呵!

我从雨师学习,先后二十七个年头。我能得到雨师系统的教诲,在我一生的事业中,有着重要的作用;我能得到雨师的厚爱,我是幸福的。记得1982年外语界前辈许国璋老师曾来重庆四川外语学院作短期讲学,我当时代表西南师范学院外语系去川外接许老师来北碚我系做学术报告。许老师也是雨师早年的高足。当他知道我曾是雨师的助手,并长期得到雨师的教诲时,许老师若有所思地对我说:"像吴宓老师这样的知名学者、教授,本应在京沪的大学任教,这都是因为特殊的历史条件,他才一直待在西南,留在你们的学校。你能随时向他请教,真是有福气呵!"

今天是1988年的9月1日,新学年又开始了。校园里顿时又热闹起来,同学们向老师问好的声音,随处可闻。现在已是黄昏时分,窗外雨声淅沥,遥想陕西泾阳地方,此时是否也笼罩在如织的秋雨之中?!雨师坟上的黄土和坟前的石碑,是否也被那秋雨所淋湿了?!

一千多年前,唐代伟大的诗人杜甫曾以泪和墨写下极其沉痛的诗句:"存者且偷生,死者长已矣!"我们当然不是在苟且偷生,但对于那些已经不在人间的亲人,则的确是“死者长已矣”呵！安息吧！雨僧恩师！我永远怀念您！

1988年9月1日

（本文选自《回忆吴宓先生》,黄世坦编,陕西人民出版社1990年版）

我的邻居吴宓先生

彭维金

吴宓教授是重庆、国内外的著名教授、学者。1952 年 9 月,我们从北碚歇马场川东教育学院院系调整到原川东行署旧址西南师范学院时,吴宓先生就在该院外语系任教授。我在中文系读二年级时,他给我们全年级讲授《世界文学》课。我毕业留校任教,吴老师先后调任历史系、汉语言文学系,陆续给本科、进修班开设《世界史》《世界古代史》《外国文学》《英语》和《古文导读》等多门课程。我当学生时候,他家住现在西师图书馆所在地的小洋楼里,多是教授宿舍;后拆迁修图书馆,他便迁至文化村老一舍 106 号一个前后贯通的二十多平方米的公共宿舍里,这时,他的夫人邹兰芳师母已去世。1958 年,我搬至该舍二楼 209 号一个十平方米的单间,206 号又是吴老师给外国文学教师进修班上课的课室。于是,这位老师成了我们天天见面的邻居。从 1958 年至 1966 年,我们师生相邻八年多。1966 年 10 月至 1967 年,我们师生同被"红卫兵"打入"劳改队",又成了"棚友"。"棚友们"还讲"尊师重道",让他老人家留在工棚,"照看衣物",免受劳作之苦。当时,吴老师已是七十二三岁高龄了。

张紫葛先生所撰《心香泪酒祭吴宓》出版发行以来,引起了"真伪"之辩,很是热闹。仅就我这个真正的邻居所认识的吴宓先生,《心香》一书陈述的吴宓先生在西南师大的情况,多有不确。此回忆录,只想就个人的见闻,谈点对吴宓老师的粗浅印象,也偶正张说。

一、俭朴真诚

我脑中留下的吴宓老师的身影是:中小身材,偏精瘦,满脸络腮胡,戴近视眼镜,手持拐杖,走路特快。春秋天,着蓝、灰、黑色布料中山装;夏天,着白布衬衫,有时穿背带西裤;冬天,老是穿一件灰色布袍。几乎二十多年不变,毫无时髦感,更没洋味,尽管他精通英文,又通好几种外语,日常生活中,我很少听他说外语,只是在回答专业问题时,偶说外语。由于居处无厨房,公共食堂当时又实行"为教职工服务"方针,可以满足职工用餐要求,吴老师也同单身职工一样,基本上由保姆到食堂买三餐,很少自炊。有一次,我在食堂至宿舍的路上碰见吴老师买菜饭回来,他说:"今天极高兴,发现两角钱还可以选择两种半份的荤炒菜!不亲自动手,容易受蒙。平日都是保姆买什么我吃什么。"他俭朴的饮食,也可从他的日记中找到:"今晨,食二馒卵。"这就是说,他的早餐是两个鸡蛋、二两馒头的标准。虽然,吴老师从50年代初期已是国家二级教授,每月工资高达270多元,但他自己开支的却很少。每月工资发下,他都按计划汇寄了亲友。例如,著名的《婉容词》的作者白屋诗人吴芳吉的子女及孙子女,便是他每月照数准汇的对象,甚至连萍水相逢的工人朋友,也常予赞助。他增加了工资,也按增加的比例给困难时期照顾他的妻侄儿增加"工资";离开西师回陕西时,将剩余的钱,都赠给了保姆。对己节俭,对人慷慨,是吴宓先生一贯的处世观。

吴宓老师对人的称呼,极为有趣而真诚:一般带对方的姓称"先生",尊称曰"公";亲密的,称之为"兄"。由此可辨识他与对方的疏密关系了。但无论如何称呼你,你都能感到他都是出自内心,而非外交辞令。不分男女老少,我很难发现他直呼某人的名字,即使是喊学生,也必然在名字后面带出"同学"二字。典型的事例要算他对亡妻邹兰芳的真诚:大约是1956年,邹兰芳女士住院,吴先生去重庆九院探病,一见爱妻的面,就拥抱、亲吻,弄得同病室的女病人躲闪不及。他按西方的亲昵方式表达对爱妻的挚爱,在解放不久的北碚,传为笑谈,甚至有人称他"疯老头子"。爱妻逝世后,吴先生在居室挂着邹兰芳的相框,每次自己进餐时,还给亡妻摆下一份碗筷。这可成了“文化大革命”时期,红卫兵加给他的“反动行为”的“罪名”之一。

在长期相处中,我未发现集体活动时吴老师无故缺席或迟到过。每逢单位开会,他总是拄着拐杖早早地赶到会场,双手握住拐杖柄,支撑着下巴,微闭双眼,静静地听领导或同事发言,不时也以谦虚口吻插上几句;他若发言,多是朴实的短话,川陕、文白夹杂的普通话,听来顺耳,手握的拐杖仍多不离下颚部位。凡全校开大会,吴老师这位二级教授,端上小竹凳,同师生一齐列队参加。他总是一笔一画地以楷体写繁体字,用心记录大会讲话内容,比小学生听有趣故事还专注。吴老师一生的日常习惯,便是每日记日记,大会记笔记,人们都说:吴宓先生的笔记和日记,其实就是时代的脚印。他的日记尤其宝贵:不仅是他自己一生的经历、思想的记录,又是社会变迁的实录。从时间上说,他一天不落,几十年不断,连被“造反派”隔离审查期间,他也要翻过台历或利用可以找到的大小不一的废纸记日记;从内容上说,必记自己一天的经历、生活、感想,连解大手时,用了几次力,都有记录。领导什么时候讲过什么话,自己也记不得了,可在吴先生的笔记中也许可以找到;我们师生、邻居交谈过多少次,我们都忘了,也许可以从吴先生的日记里统计出来。我原先担心他的日记被红卫兵抄缴之后,是否已散失,在《文汇读书报》上见到三联书店已出十卷(1910—1948 年),也就放心了一半;但吴先生 1949—1978 年的日记,也就是他说的第三个二十八年的全部日记,是否有散失,我仍有些担心。但愿如有的同志说的:都找回来了。

二、学贯中西

吴宓老师是西南师范学院教授中,唯一的一位周游外语、历史、中文三系任教的教师,这个经历本身,就表明他既精通文史,又学贯中西。他在三系都当教授授课,却从未做过系主任。他在外语系时系主任是赵维藩教授,历史系系主任是郭豫才教授,中文系系主任是魏兴南教授。吴先生在历史系时,做过世界史教研室主任。他潜心做学问,毫无当官欲望。早在回国后作清华大学外语系系主任时,也集中精力研究设计外语教学计划、课程设置。据熟悉此情的老教师说:现在全国外语院、系开设的课程,基本上还是沿袭当时吴宓先生设置的框架。

吴宓老师给我们讲授《世界文学》课，学生手头只有一本百来页的关于世界文学提纲式小册子，我们所学的世界文学知识，几乎全是吴老师于课上抄、背给予的：他一面如数家珍地讲，一面在黑板上写，每堂课下来，就是好几页笔记。凡遇上书名、作家名和地名，他便写出汉、英、法、希腊、拉丁不同文字的名称；凡他实地考察、旅游过的地方，都补充一句："此地我去过。"他无论讲解作品或介绍作家，都很具体实在。例如，讲但丁《神曲·地狱篇》，他便画出地狱图，一层一层解说。介绍歌德时，还不时自况插科："歌德有三个女儿，我也有三个女儿。"学生不由不哄堂大笑。同他的讲授方针一样，他还在考试中引导学生掌握广博知识。一次期终考试，他出的考题就有：就所列出的作品名称（三十多部）中，任选三部以上作品，述其故事梗概；某某名著是何人所作？何年何月由何出版社出版？吴老师的教学，与当时时兴的重评论的教学，大不相同：重知识广博准确，寓评论于讲述语言中。吴宓先生的学术论文、诗歌创作，主要公开发表在他自称的第二个二十八年时期，第三个二十八年，即新中国成立以来，他的著作公开发表的甚少，多是手稿，交人保管，至今还未与读者见面；同时，在教师进修班学员的讲义、笔记等中，也可见到他片段的学术建树有关材料，1949—1978 年的日记中，或可寻出吴先生学术思想的新轨迹。吴宓先生是中国英语教学和比较文学的创始人之一，他一生勤于动脑、动笔，不可能对他已建的学科没有发展，也不可能没有新的学术构想。倘能将这最后二十八年时期吴宓先生的著述整理出来，公开出版，无论对于研究吴宓学术或对于中国的学术发展，都极有裨益。

吴宓老师对于后学的请教，无不热情解答，乃至查出原书供你参阅。我读马恩译著，有时被所引文学作品难住，就近去请教吴宓老师，他总是先请你坐下，马上从书架上翻查原著：这是莎士比亚喜剧《仲夏夜之梦》的句子，那是历史剧《理查三世》的台词……一次做宿舍室外环境扫除，做到他居室后窗下时，吴老师闻声打开纱窗，随口很有兴味地吟道："绿满窗前草不除。"对我们天真地一笑。

综观吴宓先生，我认为他的特长是：国学宽厚，文史两全，精通英语，学贯中西。就他在西南师院任教二十八年来说，无论在外语系、历史系，还是中文系,都未能用其所长,尽其全才。倘若像周总理安排顾颉刚先生晚年整编校勘《二十四史》一样,吴宓先生晚年同样能做出丰硕的学术成果。我曾问过现代诗人、西师管理教学工作的副院长方敬教授:“当初,为何未安排吴宓教授集中精力翻译世界名著?中西名著作比较研究?”方先生说:“是考虑到的。想到他行文总是半文半白,还得找人重复整稿,也就搁下来了。”《心香》一书所称“F 先生”,明眼人知道这就是指“方敬先生”。张紫葛先生对方敬副院长的贬责,我们西师人也认为是不合事实的:方敬先生虽是院领导,却以“知识分子的朋友”著称。50 年代,方敬同志在一次会上说:“吴宓等教授的猫上了房顶,你们(指后勤、教务职工)也要想法给它们捉下来!”这当然是诗人的形象说法,亦可见他对名教授的重视态度。“文化大革命”中,方敬先生因此类话,吃过不少苦头。

三、坦荡不移

吴宓先生心无城府,他的话藏不住,总是直言告人,也不易为人左右。平日如此,即使处于逆境之中,也不改初衷。兹举几则我亲耳听到的他的发言或真实传闻,以印证我的话。

“文化大革命”初期,学校已经“停课闹革命”,红卫兵已开始“大串连”,我们这些“牛鬼蛇神”早已集中“劳改”。一次,在“牛棚”(“牛鬼蛇神”劳改之工具房兼学习室也)因雨学习,吴宓先生大胆提出一个问题:“国家干部犯错误,一向按组织原则撤换、处理,为什么这次采取大运动、大串连的方式搞?”我们这些“棚友”,对“文化大革命”运动也不理解,无法回答他的疑问。事后才知道,他将此问题记入日记中,并先后摘录了些“语录”,对中央“文化大革命”领导小组的某些人也提出了疑问。这可就成了他后来被打成“现行反革命分子”的一种铁证,“钢鞭”材料。

吴宓先生自被打成“牛鬼蛇神、反动学术权威”之后,就停发了他的高额工资,每月仅发给他 15 元生活费。一次,我们在中文系资料室学习时,吴老师低声地说:“我好像一匹马,主人给我吃多少就多少;而每月 15 元,又的确太少了一点!”耿振华先生安慰他说:“你先拿存款开支,以后再说吧。”他说:

“我仅有800元存数，早被看管我的红卫兵拿去大串连了！”实话实说，这是他的个性；坚持自认为正确的意见，不人云亦云，也是他的原则。有两次师生一起学习，在批林批孔中，有学生指责孔子是“天命观”的老祖宗；吴老师马上插话：“孔子说的‘天’是自然之‘天’，不是‘天命观’之意！”有学生批判林彪是搞“克己复礼”，吴老师却说：“他之类人，做不到‘克己复礼’！‘克己’是‘克制自己’，他若能克己就不会搞阴谋、政变，谋害毛主席。‘复礼’是恢复周礼，当时，东周列国诸侯称雄，早已废除周礼，没有统一法制、礼仪，‘克己复礼为仁’是治乱的主张。”吴老师分析得有理。学生都默认了，教师都佩服他的求是态度。

吴宓先生坚持传统文化的观点不少，过去有以一言以蔽之谓“守旧派”。其实，我们应当仔细研究一下，吴宓先生所坚持的传统文化观念，有哪些是正确的？例如，吴先生坚决反对汉字简化，他说：“我在外面被迫写过一个简化字。回家我将写十遍此字繁体！”他认为汉字繁体既合乎形、音、义造字原则，又具有书法美。吴先生却极力拥护汉字书写横排：“这是创造性改进！”他也身体力行。这位精通拼音文学的专家，反对汉字拼音化，连简化字也不赞成，他的根据、道理何在呢？值得研究。大家都知道，吴宓先生是一位“红学专家”，对古典名著《红楼梦》情有独钟。据吴老师的研究进修生孙法理教授说，他对《红楼梦》的研究，不是走的俞平伯、周汝昌等先生的路，而是自己独辟蹊径。这就值得介绍出来，以正视听：西师师生中流传最多的是，热心贾宝玉式的精神恋爱，研究“一从二令三人木解”之类的考证课题。

吴宓先生不为时尚观点左右、直言不讳的性格和他的日记，却给“文化大革命”中红卫兵给他“无限上纲”安罪名提供了依据。吴先生被当时“四人帮”控制的公安部批复为“现行反革命分子”的基本“罪状”主要是两条：攻击社会现实；反对“文化大革命”、攻击诅咒革命领袖。这两条罪状的依据是什么呢？说来很有戏剧性。经济困难的60年代初，吴老师给中文系上《古文导读》课，讲到“之、乎、也、者”的用法时，他即兴口头造了一个例句：“三两尚不足，何况二两乎？”当时仅成为全系的谈资，“文化大革命”中即上纲为“攻击现实社会”的罪名。三年经济困难时期，教职工每月口粮19斤，不够果腹是客观事实，很多人因此浮肿，只不过吴老师潜意识般地流露出来罢了。其实,吴宓先生对生活一向要求不高,当时,政府和学校供给高级知识分子特殊食品,他仅得一份,也同他的妻侄儿分享,甚至少享。他反对对他的特殊优待:学校曾以吴宓等名教授名义,专门盖了一座四合院式的别墅,宽敞,也通小轿车。吴宓先生就是坚决不搬去住,仍守着他那二十多平方米的公共宿舍,理由就是自己不受特殊照顾!有的群众戏称别墅为“地主庄园”,更没有人去住了,曾一度作为招待所,现为四家一般宿舍。吴宓先生在60年代的一次全校春节团拜会上,站起来发言,其中说到对党和政府感佩之情,有这样的比喻:“国民党是我的亲妈,共产党是我的后妈,但后妈对我比亲妈还亲!”出席团拜会的诸公虽觉比喻不甚恰当,却又为其真情所感动。到了“文化大革命”,又上纲成了他攻击共产党的“罪状”。

吴宓先生在日记中,除了记录有关“文化大革命”的人、事和疑虑之外,还记了梦见周总理遭遇不幸事故的内容,他接着写了一句“日有所思,夜有所梦”。就是这“日有所思”,又被上纲成了“诅咒”的罪名。于是,“反对‘文化大革命’,攻击、诅咒革命领袖”的“现行”凑全了!据我所了解的吴宓先生,他的“日有所思”,应当作“挂牵”“关注”解。日理万机、自顾不暇的周总理,哪能知此具体民情?倘若他知情,万不会让红卫兵、造反派如此胡来!

既然是部批的“现行反革命”,吴宓先生的遭遇陡然升级。中文系师生去梁平农场“斗批改”,也将尚未解放的“牛鬼蛇神”押赴农场集体蜗居,吴老师首当其冲。一天,批斗吴宓先生,两个男性强壮红卫兵夹持吴老师的左右膀,跑步进入会场,由于农场简易礼堂地面斜坡,三人一起跌倒,跌折了吴老师的髋骨,又歪坐在地下接受批斗一个多小时,从此使吴老师留下了瘸跛的疾患。吴老师腿折,多亏历史系教授杜刚百的儿子精心接骨、治疗,才愈合。这是绝不该发生的悲剧!在那一切颠倒的年代,此类悲剧太多了!《心香》一书所说被“打断”、从鼻子灌馊水等情节,都不是真实的。我现场目睹,值得我们深刻反思!刚直坦露的人多遭危厄,似乎是历史惯例,吴先生“坦荡不移”的性格,也难逃此惯例。好在,林彪爆炸之后,特别是粉碎“四人帮”之后,吴宓先生得到了平反,补发了工资,补开了正式追悼会。

金克木教授在《惊闻吴宓故事》诗中说:“信口开河刘姥姥,假语村言莫当真。身后是非谁管得,雨僧原是梦中人。”前两句诗评《心香泪酒祭吴宓》

一书，后两句总体评论吴宓先生一生。我所认识的吴宓先生，也有“梦中人”的同感。就拿“三个二十八岁”来说，我就亲自听他说过：“我要活三个二十八岁。”1978 年 1 月，吴老师在陕西故乡逝世时，正好 84 岁。这种推测的巧合，便是一个谜，是一个梦。我记忆中他的一些言行，也常勾画出“梦中人”的影子……

1998 年 5 月 2 日

（本文选自《多维视野中的吴宓》，王泉根主编，重庆出版社 2001 年版）

吴宓先生琐记

孙法理

1946年，武汉大学复员回到珞珈山，原任的外文系主任朱光潜先生去了北京大学，继任的是从西南联大来的吴宓先生。

吴宓先生来给我们上“长诗”课了。他很瘦削，颅顶秃得厉害，且发亮，正中像山一样隆起，令我想起孔夫子的大名：丘。眉毛短短的，眉毫却很长，伏在深陷的眼窝上，眼睛闪着光。这一双眼睛和千万人的眼睛不同，眼神严峻，即使在笑时也透着庄重，比他的颅顶给我的印象还深，至今仍炯炯地闪动在我面前。

一、他的文房四宝

不知道为什么，那时的人还不知道使用提包（名媛仕女们小巧玲珑的钱包例外），师生们上课都是腋下夹着书。吴宓先生却与众不同，一手夹着个布包袱，一手拿着根手杖，咔咔咔地点着地走，走得飞快。

上了讲台他的第一件事就是打开包袱，取出一个墨盒和一两支毛笔，然后拿出课本开始讲课。讲完课又整整齐齐包好，咔咔咔拄着手杖走掉。他的这一包袱“文房四宝”第一次在课堂上露脸时曾使我大吃一惊。特别是那墨盒，我总怕它有淋漓外溢的危险。可它却像有魔法一样，从不出事。

后来见到吴宓先生的讲义，我才懂得了那墨盒的重要性。吴宓先生写惯了墨笔字，虽然讲义大部分是英语，他也都用墨笔书写。汉字写得整整齐齐，通行亮格，分明就是“蝇头小楷”；英文也大体是印刷体，重要地方还用墨笔或红笔画上些点点、杠杠或波浪线，加以强调。看了这些点点、杠杠和波纹线，我们便仿佛见到了吴宓先生那长眉毫下的眼睛在盯着我们说，“Important！”（重要）、“Very important！”（很重要）、“Pitfall！”（小心出错）

他那写讲义的纸也出奇。有剖开的信封，有购物的包装，也有大小不同的连史纸或毛边纸，仿佛是从各种纸张上裁下来的“边角废料”，分成参差不齐的若干叠。这一叠是艾尔弗雷德·丁尼生的《洛克斯利大厅》，那一叠是但丁的《神曲》（还用粗大的线条画上漏斗形的天堂、涤罪界和地狱示意图）。每讲完一个单元，便发下一叠，让大家传看。（抗战时期老师们的讲义似乎都喜欢这么办，记得我旁听苏雪林老师的“宋词”课，她用的也是这个办法。）我那时19岁，还有些调皮，有时就去挑剔吴宓先生那墨笔字体，却一无发现。我甚至研究过信封的正面，也没有见到什么有趣的东西。

第二年他教文学批评。有了盛郦生先生做助教，用打字机打好讲义，原来那种奇特的讲义就少多了。文学批评课内容很丰富，亚里士多德的《诗学》、朗加纳斯的《论崇高》、但丁的《论俗语》、拉辛的《拉奥孔》……吴宓先生的讲义主要是阅读示要，提纲挈领地阐明重点。一叠又一叠地发下来，叫我们目不暇接，读得好苦。但是，很显然，他这个课准备得更苦。为了做到深入浅出，他下了许多抉深剔微的功夫。吴先生备课是非常扎实的。

二、勇于任事

我的毕业论文写的是莎士比亚，是由教莎士比亚的袁昌英先生指导的。但是我有了问题却去找吴宓先生。并非是我对两位老师有什么轩轾，只是因为偷懒。袁先生住在教师宿舍二区，路远，要爬山，路面还往往泥泞，而吴先生却住在一区，在合作社附近，从男生宿舍去不过十分钟。似乎一共找过吴先生两次，都是先写下问题交给他，过几天再去听解答的。吴先生开始时有点犹豫，也许是不愿越俎代庖吧。但他终于接受了，回答也很仔细，解答不了的问题还向我道歉（记得是几句没头没脑的关于拉丁文的问题）。我那时很不懂事，并不觉得那是平白无故增加了吴宓先生的负担，更没有想到吴宓先生得花许多功夫去查阅、思索、寻求解答。现在我自己教了几十年书，才体会到吴宓先生在这事上勇于任事的精神。他本是可以让我去找袁先生的。

还有一件事给我印象很深，也说明吴宓先生勇于任事。1947 年，武汉大学发生了震惊中外的“六一”惨案。国民党军警半夜包围学校，抓走了学生、老师，还打死三个同学。被抓的教师里有外文系的俄罗斯语言文学教授缪朗山，后经学生运动营救，被释放出狱。缪老师出狱后感到在武汉已无法立足，便打算去广州。据我所知，是吴宓先生亲自送他到武昌机场的。飞机起飞后，吴先生还守在机场，一直等到缪老师平安抵达广州，来了电话，他才离开机场回家。对此，吴先生的解释是：缪老师是外文系的老师，而他是外文系的系主任，他要对缪老师的安全负责。在当时那种白色恐怖里，吴先生此举是需要勇气和决断的，这也表现了他敢于担当的正气。

1948 年夏，我从武大外文系毕业，打算去南京考中央大学外文系研究生。吴先生知道后，主动写了一封介绍信给中大外文系系主任郭彬龢先生（郭是吴先生在东南大学时的学生）。郭先生果然对我另眼相看，在我被录取之后还找我谈话，指出了我在考试中的长处和不足。以后我在重庆，吴宓先生也曾多次关心我的工作和学习。这是一个老教师对学生的一片拳拳之心，到现在仍然令我感念不忘。

三、看望张伯苓先生

1949 年，我在重庆沙坪坝教书，听说吴先生也来到沙坪坝，住在重庆大学，便和一个老同学一起去看过他几次。有一回，吴先生正要出门去看张伯苓先生，便也带了我们一起去。张伯苓先生住在南开中学津南村。吴先生一进门，见了张先生，叫了声“老师”，就要行跪拜礼，被张先生抢前几步搀住了。这样的大礼我平生只见过这一次，印象很深。可见吴先生很守旧，却也很尊师。张伯苓先生是中国现代教育界的元老。他原在海军，痛感甲午海战的失败，决心从事教育事业，便与好友严范孙一起创办了南开学校（包括南开大学、南开中学和后来的重庆南开中学、自贡蜀光中学），桃李满天下，连梅贻琦这样的教坛耆老都是他的学生。周恩来总理也是张伯苓先生的学生,在重庆时常去看他。

张伯苓先生身材魁梧,皮肤白皙红润,很健谈,声如洪钟。讲起他在海军时,早上起床号一吹就必须翻身爬起,站到床边,再穿衣服。这给了我一股动力,之后也学着早上一醒就翻身爬起,不再赖床了。

四、生活情趣

1949 年秋,我又到北碚去看过一次吴先生。那时他在梁漱溟先生办的勉仁文学院和相辉学院两处兼课,住在北温泉背后的山坡上。他那房间几乎像个禅堂。除了一床、一桌、数椅和架上的书之外,几乎是“四大皆空”。唯一的装饰是帐子上的帐钩,钩上垂了几块青铜饰片。吴先生见我凝望帐钩,便打开窗户,回头望着我笑了笑。窗一开,山风刮进来,吹得饰片叮叮咚咚作响。吴先生笑得很得意。屋外是满坡松林,时时有松涛的呜呜声传来。吴先生说他很喜欢这屋,喜欢在松涛声里读书,在松径里散步。他大约受到谢灵运、陶渊明、柯尔律治这些人的影响,对大自然怀有深沉的爱。

1957 年,我第二次做了吴先生的学生。那时吴先生任教于西南师范学院中文系,在全国招了三个“进修生”(前一年还按照苏联习惯叫作“副博士研究生”),我是其一。因为是第二次做他的学生了,随便得多,不时到他家问这问那,或是闲谈。

那时一个武大外文系的老学长周可风选译了一个拜伦的诗集,请吴先生审阅。那天两人正在屋里逐条交换意见,我去了。不久,两人谈完,吴先生就带我们俩沿着小径在校园里散步。我们来到了一个广柑林。广柑已结出鸡蛋大的果实,累累满枝,又正好有秋天的阳光照着。吴先生忽然站住了,斜倚在手杖上,回头向我们说,“你们来看看,这是多么奇妙的世界!”我们站到他的角度,从绿叶与果实丛中迎着阳光望去,看见了层层叠叠的闪亮的绿叶和明暗不同的浑圆的小球体。好一个晶莹的光、色和形体的世界。吴先生让我们欣赏了一会儿说:“我喜欢在春天的黎明时来这里散步,薄雾香花,绿叶素荣,真可算是人间的伊甸园!”我又想起他北温泉松林坡上松涛声里的居室,居室里叮咚的帐钩和他那快乐的笑。松林是个大的世界,叶丛是个小的世界,铜片的叮当是个音响的世界。“耳得之而为声,目遇之而成色”,吴先生是能随处发现大自然之美而陶醉其中的。

吴先生兴致来了,谈起他在清华大学工作时的经历。那时清华大学教授有定期的研究假(似乎是七年一次),由学校出资让教授们到各国研究和进修。他借此机会沿着莱茵河游了一圈。他谈起了河上的景色:山峰、古堡、流泉、青藤、武士的传说、巫女的故事,还有罗瑞莱唱得舟子翻船的峭壁。自然的美景,文化的馨香,老人谈得很专注入神。

五、物质生活和道德操守

吴先生有丰富的精神生活,对于物质生活却很不在乎。他的薪水很高,但是每月的薪水一到手便 20 元、30 元不等地寄给向他求助的人。这些人里有朋友、学生、亲戚,也有不相干的人,但凡向他求助,他都照寄。帮别人的钱寄完,留给自己的就不多了。他只靠这点钱,过着苦行僧式的生活。他一贯有简朴的习惯。一张纸只要有可用的余地就要充分利用,我们的讲义用纸就是那样节攒下来的。就连一段细绳他也要挂起来,以备不时之需。他不抽烟、不喝酒,却往往不到月底就已是囊空如洗,还要到互助储金会去借。

对于钱,吴先生还有一个特殊的习惯。他送给人的钱是不要还的,可他借给人的钱却要催还。他有他的哲学。“我当然要催还,”他说,“这是保护他的人品。他万一忘记了,就会成为他品德上的污点。”他考虑的仍然是别人。

吴先生给予别人的不光是金钱和学术上的帮助,他是连自己藏书上的平生积蓄也全部捐赠给别人。抗日战争开始时他轻装离开北平,书籍大部分都留在了那里。二十多年后,他到了西南师范学院,局势稳定了,他就设法把那几箱书运回来,大部分捐给西南师范学院的图书馆。他是把这当作一件大事来办的,在重要的书的扉页上都用墨笔工整地写上介绍,以引起后来读者的兴趣。

他把钱送给人不心疼,这我能理解。但是和多年的藏书分手一定有过巨大的感情斗争。这些书都是他数十年里从新大陆、欧洲大陆和国内的书店里一本本选购来的,钤上了“吴宓藏书”的大印,阅读后再珍藏的。他却把它们奉献给了未来者。

六、从天堂落入净罪界,再落入地狱

应该说吴宓先生确确实实是个“高尚的人”,“毫无自私自利之心的人”。可遗憾的是,天上降下了横祸,给他泼了满身脏污。

1964年,“四清”运动在西南师范学院开始,运动的第一个报告谈的是一个“令人触目惊心的阶级斗争的表现”:“一个资产阶级知识分子把一个青年党员拉下了水,让他和一个应届毕业女生发生了不正当的男女关系。”这个“资产阶级知识分子”指的就是吴宓先生。

在西南师范学院外语系,犯过男女关系错误的教师以前有过两起,处分都很严厉。有一对是未婚的青年教师,被双双开除公职;有一对是已婚的青年教师与已婚的妇女通奸,不但被开除公职,而且被送劳动教养。可这个所谓的青年党员所犯的却是诱奸在校女生的错误,但对这人的处分既没开除公职,更没送劳动教养,而是被算作“受了吴宓先生的腐蚀”,只受到劝其退党的处分。吴宓先生不过是培养他的教师,一位七十多岁的老学者怎么能诱导一个已婚多年的“青年”犯下男女关系的错误呢?何况那人已经三十多岁,不是青年,应该懂得自己干的是什么样的坏事了。看来,这种非常不合逻辑的处理背后必有隐情。不是领导对他分外开恩,就是他在交代时把种种严重的罪名强加给吴先生,从而减轻了对他自己的处分。他究竟说了些什么,我们不知道。

在此之前,对吴先生的一切无理指责之中,他的“问题”不过是“老顽固”而已。他的品德还是一向受到尊重的。可经过这次打击,吴先生的声誉受到严重损害。尤其是在不了解吴先生的人当中,他竟似乎是满身脏污。

吴宓先生就是这样从他那朴素自足的天堂,猛然间堕入了净罪界,横遭批判。到“文化大革命”时,他又被打入“地狱”,成了“反革命”。后来被打断了腿,让家人接回老家泾阳,在那里走到了他凄苦生命的尽头。

1990年、1992年、1994年由陕西省、西安市、咸阳市、泾阳县四级政协和陕西省比较文学学会、陕西师大、西安外语学院等单位联合举办的第一届、第二届、第三届吴宓学术讨论会召开,吴宓先生的学术贡献和学术思想受到高度的肯定和发扬。西南师范大学也开过两次这样的会,向他道歉,为他恢复名誉。这位终身耿直、热爱祖国、勤勤恳恳从事教育与文化事业,却无端备受污蔑打击的老诗人、老学者、老教育家可以含笑于九泉了!

(本文选自《江淮文史》,2012年第6期)

晚年的吴宓先生

周锡光

一

历史上往往有一些卓有贡献的思想家、文学家、科学家、著名学者,由于复杂的政治原因,他们长时期被歪曲、误解,甚至其明显的功劳、贡献、成绩也“因其一点不足而攻击其余”统统被抹杀,或者为并不知情者长期“争论不休”,这是又一种“历史的悲剧”。这种不公正,后人尽管可用简单一句话“这是历史的误会”去解说,或者可以随心所欲地去评说,但是,无论怎样,这些历史人物他们毕竟对人民做出了有益贡献,终将会重新被人们所认识和做出公正的评价。吴宓教授即属于这样的“有争论”的历史人物。

说来令人难以置信,同一个人死后追悼会开了两次!吴先生生前在重庆西师惨遭残酷迫害,而逝世后重庆西师却“专门”为他召开过两次平反昭雪的大会。

第一次:在西师中文系一间小房内举行,事前未做通知,只有中文系部分教工参加。众人感到吃惊,怎么政治学习中突地挂出吴先生的像来?参加政治学习的人本来不多,这一下便又溜走不少——敬仰吴先生者,余悸尚存,怕又被说成“划不清界限”,不敢参加;曾积极批斗吴先生者,感到“不可理解”,不愿参加。于是会开得太不像话,一切草草而了,自然更不会广为社会所知了。这一情况反映出,当时的极“左”思潮影响在西师是多么深,同时这件事也激起了强烈不满和议论，因为这种举措，实在与那时的“科学的春天”、全国知识分子开始“扬眉吐气”、知识界一片生气勃勃景象的气氛，格格不入。

第二次：1978 年冬，我国外国文学学会（全国性学术组织）在广州召开成立大会，与会知名老专家、老学者竟多是吴先生的朋友和学生，当谈及吴先生的贡献、晚年遭到的残酷迫害而至今尚未正式平反时，众人纷纷愤愤不平，会间便向中央统战部和中国社科院拟写、继而递交了联名呼吁信，要求为吴先生平反昭雪！自然这引起了中央相当的注意和重视，于是 1979 年 7 月 18 日上午，为吴先生平反昭雪的追悼会第二次在西师隆重举行，校党委严肃宣布为吴宓教授彻底平反昭雪！其中讲道：“吴宓先生是西南师范学院教授、院务委员会委员、四川省政协委员，在‘文化大革命’中，因受林彪、‘四人帮’的残酷迫害，于 1978 年 1 月 17 日含冤逝世，终年 84 岁。”

吴宓教授通晓世界多种语文，博览群书，知识丰富，治学严谨，工作认真，襟怀坦白，直抒己见；在从事文化教育四十多年的工作中，对学生循循善诱，为我国培养了许多优秀的外国文学研究专家和教授，以及中、外语文教育人才……是我国研究《红楼梦》并向外国做介绍有较大影响的学者之一。“文化大革命”中……把吴宓教授打成“资产阶级反动学术权威”“现行反革命分子”，纯属冤案，应予平反昭雪……一切诬蔑不实之词，应统统推倒，吴宓教授的政治名誉，应予恢复[①]。

虽不免粗疏简略，但已是难得的进步。

后来，我们从报刊偶尔（很少）能读到有只言片语提及吴先生的文字，如 1983 年 8 月 3 日《人民日报》载胡乔木《〈杨刚文集〉序》中，提到吴宓教授曾经专门为杨刚翻译的《骄傲与偏见》作序；《书林》1981 年 12 期《追忆人民教育家傅任敢先生》一文提及吴宓教授曾对傅深加赞许，但如是而已。至今尚未见有较详尽准确介绍吴宓教授的专门文章，不能不令人遗憾！金克木先生遂发出“吴雨僧（宓）先生，是一位新旧文化交替中的特殊人物，却还未见

① 重庆日报[M].1979-7-20.

有文章谈他”[①]的慨叹！

我有幸，是吴先生晚年最后在课堂执教时期的学生，1960 年曾亲聆其讲授“古典文学作品阅读指导”课；我更有幸，70 年代有几个寒暑假曾伴同这位劫后余生的老人一道生活，在他身边朝夕相处，一坐春风，聆受教诲，听他讲授诸多知识，得知了许多珍贵的逸闻遗事并获益良多，因此，我有责任把所知的吴宓教授向读者作一简括介绍。

吴宓先生，作为知识渊博、学贯中西的知名学者和教育部聘一级教授，早在解放前几十年的《大英百科全书》中，即已列有专门词条；继有《今人二十志》记载他的许多事迹；20—40 年代报刊，更经常刊载其学术文章和对他的专访报道。

二

吴宓先生，1894 年出生于陕西泾阳安吴堡。初名玉衡（全族男名玉□、女名□玉排行），8～17 岁改名陀曼（兄妹均以□曼排行），后再改名宓，字雨僧，并一直沿用。弟妹共十四人。

先生生父名建寅，字子敬；建寅弟建常，字仲旗。仲旗曾任前清凉州副都统，继任国民政府监察院监察委员；生父建寅，曾任职早年之上海大学，后亦供职于国民政府监察院。

先生生后第二年，母亲病故，遂由祖母杨太夫人抚养，继后过嗣给仲旗公为子（时尚无子）。

先生幼时就读三原宏道学堂，敏悟过人，每试成绩皆优秀，又好读《红楼梦》，与诸表兄如胡文豹等诗词唱和，办《陕西杂志》，时人有“才子”之称。1910 年冬，吴先生宏道学堂毕业，由陕省保送报考北京清华学校（清华大学前身）。

1911 年先生肄业清华时，一外籍教师与学生何鲁发生冲突，学校拟开除何。同学声援何鲁，推举三名品学皆优代表（各省一名）与校方谈判，被举者

① 金克木.记曾星笠（运乾）先生[J].学林漫步（第九集），1984（1）.

刘朴(湖南湘潭)、吴宓、吴芳吉(四川江津)。校方允收回开除学生之成命,但当事者均须写一悔过书以平息此事,唯吴芳吉宁肯受其辞退而拒绝"悔过"。吴芳吉行前,同学还曾为其举行盛大之欢送会,其悲壮有如易水之送别,自此,"二吴一刘"友谊更深,终生不渝。

吴赴美后,初入弗吉尼亚省立大学(研习出版),继应梅光迪邀转入哈佛大学,从白璧德教授,研习文学、哲学,信仰新人文主义,并获学位。在哈佛大学,先生与陈寅恪相友善,切磋学问,交情甚笃(后数十年二人一直有诗词唱和、书信往来至终)。吴先生在该校中国学生会演讲《红楼梦新谈》,陈寅恪曾赋诗"等是阎浮梦里身,梦中谈梦倍酸辛。青天碧海能留命,赤县黄车更有人。世外文章归自媚,灯前啼笑已成尘。春宵絮语知何意,付与劳生一怆神"祝贺,并劝其写小说,吴先生遂有撰写一部类《红楼梦》规模小说之计划。

1921 年回国,执教南京东南大学,任西洋文学教授,与柳诒徵先生相契;同年与陈心一女士结婚。在东南大学期间,吴先生与梅光迪、胡先骕创办《学衡》杂志(世称"学衡"派),该刊宣布"以研究学术,阐求真理,昌明国粹,融化新知,以中正之眼光,行批评之职事,无偏无党,不激不随为宗旨"。时五四运动已二年,"白话文举世风靡",先生公然"反对"白话文(尤其"反对"白话诗),人遂目先生为"一位文坛怪人"。其实,该刊内容,除提倡国学外,还介绍了许多欧美学术,其"文苑"栏,发表一些旧体诗词,作者有吴芳吉、陈恭禄、郭斌和、陈寅恪、刘永济、王越、曾运乾等。《学衡》第一至七十九期概由吴先生负责编辑。

1924 年,先生曾赴沈阳,任东北大学教授,讲授西洋文学。约一年后,重返清华大学,任文学研究院主任职,增聘王国维、梁启超、陈寅恪、赵元任等任主讲教授,时人称道"清华得人"。(笔者按:1988 年 12 月,笔者曾访问冯友兰先生,谈及此事。冯先生说:"雨僧一生,最大的贡献是在负责文学院时建立了国学院,并难得把王、梁、陈、赵四个人都聘到清华作导师。他本可自任文学院长,但只承认是'执行秘书',这种情况是很少有的,难得的。")

1929 年,吴先生与陈心一离婚。1930 年旅欧,取道苏联,遍游英、法、德、意、比、瑞士诸国。在英国曾访莎士比亚故居;继修学于牛津大学,研究英国浪漫主义文学，参观雪莱遗物遗像；至爱丁堡故宫，凭吊苏格兰女王玛丽，访司各特遗踪，有诗百余首记事。

1931年归国后，仍任清华大学教授，讲授"西洋文学""中国文学之特点"，继之开设并讲授新课程"中西诗比较"和"文学与人生"；同时与朱自清等人主办《大公报·文学副刊》。

1937年，抗日战争爆发，清华大学南迁。吴先生在学生掩护之下离开北京南下至昆明，任西南联大教授，讲授外国文学；研究并讲授比较文学等课，同时还研究、讲授《红楼梦》并发表论文多篇于全国各地报刊。（笔者按：吴先生数十年研究《红楼梦》不断，1920年起即已发表《红楼梦新谈》等文于《民心》周刊和《太平洋杂志》，是我国早期红学专家，三四十年代则论红学文章特别多。）在此期间还曾到贵州、遵义等地讲学。

1944年，吴先生到成都，在四川大学、燕京大学任中国文学系、外国文学系教授，讲授"中国文学""文学批评""中西比较文学""英国浪漫诗人""欧洲小说""西洋文学史""文学与人生"等多门中外文学课程，并发表论《红楼梦》《水浒传》有关论文多篇。友人姚文青曾赠吴先生诗，有"一代文章矜四海，半生骚怨寄红楼"句，即记其事。在此期间，吴先生曾赴乐山的武汉大学专门讲《红楼梦》，轰动一时。

1946年，吴先生赴武汉大学任主任教授，执教"中国文学""外国文学"和"中西比较文学"几门功课，并主编《武汉日报·文学副刊》。其间还到过重庆等地讲学。

1948年，吴先生回陕西省亲，并在西安之西北大学客席讲授"红楼梦之文学价值"并发表《大学之起源与理想》论文（记录稿）于《建国日报》。

1949年，吴先生到重庆，任重庆大学文学教授。

1950年，吴先生留居重庆，在西南师范学院等校任教。后，院系调整任西南师范学院教授，在中文、外文、历史各系执教中国古典文学、外国文学、西洋文学史等学科。

1953年，吴先生与邹兰芳女士结婚，虽然有人议论，但他的结婚合乎《婚姻法》规定，受到法律的保护。

1956年，邹兰芳逝世。吴先生在此以后之十年内，先后在西师中文系、外文系、历史系担任中国文学、外国文学多门课程。同时,还曾出任中文系、历史系、外文系青年教师的业务进修辅导教师,并出任历届西南师范学院院务委员会委员和四川省政协委员。

1965年,吴先生不再担任课程,仅参加政治学习。

1966年,"文化大革命"发生,吴先生遭残酷迫害。1969年以后西师迁往四川忠县、梁平,吴先生亦"戴罪"遣送梁平"改造"。

1972年,吴先生由梁平返回重庆养病。

1978年,1月17日,吴先生含冤逝世于陕西省泾阳县。

三

记得1960年在西师读书时,作为新同学,都会听到高年级同学谈到"当年鲁迅在《估〈学衡〉》中批判过的吴宓,还在我校做教师",于是吴宓很快成了"新闻"人物;继而得知他还将担任我年级指导课后,大家更有了学习兴趣。"你晓得哪个教师是吴宓?""他是啥样子?"虽然互相打听,谁也说不上来。

一天,中文系政治干部在介绍院系情况中,忽提高声音说:"我们西师还有几个招牌响、资格老、名声大的'老古董'名教授。这些资产阶级教授有什么用?肩不能挑,手不能提,种不出一粒粮食,我看没什么用处。但我们把他们养起来,好好改造他们,这是政策嘛!"(说话声变小)"话说回来,这些老家伙,像吴宓,就是全院仅有的两个二级教授之一(笔者按:院系调整时,仍定吴先生一级教授,吴先生自愿降一级),我们系就占了一个。这个人反动,还敢和鲁迅打笔仗,鲁迅批过他,是'学衡'派反白话文代表人物。他在五四之后,是二三十年代的红学家,当时很有名。嘿,不过他的确记性好,会十多种外语,引经据典头头是道,天文地理无所不知,《红楼梦》能一回一回背诵,是典型复古主义,大家一定要与他们划清界限……"

谈话人绝未想到,众人对这位"学衡派"吴宓并没有恶感,只有"神秘"、新鲜的"好奇"心。当时高等院校经过"反右""双反""拔白旗"一系列运动,老教师多被划入"资产阶级",即使上课,他们也有如惊弓之鸟,说话谨慎,而教学责任心强,因此内心矛盾而痛苦;同时繁重的"劳动课"使同学们劳累而疲乏,那时正值自然灾害时期,同学多已无心“读书”了。

吴宓先生真的上课来了,大家学习兴趣骤然增加,当吴先生走进门时,坐得满满的阶梯教室顿时鸦雀无声,目光全集中在这位个头不高、衣着简朴(着一件蓝色洗得泛白的长衫,头戴一顶线帽)的“小老头”身上,“就是他啊!……”(大家早已经常见到他一人下午在校园漫步。)

只见他微笑着,从容不迫放下教案夹,自我介绍说:“我姓吴名宓。”在黑板上写了“吴宓”两个字,然后说:“我字‘雨僧’。这个‘宓’,下边没有个‘山’字,不是秘密的‘密’。‘宓’的意思是安静,三国时有个人就是这个‘宓’字。陕西泾阳人。上年我任外国文学系主任职务。今后我每天上下午都在古典文学专业阅览室,同学们在那里找我。除书上的疑难,凡是古书上不懂的都可来问我。我住在文化村一号,×××老师在我隔壁……”教室一下发出友好的笑声,接着安静下来。

吴先生讲课,语言朴实,陕西口音,却吐字清楚、准确,略含诙谐,教态自然大方。他叫同学们记笔记不要详,只记写在黑板上的字,不要多记。他慈祥,面容时常根据讲授内容而有所表情,并间以简单手势。他生动的讲课很快赢得了大家欢迎,感觉得到他是一位知识渊博、经验丰富的教授,而且他也非常高兴为学生讲课。

当天下午和晚上,系上叫科代表等来了解对吴先生讲课有什么意见,但一致反映都很好。我想,收集意见不过是例行公事而已。

一次,吴先生讲《诗经·硕鼠》,讲到一个典故,他说,“余冠英这句讲得不好,我个人的意见是……,这个字有几个讲法……。”

一次,他讲“怎样读文言文作品”时说道:“中国字如图画,外国字如音乐……”这是我们闻所未闻的。

又一次,吴先生结合课文讲“……犹……况……”结构和“者……也”句式的用法,脱口举了两个例句,“吴宓者,西师之教授也”。“三两犹不够,况二两乎?”把同学们引笑了,但效果很好,全都懂得。

不意又一次他来上课时,只见他皱着眉头,静了一下,声音很慢地对同学们说道(像在背书):“我做检查。有一次上课,我举了两个错误例子,特别是‘三两犹不够,况二两乎’,这是世界观没有改造好,今后我要加强……”同学们十分讶然,心情也为他感到了沉重。原来,这就是系上成天搜集"教授意见"的成果。我无法把系上宣传的"吴宓是封建文化余孽"和眼前这位精通十多门外语的慈祥老人统一起来。

后来吴宓先生被停止给我们上课了,据说就是因为这两个例句(罪状)——疯狂反对社会主义(再后来的"四清""文化大革命",他受批斗也有这两条重要罪状)。

一天课余,我鼓足勇气赶上正走在前面路上的吴先生,提出希望和他做一次单独谈话并请他解答课文中的疑难,他想了一下同意了,约定时间在系办公室侧的房内等我。

到了那天,当我赶到时他已先我而在,正翻阅着报纸。我们见面后,我感到他开初还有些紧张,但不久便轻松自然了。谈话我问他答,范围越来越宽,我发现他是多么希望把他的知识传授给青年学生啊!

吴先生被取消在课堂上课后,他的工作便只是辅导中文系和外语系的两三个青年教师。当时是"自然灾害"时期,大家忙于"吃饱肚子",经常向他求学的人很少,虽然"清闲",他内心却十分痛苦。1963 年春,院里为吴先生安排了一次讲座,讲《"一从二令三人木"解》,这是他重要的"论红"心得,虽然效果很好,但可惜听讲人却不很多。当时他除给派给他的青年助教辅导业务外(多在晚上),还热心为自愿到家来上自习的几个同学(都是悄悄自己私下来的不同系科级的)讲答疑难,我也是这其中的一个。

又几次接触,吴先生和我感情进了一步。后来,有时每周我至少有二三次到他那里上晚自习,听他解答各种问题。下面摘录当时他部分谈话(大意):

> 我经历了几个时代:从晚清王朝、中山先生革命、袁世凯称帝、国民党政府、抗日战争,直到解放战争,新中国成立……我认为从事政治起伏变化大、风险太多;搞教育和文化工作则崇高而平安。
>
> 我经历了几种教育体制,清朝的、民国的、欧美的……我绝不固执守旧,我赞成改革教育制度,在清华我已着手改革教育,后来还在西安讲演过《大学之起源与理想》(刊于同年四月十二日《建国日报》)。

我到过许多国家，除了澳洲，好些国家我都到过。我赞赏古代文明。古人云'读万卷书，行万里路'是有道理的。

我虽然多年研究古典文学，但绝不是“国粹遗老”，古典文学史是我的偏爱；好的新文学和西方文学，我也喜欢。中国古典名著我读得很多，能谈出它们的中心主题。我主张知识没有国界，知识应当广博。人家叫我“活字典”，我不愧受这个雅号。我在学习上主张首先是背诵。我能背诵莎士比亚像《李尔王》等全部剧文。对毛主席著作，我也熟读再三，现在我可以背一些篇目和一些重要文献的内容。

在南京，我和胡先骕、梅光迪办过《学衡》；还主编过《大公报·文学副刊》；是我邀请的朱自清，两人合编《大公报·文学副刊》，我搞古典文学，他搞新文学；我还在武汉办过《武汉日报·文学副刊》。

我对吴梅村和顾亭林的集子有浓厚的兴趣。

我信奉过人文主义，重视人与人的礼节。事实上，西方国家也很重视交际礼仪，只不像中国儒家传统那样标榜礼义。

我喜欢早起，早晨空气清新，脑子清醒，记忆力强。

我会十几种外国语言，常运用的也有五六种。俄文是解放后才学的，我的学习速度是出众的。

我不喜欢玩扑克；我会下围棋，但很少，不愿花时间在上头。

遭遇不幸的人往往是好人，正因为他们好，好就软弱，就不会权变狡诈，就不会应付，就成为牺牲者。这尤其当逢到时代变迁、天灾人祸时候，更容易表现出来。

不幸的人有两种倾向，一种消极悲观，堕落沉沦，这是不可取的；另一种是积极愤发，战胜苦痛，追求精神享受，这是可效法的。

从性格上说，人又可分成阳刚的阴柔的。阳刚的奔放，阴柔的含蓄，后者他们不容易为社会所理解，造成寂寞和孤立。

我很欣赏欧阳渐的学生王恩洋，追求过他，我欣赏的是他的道德。我主张抑制欲望，养浩然之气；不做耸听的危言激论，持中庸老成态度，服从国家政策法令，与时代谐和相处。

我主张个性不受压抑。小孩泣哭或受责打，表示小孩不为大人所了解,我深感苦痛。

哲学上我主张一多并存,一中有多,多中有一,一即是多,多即是一。

我不迷信中医,也不迷信西医。我很少害病,更不愿动辄吃药。

我最看重时间,浪费时间就是浪费生命,哪怕一分钟的浪费,也会使我精神不安。

我主编的《学衡》杂志,是有一定学术水平的,我一直一人经手了七十九期,第八十期才交给了别人。

我研究《红楼梦》时间很早,四十年代我便致力于《红楼梦》的研究。我将书中人物、事件排成一个个的图表,显示他们中间的关系。

他让我翻看他的《吴宓诗集》(厚厚一大册)和其他书,并解答书中的各种问题。我最喜欢他早年"虚名未是吾生志,硕学方为席上珍"这两句诗,便记下来作为座右铭。他看见后十分高兴,问我:"你记日记吗?"我说:"有时记,但时断时续。"他说:"记日记我有数十年了,一直坚持不断。宓认为每一个人都应写一部小说、一部诗集;还有,应该每天记日记。这很重要,老来可以回忆起许多事情。"

他劝人读他的诗集,并说:"很多人尽管都口头说已读完了,但没认真读完。只有一个人例外——郭沫若,但我们只见过一次……"郭氏30年代曾拜访过他,两人背靠在当时清华的一座桥边,一谈就是两个钟头,二人谈得很相投。吴先生还给我们谈了郁达夫、王映霞,徐志摩和陆小曼等,当然谈得最多的是白屋诗人吴芳吉和他的诗。有一次谈到"新月派"诗人方玮德,他马上取出珍藏在柜里的方氏的照片,并读出他为方氏所写的挽联:

爱神与死神交争,名在身歼,济慈得君怜同病;
诗友共道友俱丧,忏情叹逝,雪莱比我愧乏才。

吴先生待人诚恳,平易近人,讲解问题任何时候都认真负责,真正做到"诲人不倦""一丝不苟",其诚恳到了唯恐你不去向他提问题的地步。国内外好些知名人物都是他的朋友或学生，他十分乐意你问到他们。虽然年老，他在生活琐事上(包括动作)明显有些迟钝，但一谈到文史哲、精神、感情方面的问题，你就会发现他记忆力之惊人，他的思维还正是高峰，简直无人可比，长时间停在这个领域中谈话，他会感到愉快和无比的幸福。

一天晚上，我翻看吴先生主编的《大公报·文学副刊》(从1928年起)，吴先生说，《文学副刊》当时由个人组稿。朱自清常用的笔名是“知白”，上面他的文章是不少的，但现很多人都不知道。当时朱主要处理新文学诗文稿。吴朱两位先生曾共事多年，二人感情甚为相契。

1962年春，我休学回家医病。行前我和吴先生有过几次较长的谈话。我大胆谈了自己的种种想法。最后，吴先生便提起笔来给在成都的几位知交好友如刘朴、缪钺、刘君惠、穆济波(胡风的老师、四川省图书馆馆长)、黄稚荃，分别各写一封信，专门介绍我有时间去向他们求教学问。

回到成都，我给吴先生写了一封长信，并言及所历观感，不意很快即收到他一封超重的长信(平时他的信多工整地写在一张信纸上)。他在鼓励我努力自学、养病后，详述了他一生主要经历和现今未能让他发挥业务专长，但自己并不灰心的感慨(今此信遗失)，使我受到极大鼓舞。同年9月，我回到西师，拟原班读书，吴先生劝我：“人生最大幸福是读书，你们现在学习专业的时间太少。你多读些书将来对国家不是更好吗？宓劝你复学后读下面年级。不要重虚名只想早出去工作。”经过几番思想斗争，我同意了。

1963年1月，我在生日那天去看吴先生，并请他在日记本上题词留念。两天后，我取回日记本，只见吴先生在上面工整地写了一页，主要内容如下：

养成勤敏之习惯：任何大小事，皆必“心到、眼到、手到(有时还须口到)。”

固须博览，多看杂书，但无论何书，皆必须：(1)一直连续读到最后一页，一行，一书未读完，不换第二书；(2)积钱买一部旧版《辞海》，读书有一字之音义不明，必须立刻查出；(3)查出之后，有某句的意思仍不全了解，必须请老师或朋友指教，直到满意为止。

存心忠厚秉性正直。甘愿吃亏，决不损害别人丝毫。言而有信，处处积极负责。

忠心地服从党、服从政府、学校、各级组织和领导。事事恪守规则。不为危言、激论。言行稳健、步步合法、合理、合情，则常乐而无忧。

纸尽，姑止。

吴宓 1963(年)1 月 17 晚

文中提到的各条，虽是吴先生对我的要求，但可以看出吴先生一生的情趣和生活准则以及他的读书治学之道。我从此更加勤奋学习，到他那里上自习的次数更多，除了提问，还请他指定一些作业自己完成。

1965 年我毕业后分回成都工作，但一直和吴先生持续通信。1965 年秋，吴先生到成都参加四川省政协会后曾设宴招待他的朋友，并把我一一介绍给他们。

约在 1966 年冬，我和家里人正在为吴先生的处境担忧，猜测他将会遇到怎样的不测之时，突然收到一封四川边远山区罗汶的来信，只有半页，看来是吴先生几个月前写给另一我不认识的朋友的。大意说，运动初的一天，他在家中看书，忽拥来一伙学生，在将其殴打、责令“老实交待罪行”后抄走住处的什物，“所有生友寄宓之书物、信件、全部日记业已荡然无存……”云云（加重号是原有的），看来信已寄传予几处朋友看过，几个月后才辗转到我手中。我不禁暗暗落泪，因为这位老人是在恶劣环境中，冒着极大风险通知我们“不安全”的讯息。

1967 年 2 月，我决计赴渝探望吴先生。当我到了西师，只见学校办公楼、教学楼已是一派破败景象，处处墙上残留着大标语、大字报，据说各“造反派”大军都已出去（武斗开场，好些人借“串连”逃之夭夭），学校空空如也。只在三教学楼不远处菜地里有十几个衣着破烂的老师（“牛鬼蛇神”）蹒跚地在挖地“劳改”。我不愿让他们发现，便立在老远探看。没有他。于是我走向教学楼，没有人；正踌躇间，忽发现拐弯楼梯处有一个老人正吃力地躬腰扫地，是他，果然是他！我赶过去正要喊他（吴先生已看见我），忽见他急急地挥挥扫帚（意叫我马上离开），又急侧转身答应一声：“有！”向楼里走去（有人叫他）。我十分激动，看到了他，他还活着！

晚上,我再次到文化村宿舍去看望吴先生,当靠近宿舍时,黑处有一个低声音叫住我,是吴先生。大概他已估计到我将再来,便站在这儿等一阵了。我说明:“是专程赶来看望。”可话音没完,吴先生说:“你能赶来看我,我很感激……其实我下午已看见你,你也看见我了,这就够了。现在你无须逗留,赶快离开西师,不要受我的牵连。锡光,听我的话,赶快离开!”于是我向吴先生深深鞠躬后,便离开了西师。

由重庆回来后,一连竟两年没有吴先生的消息。四处打探,后来才知,在 1969 年哈尔滨军工学院业已迁校到西师,而西师作为一所“师范”院校则被赶到四川边远的忠县、梁平两地分别“办学”去了,吴先生在哪里?无从得知。

那时,“运动”接踵而至,继“清队”“深挖”之后又来了“批林批孔”和“评法批儒”,全国各地人心惶惶。在这不得人心、倒行逆施的浩劫期间,一天,传来一个不幸的讯息:全国有三个教授公然反对“批孔”,其中有一个是梁漱溟先生,再一个是吴先生,而吴先生也因此而罹受大祸——先后在重庆和梁平,遭到残酷批斗,并被定为“现行反革命分子”,不知生死如何。对吴先生在“批孔”上的“顽固”,我稍稍可以“理解”,但他因此而遭厄运,却使我感到十分难过,毕竟他已是一位年近八十、风烛残年的老人……

当时,政治风云经常突变,不久,林彪“自我爆炸”,人们心里稍稍感到了一些慰藉。

1972 年,我从吴宓先生给旧友姚文清先生的信中,得知了他在“文化大革命”中的部分情况。原信摘录如后:

1972 年 7 月 12 日宓书:

……宓已奉学校领导命令,不日(七月内)迁回北碚。……最后乃述宓最近两年中之苦况:

(一)身体:1969(年)5 月 9 日(宓等十人,第一次贬来梁平),在“斗争宓之大会”上派两名学生拉宓(罪犯)入场(跑极快),中途在平铺砖地之“食堂”中,猛被向前推倒(宓向左前方跌倒地上),结果左腿扭折(又被组长虐待;不许吃饭,每日强迫“练习走路”。)——现今必须右手拄杖,否则不能站立,更不能走步。经过不断医疗,现今可支杖走路,左三关节已不再痛。但左腿仍不能弯曲,不能起甚高(故上台阶、上楼梯十分困难),而骨髋(左胯)一关节犹时时作痛,宓右目在1971(年)6月忽全盲,现唯靠左目两眼之用(医云:目中"白内障",到大城市大医院不难治好)。

(二)经济:1970年9月,中文系三教师建议(因宓一生喜助人,迄今未积聚一元钱)而由西师革委会采纳执行:宓月薪272元5角,每月发薪时"特别扣发234元"(扣发之钱另行存储),迄今已共"扣发"了五千数百元。每月发薪,宓实只能领得三十七、八元(以上均在发薪单上写明有据)——遇有实在需用时,宓可写上呈文,经校系领导批准,可由学校特给宓"借款"壹百元(实即由宓"扣发"之款中撮取)。如是作过二三次。……因宓经济困窘……今恳求兄惠助宓10元(作为还宓前款10元,宓亦乐受)。不胜感盼之至。

(三)生活:举两件事以概其余——宓之生活实例:①宓今晨在学校食堂取二馒,早餐、晚餐、各食一馒(二两),饮开水,不吃菜。午餐吃食堂米饭三两,食堂菜一份(每天固定一样菜,不能选择),付钱五分。当然可托朋友代买煮鸡子加食。②宓今年独住一室,长方形,似是工棚(无顶、席墙),大雨则上漏,平日,地面是黑泥土,宓用长砖短砖立成猎石路往来行走。……④政治问题:1971年底,宓已作完了所有的"认罪""检查""批判",缴上了所有的文件材料。原说"即将作出对宓的处理",但至今尚无下文。

宓每月给27斤粮,其油票、肉票则交食堂,宓可取食(信有在红叶一枚)。

这次吴先生是因伤病原因特准遣返回重庆的。消息得到证实后,我与家里商议放寒假后到重庆看望吴先生。当时物资供应紧张,四川正处于"号票供应"期中,每人一个月只能买半斤猪肉,想到吴先生后期营养不良,受尽折磨,家里便换号票储备给吴先生买了几斤腊肉,又购买了一些甜食点心带去。行前吴先生的亲友家(如邹民珏、刘熹、刘君惠等)又交来一些东西,共满满有两手提包。一并带给吴先生。

到西师后得知，吴先生原居一个套间已另有人住，他腿有伤却被指定住楼上最后一间不足十平方的房子。当我见到吴先生时，已是傍晚，他正在灯下伏案写信，竟一时认不出我来。吴先生身体已大不如从前，头发全白而且更加秃顶，左腿因折扭只能缓慢移动。我报了姓名后，只见他颤巍巍用双手握住我的手，不禁老泪纵横……

稍事盥洗后，吴先生见我十分疲惫，竟特许我站到门外抽一支烟（吴先生不许任何人在他那里抽香烟），然后坐下谈话。

这是一间一眼望尽的小房，一张单人床紧靠内墙，床头垒着两口旧皮箱，一张破旧写字台与床平行靠在窗前，三者成一“]”形；一张旧藤椅。

吴先生急着告诉我，他已得到“落实政策”，回来后可以自己看书（右眼失明）写字，不参加学习、会议，又有人代他到食堂打饭，所以在这里“一切”都好，“是宓最满意的居住地方”。可是当我取拿出给他带的东西时，吴先生不禁勃然大怒，马上取出一封信说：“我正在给广州一位朋友写信，不许再给宓寄东西！宓是什么人？宓需要精神上的朋友，交谈学术上的事情，您怎么把自己混同在一般物质生活中的人去了？”我解释好一阵，他才安静下来说：“今后再不许有这样的事。”吴先生很快把我带来的东西分赠给了别人。我们谈话直到晚上十点钟，听到铃声，吴先生安排我就在他床前打地铺睡觉。

第二天一早，他叫我起来，教我怎样叠放被子，怎样准备“餐具”（几个由梁平带回的大土碗）。吃饭时又高兴地告诉我“从今天起宓开始给你上课。有什么问题您就提出来……”看来昨晚斥责我的事他早已忘记（但他在日记中记上“宓殊厌其人这一行径”）。

吴先生就这样上午给我讲课，下午交谈各方面问题（范围不限），晚上各自看书（有时也谈话）。记得春节中的一天，还由我扶着跛行到北碚街上一个学生家做客。

我在吴先生那里一直住到寒假结束方才回到成都。从此之后，几个寒、暑假，我都例行到重庆看他，听他讲解各方面知识，有时甚至是他来信催我动身，并提出来往车费要由他来承担。

70年代一个寒假期中（正值“工农兵学员”热闹时期），一次吴先生对我说："中文系毕业的学生不能书读得少，一个合格的中国古典文学专业的学生，我认为应该读完以下书。你把这些书名记下来，今后参照着把它们读完。"以下是先生开示的书单：

1.《四书》《五经》（三册，铜版印本）；

2.《史记》《汉书》《资治通鉴》《读通鉴》；

3. 谢无量《中国大文学史》、曾毅《中国文学史》；

4.《杜诗镜诠》《昭明文选》《十八家诗抄》《吴宓诗集》、《白屋吴生诗稿》（两册）；

5.（清）张皋文《词选》、梁令娴抄《艺蘅馆词选》；

6.万红友《词律》；

7. 曲：《西厢记》《牡丹亭》《琵琶记》《长生殿》《桃花扇》；

8.小说：（1）《三国演义》《西游记》《水浒传》《石头记》（甄评补图）；《石头记》《金瓶梅》《儒林外史》《镜花缘》《儿女英雄传》《七侠五义》、俞春华《荡寇志》、魏秀仁《花月痕》；（2）《孽海花》《廿年目睹之怪现状》《官场现形记》；（3）笔记、小说：《聊斋志异》《浮生六记》；

9.红楼梦研究：周汝昌《红楼梦新证》、俞平伯《红楼梦研究》、吴宓《石头记评赞》（《旅行家杂志》1942 年第 11 期）；

10.吴芳吉及其作品：吴芳吉《白屋吴生诗稿》（上、下卷），周光午编《吴白屋先生遗书》（六册，木刻本），周光午、任中敏编《白屋嘉言》；

11.外国文学：《莎士比亚全集》（朱生豪译）；

12.其他：（1）《赵瓯北诗话》《随园诗话》；（2）杂志：梁启超主编的 1902—1904《新民丛报》、1905—1907《国粹学报》，梁启超编（1903—1904）《新小说月报》、1906—1908《民报》、1908—1910《绣像小说》（月刊）、《月月小说》。

1976 年暑假，是我最后一次到重庆看吴先生，由于四川"闹地震"十分厉害，后来听说吴先生由他的胞妹吴须曼接回陕西泾阳居住去了。再后来，由西安传来吴先生于 1978 年 1 月 17 日不幸逝世的消息。

记得 1988 年 6 月下旬的一天，施蛰存先生曾对我说："对于吴雨僧先生，我们应该认识到，他首先是一位满腔热情的英国浪漫派的诗人；同时又是一位中国传统文化的继承人。不认识这一点,就无法理解吴先生!”这句话至今常在我脑中回响。

(本文选自《中国文化》,1990年第2期)

回忆吴宓先生

陈其心

一、初识

刚进大学时,爱听高年级的同学聊天,尤其爱听那些名教授的人品德行、学术成就和一些生活趣事。他们也常说起吴宓先生。在进大学以前,也听人说起过他,只知道他是"学衡派"的首领,曾与鲁迅先生对着干过。在听高年级的同学的聊天中,我似乎走近了吴宓先生一步。

上二年级时,我们开了"中外文学"课,任课教师正好是吴先生。这使我兴奋不已,巴不得立即上课,见到这位我仰慕已久、学富五车的国学大师。

当时(1952年),西南师院刚由重庆磁器口迁到北碚,教室、宿舍都在调整中,我们的"中外文学"课是在体育科的一个临时教室上课。这个"教室"十分狭长,像一个开了窗户的走廊。课桌倒还整齐,而课凳却是又笨又粗的长凳,且长短不一,一些长的条凳错错落落地伸入了两排课桌之间的过道中,行走极为不便。吴先生也是第一次来这"教室"上课,不知讲台在哪一端,他拎着一只黑色的旧皮包,拄着手杖,从教室的后面推门而入,幸好坐在后面的一位同学甚为机灵,一声洪亮的"起立"口令,全班同学轰地一下整整齐齐地站立起来,不约而同地转身看他。这时,吴先生慌乱起来,急忙把皮包和手杖夹在腋下,腾出一只手把长衫的下摆向上提起,一蹶一跛地跨着横在过道中的长凳。这"教室"足有四十多米长,他好不艰难地跨完长凳,上了讲台,已是大汗淋漓,喘气不止了。他摘下那顶蓝色的“鸭舌帽”(实为经过自己稍作加工的“干部帽”)和眼镜,一面喘着粗气,一面频频地擦抹头顶和脸上的汗水。讲台下几十双眼睛注视着他,教室里鸦雀无声。待他喘过气来后开口道:“这里真是体育科,第一节课就叫我五十公尺跨栏!”同学们还正为先生超限运动量“跨栏”而担心着,听到的却是这样一句智睿、幽默的话,全班同学如释重负,爆发出哄哄的笑声来。他转过身去,在黑板上大书“吴宓”二字,说:“我就是吴宓。”接着道:“学问我是有的,一些观点可能不正确,你们可以再批判!”①

二、讲课

上吴先生的课,是一种视听的享受,既能满足你知识的渴求,又能大开你的眼界,大饱你的耳福。

他讲课,旁征博引、古今中外,信口道来皆成文章,而且辅以丰富的形象资料。他的那只黑色的旧皮包好像从来不装课本、讲稿,只装照片。当他讲到埃及文学中的金字塔和狮身人面像时,便从皮包里取出一沓照片来,叫第一排的第一位同学看后往下传观。一堂课我们总能看到4~6张照片,一边听讲,一边观看——一位西装革履的倜傥青年,在金字塔下沉思或依偎在史芬克斯的爪边凝视远方。他讲到歌德时,又是一沓照片往下传观——还是那位潇洒的青年矜持地坐在歌德故居工作室的圈椅上,或在歌德出生地的庭院徜徉,在雕像前留影……

曾有一位女同学举手发问:“吴先生,照片中的那位翩翩少年是您吗?”先生道:“你看不像我吗!?那是我二十多岁的时候,年轻时我是很浪漫的,我穿着睡袍踏着拖鞋漫游纽约的大街小巷……”

他讲课时表情肃穆,举止有度,讲话的语速很快,句句珠玑不离主题,且不乏幽默,有时还伴以略做夸张的形体动作。譬如他解释“好痴之癖”,把那

① 1951年,在文化界开展了肃清资产阶级思想的“文艺整风”运动。吴宓先生曾是这场运动的重点批判对象之一。

个皇帝从乞丐大腿上抠下疥痂放进嘴里嚼得津津有味的表情和动作表演得十分生动形象。于高潮处时戛然而止。笑得我们前仰后合,他却木然不语,待学生笑过后,又继续讲课。

先生在讲课中,常有一种自负的情愫流露。譬如,他在介绍学生课后阅读的参考书时,常常说某本书某本书是他的学生翻译的,稿子给他看过。不错!不错!又如,讲英国文学,讲到拜伦时道:"……他妈妈脾气乖张暴躁、蛮横不讲道理,甚至怨恨儿子天生一只跛脚。"说着脸上挂起愠色,走到讲台边沿,左手撑着讲桌,抬起右腿:"你们看,我和拜伦一样,也是天生一只跛脚。……这只脚虽然不大方便,但大半个地球有我的足迹。"他说起来是那样的坦荡、自然,我们听起来却也没有丝毫的"自我标榜"之感。

三、"标准钟"

吴宓先生的时间观念很强。在我的记忆里,他每次上课都是提前两三分钟等候在教室门前,上课电铃声止,他的一只脚已跨上讲台,离下课三分钟左右,恰是传观的照片由最后一位同学回交到讲台的时候了。

记得一次上课已四五分钟了,有两位同学才推门行礼入座。吴先生停了讲授,在黑板的左端写了一句话:"迟到,是野蛮的行为!——马雅可夫斯基。"

当时先生已年届花甲,有一位年轻的夫人与之相伴。夫妇每天按时相携散步,铁定于他们的日程之中,无论天晴下雨、酷暑寒冬从不间断。

先生不是概念中的陕西汉子身材,倒像江南瘦弱的寒儒。谢顶的头颅,只剩下后脑勺一圈柔发,可面颊和两腮的胡须却茂密得见不到肌肤,露出的那个光光的鼻头格外显眼。那顶"鸭舌帽"的帽檐低低地压在眼镜框上。散步时,他把手杖挂在左臂肘弯,右肘折成个锐角,手心向上轻轻地托着夫人的左手,目视前方,旁若无人,默默地、慢慢悠悠地走着。散步的步速和步幅好像经过计算,总是在夕阳将坠入对面山峦时候,出现在熊家院侧的小路上。一些校外孩子,尽管累见仍觉稀奇,总是躲在矮树丛中或尾随其后,有节奏地齐声喊着:"标准钟——标准钟——"

他年轻的夫人与他相伴的时间不久便撒手人寰了,但先生的心中无时不揣着夫人。夫人去世后,先生显得更瘦弱了,更孤独了。有时也去北碚城里看看电影,每次购票总是联号的两张,好像夫人仍在他的身旁。

四、耳误

在知识分子又一大劫的“文化大革命”中,那些“喝过海水”“吃过洋馒头”的教授们,更是首当其冲。吴宓先生就是其中受难深重的一个。无论年纪多大,健康状况如何,都得排着队,每人手举一面小黑旗,整齐地喊着“我是牛鬼蛇神”的口令,在“工宣队”的押解下,到农场接受“劳改”。

数学系一位教授,实在忍受不了精神上的折磨和肉体上的摧残,瞒过家人,在自己“寝室”的天花板(竹席)上面悬梁自尽了。很久以后,因尸体腐烂才被发现,吊在梁上的尸体要放下来和掩埋的事,竟然强迫六位被打成“牛鬼蛇神”的老教授去完成。于是高音喇叭响起了“通知”,点了六个教授的名,“勒令”他们自带扁担、锄头和绳子,立即到喷水池前集合。先到了五人,一列横队整齐低头地站着。吴宓先生也扛着工具,跛着脚,喘着大气匆匆地低头入列。

“吴宓!”工宣队的人吼叫道,“谁叫你来的!?”

吴先生愣住了。工宣队的人呵斥道:“没有叫你,跟我滚回去!”

吴先生如获“大赦”,竟然行了一个鞠躬礼,连声“谢谢”不迭地跛着脚匆匆去了。

1998 年 12 月写于雁塔山下

(本文选自《楚雄师专学报》,1999 年第 2 期)

“文革”与“反右”中的吴宓

赵庆祥

我是1956年进入西南师范学院中文系读书的，在拜见赖以庄老师的时候，赖老师跟我说，吴宓老师学贯中西，通今博古，你应该去拜见吴老师，向他虚心学习请教。

一天，我怀着一颗真诚敬佩、渴望求知的心去拜见吴老师。我先想他是大学者，恐怕难于谈话。但在谈话中我感到吴老师平易近人，语言随和亲切。当我表示说，有幸做吴老师的学生感到高兴时，他竟谦虚到站起来微弯着腰点头表示感谢。这使我感到十分意外，他的谦虚永远感动着我，激励着我！

去的时间很多，他主要是谈中国的文化好，中国的文字好。他说，他研究西方古代的、现代的文化，也研究了中国古代的、现代的文化，两相比较，有许多相同、相似之处，又各有特点，各有所长。中国的文化好，特别是古典文学的经典著作，其中有许多好东西，教我好好学习。经他的手替我买了一套《四书·五经》的铜版三卷本，现在还在我的家中。1964年4月，我从新疆回来去看望他，一见面我喊一声吴老师，他说你是赵庆祥。在告别时，他仍然谆谆教诲我说，中国的古典文学好，你要好好学习，你可以从中学到许多有用的好东西。

他主张昌明国粹，融化新知，学习西方的东西，应当是为了建设中国。他反对全盘西化。50年代开始文字改革，当时主张中国的方块字要在一定时间全部废除，汉字要全部走拉丁化拼音的道路。吴老师反对文字改革，他说要把汉字全部拉丁化拼音，完全不可能，也不应该。吴老师精通多种外国文字，他说，他把多种拼音文字与汉字做了比较研究，他认为汉字是最好的文字，初学时虽然难一点，但稍用功深入就是事半功倍，语法易掌握，表达功能最强。他给我举例说，他在去美国留学之前，在清华学校先学英语，为去美国听课、做笔记做准备。当时班上 30 个学生，任课老师用英语拼音，拼出 30 个学生的姓名。但这 30 个学生的姓名用英语一拼，马上就出现了麻烦。老师点名、提问用拼出的英语名字来叫，30 个人就分不清楚。最后老师没办法，只好用 1、2、3、4、5……的顺序，将 30 名学生编成 30 个号固定，老师学生都知道谁是第几号，点名、提问、回答都以号数代替姓名。他说，你看中国人的姓名，一般三个字，有的两个字，同名共姓的非常少。认识中国字 700～1000 个，就能记简单的账目、笔记，看简单的书报。认识 2500～3000 个汉字就算扫盲了。如果认识 1000 英语单词，不要说记账看书，连戏剧广告都看不懂。如果要扫盲，3000 个词，那是远远不够的。如果要读文艺书籍，再加上 3000 个词也不够。近年从联合国的消息报道，联合国同一文件，用中文印的如果是十页，用英文印就要二十到二十五页，或者更多。60 年代中国的汉字拼音方案，在美国华侨汉语班作教学试验，运用现代化的电子计算机推行汉语拉丁化拼音教学都失败了。以上两例颇具代表性地证实了吴老师反对废除汉语方块字、反对汉字走拉丁化拼音的道路是完全正确的。

当时我求知心切，常去吴老师家中。他总是高高兴兴，热情接待，有问必答，旁征博引，循循善诱。

我看了张紫葛《心香泪酒祭吴宓》一书，有相当多的篇幅涉及原西南师范学院外语系主任、教务长、副院长方敬，张紫葛以 F 公代称方敬。书中不少地方写方敬利用职权压制打击吴宓，动辄批评训斥，方吴关系十分紧张、对立。钟鸣的代序直书其名方敬是吴宓的顶头上司，对吴宓颇多折磨。这使我猛然回忆起了我亲身经历过的方教务长与吴老师的一件事情。我记得十分清楚，是“反右”的第二阶段，有一天上午我去吴老师家，我一进门就看见他神色与平时完全不同，焦眉愁眼，叫了我一声，就连说几个“历史系来人逼我，紧得很，紧得很……”当时，我也莫名其妙，便问：“吴老师，什么事情？”

他才说:“历史系来人向他说,‘吴宓,把你写的反动诗词交出来!’我说,‘我没有写什么反动诗词。’历史系的来人说:‘我们知道你写的有反动诗词,你一定要交出来!’僵持了一会儿,来人就气冲冲地走了。看情况,还要来逼我,但我并没有写什么反动诗词。”当时,我也替他着急。我立即问道:“吴老师,学校党员当中有你认识的人吗?”吴老师说:“学校党员当中,我认识方敬教务长,我们关系好。”我说:“吴老师,你赶快去见方教务长,你没有写什么反动诗词,把情况向他说明。”他说:“好,我去。”我很快就走了。隔了两天,我去方教务长家中,我说历史系有人到吴宓老师家中,逼他交出写的反动诗词,吴老师说他并没有写什么反动诗词,他在家中很着急。方教务长说:“他来给我说了。说吴宓反动,他有什么反动?他是一个学者,一个教授,说他思想跟不上形势,或者有一些,说他反动,他连国民党都没有参加,台湾他没有去,留学外国,也没有在外国定居。在学校讨论教师问题的时候,我把对吴宓的看法说了。”两天后,我又到了吴宓老师家,我问历史系还来人逼问否?吴老师说,没有来人了。他又恢复和颜悦色的讲话。后我再到方教务长的家中,方教务长还关心地问,历史系还有人逼吴宓要什么吗?我说,吴老师说历史系再没人来问他了。方院长又说:“1952 年思想改造,吴宓先生当时思想上想不通,睡着四天不起来,不吃饭。我做他的思想工作,后来他还是想通了,还写了思想改造收获的文章,我们推荐在《新华日报》上发表了,他还是在不断地进步。文化继承、文字改革是学术争鸣问题,而不是政治问题,我们共产党人,不能随便说别人反动。”现在对吴宓老师在《新华日报》上发表的文章,虽然有不同的看法,但平心而论,即使有建议修改,有保留意见,但其主要思想内容应该还是他的。

吴宓老师与方敬院长在新中国成立前就曾在相辉、勉仁两学院共事,1950 年西南师范学院成立,又同转入西南师范学院,虽然彼此在政治观点和学术见解上不尽相同,但互相尊重,关系融洽,绝没有文人相轻的习气,更没有方院长利用职权打击吴宓老师的事。公正地说,历史系在“反右”第二阶段逼吴宓老师交反动诗词的事,当时的方教务长为保护吴宓老师是做了工作的,在关节上替吴宓老师疏通了,缓解了当时的紧张关系。后来吴宓老师的女儿来看他,他还叫他女儿去看了方院长,说她父亲在西师,多承方院长关照，并向方院长表示感谢。

至于吴宓老师在西师的情况，应该实事求是用事实来说话，应该听听吴宓老师自己说的话。当然，新中国成立后思想改造、教育革命、“反右”，尤其是“文化大革命”十年浩劫，在极“左”思潮的支配下，知识分子大多受到不同程度的冲击，吴宓老师也是其中之一。但仍然应该尊重事实，不能相信像张紫葛的《心香泪酒祭吴宓》及有些刊物上说的那些毫无事实根据的流言蜚语。如说吴宓老师住的房子水深没足，要踏着砖块才能上床，两个红卫兵在寒冷天，强行脱掉他的衣服，给他冲冷水澡；什么用胶管从鼻子里塞进食道，用大碗“溲水饭菜混合物”灌入胃中进行鼻饲；什么“每天法定挨打四次”，打断了腿；什么在北碚广场揪斗李井泉、任白戈，散会时红卫兵给吴宓头上重重地扣上一顶烂草帽，从红卫兵的胯下钻过，还在头上赏给一棒，以后也多次挨当头棒，扇耳光；什么拳、脚、皮带雨点般朝吴宓打来……这些是完全没有的事情，是极不严肃的言论。这样能起什么作用呢？对一代学人吴宓老师来说是极不尊重！对吴老师的亲友、尊敬吴老师的广大学生来说，看了这些材料，一时不明真相，莫不感到极大的难过与痛苦！这真正是亲者痛！事情的真相究竟怎样呢？“文化大革命”十年浩劫时期，中文系与吴老师一道被揪斗、一道参加劳动的老师绝大部分健在。在劳动中对吴老师是照顾，大多数时间是看衣服，或者削红苕，偶尔也分配拔草，没有要他挖过一锄，从来没有要他干过重活背挑，或者难为他，在北碚广场揪斗李井泉、任白戈，中文系有去陪斗的人，还去了不少老师，但吴宓老师根本没有去，当然也就没有从红卫兵的胯下钻过、扣烂草帽、挨棒子、挨耳光的事。至于说吴老师的住房水深淹足，两个红卫兵强行用冷水给他洗澡，什么胶管鼻饲，每天法定挨打四次，打断了腿，更是完全没有的事。1976 年 8 月的一个晚上，我去看吴老师，我问他的腿是怎样受伤的，他说是跌倒摔伤。1997 年夏天，我曾就吴宓老师腿骨受伤的事访问了中文系许多老师，当时在梁平开批斗会，两个红卫兵从两边架着吴老师快步走向会场。在通往会场有坡度的路上，三个人一起跌倒在地，众多参加会的中文系老师都亲眼看见。两个红卫兵爬起来了，吴老师年事高造成足关节受伤，并不是打断了腿。“文化大革命”中西师各级领导多被打倒，新被打倒的算“活老虎”；吴老师在前一段时间也被说成是“反动学术权威”,年事又高,只算作“死老虎”,当然受苦就要少一些。以上这些只是一个方面,但事情还有另外一个方面。

吴宓老师自1950年进西师以来,由于他的学术声望,以及对教学工作的极端负责任,一直是受到学校领导及广大师生员工的尊敬。吴宓老师是四川省政协委员,学校每逢大礼堂召开教职工大会,都要候吴老师上主席台就座。学校领导为了给吴宓老师安排一个更好的生活居住环境,以便于他的科研、教学、休息,特别拨款为吴宓老师及郑兰华两位老师修一所庭院式平房小院,吴老师还未搬进去,“文化大革命”开始,学校各级领导多被打倒,大多被赶出门,造反派占了房子。下面我们再看吴老师自己是怎样说的呢?1950年7月,他收到北京友人来信,要他回北京任教,他在给友人的回信中写道:“重庆之学校为理想事业,又夙爱四川之风土人情,早决定以终生老于蜀,不复再出。去春亦有‘余生愿作剑南人’之诗,故来时尽携书籍衣服等用物。”又说:“溥天之下,莫非王土’,四川重庆,岂非中国人民政府之辖境乎?宓极喜四川,在此一切皆甚满意,故不愿往他地。”在1963年,他跟我说:蒋南翔给他来信,邀请他回清华大学开办一个英语专业,他任领导,待遇从优,用的教师由他点将,他要哪个教师就给他调哪个教师。他说,他已回信谢绝了蒋南翔的邀请,说他自己在西南师院的工作环境很好,要给进修班的学生上课,要给本科班的学生上课,很忙,不能回清华大学开办英语专业。

前面曾谈到吴老师在四川、在西师都受到相当的尊重,他是四川省政协委员,是西师的名教授,学校特别为他修了庭院式的宿舍。即使在“文化大革命”中,“批林批孔”,人人自危,学校有关领导还冒着“对抗”中央“文化大革命”的风险,保护吴宓老师。“批林批孔”会上,有人批林彪的“克已复礼”,吴老师当时就说:林彪做不到“克己复礼”,林彪应该批判,孔子不应该批判。由于他不愿“批孔”,领导出面劝他在家休息几天,不要把不“批孔”的观点向外扩散,红卫兵造反派知道了要惹麻烦。在那满城风雨,领导多自身难保,尚如此为吴老师着想,这不能不说是爱护吴老师的一片深衷!

吴老师虽然离开我们走了,但他教诲的学生遍布全中国,遍布全世界,真正是桃李满天下！他维护中华民族传统文化的学术观点大放异彩！自十一届三中全会以来，拨乱反正，重视民族传统文化，反对民族虚无主义，反对全盘西化，这正是吴老师一生坚持的学术观点。

（本文选自《多维视野中的吴宓》，王泉根主编，重庆出版社2001年版）

我所知道的吴宓先生

李永晖

1965年我考取西南师范学院(今西南大学)外语系。离开家乡前,西师外语系毕业生、在我母校四川新都大丰中学任教的刘昌和先生前来道贺,并向我介绍说:西师校园很大,风景很美,师资力量很强,特别是著名学者、诗人、红学家、翻译家吴宓先生在此执教,为西师这所名校平添了一线异色。听了刘先生的这番讲述,我对吴宓先生肃然起敬,决意到校后一定要去拜访他,向他请益。

一、上门向恩师请教

到了西师后,我打探到吴宓先生有一个几成定式的生活习惯,即每天晚饭后都要从居所文化村出来,沿着大操场到三教楼这条路散步,于是便邀约同班同学唐永齐与我一道到大操场边“候驾”,一睹这位泰斗级学者的风采。到了大操场边约莫等候了半个多小时,吴宓先生果然现身了。他七十多岁,个子瘦小,面目清癯,秃顶,戴了副极为普通的眼镜,身着灰色布衫,脚穿圆口布鞋,毫无一点大教授的派头,俨如四川人所称的“糯米老头”。但若细心观察,也不难发现有与众不同的地方:他散步时左臂挂着拐杖,显得有点洋气。他散步不是慢悠悠的,而是一摇一晃地作细步,走得非常之快,酷似“神行太保”。他走路时双眼直盯路面,绝不左顾右盼,精神之专注,有如做学问一般。

入读西师外语系，教授我们汉语言文学的老师是中文系教授杨欣安先生。由于我酷爱中国文学，习作成绩不赖，杨先生挺喜欢我。当与杨先生混得较为熟络以后，我便向杨先生启齿，请他带我去拜访吴宓先生。孰料杨先生以"教务忙"为由，拒绝了我的请求。老夫子毕竟是老夫子，终究经不起我的死搅蛮缠，他最后还是应允了。于是在没隔多久的一天晚上，杨先生便带我去到文化村一舍，见到了我心仪的吴宓先生。吴宓先生的居室不大，只有两间屋子，外住先生，内住帮他的勤杂工。先生所住的这间屋子，陈设极其简单，只有一张床、一个写字台、一个书柜和一把藤椅，看上去显得有些寒碜。杨先生向吴宓先生问安后马上切入"正题"："这是外语系李生，我的学生，四川新都人。李生对宓公很崇拜，故今夜带他来看望你，向你聆教。"吴宓先生听罢直摆手说："宓老朽无用，愧不敢当。欣公很有学问，要好好跟欣公学。"说罢转过话锋："新都乃文昌之地，明代出了个状元叫杨升庵。升庵先生著述等身，是个大学问家，且很有气节，十分了不起。"随即沉吟升庵先生被流放永昌（今云南保山）途中所著的一首诗："僧房逢著款冬花，出寺吟行日影斜。十二街头春雪遍，马蹄今去落谁家。"吟罢长叹一声，流露出他与当年升庵先生一样的怀才不遇、满腹惆怅与凄怆。第二次到先生家是一个冬夜，我向先生请教怎么才能学好文言虚词活用。先生告诉我："掌握文言虚词活用，其实并不难，只要多读、多记、多用，特别是结合日常生活使用，一定能学好。"旋即以"之"字为例，给我讲授它的若干种用法，并现身造句："譬如我送你到重庆，我便可说'吾送李生之重庆'。这里的'之'是动词，'去'和'到'的意思。"这次聆教，我受益匪浅，永生难忘。第三次到先生家是1966年的一个春夜。我将自己写的一篇两千字散文《春到缙云山》送先生批改。先生伏于灯下，将此文细细地看了两遍，然后笑着对我说："散文难写，短篇散文更难写。这个短篇尚可，如若改用直书和繁体字就更好了。"先生之所以要我使用繁体字，后来我才知道是他对使用简化字持有异议使然。那时我太嫩，思想单纯，每去一次先生家回来都要将实情告诉同学。孰料这一"实情告诉"却给我带来一些麻烦。出于对我的关心，班里一位"团干"告诫我："你不是正在争取加入共青团吗？共青团员必须具备敏锐的政治嗅觉。吴宓很反动，前年'四清'运动挨了批，如果你继续和他搅在一起，就会丧失阶级立场，断送自己的政治生命。”“团干”所说的这番话，着实把我吓坏了，从此我再也不敢去找吴宓先生。不过师恩难忘，我仍经常通过别的渠道了解先生的情况，关注着先生的命运走向。

二、“文化大革命”中惨遭迫害

1966年，中央下达《五一六通知》，“文化大革命”的烈火很快延烧到西师，宁静的校园顷刻间沸腾起来。广大师生怀着对党和毛主席的无比热爱，积极响应中央号召，运用“大字报、大批判”等方式掀起“革命”狂涛，斗争锋芒直指所谓的“走资派”“反动学术权威”“右派分子”和“暗藏”的“叛徒”“特务”与“历史反革命”。无须分说，吴宓先生首当其冲，难逃一劫。据我所知，中文系“革命小将”给吴宓先生罗织的罪名大抵有这么五条：一是在20世纪20年代先生主编《学衡》，竟树起拂逆时尚、独领风标的大旗，与鲁迅打笔仗。鲁迅是毛泽东称颂的中国文化革命巨匠和旗手。在“阶级斗争”的框架内，谁与鲁迅叫板谁就是反对鲁迅，反对鲁迅就等于反对党和毛主席。二是在20世纪举国上下闹饥荒的“三年困难”时期，先生在课堂上给学生讲授“何况”一词的用法时造句说“三两尚不足，何况二两乎”。先生使用这句话作例句，被说成是“发泄对现实不满”，“恶毒攻击党的粮食政策”。三是先生授课、写文章，甚至因丢失一串钥匙写一则遗失启事，皆用繁体字，从不写简化字。简化字是国家颁布的，不写简化字就是“反对党和政府的文字改革”。四是先生经常寄钱给情同兄弟的亡友、著名诗人吴芳吉之子，帮其解决生活困难，不时还周济个别有“政治历史问题”、生活窘迫的教师。于是上纲上线，厚诬先生“拿人民的血汗钱去养活资产阶级的孝子贤孙”。五是爱妻邹兰芳去世后，每逢生辰和忌日，先生吃饭时总得多摆一副碗筷来寄托哀思，有时到北碚街上看电影，还要多买一张票放在自己旁边座位上，以示陪夫人共享欢娱。孰料先生所采用的这些纪念亡妻的方式，竟被说成“迷恋小资产阶级生活情调”。以上数端“罪行”早在两年前的“四清”运动中就已批过，在两年后的“文化大革命”中又被“革命小将”端出来“炒陈饭”，实属低能和无聊。为了抓“现行”，觅“钢鞭”，中文系“革命小将”还对吴宓先生实施抄家。可是“战绩”不佳，只从先生床席下面抄出一些用香烟盒纸记的日记，所记内容全属“早餐稀饭一两，馒头两个，鸡卵两枚”之类的生活流水账。“小将”们看了哭笑不得，空着两手，悻悻离去。1966 年夏天是“革命小将”开展“大揭发大批判”的狂热时段。说实在的，此间对吴宓先生的“揭发批判”，据实揭露和据理批判者寥寥，大量的是“揪辫子”“打棍子”，对先生搞人格侮辱和人身摧残。我亲眼见证了这么一些“批判”场景：一是“群丑亮相”，即将包括吴宓先生在内的全院数十个“走资派”和“牛鬼蛇神”弄到网球场挂黑牌、戴高帽，“坐喷气式飞机”，让烈日暴晒，一个个被折腾得气喘吁吁，满头大汗，苦不堪言。二是游街示众，即押着包括吴宓先生在内的全院数十个挂着黑牌、被打入另册的“黑帮分子”到北碚游街，进行人格侮辱，如若哪个不低头或走得慢了点，将被呵斥甚至挨打。三是“开小灶”，即在大礼堂单独批判吴宓先生。“小将”们一个个登台数落先生的“罪行”，台下高呼“打倒”“火烧”之类的口号。尽管场内弥漫着浓浓的“火药味”，先生总是埋着头，眯着眼，一声不吭。一位“小将”见先生如此“顽固”，便气急败坏地冲上台，挥起皮带朝他头上一阵猛抽。他痛苦地用双手捂住头顶，看着这位“小将”说：“同学，别打了，已经流血了。”于是几位“小将”一拥而上，在一片口号声中将先生拖下台，弄到学校卫生科去包扎。目睹先生惨遭毒打，我不忍心看下去，心头十分难过。

1966 年 9 月，西师对立的两个“红卫兵”组织开始打派仗，彼此毫无心思继续开展“革命大批判”，于是其中一派便指派专人将关在“牛棚”里的院系“走资派”和“牛鬼蛇神”赶到校内桃花山劳动改造。斯时，外语系“右派分子”向思元先生曾写一首打油诗抒怀，诗曰：“桃花山上牛鬼多，打起黑旗上山坡，你挑粪来我挖窝，大家心头乐呵呵。”的确，对于这数十号“黑帮分子”来说，参加生产劳动总比挨批斗、受皮肉之苦好受得多。在这段时间里，吴宓先生和他的“牛”朋“鬼”友一样，总算喘了口气，过了几天无惊无恐的安宁日子。1967 年 8 月，由于派性斗争愈演愈烈，“内斗”升级，山城重庆的“文化大革命”一下子转化为“武化革命”。西师两派相互视为寇仇，兵戎相见，整个校园笼罩着“红色恐怖”，弥漫着血雨腥风。在这种情势下，吴宓先生再也无人管了，他足不出户，蛰居于家中当“寓公”和“书蠹”，每天坐在家里除了看书还是看书。1969 年秋,根据西师“革委会”安排,中文、教育、物理、音乐等四个系的师生开赴四川梁平县院办农场搞“斗、批、改”。有一次批斗吴宓先生,两名“小将”一人架着先生的一只胳膊跑步拖他上台,途中两名“小将”陡然同时松手,“扑通”一声,一声惨叫,先生跌倒在青石板上,腿骨折断了。我听到这一消息,感到十分迷惘和愤慨。天呀,一位七十多岁的老人竟遭如此迫害摧残,天理何在?国法安在?难道这就叫“革命洗礼”?难道这场“革命”非把先生整死不可?

三、奋力捍卫中国传统文化的圣洁和尊严

1970 年,我毕业离开西师,再也未见过吴宓先生。先生后来的情况,我从中文系老师那里零零星星地知道一些。据说,在 1974 年的“批林批孔”运动中,中国学界敢于站出来旗帜鲜明地反对“批孔”的人为数不多,吴宓先生就是其中一位。听中文系一位老师讲,有一天系里召开“批林批孔”大会,有个“造反派”跳起来要吴宓批判孔子的“克己复礼”,孰料这位倔老头子毫无畏惧地站起来高声颂扬孔子“一日克己复礼,天下归仁焉”的思想,并慷慨激昂地说:“‘克己复礼’是很高的道德标准,林彪是反革命,他永远做不到!”先生的这席话,弄得全场一片哗然,搞得这位“造反派”灰溜溜的,愤愤地骂了声“老顽固,反动透顶”便离开了。类似这样在批判会上“搅局”还有一次:有个“造反派”在批判吴宓先生时骂先生是“不齿于人类的狗屎堆”,先生听了十分不满,马上站起来:“请问革命同志,这‘不齿’二字是何意思?”“造反派”答:“‘不齿’嘛,就是看不起你这个狗屎堆。”先生听罢大笑起来:“谬矣,大谬矣。这‘不齿’实为‘不与同列’之意。‘齿’,列也。”批判会结束后,有位好心的老师劝说先生何须与这种不学无术之徒咬文嚼字,先生义正词严地说:“学问大小姑且不论,重要的是辨其真伪,不可让‘不齿’二字谬种流传。”先生的这些表现,有些人觉得“迂古”。若细心考量,我却以为这正是这位老夫子的可贵之处:他矢志不移地追求真理,奋力捍卫中国传统文化的圣洁和尊严。我的这个说法,并非想当然,在吴宓先生被“造反派”勒令所写《悔过书》中得到了充分印证。先生在《悔过书》中写道:“宓一介平民,一介

书生，常人也；做学问、教书、写诗，均不过中等平平，然宓一生效忠民族传统文化，虽九死而不悔；宓一生追求人格上的独立自由，追求学术上的独立自由，从不人云亦云。”同时还写道：“我罪实质是坚持儒道思想为国之本，坚持中西融合的治学理道，坚持中华文化价值所在。宓以为中华文化极有价值，应当保持和发扬光大。”在如此严酷的政治环境之中，自身深受迫害、惨遭蹂躏之时，先生竟能置自己荣辱与生死而不顾，始终坚信真理，坚持自己的学术思想，坚守中国传统文化阵地。这种大智大勇，惊天地，泣鬼神，很值得我们称颂！

四、辞世后享受的哀荣

1977 年，吴宓先生因患重病，加之右目失明，腿疾困扰，生活不能自理，经亲人请求和本人与校方同意，他戴着“反革命”帽子，由胞妹吴须曼将其接回老家陕西泾阳生活。孰料先生回到老家不到一年，一病沉疴，溘然长逝。据先生的亲人讲，这位 84 岁的老人在弥留之际曾这样呓语：“我要吃饭，我是吴宓教授”，“我要喝水，我是吴宓教授”，使人听了非常寒心和揪心！噩耗传回西师，中文系古典文学组和外语研究室的部分教师，在系主任主持下为吴宓先生开了个二十分钟的追悼会。如此草草地打发这位文坛泰斗离开这个世界，全院许多师生愤愤不平。吴宓先生辞世后不久，中国政坛始现开明的政治曙光。1978 年 8 月，西师在东方红图书馆为吴宓先生开了个高规格、像模像样的追悼会，为其平反昭雪，恢复名誉。后来西师还将吴宓先生当年到教学楼上课必经的那条路命名为“吴宓路”，以表示全校师生对先生的景仰和怀念。吴宓先生在“文化大革命”中的遭遇是极为不幸的，但在他死后享受了两个追悼会。这在中国学术界和教育界恐怕是绝无仅有的。不管怎么说，这也算得先生的一种“殊荣”。

近几年，西师中文系徐洪火和刘明华两位教授悉心地考证了吴宓先生的学术研究成果和从教生涯。他们称先生“博古通今，尽阅中外”，“在中国人文社科研究领域很难界定他是哪个学科的专家，而不得不承认他在哪一个学科都是专家”。吴宓先生不仅在学术研究方面成果辉煌，蜚声中外，而且他还是一位杰出的教育家。从 1921 年执教东南大学算起，近半个世纪以来，先生先后在全国十二所高校任教，十所高校兼职，多所大学做学术演讲。先生教授的课程有英语语言、翻译技巧和写作，有外国文学、外国文学史、比较文学，有世界历史，有汉语言文学等，共达四十多门，数量十分惊人，为我国培养出大批学有所成的知名文学家、语言学家、哲学家及外国文学研究和翻译人才。当代著名学者钱锺书、曹禺、李健吾、赵瑞蕻、季羡林、李赋宁、赵萝蕤、徐中舒、姜亮夫、王力、吕叔湘、浦江清、贺麟、沈有鼎，以及王佐良、杨周翰、许国璋、许渊冲、何兆武、查良铮、杜运燮、李廷先等都出自先生门下或受过先生教诲。如此一位与陈寅恪和汤用彤并称“哈佛三剑客”的学界名流，一代宗师，偏逢“文化大革命”十年浩劫，惨遭迫害，备受摧残，晚岁凄凉，郁郁而终。时欤？命欤？我百思不得其解，还是让人民作答！让历史作答！

引领风标草木知，千红万紫竞称奇。暮年遭遇凌霜节，何奈秋风任所之。2014 年是吴宓先生诞辰一百二十周年。草此小文，权表对先生的无比敬重和深切缅怀。

（本文选自《世纪》，2015 年第 1 期）

吴宓先生讲外国文学

谢桃坊

吴宓先生是学贯中西的著名学者，学识极为渊博精深。1933 年，他为《吴宓诗集》作的自序里，谈到平生著述计划说："我今生只作三部书：(1)诗集。(2)长篇章回体小说《新旧因缘》或改名。(3)《人生要义》或名《道德哲学》，系由直接感觉体验综合而成之人生哲学。取东西古今圣贤之言，触发阐释其确义，而以日常实际公私事物为之例证。"自《吴宓诗集》于 1935 年由中华书局出版后，世事蹉跎，以致后两种著述计划未能实现。我们纵观其一生的学术成就，应是在欧洲文学和比较文学的成就与影响最显著。先生于 1917 年留学美国，初在弗吉尼亚大学英国文学系，后转入哈佛大学比较文学系。1921 年回国后任南京东南大学西洋文学系教授，讲欧洲文学史；1926 年任清华大学外国语言文学系教授，继任西南联大教授；抗日战争胜利后任武汉大学外文系教授兼系主任；新中国成立后任西南师范学院外语系教授，继又在中文系讲外国文学。先生早年翻译过英国萨克雷的小说《名利场》和《钮康氏家传》。先生晚年为我们讲外国文学时编著的《外国文学讲义》，应是他研究欧洲文学和比较文学的成果，亦是先生未出版的一部珍贵的学术著作。

一、努力使用新观点和新方法

我是 1956 年入西南师范学院中文系学习的，有幸于 1959—1960 学年亲聆先生为我们讲授外国文学。先生儒雅斯文,腰身挺直,手扶拐杖,着灰布长袍,步履沉稳,一口清晰的北京语音,讲课时条分缕析,板书端正。凡此皆给我们留下深深的印象。我们从先生获得系统而完整的外国文学知识,并激起浓厚的学习兴趣。当时系上印发的《外国文学讲义》是先生随讲随编写的,分若干次发给我们。虽然人世沧桑几度,历史背景已经转换,但这部讲义的学术光辉未因尘封蠹损而消失。

先生为我们讲外国文学时,接受了同学们的意见,努力使用新观点和新方法。他说:"同学们的意见是我讲授英国文学史及世界文学史,总嫌事实材料太多,思想批判太少。是的。以前我因为所读的新书太少,未能用社会发展史、阶级观点,去说明文学史中一个一个历史事实、作者生活、作品内容是如何造成的……以后我学习有得,定要每件事都能加以批判。"然而,先生在讲作家作品时仍很少批判。他向我们概略地介绍希腊文学之后,特别指出:"应注意:古代希腊罗马的诗,绝对不用韵,只是每行以一定数的长音短音有规则地排列而成,此种排列名曰'律'(metre)。有律为诗,无律为文(或散文),一贯没有韵(所以,把西洋尤其希腊罗马的诗译为'韵文',实大谬误)。附言:西洋近世的诗(起源于中世),是以轻音重音排列而成律,除模仿古体诗体而外,一律有韵;中国旧的诗,必定有韵(韵为中国诗歌之第一主要特征),而以仄声(高音)与平声(低音)字之有规则的排列构成了律;以上可资比较。"他的讲述简洁精确,习于以数序分类,插入按语,进行中西文学比较;此是吴宓先生显著的风格。先生于1924年在东南大学讲欧洲文学史时,将美国新出版的Richardson & Owen合著之*Literature of the World*(《世界文学小史》)翻译了前数章,其中有波斯莪默·伽亚谟的《四句诗集》。先生给我们讲波斯文学文献说:"莪默·伽亚谟(一译鄂马·开耶谟)Omar khayyam(生年不详,1123年卒)是波斯的尼夏城人,兼为天文学家,生平作品抒情诗约1200首,总名《鲁拜集》Rubaiyat即《四行诗集》。……郭沫若先生的《鲁拜集》一册(1922年开明书店,又1958年人民文学出版社)所译的莪默诗101首,又我所译的《七绝体》13首(见1924年五月《学衡》杂志第二十九期'世界文学史'东方各国文学章)都是由英文转译出来的。"先生特介绍了其早年的译作。古代东方文学、希腊文学和中世纪文学,这对于我们来说都是很陌生的，经先生的讲述，我们形成了文学史的概念。关于怎样认识欧洲启蒙运动的性质与意义，先生说：

> 18世纪的启蒙运动（一译开明运动）是全欧洲范围内的学术、思想、文化、政治中之革新运动；起源于英国，极盛于法国，而流传到德国及其他各国。这运动的领导者和参加者，是资产阶级进步人士。他们为反对封建主义和教会专横的斗争，做好了思想的准备，而不是要起来推翻封建制度，自身采取革命行动。他们是以理性为准则，要求"回到自然"的改良主义者。他们的口号是"自由、平等、博爱"；他们是崇高的、乐观的个人主义者，又是无神族、无阶级区别的人道主义者。他们具有近于唯物论的世界观；但他们的"理性的王国"是一个乌托邦的幻想。他们相信：只要自然科学发达，农业工业技术进步，管理制度改善之后，人类全体都可得到幸福。

这对启蒙运动性质的认识，至今看来仍是全面而深刻的。

二、生动而细致的情形终生难忘

我们阅读外国文学作品时，虽然能了解情节，感受形象的艺术魅力，甚至产生情感的共鸣，获得艺术的熏陶，但对其真正的思想与艺术价值却缺乏认识。吴宓先生为我们讲解后，我们遂忽然贯通。但丁的《神曲》是很难理解的，先生剖析了其艺术结构后说："诗人所写的地狱、净界和天堂是虚无缥缈的处所，但好像极实在。我们追随着但丁，似乎可以一层一层地走下地狱，一步一步地攀登净界之塔，一程一程地经历各星球而飞上天堂。'三联韵'又给予全诗一种运动的旋律，它与上述结构配搭在一起，更结合着内容，显示出一种人类精神由卑至高、连续不断的发展过程。"《巴黎圣母院》中的几个主要人物的典型意义也是很难理解的，先生指出："加西莫多是雨果笔下的最初形象之一，这个形象是体现着爱情和仁慈的才能思想。……雨果怀着同情描写了被中世纪文明所抛弃的悲惨世界。平民出身的人，要大大优于贵族社会的人。贵族上尉腓勒·兑·沙托贝或是弗连赫·兑·李斯的形象,是上流社会庸俗和自私的直接化身。他们‘精巧,但残忍而无人道’。流浪人和窃贼,无家可归的怪宫里的居民,能够做出英雄行为,为了维护爱斯梅拉尔生,他们勇敢地冲进圣母院。”我们读《少年维特之烦恼》时易于将维特的烦恼理解为失恋所致,先生则使用新的观点指出:“维特的烦恼,主要并不是由爱情的悲痛而来,而是由于个性解放、人人平等的要求和封建等级制度、缺乏斗争性的市侩精神的矛盾,是当时已经觉醒的先进的资产阶级和腐朽的顽固的封建势力之间紧张的社会矛盾。”这样可以引导我们对世界古典名著的思想和艺术作较深入的认识。我记得,吴宓先生在课堂上讲述时的生动而细致的情形。例如讲巴尔扎克的《高老头》时,先生具体描述伏盖公寓的情形,高老头等人用餐的坐向,阁楼的狭小和房间的灰暗等生动画面。有一次,先生用德语为我们吟诵一首抒情诗,其中一句“雨点滴落在我的心中”,音韵优美,而万事俱备的情调尤为浓重,先生吟着竟流下了眼泪。

三、学贯中西的学者风范和神态

先生为我们讲外国文学,引用了丰富翔实的史料,常有深邃的见解和细致的分析,进行中西文化的比较,揭示艺术奥秘,提供学术线索,使我们获益匪浅。当我回顾先生给我们讲课时,他那学贯中西的学者风范和神态,至今犹唤起我景仰的情怀。先生为我们 1960 届甲大班一百余位同学讲外国文学,这已过去五十余年了,令我最难忘的是 1959 年期终考试的情景。先生亲自临场监考,大教室内庄严肃穆。我素知先生写字用颜体楷书,我的考试卷子也以工整的颜体书写。卷子写好后,我背起旧帆布书包,急急忙忙地去交卷。教室很大,我从较后的座位向讲台快步走去,在我的前面一位胖胖的女同学正慢慢地也去交卷。我迅即超过她,很快将卷子放在讲桌上。这时吴宓先生穿着灰布长袍,手持拐杖,笔直地站在教室出口附近。他严肃地对我命令说:“你给我站住!”同学们甚为惊异,都看着我。我不知自己犯了什么错误,因对先生尊崇,遂在讲台旁边面向同学规矩地站住。在这位女同学慢慢地交了卷子，又慢慢走出教室之后，先生遂对我说：“现在你可以走了。”我向先生鞠躬，茫然地离开教室。我始终不明白这是什么原因。1978 年冬天，何剑薰先生在成都西南民族学院任教，我同王鲁雨先生一道去拜访他。何先生与吴宓先生是重庆时的老友，我遂言及被吴先生罚站之事。何剑薰先生说：“你不该赶在女同学的前面去交卷，这对女性不尊重。吴先生是女性崇拜者，你得罪了他。”我这么多年的谜团终于解开了。

（本文选自《世纪》，2016 年第 1 期）

吴宓先生离开重庆纪实

漆建华

每当我不时看到报章杂志上刊登的吴宓先生的照片和纪念文章时,吴宓先生和蔼可亲的形象。离开西师时的难忘情景就浮现在我的眼前。

那是1977年元月的时候。

那时,我刚毕业留在中文系工作不久,任1975级政治辅导员。元月7日下午四点多钟,我正在中文系党总支办公室与当时的中文系党总支书记李世溶同志、党总支副书记任承估同志、团总支书记粟多贵同志一起,研究学生工作。

这时,当时学院的人事处副处长袁明伦同志专门来到我们这儿,并告诉我们:"吴宓教授明天要离开西师,到西安养老,来接他的人已在西师招待所住了一段时间。"他征求中文系对吴宓教授离开西师的安排意见,是否需要派车送?听他这样一说,我才知道和我一起住在西师招待所的那两位三十来岁的男同志原来是来接吴宓教授的。当时,我因刚毕业,没分宿舍,暂住西师招待所(现在的西师出版社)底楼3号寝室,那两位同志住在我隔壁的5号寝室,我们中午和晚上有时还在一起摆谈,只是当时我不知道他们是来接吴宓教授的。

当时虽是"文化大革命"过后,但极"左"思潮未除,党的知识分子政策也还未得到落实,广大教师仍处于被轻视的地位,受到极不公正的待遇。吴宓教授也不例外。在这种情况下,一般教师包括一些德高望重的老教授离开西师,学校都没有派车送,但当时已经粉碎"四人帮",已经可以预见到落实党的知识分子政策的曙光必将出现，学校领导和系领导已在开始朝这方面努力。

经过商量，大家意见：应该派车送吴宓教授。最后，袁明伦同志说："鉴于吴宓教授是西师唯一健在的一位二级教授，在国内外学术界有很大影响，不能让他就这样自己离开西师，就由学校明天早上派车送吴宓教授到重庆火车站吧。"但当时没有研究是否要派人去吴宓教授寝室送他。

第二天（1977 年元月 8 日）早上 8 点钟，出于对吴宓教授的崇拜和尊敬，我来到了吴宓教授的住处，想帮先生搬搬东西、送送先生。

当时，天气非常冷，天上下着小雨加雪。我来到文化村老一舍门前时，学校派来的车子也刚好开到，正停在门前石梯前面。车是一辆北京牌吉普车，这在当时算较好的车子。

这是我第一次来到先生寝室。我惊讶于先生住处的简陋。我真不敢相信这就是一代名教授吴宓先生的寝室。在只有九平方米多一点的房间里，面对门窗摆了一张棕红色的单人棕床，左边靠墙放着一个黑色的有背板的四格书架，右边墙边放着一个黑色的小洗脸架和两把摇摇欲坠的烂藤椅，窗台下放着一张红黑色的两头柜办公桌，桌前放着一把暗红色的木靠椅。一共七样家具。房间太小，再加上站着先生、接他的两个同志和我，显得非常拥挤。先生自己的东西就更少得使人吃惊，除了身上穿的，就只有一件黑色旧棉衣和几件衣裳：这些东西放在单人床上，也只占了中间极少的一点地方：这就是一个国内外知名学者的全部家当。当时看得我鼻子酸溜溜的。

为了使屋内显得不太拥挤，我把两把烂藤椅搬到了室外的走廊上，然后再进来整理先生的东西。我将先生自己的一块一米见方的刷花蓝布放在床上，然后将先生的所有衣物放在布上，四只角对角扎好。前后仅几分钟的时间，先生的行装就收拾好了。我提了提，轻飘飘的，大约只有五六斤重。

这时，先生在来接他的两位同志的搀扶下，朝楼下走去，我一只手提着包袱，也紧随着先生一同下楼来。

来到楼下，我系办公室副主任陈天池同志也来了。我与天池同志打了个招呼，将包袱放在车的后排左边座位上。然后对先生和接他的两位同志说："我再上去看看还有没有东西。"我再次来到先生的寝室，只见书架上空荡荡的，桌子内也没有东西，我连床下和桌子下面都仔细看了，还是没有东西。我只好两手空空地下楼来。

我来到底楼中间过道上，先生和接他的两位同志正站在那儿。当时在场的，还有住在老一舍的两个老婆婆和陈天池同志。先生穿着旧黑棉袄，拄着一根一米来长的拐杖(其实只是一根直直的普通竹子)，站在我面前。当时，先生的视力大概很不好，他把我仔细看了看，然后亲切地问我："你先生贵姓啊？"我说："我叫漆建华，刚毕业留在中文系工作。"先生马上对我说："我感谢你呀！漆先生！"我赶忙回答："不用谢，这是应该的。"

这时，那两位同志对先生说："上车吧。"我和他俩一起把先生扶下石梯，送上了车。当时，正是严冬，每人都穿着厚厚的棉袄。一辆吉普车只能坐四个人。他们已经有了三个人，再加上一个包袱，挤得满满的，我使劲才将车门关好了。

先生上车后，到开之前，一直都把手从车窗中伸出来，朝我频频挥手，一再对我说："谢谢您啦，漆先生！""再见啦，漆先生！"就这样，在雨雪中，先生离开西师到西安去了。

从此，我再也没见过先生了。一年后，听说先生在西安去世了，系上准备派一位同志去参加追悼会，我真希望能派到我，以便能最后再看到先生一面。可是，系上派的是严家银同志，我只好终生遗憾了。

送先生离开西师这件事，我从未向任何人谈起过，连我自己都快忘了。可是，先生却记在心中。以至先生去世十多年后，他的家人还在谈及此事。

1990年，在西安召开了吴宓先生95周年诞辰学术讨论会。我们学校是杨光彦副校长代表学校去的，系上是胡国强教授代表中文系去的。当时，先生已经去世十多年了。在会上，吴先生的妹妹听说西师有人去参加会，专门来到西师同志中，问到杨校长和胡老师："当年系上那个姓漆的小鬼，现在还在不在西师？在干什么？"杨校长和胡老师向她介绍了我的情况。老人家一再表示："漆小鬼当年对吴先生帮助很大，吴先生感谢他，我们全家感谢他。"并一再请他们回西师后，向我转达吴先生全家的谢意。

胡老师回校后，找到我，问了当时的情况。我告诉他事情的经过。胡老师当即向我转达了吴先生全家的谢意。这使我非常感动，对先生高尚的人格非常佩服。作为我来说，当年在先生离开西师时，帮先生搬搬东西，只不过是尽了一点学生的微不足道的义务，是完全应该的，不足挂齿。

在先生离开西师后，我有幸住过先生曾住过的寝室和使用过先生留下的家具。我现在的家具已经换了几代，但先生留下的这些家具却一直舍不得换掉，仍在伴随着我。每当我看见这些家具时，就不由得想起了先生离开西师的情景。我经常告诉我的儿子："你真幸福！你现在坐的椅子、用的桌子、睡的床，都是一代名学者吴宓先生晚年在西师时用过的。希望你要努力学习，做一个有学问的人。"

今天，在纪念吴宓先生逝世二十周年的时候，我把以上经过写出来，以告慰先生在天之灵。

（本文选自《红岩》，1999年2期）

第二辑 说吴宓

宓园赋[①]

泾阳吴宓[②]，一代学人。学兼中外，淹贯古今。存国粹，取新知[③]，尊儒术以固本[④]；扬人文，张大义，泛爱众而亲仁。滋兰九畹，聚火传薪。隽彦从游，多以玉成。早饮誉于清华，久怀德于士林。领异标新，开比较文学之先路[⑤]；发蒙振落[⑥]，创《学衡》杂志而蜚声。

倭寇入侵，神州板荡。哀民命之阽危，恸华北之沦丧。于是先生随校播

---

① 此文为西南大学"宓园"镌刻碑文，由书法家、西南大学文学院教授秦效侃先生撰文并握管书墨。注释为编者所加。

② 吴宓，1894 年 8 月 20 日（农历七月二十四日）生于陕西省泾阳县西北乡安吴堡东门内吴崇厚堂（西院）祖遗故宅，名玉衡，取《书经》"陈璇玑之玉衡"之义；小名陀曼；1910 年报考清华学堂时改名吴宓，后取字雨生，亦作雨僧。（参见《吴宓自编年谱》，第 3-4、91-92 页。）

③ 吴宓主编的《学衡》杂志《简章》中有"昌明国粹，融化新知"句（见《学衡》1922 年 1 月第 1 期）。

④ 吴宓毕生以传承护卫真正的儒家文化为己任，认为"孔子者理想中最高之人物也"，是"中国道德理想之所寓，人格标准之所托"（参见吴宓.孔子之价值及孔教之精义[M].大公报，1927-9-22）。即便在"文化大革命"中，吴宓仍坚决反对"批孔"。

⑤ 吴宓 1917 年就读美国弗吉尼亚大学，1918 年转入哈佛大学比较文学系，师从新人文主义领袖白璧德教授，1921 年获硕士学位。吴宓曾在美国以比较文学的研究方法作过有关《红楼梦》的讲座。回国后，开设过"中西诗比较""近世欧洲文学史"等课程，是中国比较文学学科的开创者。

⑥ 发蒙振落：比喻事情很容易做到。出自《史记·汲郑列传》。

迁，同灾黎之苦难，遵江湘而流亡。至滇至黔，至于锦江，或至汉浒，乃止东阳[①]。船唇马背，破屋绳床。学教不辍兮，如砺如砥；风雨如晦兮，鸡鸣不已[②]。经八年之颠连，唯昭质其未亏[③]。

解放迎中华之再造，人民乐更始之新元。劫馀山斗，初汉伏辕[④]。荀卿最为老师[⑤]，大儒惟务正言。爰因雅望，迭至礼延。谢纷纭之蒲轮，乃徙倚[⑥]而未迁。先生执教西南师范学院。历历史系、外语系、中文系，通才而多任；博以文，约以礼，身教而言传。即之温温，望之昂然[⑦]。端体貌之清癯，时容与于校园。杖履飘萧，布袍若仙[⑧]。君子居敬，躬自厚而薄责于人；达人知命，厄磨蝎于廿八之年[⑨]。

---

① 抗战期间，吴宓在西南联大、浙江大学、燕京大学执教或讲学，当时西南联大在昆明，浙江大学在遵义、燕京大学在成都。抗战胜利后至解放，吴宓在湖北的武汉大学以及重庆的勉仁学院、相辉学院执教，相辉学院位于重庆北碚东阳镇，后并入西南师范学院，吴宓一直在此执教、生活，故言“乃止东阳”。

② 语出《诗经·郑风·风雨》：“风雨如晦，鸡鸣不已。既见君子，云胡不喜。”

③ 语出《离骚》：“芳与泽其杂糅兮，唯昭质其犹未亏。”亏，读若欺。

④ 伏辕：指伏生、辕固。伏生，又名伏胜，字子贱，前 260 年—前 161 年，曾为秦博士。秦时焚书，于壁中藏《尚书》。辕固，又名辕固生，西汉人，景帝时《诗经》博士。司马迁《史记》中说：“言《诗》，于鲁则申培公，于齐则辕固生，于燕则韩太傅；言《尚书》自济南伏生；言《礼》自鲁高堂生；言《易》自菑川田生；言《春秋》，于齐鲁自胡毋生，于赵自董仲舒。”

⑤ 语出《史记·孟荀列传》：“齐襄王时，而荀卿最为老师。齐尚修列大夫之缺，而荀卿三为祭酒焉。”

⑥ 徙倚：徘徊，流连不去。古诗十九首《凛凛岁云暮》中有：“徙倚怀感伤，垂涕沾双扉。”

⑦ 语出欧阳修《〈苏氏文集〉序》：“其状貌奇伟，望之昂然，而即之温温，久而愈可爱慕。”《论语·子张第十九》中有“君子有三变：望之俨然，即之也温，听其言也厉”语。此处是说吴宓有君子风仪，看起来肃穆威严、不苟言笑，但对人宽厚可亲。

⑧ 吴宓上课及外出常携拐杖、穿厚布长衫，步履急切，时为校园一景。

⑨ 吴宓曾以《易》推演命运，预测自己一生将度过三个人生阶段，即三个二十八年。此处的“廿八之年”指第三个二十八年，即 1950—1978 年，这段时间吴宓主要是在西南师范学院度过的。

嗟夫！十载苍黄，火炎昆冈。万里羹沸，宇内蜩螗①。视萧艾②之争荣，惜兰芷之不芳③。缙云高而烟雨低迷，嘉陵瘦而水流凄怆④。先生胫折目盲，心疾难瘳⑤。委衰残之垂暮，依妹氏而首丘⑥。

又十余年，重际升平。西南大学崇教化，美风俗，述往事，思来者，建宓园纪念先生。小园杰构，显敞而幽。乔木亭亭，绿草油油。槐子黄时，木犀香候⑦。铺青石以为径，立明轩而非楼⑧。屏山如黛，连九峰以竞秀⑨；渌水涵春，汇一江而长流。虽哲人其已往，嘉流风之未休。莘莘学子，如亲謦

---

① 出自成语：蜩螗沸羹。《诗经・大雅・荡》中有："如蜩如螗，如沸如羹。"常用以喻纷扰不宁。

② 萧艾，艾蒿，臭草。常用来比喻品质不好的人。《楚辞・离骚》中有："何昔日之芳草兮，今直为此萧艾也。"杜甫《种莴苣》诗中有："中园陷萧艾，老圃永为耻。"清代方文《即事》诗之二中有："多少崇兰化萧艾，幽香毕竟在吾徒。"

③ 吴宓第二任妻子邹兰芳，婚后不满三年因病离世，吴宓甚为悲切，作《悼亡诗》，将她居住过的屋子取名兰室，挂照片于墙上，吃饭时摆碗筷祭奠，有人亡犹在之感。此句化用《楚辞・离骚》："兰芷变而不芳兮，荃蕙化而为茅。"有叹息吴宓博学美德不为当时所容，也含有对其爱人早逝的惋惜之义。

④ 吴宓在《感事》(《吴宓诗集》第486页)有"嘉陵春水七回黄，不死惊看汉字亡"句。吴宓所在的西南师范学院，位于缙云山麓，嘉陵江畔。

⑤ 瘳：读若抽，指病愈。

⑥ 1977年1月8日，胞妹吴须曼接年老病衰的吴宓回陕西泾阳老家，1978年1月17日，吴宓在老家离世，葬于嵯峨山下家族墓地，终年84岁。《礼记・檀弓上》有："古之人有言曰：'狐死正丘首'，仁也。"郑玄注："正丘首，正首丘也。"孔颖达疏："所以正首而向丘者，丘是狐窟穴根本之处，虽狼狈而死，意犹向此丘。"后以"首丘"比喻归葬故里。

⑦ 唐李淖《秦中岁时记》中有："进士下第，当年七月复献新文，求拔解，曰：'槐花黄，举子忙。'"说唐代长安举子，自六月后，落第者不出京归家，多借静坊庙院，习业作文，七月再献上新作的文章，谓之过夏。时逢槐花正黄，故有此语。清阮元题浙江贡院有联句："下笔千言，正桂子香时，槐花黄后。出门一笑，看西湖月满，东浙潮来。"宓园新植有桂树，旁边原有数株大槐，时常可见学生在此朝课暮习。此句既写实景，又有化典赞后学传承先生学术薪火之义。

⑧ 宓园建有吴宓轩，旁有石条可小憩闲坐。

⑨ 此指缙云山。缙云山位于重庆市北碚区嘉陵江温塘峡畔，古名巴山，乃佛教名山，缙云寺始建于南朝刘宋景平元年(423年)，为国内唯一的迦叶古佛道场；20世纪30年代，太虚法师曾在缙云寺开办汉藏教理院。从校园望去，缙云山朝日峰、香炉峰、狮子峰等九峰盛景云蒸霞蔚，雄奇瑰丽，若一巨型画屏。

欬[①];俗尔多士,力奋宏猷。

嗟夫!人文才知,地负海涵。代有人出,立德功言。潭潭学府,名重西南。园以人名,仰止高山。

秦效侃撰文并书

公元二千零七年夏历岁次丁亥七月

① 謦欬(qǐngkài),原意是咳嗽,这里借指言笑、谈吐。

吴宓先生的贡献

刘又辛

吴宓先生逝世二十年了。近几年来纪念吴先生的文章出了不少，作者极为广泛，有吴先生的学生和熟人，有青年学者。有少数是"炒名人"的无聊人物。有几类文章，有的怀念吴先生的为人，有的指出吴先生的学术成就，有的分析吴先生对传统文化的见解及得失。虽所见不同，但都有助于研究吴宓先生。我觉得，这项研究还有待深入。我想，吴先生是五四时期文化界群星灿烂中的名人之一，我们今天纪念他，应该从宏观上，从那个不平常的历史背景下来研究他，这样或可有助于认识吴先生所做出的贡献。

吴先生曾把他的一生划分为三个阶段，三个二十八年。新中国成立后的二十八年，大部分时间都是在西南师范大学(原西南师范学院)度过的。1952 年我到西师任教，同吴先生同事二十余年，"文化大革命"期间，同为当时教务委员会委员。当两派"革命小将"酣战时，同他编在一个学习组，在三教学楼的资料室里"学习"。有了这些机缘，我对吴先生的了解日渐深入，把我的一些看法说出来，也许有助于研究的深入。吴先生在东南大学、清华大学、西南联大一直在外语系教课或做系主任，对外语系的课程设置、培养目标，设计了一套行之有效的框架和方法。这个框架为全国各高等学校的外语系所采用，至今没有本质性的改变。吴先生在这方面的贡献，已有文章谈到，为人所公认。

其次，吴先生在清华大学开始讲授比较文学，用中国文学和欧美文学做对比研究，是这项研究的开创者。20 年代，有好几位学者都曾用欧洲的文学观点研究中国文学，例如，梁启超、王国维关于中国文学的论著，胡适的《白话文学史》和研究《红楼梦》的文章，都从不同的角度对中国文学研究有所创新。吴先生则从中外文学比较的角度，开创了文学研究的新领域。他用《红楼梦》同欧洲的文学作品比较，认为《红楼梦》的价值当居世界文学之最。他同当时的胡适、蔡元培都是20年代的红学家，但研究的角度不同。吴先生对《红楼梦》的艺术手法、人物描写、语言艺术，都有深入细致的研究，有许多独到的见解。他在这方面的研究一直没有间断，但40年代以后的成果都未能问世。记得1944年后，他在云南大学曾做过关于《红楼梦》的讲演，听众甚多，我没有去听，据听者说，他是用近乎佛学的观点来谈这部名著的，可惜这讲稿没有留下来。新中国成立后，有人问他关于“红学”的问题，他一直闭口不谈，这是可以理解的。他是不是还有一些关于这方面的遗稿，尚待查询。

总之，吴先生是中国比较文学的开创者，而且用这种方法研究《红楼梦》，成为卓有成就的红学家，这是可以肯定的。他的学生钱锺书，在比较文学的研究方面，硕果累累，吴先生也多次称赞他这个学生，他曾两次对我说，他的学生钱锺书和他的老友陈寅恪，两个人都是“人中之龙”，我们则是普通的人，这自然是吴先生肺腑之言。我想，一个真正有成就有贡献的学者，总是希望这项研究后继有人、后来居上，这样，学术才会发展，人类才会进步。

除了比较文学以外，吴先生还对中国传统文化的研究有许多贡献。1924年，清华大学成立国学研究所，吴先生任所长，聘请梁启超、王国维、陈寅恪诸先生任导师，培养了不少语文、历史、文学等方面的著名学者。在这几位导师中，陈寅恪是吴先生力主聘请的，当时陈先生尚在英国，并没有关于国学的论著，国人知者甚少，吴先生力促其成，使陈先生得到展示才华的环境。我想，这一点应该算是吴先生对传统文化研究的一个贡献，这件事可以同蔡元培先生聘请梁漱溟、熊庆来，任命华罗庚为清华数学系研究助理相比，成为20世纪鉴识和举荐人才的学术界佳话。人才之所以是人才，当然主要是本人的努力和成就，但人才若没有伯乐式的人物的鉴识与推许，得不到发展才华的环境和机会，却极可能被埋没。梁漱溟先生如果不去北大任教授，华罗庚如果不到清华和国外学习，陈寅恪如果不能到清华作导师，是不是能成为三位大师，那是很难说的。因此，吴先生在这一件事上的贡献，不宜轻视。

吴先生对于以儒家思想为中心的传统文化有深挚的信服之情,这种感情,在他的文章中随处可见。他酷爱汉字,反对汉字简化,写字一笔不苟。他喜欢古文,曾反对写白话文。他在"文化大革命"期间反对"批孔",并因此而遭到严厉的批判。他在"文化大革命"期间,曾在日记中对"文化大革命"中的许多疯狂的做法加以激烈的抨击,因而被戴上"现行反革命"的帽子。

在这些方面,吴先生的主张和表现,是非功过,有的似乎很难判断。鲁迅先生曾经在他的杂文中点过吴先生的名,这本来不算什么大不了的事,但这似乎成了人们看待吴先生的基调,这自然很不公平。五四时期是思想非常活跃的时代,不同的思潮,甚至同一阵营中的某种误会,都会引起相互攻击。关于这个问题,如果从宏观上重新加以反思,也许有利于这类问题的讨论。

五四新文化运动的内容和历史意义是很复杂的,这是旧中国寻找救亡图存之路的政治运动,又是中华民族如何吸取新文化以便获得新生的文化创新运动。胡适把五四运动叫作中国的文艺复兴运动。欧洲的文艺复兴和中国的五四运动不完全相同,前者是努力摆脱中世纪的封建和宗教压迫,为资本主义的兴起鸣锣开道,五四运动也有摆脱宋明理学笼罩下的封建礼教的作用,但更切要的任务,是觅取救亡图存,挣脱三座大山压迫的道路。按照这个标准,当时的政治路线,主要的只有三派,一派是主张学习欧美的全盘西化派;另一派是学习苏联十月革命路线的马克思主义派;当时的统治者对这两派都持反对态度,在文化界也有一些顽固的守旧派为之服务,这是第三派。

有些人误以为吴先生是守旧派的代表人物,误以为《学衡》杂志是守旧派的刊物,这个看法需要重新探讨。

五四时期的新文化运动,对摧毁封建道德、旧礼教,如三纲五常、三从四德之类的旧思想有巨大的功绩,这是应该肯定的。那些旧思想不清除,无论什么新思想都是无法吸取的,一切改革都不可能,这已经为历史所证明。

但是,在这种声势浩大、迅猛无比的运动中,极容易产生某些过火的言论,在倒脏水的时候连"孩子"也一块倒掉了。例如,当时为了反对旧文化、旧礼教,曾提出过“打倒孔家店”这个口号,因而产生了全盘否定孔子的论点。现在对这段历史加以反思,孔子实在是代宋明理学家受过,五四时期反对的旧礼教,跟孔子的思想并不相同。例如,《祝福》是反对封建礼教残害妇女的小说,但孔子并没有女子必须守节这类思想。孔子是个私生子,母亲死了,不知父亲是哪一个,因而把母亲葬于“五父之衢”,可说明孔子在这一方面思想很开放,根本没有那一套从一而终的贞节思想。孔子“君君、臣臣、父父、子子”的思想,是讲君臣、父子关系的,要处理好这两者的关系,对君、臣、父、子各做出对等的要求,不像宋儒那样,只强调臣服从君,子孝父母。所以,孔子的思想同五四时所反对的旧礼教并不完全是一回事,那时因反对旧礼教、旧思想而扩大化到打倒孔子,是一种过火的言论。

当时梁漱溟已经看到了这一点,他在《中西文化及其哲学》一书中,从比较文化学的观点,用孔子的思想、印度的佛教思想同欧洲的文化做对比,指出三者的区别,并强调了东方文化的重要价值。梁先生是新儒学学派的代表人物,他也是五四时期颇负盛名的一位思想家,也在为中国的发展前途寻觅出路。但他不是向国外引进新思想,而是从传统文化中寻觅出路,他运用孔子的政治教育思想为中心,提出了乡村教育建设的设想并加以实验,成为独树一帜的思想家。

吴先生推崇孔子,同梁先生的新儒学不是同一来源。吴先生不是哲学家,但对先秦经典是熟悉的,对佛学也有所领悟。他在美国、英国、法国留学多年,在哈佛大学、牛津大学和巴黎大学学习,对欧美文化有广泛的接触,但是他回国后却日益倾向于以儒家思想为核心的传统文化,这绝不是顽固。

从中国历史上看,孔子思想有一个特点,当社会大变动的时候,孔子思想便不走运;到社会安定的时候,孔子思想便就兴盛起来了。春秋战国时期是奴隶社会解体、封建社会兴起的大变革时代,那时的显学是军事学家、法家和外交家,孔子以仁道和礼仪治国的主张不可能施行。一直至秦始皇建立了统一的封建帝国,孔子创立的儒家一直处于被压抑的地位。到了汉代,社会趋于稳定,儒学才得到重视,汉武帝确定了独尊儒术的政策,因而汉代得以维持了四百年的统治。从汉代以后,凡是社会变动的时候,为了改变旧制度,儒学便会被抨击,历次大的农民起义,都是如此。但起义成功的头头当了皇帝，就又把孔子请出来。五四运动时期是封建社会已告崩溃，新社会尚待建立的大变动时期，儒家思想受到了最大的冲击。正是在这次冲击中，一方面那些极不人道、极不合理的旧思想体系得以大部清除，但是另一方面，孔子思想中的精华，如仁者爱人的博爱思想，己所不欲、勿施于人的人际关系思想等，也同脏水一道被倒掉了。

现在我们国家正处于民族振兴的时代，邓小平提出了建立有中国特色社会主义的目标。什么叫中国特色？我看，吸取传统文化中的精华，吸取国外文化中有用的东西，在马克思主义的基础上加以融会贯通，这就是中国特色。从世界文化发展的趋向看，联合国提出了两个原则，一是和平，二是发展，在和平的条件下发展，使人类走向更加文明的境地。从这一点看，发掘和发扬孔子思想，更具有世界意义。

从这个观点看梁漱溟的新儒学，看吴宓先生推崇孔子的言论，不应该说他们是开倒车、顽固派，只能说那时说这类话是不合时宜的。如果换一个说法，也可以说是一种超前思想。

吴先生反对白话文，喜爱古文，在他说来，有一种未能解决的矛盾。一方面，那个时代的文章，一般都用文言文，就连《新青年》杂志上的文章，在胡适、陈独秀提倡文学改良、文学革命以前，所有的议论文和大部分文学作品，也都是用文言文写的，以后才逐渐学写白话文。那时议论文中使用的白话文，写得实在不高明。我有一篇文章讨论过这个问题①，这里不多说。吴先生看不惯那种文腔，也是情理之中。但是他却给《红楼梦》以很高的评价，可见他并不是反对一切白话文。关于这个问题，还需要更多的材料来说明，不能根据鲁迅先生一句话，就把吴先生同当时的冬烘先生混为一谈。至于吴先生反对把汉字改为拼音文字、反对简化字，则是另外一个学术问题。

五四时期，有些教育学家和语言学家，曾提出过用拼音文字代替汉字，原因是认为汉字难学，不利于普及教育。这种主张，一直继续到新中国成立后。1955 年，国务院召开了文字改革会议，主张拼音化的一派同反对的一派

① 刘又辛. 六十年来现代汉语文学语言的发展[M]. 文字训诂论集. 北京：中华书局，1993：253.

争执不下，最后周总理做了讲话，规定当前语言文字工作的三个任务，推广普通话、简化汉字和制定并推行拼音方案，因而制止了当时贸然废除汉字的主张。经过四十多年来的实践证明，这个决定是正确的。

至于简化字，则是另一个问题。汉字的逐渐简化，是汉字发展历史的一条规律，但是如何简化，却要仔细研究。1956 年公布的简化汉字，有的人拥护，有的人反对，有的人曾因为反对简化字被划为右派，但这个问题至今仍是学术上和现实中仍未解决的问题。关于这个问题，我在《汉语汉字答问》(商务印书馆 1997 年版)和《汉字发展史纲要》(与方有国合著，大百科全书出版社 2000 年版)两书中有详细分析，这里不能多说。我的意见可归纳为三点:第一，简化字的方向不错，但有些字的简化有待研讨;第二，简化字已经推行了四十多年，不能轻易废止;第三，目前在不同情况下的繁简字使用仍会有一段时间，将来会做到真正的用字规范。用我的这些看法衡量吴先生对简化字的观点，只能说是失之绝对化，这种意见并不少见。

以上说的都是关于吴先生对学术上的贡献和功过问题。吴先生在比较文学、外国语人才培养、中国传统文化研究规划等方面的贡献，已逐渐为世人所公认。他在偏爱文言文和反对简化字方面的主张，一向过分地为人所强调。我对这些问题的分析，也许有助于改变多年来在“左”的思潮影响下对吴先生形成的有失公正的看法。

我认为，吴宓先生是 20 世纪学术界有影响的学者，深入地研究吴先生的学术贡献有助于了解我们的前辈所走过的道路，有助于我们今天如何从传统文化和国外文化中继承和吸取有用的东西，发展我们当前的精神文明和物质文明。中华民族是一个伟大的民族，总是在一些关键性的历史阶段进行反思，总结以前走过的道路，以便从新的起点上继续前进。中国共产党十一届三中全会上关于若干历史问题的决议，对 20 世纪 50 年代以后的历史进行了反思，二十年来在这个理论指导下，中华民族已经走向中兴。我想，有一些学术问题，例如，上面提到的关于传统文化的继承与扬弃，关于五四运动中有关学术的重新认识，都应该加以反思。从宏观上对 20 世纪的历史、时代特点看清楚了，才能正确地评价这个时代的人物。在中国，20 世纪的名人很多，吴宓是众多名人中最难评价的一个，最重要的一个原因，若用五四以来的流行看法衡量人物,往往不公正,不准确。我的这个观点是否可取,希望得到指正。

1998 年 5 月 27 日

(本文选自《多维视野中的吴宓》,王泉根主编,重庆出版社,2001 年版)

知识分子的人格重塑

——由吴宓第三个二十八年所想到的

崔延强

吴宓这位早年曾主持清华国学研究院,学贯中西,饮誉杏坛的一代国学宗师,在人生的最后二十八年,同千千万万良知未泯、真情犹存的知识分子一样蒙受了史无前例的炼狱之火般的精神拷问和肉体磨折,下肢残废,几近丧生。他本应在桑榆之年青春勃发、桃李芬芳,本应为学术界再添传世力作,但在从噤若寒蝉到朝不虑夕的境遇中能求得一息尚存已是不幸中之万幸了。在乍暖还寒时分,劫后余生的金岳霖先生十分关心老友吴宓,问及他的学生:"吴雨僧安在?"当学生如实回答后,金先生静默无语,老泪纵横。

当我们刚刚从伤痕到反思不久便被商品大潮所吞食,物欲钝化了思想。对于吴宓这一代知识分子的灾难与不幸以及整个知识群体的命运的思考,实际上,以前多的是哭诉、声讨以及一窝蜂的平反,绝少的是深层次的理性剖析和灵魂深处的自省与忏悔,现在又平添了一些高唱"青春无悔"的"后知青文学",因而思考与探索这个问题就更具意义。

由吴宓晚年的遭遇,我想到了两个问题。一是人性,一是传统知识分子的悲剧命运。说起人性,我们长期被束缚在"利益""阶级"的套子里不能自拔,这就使得有些人躲在"世上没有无缘无故的爱,也没有无缘无故的恨"的影子里,手持刀枪棍棒,或明火执仗,或施放暗箭,倘使将对手打倒,便是坚持了信仰的旗手,成了那个家,那个权威;倘若打不倒,或打倒了但后来又起来了,便笑脸相迎,成了同一战壕的战友,如果实在解释不过去,也有当时“身不由己”“坚持原则”“公事公办”之类的遁词。纵观历次运动中知识分子的一些同类相残事例,无不表明人性中险恶的一面。当然,我们并不轻易以恶意揣度人性,但毕竟事实如此,不能把罪恶只归结为什么外部环境、大势所趋之类的原因。历史决定论、环境决定论不能解释罪恶的动机,把罪恶归因于外部条件是一种逃脱责任的托词。萨特说,人要为自己的选择负责,为一切未能挽回的事实负责。以前经常听到有人说“不要抱怨了,你说我把你打成右派,我这是按原则办事,后来我也不是被打倒了吗?”“你说我批斗老师,不是毛主席说‘造反有理’吗?”这种不成逻辑的逻辑,这种割断良知与行为,没有罪恶意识、缺少忏悔意识的解脱不正是在我们这片充满乐感文化的土地上悲剧接连不断上演的真正原因吗?

传统知识分子的命运常常是悲剧性的。反观历史,传统知识分子无非两类。其一是为道而不附势者,“为学不作媚时语,不媚权势,不媚平庸的多数,也不趋附自己并不赞成的一时潮流”(王元化《传统与反传统》)。他们保持人格的独立和精神的自由,潜心学术,心无旁骛,由立言而达立德之极致境界。这类知识分子毕竟太少,因为一则在以“学而优则仕”“内圣外王”“弘道择势”为主旋律的传统文化中求道而不择势,必定被目为不入流、不合拍的不和谐音符而加以调治修正,命运可想而知;二来也逃不脱多如牛毛的运动改造,被当作“白旗”拔掉,被视为“牛鬼”扫除。其二是为道而入势、择势、顺势、附势者。他们坚信弘道必先入势,不入势不足以弘道,把价值理想贴近乃至融化为政治权势,其结果必然是在势面前人格蜷缩弯曲,乃至丧失人格之独立性,趋炎附势,为势而改道,以牺牲人的尊严,以良心的破损和人性的冬眠为代价求得势下栖身。传统型知识分子因缺失独立人格,无法摆脱为势所侵吞之悲剧命运。

知识分子若要改变传统文化背景中铸造的悲剧命运,就要塑造独立之人格,根除“内圣外王”的价值理想,将目光转向市民社会,充当社会真正的良心和正义,树立批判意识,诚如苏格拉底所言,知识分子应是国家的牛虻,而不是候补官员，不断叮咬、督促国家这匹大马沿康庄大道前进。什么时候，我们有了自己的卢梭、伏尔泰、托尔斯泰、罗曼·罗兰和更多的鲁迅和梁漱溟，我们就会有真正的知识分子和真正的文化批判。

（本文选自《红岩》1998 年第 1 期）

1949：国学大师吴宓到北碚任教之谜

刘重来

吴宓，被我国学界公认为"学贯中西，人文楷模"的学界泰斗和国学大师。

1949年4月29日，吴宓毅然辞去了国立武汉大学外文系系主任职务，以高价购得飞机票一张，乘空军飞机从武汉飞抵重庆。5月3日，他来到小城北碚，在私立勉仁文学院和相辉文法学院(以下分别简称勉仁、相辉)任教。自此，到逝世前一年，吴宓便一直留守在北碚，度过了悲欣交加、惊心动魄的余生。

当时，吴宓已是赫赫有名的教授。令人匪夷所思的是，如此名气、如此经历的吴宓，为什么宁愿放弃自己的头衔和职务，屈尊到西南内地的两所规模小、名气又不高的私立高校教书呢？

一、"宓尤痛心者"：最看重的两册日记在"文化大革命"中被焚

其中之奥秘，至今仍扑朔迷离，难知详情。一个重要原因，是吴宓详记这段经历的两册日记在"文化大革命"中被"一举而擅焚毁"了。

"山雨欲来风满楼"之际，早在1964年"四清"运动中就屡遭批判而被禁止教书的吴宓，已预感自己的处境将十分不妙，于是决定将自己从1910年起所记的近一百册日记分头托付给他所信赖的朋友保管。而其中吴宓最看重

的1949年、1950年两册日记，交托给了老友、同为西南师范学院汉语言文学系教授的陈新尼保管。他认为陈已年近八旬，又住在校外，目标不显眼，放在陈处较为安全。

谁知“文化大革命”一开始，吴宓就遭到大字报攻击，而红卫兵抄家之风也愈演愈烈，自身就有复杂“历史问题”的陈新尼早已是惊弓之鸟，他一怕因私藏吴宓日记而“罪上加罪”，二怕日记被查出会对吴宓不利，于是在1966年9月，未经吴宓本人同意，竟将这两册日记付之一炬，全部焚毁了。吴宓知道后，痛心疾首，悔恨不迭。正如吴宓的女儿吴学昭所言，这两册日记恰恰是记述了吴宓“后半生重大转折的日记”，是吴宓“最不想失去的两册日记，竟永远失去了”。

1967年2月8日，正是春节之时，吴宓想到五个月前这两册日记被焚，仍“嗟悔不迭”。他说：“宓尤痛心者，乃在宓之已丑日记、庚寅日记（1949、1950）各一册，藏存陈老新尼家者。陈老惧祸，竟为代焚毁不留之事。盖此二册日记，其中叙宓由武汉飞渝，在此度过解放，并1950父初病至病增，以迄临没及没后诸事，实是惊心动魄、天翻地覆之情景，附有宓作之诗及诸知友之诗词甚多且佳，日记外无存稿，至为可惜。若不交托陈老自秘藏之，及今日记存而宓亦无祸，悔之晚矣！”

这两册日记正是记载了中国大变局时之“惊心动魄、天翻地覆之情景”，也记载了他毅然辞去武汉大学外文系系主任职务、到北碚勉仁、相辉任教之所思所为，实在太珍贵了，却“永远失去了”。我们只能在吴宓的一些书信、文章和“文化大革命”时的“交待”材料中，去寻觅揭开吴宓1949年4月到勉仁、相辉任教之谜的答案了。

二、离开武汉大学只为“研修佛学”“出家为僧”

实际上，早在一年前，即1948年，吴宓就有离开武汉大学之举，其真实意图，并非到勉仁、相辉两校任教，而是另有所图。1949年6月8日，已到勉仁、相辉任教一个多月后，吴宓在给其弟吴协曼的信中写道：“原宓之来，目的本在成都。”

到成都干什么呢？又过了三年，吴宓在 1952 年知识分子思想改造运动中，并非自愿地在重庆《新华日报》（1952 年 7 月 8 日）发表了一篇题为《改造思想，站稳立场，勉为人民教师》的文章，道出了他决心离开武汉大学的真实原因：

> 一九四八年秋，我即决意辞卸国立武汉大学外文系主任职务，到成都任教，目的是要在王恩洋先生主办的东方文教学院研修佛学，慢慢地出家为僧，并撰作一部描写旧时代生活的长篇小说《新旧因缘》，以偿我多年的宿愿。直至一九四九年春夏之交，方能得来到重庆，暂止于北碚勉仁学院、相辉学院。

这“暂止”二字耐人寻味。原来吴宓到勉仁、相辉任教只不过是个过渡，真正的目的是到成都王恩洋主持的东方文教学院“研修佛学”，然后再“慢慢地出家为僧”。

吴宓为什么决意要“研修佛学”，甚至想“出家为僧”呢？1966 年 9 月 8 日，他在“文化大革命”中写的“交待”材料中说：“宓多年中抱着‘保存、发扬中国文化’之目的，到处寻求同道”，“认为中国文化是最好的，而且可以补充西洋文化之缺点。至于中国文化之内容，宓认为是‘以儒学孔子为主佛学为辅’。故欲明晓中国的精神、道德、思想，必须‘兼通儒佛’。”在吴宓心中，中国文化必须“兼通儒佛”，而他自认对儒学已有一定研究，如今要进而研修佛学了。

吴宓为什么执意要离开国立大学而去私立大学呢？这也是有其深意的。他在 1966 年 9 月 8 日写的“交待”材料中道出了个中原因：原来，他“嫌国立大学只教授学术、知识而不讲道德、精神、理想（此必求之于私立学院）”。为此，“1949 年入川，仍为‘保存、发扬中国的儒佛文化’而到私立学院去讲学。原定是要到成都东方文教学院去的（兼在四川大学任教，以维持生活）。到重庆后（1949 年 4 月），因交通困难，不能前赴成都，而停止在梁漱溟主办的勉仁文学院（以儒为主，以佛为辅）讲学，又不得不兼在夏坝私立相辉学院任教”。可见，吴宓之所以要离开国立大学而到私立大学任教，是他认为私立大学是一个可以弘扬中国传统文化的平台。这就是吴宓所谓“必求之于私立学院”而来勉仁、相辉的原因。何况梁漱溟主持的勉仁,恰恰是以倡导中国传统文化为宗旨的私立学院,与他的旨趣相合,所以他首先选择了勉仁。

三、在勉仁、相辉任教“是宓一生生活最苦的一段时间”

1949 年 4 月底,吴宓决心离开武汉大学。此时武汉即将解放,由于时局紧张,飞机票一票难求。万般无奈,吴宓找到一年前在一次演讲中结识的国民党空军副司令邓志坚求助。邓下了“手谕”,吴宓才购得了 4 月 29 日的机票。48 块银圆的高价机票款由勉仁、相辉两校分摊,其中勉仁出了 7 元,相辉出了 41 元。

5 月 3 日,吴宓到了北碚,相辉和勉仁对吴宓的到来寄予厚望,并立即安排上课:“每星期四至星期日住勉仁学院,上课四小时,月薪米九石(新市担),应合银圆十五圆;每星期日至星期四住相辉学院,上课八小时,月薪米六石四斗,应合银圆十一圆。”这是当时中国社会物价飞涨、货币急剧贬值而出现的畸形现象。和全国一样,当时北碚的民众,已不相信任何纸币,市场流通多用银圆,商业活动则多以实物计价交易。大米是人们生活的必需品,因而成了商品交易、工薪报酬、缴纳学费的“通货”。

然而,当吴宓到达勉仁和相辉时,时局又发生急转,解放大军即将挺进大西南,学生已无法静下心来读书了。物价在飞涨,而学生少交或拒交学费也时有发生,作为靠学生交纳学费维系生存的私立高校,勉仁、相辉很快就到了山穷水尽的地步。

吴宓 5 月 9 日才开始上课,但“不到五月底,勉仁、相辉两校学生纷纷回家,留校者仅二三十人”。吴宓才上了半个月的课,

就因学生的散离,而“无课可上”了。更让吴宓忧虑的是:“两校经费困难,非宓所能想象。相辉发薪至五月底止,均给米票,未能一时兑现。六、七月薪,更无着落。勉仁则尤困,于是提前放假(宓仍为留校学生讲课),大裁员工,教师仅留七位(宓其一)”。

为了向教职工发放工资,勉仁院长熊东明毅然捐出了自家谷米一百石,

才“勉发薪至五月底止，以后一文不能给，劝令各归而自谋”。在这种情况下，吴宓非常体谅学校的困难，甚至提出“愿不领薪”，因为他从武汉大学带来了历年共积蓄的56块银圆，“即不得薪，亦尚可自给”，于是勉仁便让吴宓“领半薪，捐半薪，实得15银圆”。如今，我们还可看到吴宓收到由勉仁董事长梁漱溟、院长熊东明盖章的一张捐助15银圆收据，时间是1949年6月3日，是吴宓到勉仁刚刚一个月时。

更让吴宓烦心的是，由于时局混乱，物价上涨，勉仁、相辉的教学秩序也受到严重影响。到1949年9月，按正常情况，本应开学上课了，但却未有动静，吴宓在9月11日给其弟吴协曼的信中写道：“相辉已开学，但以学生观望，不欲即行注册交费，又待补考上学期，故开学之期尚早，恐在十月中下旬。”

总之，由于时局混乱，物价上涨，勉仁、相辉两校经济困顿，开课艰难，吴宓在1966年6月所写的“交待”材料中提到，1949年，他“在私立相辉学院及勉仁文学院两校任教授，一校各三天，来往劳苦，住处及饮食皆不好、不便；是宓一生生活最苦的一段时间”。

四、心愿未成，“甚悔不应轻离武大”

实际上，当时吴宓虽身在重庆北碚，心却在成都，他始终没有打消到成都去的心愿。1949年6月8日，他在给其弟吴协曼的信中写道：

> 原宓之来，目的本在成都，自五月二十日西安失陷（此指西安被解放——笔者注），成都告警，又各党竞噪，成都人心之乱，乃过于重庆。成都文教学院（佛教、儒教）之危困不减勉仁，川大亦扰乱不堪……成渝交通不便，而成都情形危乱，故宓暂居此（北碚），一面探看成都情形，徐定行止。

由此可见，吴宓虽然在勉仁、相辉教书，但仍一心想去成都东方文教学院“研修佛学”，只不过因当时“成都文教学院之危困不减勉仁”，只好“暂居”北碚以“徐定行止”罢了。

吴宓为了研修佛学，不得不到私立的高校任教，但初来乍到，对勉仁、相辉这些偏远的私立高校是有些看不顺眼的。他在9月11日给其弟吴协曼的信中说："相辉学生程度极劣，一般教授，亦皆资格、学问两不足。宓所取者，环境安静，住居生活便利耳。"在勉仁、相辉他还看到了一些现象，更加深了他的不良印象，如10月1日在给吴协曼的信中写道：

相辉本身极无可取，宓只取其郊景清幽、居处便利，合于宓暂时避难观变之留止而已。今年开学后，学生正播起风潮，以彼等学生家皆中人（指家庭经济情况均在中等以上——笔者注）以上，每夜在校旁茶馆赌博输赢有达1000银圆者，而不肯交纳35银圆一学期之学费。近正强迫学校减少学费，又大贴标语，恶诋相辉当局，侮慢教授，谓教授应生活节俭，薪金减低，俾学费可随之而减矣，日来愈闹愈凶……是故相辉前途殊恶，宓亦随时准备离相辉而居他校。

应该说，吴宓刚到勉仁、相辉，对两校并不了解，所以对"相辉学生程度极劣，一般教授皆资格、学问两不足"的看法确有偏颇之处。其实，相辉学生中自有优秀者，如日后成为"水稻之父"的袁隆平。而相辉的教授如许逢熙、方敬、张默生、金企渊等，勉仁的熊十力、罗庸、孙伏园、李源澄、邓子琴等都是有真才实学的学者。以后，吴宓在勉仁、相辉长住下来，这种偏见也慢慢转变了。

由于到成都东方文教学院"研修佛学"不能实现，而勉仁、相辉的景况越来越差，到私立大学弘扬中国传统文化的希望也开始破灭。此时吴宓对自己贸然离开武汉大学的举动深深懊悔了。1949年6月8日，吴宓在给其弟吴协曼的信中写道：

时局迅速转变，渝、蓉等处人心惶惶……反不若留武大，与诸友好共居互保，渡过难关，较为安善也。然此来为避乱？为讲学？为生活（经济）？均已失望，甚悔不应轻离武大，此时欲归不得，前途又无善计……前二年宓所想望四川尤其成都之好处，今情形全异，此所以宓甚悔不应离开武大也。

吴宓是极为爱书之人，当他离开武汉大学时，曾将五箱书交付卢作孚的民生公司轮船免费运到重庆。后来虽然这批书安全运到勉仁，但由于形势突变，这五箱书反而成了他的累赘。他在给吴协曼的信中说：

> 宓之五书箱，早已于五月初，运到勉仁存放，无失。但因行止难定，故除一小箱外，均未敢开启，倘书籍全留武汉，交托知友保管，定可无虞，他日再取。今将书运出，书反为人之累，书亦难保安全，故宓殊悔不听友人如高元白等之劝告，殊悔未遵父沉机观变之训，而轻离武汉也。

这种后悔心情随着吴宓在北碚的处境越来越差而逐步加深。1966 年 9 月，吴宓在"文化大革命"所写的"交待"材料中再次表达了他深悔当初不听劝阻而离开武汉大学，称之为"轻举妄动"和"愚不可及"。他说自己决定到勉仁、相辉之举"是使自己的劳苦加增，经济生活困苦，一转徙间，损失了不少的书籍、衣服、用物。由世俗利害观点，实在是'愚不可及'。当时宓在北京之亲属，在武汉大学之友好，无不谏阻，止宓勿行，而宓竟不听其劝告(久后，已深悔自己的'轻举妄动'之错误。但在当时，只觉得我'为理想牺牲实际利益'是对的)。"

1949 年，吴宓毅然离开国立武汉大学而来到偏远的私立勉仁、相辉任教，经历了各种艰难险阻和思想斗争，但这一举动，正是出于他对中国传统文化的热爱，正是出于他想对中国传统文化进行更深入的研究。

1998 年，西南师范大学(今西南大学)召开了"吴宓先生逝世二十周年纪念大会暨吴宓学术研讨会"，著名学者、北京大学教授张岱年在贺信中称："吴宓对于中国传统文化及西方文化都有深湛的研究……吴宓先生虽然是英文教授，但热爱中国传统文化，表现了高风亮节。"

吴宓到勉仁、相辉任教，正是他"高风亮节"之举。

(本文选自《红岩春秋》，2014 年第 7 期)

试说吴宓先生论“三国”

段启明

吴宓先生(1894—1978,字雨僧,陕西泾阳人)是20世纪享誉海内外的学者、诗人、教育家。他学贯中西,博通古今,为继承传统文化,促进中西文化交流,做出了可贵的贡献。他在1959年10月8日、11月12日、11月26日、12月17日、12月24日的日记中,记载了自己连续四次在《三国演义》讨论会上的发言内容以及讨论会前后的想法和感受①。文字虽然不多,却涉及了《三国演义》研究中的很多问题,今日读来,仍受启发。

从吴先生的《吴宓日记续编》(以下简称《日记》)中知道,这几次关于《三国演义》的讨论会,是当时西南师院(今西南大学)中文系古典文学教研室的学术活动。具体的背景,笔者不甚了了;但在1959年全国上下开展反“右倾”运动(《日记》中有很多相关记载)的形势下,这个教研室仍然能够每隔两三周就进行一次学术讨论(据《日记》中记载,这一时期中文系还举行过全系的关于《阿Q正传》的学术讨论会),显然是难能可贵的。

当时,吴宓先生虽然已经屡受“批判”不断“检讨”,但他还担任着四川省政协委员、西南师院院务委员、中文系外国文学教研室主任,就是说,他还有“讲真话”的“权力”而不必作“随风附和”的违心之谈;另外,《日记》所记,是他在发言之后,又经过思考、归纳所形成的文字,即不是随意的“偶感”“偶

① 吴宓.吴宓日记续编:第4册[M].吴学昭,整理注释.北京:三联书店,2006:188、221、231、247、253.

记”而是经过深思熟虑的真实看法。上述两点，显然就确定了这几篇日记所反映的吴宓学术思想的真实性及其价值。

一

《日记》原文：

> 十月八日 星期四……下午寝息。3—5(时)中文系科学研究《三国演义》讨论会，由古典文学教研组主办，发言者……宓(魏主任传命宓必发言)略谓《三国演义》乃中国最普遍之民间文学作品，其材料乃人民口头历久所产生，而经文士编纂成书者，略如荷马史诗。又系真正之历史小说。与司各脱、大仲马等所作，号称“历史小说”，实则任意自编小说，仅取历史中之名人大事，以为“背景”，以资点缀者，不同，且胜过之。《三国演义》既是小说，则不当以历史绳之，强为比较、考证。其中人物事实，皆是典型，故忠奸明辨，邪正显分，以至汉贼之对立，正统闰位之争辩，实皆代表一般人之政治观念，与人民心理之好恶迎拒而已。例如刘备之优点，只在其爱民与仁厚之本性，故以正统归之。实则刘备之为中山靖王之后，与曹操之为汉丞相，挟天子以令诸侯，实皆各用其特有之优点，同为争夺帝位之口实而已。……

据《日记》所言，10月8日的第一次讨论会的主题，应该是关于《三国演义》一书的性质、成书过程等“总体问题”。在这些问题上，吴宓先生的观点是非常明确的，大抵可以归纳如下：(1)《三国演义》之“材料”，“乃人民口头历久所产生”，《三国演义》之文本，则经“文士编纂”而成，并认为，这种情况“略如”西方之《荷马史诗》。(2)《三国演义》是“真正之历史小说”，其所以强调“真正”二字，是因为在吴宓先生的心目中，西方的如司各脱、大仲马的作品，只是“号称”历史小说，实则“任意自编”，不过以“历史中之名人大事”为背景，“以资点缀”而已。(3)确认《三国演义》是“小说”，而且极其明确地指出：既然是“小说”，“则不当以历史绳之，强为比较、考证”。(4)认为《三国演义》中之“人物事实”“皆是典型”，所以，书中的“忠奸之辨、正邪之分、汉贼之对立、正统闰位之争辩”，都是人们的“观念”与“心理”的表现，例如，刘备与曹操都是在争夺帝位，实质无异，但因刘备是仁厚爱民的“典型”，故以“正统”归之。

在吴宓先生的这些观点与议论中，笔者以为最重要的是毫无“犹豫”地把《三国演义》确认为“小说”。这种观点也许是“老生常谈”的共识，不足为奇，但实际上却是最重要的基本观点。因为它是“小说”，所以就不必“以历史绳之，强为比较、考证”；因为它是“小说”，所以书中所写“人物事实”皆应视为体现着创作者的某种“观念”的“典型”。

关于“典型”的含义，从20世纪50年代以来，一直是文学理论界的热门话题，究竟该怎样阐释，自然是理论家们的事情。而吴宓先生这里所谓之“典型”，则是与历史上实际存在的“人”与“事”之“原型”相对应的概念，而且既指“人物形象”，又指“故事情节”。因此，它绝不是历史的“真实”，而是一种“观念”的体现。吴先生举的刘备的例子，就是要说明，刘备与曹操都是以争夺帝位为目的的人物，这是历史的“原型”；而刘备的“仁厚爱民”，则是人们渴望“仁明君主”的愿望的体现，于是，刘备就成了这样的“典型”。如此使用“典型”一词是否科学、准确，姑且不论，而吴宓先生所要表达的意思，无疑是非常清楚的。

文学作品（包括历史小说）的灵魂，说到底是创作者以自己的作品中的“典型”所表达的对于人生、人性、社会、道德、审美、历史的看法和感悟。因此，评价文学作品，也必须“上升”到这一层面。多年来，我们评价古代文学作品时，往往习惯性地“追究”是否“真实地反映了历史面貌”，如果“是”，则给以充分的肯定；如果“否”，则以为“不真实”而予以否定。这虽然符合“文学是时代与生活的产物”这一原理，而且否定了应该予以否定的歪曲时代与生活的低劣之作，无疑是正确的，但是，就文学的功能而论，显然不能局限于“反映”二字。近年来，在某些研究领域，情况发展得更严重了，远远超过了“真实反映历史面貌”的“标准”，而大讲“揭秘”。例如有人讲《红楼梦》，就一定要把秦可卿说成康熙朝废太子胤礽的女儿，从而把《红楼梦》这样一部最伟大的小说“变”成一部“清宫秘史”。难道《红楼梦》的伟大就是“伟大”

在这里吗？说者无知胡言，听者盲目轻信——这的确是一场“文化悲剧”。《三国演义》是历史小说，而且相当真实地描写了汉末三国时期的社会历史，这当然是《三国演义》的“优势”。然而，《三国演义》之所以被誉为伟大的文学作品，更主要的原因则在于它所表达的历史观、道德观、政治观、人生观、审美观等；而《三国演义》的缺欠、不足、局限，也恰恰在这些方面。从这个意义上来讲，过分指摘作品与“史实”的“相符”与“不符”，充其量也只是提供了一些“谈资”，而没有更大的价值。

二

《日记》原文：

十一月十二日 星期四……下午2:15—5:15奉命参加古典文学教研组之《三国演义》研究座谈会，宓以第五人发言，略谓正统之本义，原为民心所归，帝位惟有德者当居之，得乎邱民而为天子，所谓天与人归，尧舜禅让之局是也。(以上是正统之一)其后变为征诛之局，则以武力夺取江山，而能维持久远，传之子孙，即为正统，此乃人造之正统，事实之正统，已落第二义矣。(此是正统之多)在三国之时，曹操与刘备以及孙权，各争为正统。曹操曰，我汉相也。我虽挟天子以令诸侯，然汉室未绝，则我忠事及拥护者，固是世传而合法之中央政府，此外皆叛逆也。刘备则曰，我汉之宗室，以血胤言，我当继承汉之正统(尤其曹丕篡后)，但无解于刘表与刘璋，备于此实有惭德矣。是故由人造之正统、事实之正统言，曹氏实有根据、有理由，得继汉为正统，而刘备则无之。然由正统之本义言，则刘备正而不谲，曹操谲而不正。刘备仁厚、爱民，而不肯弃其民以逃；曹操则惟图利用人民以达在上位者之目的而已。由此一点，(其人之本质，即德性。)故中国古今人民确定刘备(蜀汉)为正统。《三国演义》为民间文学，故不问历史事实，而可径确定刘备为正统。即人们心中之理想君主，是刘备而非曹操。《三国演义》中，有如此之正统观念存在，初无关于历朝史家及学者如司马光、朱熹以至清儒章学诚等之反复究论者也,云云。至于结义,似起于游侠,而大显于东汉之士风(党锢、逸民、独行)。若夫义之本旨,应在《论语》一书及《孟子》中寻求,不当由江湖间之结义(盟兄弟)或革命(起义)释说。吾观《三国演义》中之桃园三结义,只是"二人同心,其利断金"之私人坚决互助而已。刘先主之伐吴,为关、张复仇,不顾孔明与赵云之谏。其所行,乃以私害公,行愚而违智,结义之害大矣哉。至于哥老会之流,虽助成辛亥革命,抑卑卑不足道已!

以上为宓论(1)正统(2)结义二题。宓未能尽其所欲言。乃今日最后由×××(代表党与系)作总结,则终强调阶级立场。由其说,则无产阶级人民是唯一之正统,而为无产阶级革命,秘密结义,方是好事,此外之结义皆坏事。呜呼,宓欲无言!

11月12日第二次讨论会的主题,显然是两个:"正统"与"结义"。关于正统问题,吴先生的观点很值得重视。他认为,正统有"二义",即"本义"之正统与"人造""事实"之正统。他说:"正统之本义,原为民心所归,帝位惟有德者当居之,得乎邱民而为天子,所谓天与人归,尧舜禅让之局是也。"这就是说,合乎天意、民心的"有德者当居之"的帝位,为"本义"之正统,如"尧舜禅让之局"。

由此看来,吴宓先生对"正统"的考查没有局限在"家天下"以后的历朝历代,而是上溯到远古,以求其本义。我们在讨论有关"正统"问题的时候,往往引述东汉大学者班固在《典引》一文中使用的"正统"这一词汇。班固在文中论述刘邦、刘秀为正统时,恰恰是从尧、舜时代论起,进而论定"高、光二帝"之"宸居其域"乃是"膺当天之正统,受克让之归运,蓄炎上之烈精,蕴孔左之弘陈"①。简言之,唯有在"天与人归"的情势下所得到的帝位才是正统。吴宓先生所论,也是这个"思路",并名之曰"本义"之正统。

随着历史的发展,正统的概念也发生了变化。吴先生说:"其后变为征诛之局,则以武力夺取江山,而能维持久远,传之子孙,即为正统。"这个正

① 班固.典引[M]//[梁]萧统.文选:卷四十八.上海:上海古籍出版社,1986:2160.

统,就是吴先生所谓的正统之“第二义”,即“人造之正统,事实之正统”。就是说,尧舜以后,正统之谓不过是依据“血缘”确定的帝王之位,已无涉于“天意、民心”之所归。到了改朝换代的时候,“血缘”关系中断,于是正统之归属遂有一“争”。具体到汉末三国,则出现了曹、刘、孙三家“各争为正统”的局面。

魏、蜀、吴究竟孰为正统?吴先生的见解很有意思。他认为,按“正统”之“第二义”,即“人造”“事实”之正统,则应属曹魏。道理很简单:正是曹操以武力“夺取”了“江山”,且“传之子孙”。而若以“正统之本义(即正统之第一义)言,则刘备正而不谲,曹操谲而不正”。道理也很简单:《三国演义》中的刘备“仁厚、爱民”,帝位应为有德者“居之”,而“曹操则惟图利用人民……”但是,吴宓先生紧接着就指出两点:(1)因为《三国演义》是“民间文学”,所以它可以“不问历史事实”;(2)刘备是“人民心中之理想君主”,作为“典型”,也不必追究其“原型”——正是在这两个前提之下,人们“确定刘备为正统”是完全可以理解的。显而易见,吴宓先生对三国正统问题的阐释,完全是就《三国演义》这一“文学现象”而立论的,是关于“文学”的讨论,而不是关于“历史”的讨论。因此,他又特别强调,作为小说的《三国演义》中的“正统”问题,是“无关于历朝史家及学者如司马光、朱熹以至清儒章学诚等之反复究论”的。这就是说,司马光之帝魏、朱熹之帝蜀等史家、学者所论,都是史学之争,与文学作品《三国演义》中的“正统”问题“无关”。这就揭示了《三国演义》之所以以蜀为正统的根本原因,不是对历史的“判定”,而是人们的一种理想与愿望的表现。因此,《三国演义》在正统问题上所表现出的明显的“倾向”性,也就无所谓是否符合历史之“真实”了。

在此次讨论会上还涉及了“结义”的问题。从《日记》中看来,与会者的见解不尽相同,但他人所论之详情已不可知。而吴宓先生的观点似可归纳为如下三点:(1)吴宓先生认为,“结义”乃源于“游侠”,大盛于“东汉士风”;(2)关于“义”之本义,则存在于儒家经典(如《论语》《孟子》)之中,而不在“江湖”;(3)《三国演义》中所写之“结义”,实无可取:“桃园三结义”,不过是“私人”之间“坚决互助而已”,刘备不听谏阻,大举伐吴,不过是为结义兄弟报仇,结果惨败,“以私害公”“行愚而违智”。以上之前两点,姑置勿论;而第三点，显然也是很有启发性的。

“桃园三结义”的“精神”，在《三国演义》的叙述中，从总体上来说是赞扬的；而且在后世的社会生活中，这种“精神”也似乎产生过“积极作用”。这究竟是《三国演义》及其作者的“局限”，抑或是应予肯定的“平民意识”，还需要进一步研究。吴宓先生举出的“伐吴”“惨败”以及书中所写之“白帝托孤”等一系列情节，彻底证明了“结义”带来的“以私害公”的恶果，这是不容置疑的。如果说“形象大于思想”之说是文学作品的基本规律，那么，刘备“伐吴”的“形象”（指情节），显然“大于”赞美“结义”的叙述（“思想”），从而表达了创作者最根本、最真实的理念：一方面，作为民间、世俗生活中的结义，或有其某种价值；另一方面，在政治生活中，在夺取江山的征战中，以“结义”之事为出发点，采取行动，则实属“行愚而违智”，其危害“大矣哉！”总之，吴宓先生对“结义”的谴责性评论，是正确的。

三

《日记》原文：

一月二十六日星期四……下午2:15—5:00偕赖公赴中文系古典文学教研组参加《三国演义》（科学研究）讨论会……今日之论题为“历史真实与艺术真实，及《三国演义》中之人物形象”……宓以第五人发言，略谓(1)《三国演义》是历史小说，其正面叙述历史，事较难。其书中历史真实所占之分量比中西古今所有之历史小说为大，故难能而可贵。(2)《三国演义》作者，以普通永久之道德观，即天下古今之公共之是非、善恶、爱憎、予夺之标准，亦即人人所具之良心与直觉……以此加于真实的历史人物、历史事实之上，以此道德观处理其题材，而得到艺术真实。故其书久为大多数之中国人（各界各类）所爱读。《三国演义》之文学价值在此，《三国演义》之“人民性”亦在此。然若由马列主义及无产阶级立场（即今之新标准）来评论此书，则只可云，刘备本人与关、张皆平民出身，操贱业，贫穷，其“携民渡江”等之爱护百姓，与曹操之为统治政权服务，虐用其兵其民，但求计谋之成功，不惜兵民之死亡甚众者相较，则刘备可云“比较的，站在人民一边”。《三国演义》的“人民性”可如是解答。惟若以政治家之典型论，曹操实较完美，其才亦较高（政治、文学），远非刘备所及。但操之言行中之“人民素质”（成分）较少于备耳……

本次讨论会之主题是“历史真实与艺术真实”，并在此前提下涉及关于人物形象的评论。这个大题目不仅是《三国演义》研究中的老问题，而且也是20世纪五六十年代古典文学、文艺理论、历史剧等诸多研究领域经常涉及的问题，争论是很激烈的。

从《日记》中我们可以看到，就《三国演义》而言，吴宓先生的观点是明确的。他承认“历史真实”与“艺术真实”这两个“概念”的存在与不同。他认为，“历史真实”即书中所写之史实部分，而《三国演义》中的史实部分“所占之分量比中西古今所有之历史小说为大”。

史实所占分量之“大”，亦即清人章学诚所谓之“七分事实，三分虚构”，正是《三国演义》最突出的特点之一。问题是，《三国演义》的这一突出特点到底是它的“优点”，还是它的“缺点”？章学诚认为是一个大“缺点”，其理由是：“凡演义之书，如《列国志》《东西汉》《说唐》及《南北宋》，多纪实事；《西游》《金瓶》之类，全凭虚构：皆无伤也。惟《三国演义》，则七分实事，三分虚构，以致观者，往往为所惑乱，如桃园等事，学士大夫直作故事用矣。故演义之属，虽无当于著述之伦，然流俗耳目渐染，实有益于劝惩。但须实则概从其实，虚则明著寓言，不可虚实错杂如《三国》之淆人耳。”（语出《章氏遗书外编·丙辰札记》）章氏是大学者、大史学家，他指出《三国演义》“七实三虚”，是完全符合作品的实际的，但对此加以指责，则难以服人，此不赘论。鲁迅先生在《中国小说史略》中说：“罗贯中本《三国志演义》……凡收尾九十七年（184—280）事实，皆排比陈寿《三国志》及裴松之注，间亦仍采小说，又加推演而作之。”虽然也讲到“仍采小说”与“又加推演”，构成《三国演义》的“虚构”部分，但强调的显然是“皆排比”“陈《志》裴《注》”——即“史实”为全书之主干。而吴宓先生，不仅指出书中史实之“份量”“比中西古今所有之历史小说为大”，而且对此予以充分的肯定，以为“难能而可贵”。而这个评价,是吴宓先生通过与“中西古今所有之历史小说”加以比较之后得出的结论,显然是有说服力的。

从这一天的《日记》里可以看出,吴宓先生在此次讨论会上讲得更多的是关于“艺术真实”的问题。他说,《三国演义》的“艺术真实”源于作者“以普通永久之道德观,即天下古今之公共之是非、善恶、爱憎、予夺之标准,亦即人人所具之良心与直觉……以此加于真实的历史人物、历史事实之上,以此道德观处理其题材,而得到艺术真实”。这段话的意思很明白,就是说,艺术真实实际上是一种“道德观”的体现。而这种道德观,吴宓先生的解释是:具有普遍性与永久性;符合天下古今共同认定的“是非、善恶、予夺之标准”;实质就是“人人所具之良心与直觉”。他认为,以这样的“道德观”“加于真实的历史人物、历史事实之上”,亦即“以此道德观处理其题材”,就得到了“艺术真实”。换句话说,就是只有体现了这样的道德观的人物形象、情节结构,才是符合“艺术真实”的。显然,吴先生强调的“艺术真实”,实际上就是强调“艺术”应该表现真实的、普遍的人性和人类共有的、永恒的道德(标准)。由此他得出结论:《三国演义》的“文学价值”,《三国演义》“久为大多数之中国人所爱读”的原因,就在于此!那么《三国演义》究竟表现了怎样的普遍而永恒的道德?吴先生虽然未予详论,但却给读者和研究者提出了一个值得深思的大课题。

在讨论会上还涉及一个20世纪五六十年代非常流行的概念——“人民性”。其实,这是一个始终没有人能够说得清楚的概念。从《日记》中可以看出,吴宓先生当时是接受了这一概念,并表述了他的理解的。具体到《三国演义》的“人民性”,吴宓先生认为主要体现在刘备这一形象之中,理由是刘备“比较的,站在人民一边”。其具体表现,一是刘备与关、张“皆平民出身”,“操贱业”,“贫穷”;二是刘备有“携民渡江”等“爱护百姓”的行为。问题是,这些是否就是所谓的“人民性”呢?显而易见,在这个问题上,由于概念本身的模糊性,吴先生的相关议论,应该说是很勉强的。

四

在 12 月 17 日的日记里，有这样一段话：

> ……下午……参加中文系科学研究《阿 Q 正传》讨论会……聆悉之余，知所谓科学研究、学术讨论者，无论其题材为《阿 Q 正传》，为《三国演义》或其他，必须折衷于阶级斗争……下星期《三国演义》讨论会，宓奉命发言。或以宓上次在古典文学组中讨论《三国演义》时，所言多犯政治及思想上之错误，故今命宓当众自作批判欤？念此殊忧，自悔多言之失。

显然，吴宓先生是不赞成把一切“学术讨论”最后都归之于“政治”的。在 20 世纪五六十年代，吴先生提到的这个问题，作为一种“倾向”，实乃客观存在。但这里我们似乎看到了老先生是带着一点“情绪”的，因为他以为是“命宓当众自作批判”。当然，当时究竟是否有让吴宓“暴露思想”而后予以“批判”的意思，现在已无法断言。而“念此殊忧，自悔多言”八个大字，则真实地反映出吴宓先生当时充满矛盾与忧虑的心理状态。

“日记”中所说的“下星期《三国演义》讨论会”，是指将于 12 月 24 日举行的一次全系性的讨论会。吴宓先生对此次讨论会非常重视，在开会前两天 12 月 22 日的日记里写道：“宓赶撰《三国演义》讨论会发言提纲，送系中某某某收。”但他没有料到，24 日的讨论会上竟然出现了这样的情况：

> 十二月二十四日 星期四……下午 2:00—5:30，在 3117 教室举行中文系科学研究《三国演义》讨论会……宓所撰提纲示某某某、某某某两君，均于读时颔首赞同，惟某某某副教授发言……对宓之刘备仁厚爱民……之说（指吴宓在前次教研室讨论会上的发言），均事驳斥……会将散时，只余十分钟，宓以魏主任劝请，遂又不能自制，起立发言，态度急激矜张，且未照提纲诵读，而多加譬喻，反复申说，尤悖谬者，如引少

年中国学会发展成中国青年党，而未举该学会之名，仅言曾琦、左舜生等结义以图富贵，云云，犹犯时忌，故宓发言毕后，即自恨不能隐忍含默，悔痛万分。

平心而论，吴先生的此次发言确实甚不得体，他自以为错在“犯时忌”，其实不然。笔者谓其“甚不得体”，是指他对历史事件本身阐释的偏颇。我们从这篇日记所看到的，主要是吴宓先生既有强烈的表达欲望，又有因“不能隐忍含默”而万分“悔痛”的矛盾而真实的心理状态，而这种“心理状态”，对那个时代的老一辈知识分子来说，很有普遍性。

吴宓先生在日记里写下了自己当时关于《三国演义》的一系列看法，无论正确或错误，精辟或平庸，但都是真实的。随着时代的发展，今天的研究者们也许远远超越了吴先生之所见，有了更高深的论述——这是另外的问题。而吴宓先生在50年代所强调的几点，例如：《三国演义》是“真正之历史小说”，人物、故事皆是“典型”（不是“原型”）；正统有二义，小说以蜀汉为正统，乃取“正统之本义”；所谓“艺术真实”，是以普通永久之道德观“加于真实历史人物、历史事实之上”才能得到……凡所议论，对今日之读者依然有开阔思路、引导深思的意义。众所周知，吴宓先生更是一位著名红学家。他的很多红学见解，与上述关于《三国演义》的论述，实有很多相通之处。例如，他对这些作品都明确地视为“文学”，并以此确定研究的视角和方法，而反对一味地“考证”与“索隐”；他对这些作品的考查，总是置于世界文学的背景之下，以“比较”的方法，阐释其意义及价值；他都是从“道德”“心灵”与哲学的层面来审视作品的思想与艺术……总之，吴宓先生关于中国古典小说的研究，自有他的独到之处，很值得加以研究和总结。

吴宓先生离开我们已经33年了，他留下的大量的诗文著作，无疑是一笔珍贵的文化学术遗产，而他的几十本《日记》，更具有多方面的无可取代的重要价值。在《日记》里，他毫无隐晦地袒露自己之所思、所想、所憎、所爱，让我们看到了一个最最真实的“吴宓”。吴宓先生的性格、作风、为人、治学……都非常有个性，给笔者留下了深刻的印象[1]，今撰此小文，亦是对先生的追忆。

（本文选自《渤海大学学报》［哲学社会科学版］，2011 年第 4 期）

① 参见段启明.读〈吴宓日记〉三题［N］.文汇报，2007-11-27.

遭遇吴宓与抵抗遗忘

张育仁

最近一两年,疏于读书,或者说早已“无心”读书的知识分子当中突然涌起了一股读书的热潮,而读的对象又特别集中在陈寅恪、吴宓、顾准、胡风以及近期被“考古发掘”出来的张中晓等深陷炼狱的、知识分子中罕见的那种悲剧命运的承担者和牺牲者身上。而读的结果是引发了知识分子新一轮的灵魂的喧哗与骚动。这种情景几乎和二十年前我们这些人读“伤痕文学”时的唏嘘和悲愤极为相似——这简直可以说是一种非常有意思的、中国知识分子特有的“阅读现象”。当然,我不能说这仅仅只是一种肤浅的轮回。的确,这种阅读和当年简单地把情绪和思考归结到“四人帮”那里相比之下还是大有长进的,至少我们已经把可控诉、可发牢骚以及可供思索的方面拓展得较前更为宽广,同时在指向上也更趋于纵深。然而,在我们一张张泪水涔涔的脸面上,在我们集体的阅读效果上,到底取得了什么样实质性的进展,我颇表示怀疑。记得十年前,朱学勤先生在他的《我们需要一场灵魂的拷问》中说过这样一段话:“真正的知识分子都是悲剧命运的承担者……他们要提前预言一个时代的真理,就必须承担时代落差造成的悲剧命运。从这个意义上说,时代需要悲剧,知识分子更需要悲剧。一个时代没有悲剧,才是真正的悲剧;有了悲剧,知识分子们竟如妇孺一般哭成一片,又是对悲剧尊严的辱没。”他的这段话之所以给我留下很深的印象,之所以使我感到羞愧,就是我从这近二十年来一轮接着一轮的“阅读兴奋”中发现,我们事实上并没有真正走出“妇孺般”恸哭的囿限;我们虽然懂得,知识分子需要用悲剧来满足或者说激活自己的情感和理性生活的重要，可是，我们中的大多数人（包括我自己）又在多大程度上思考过"悲剧尊严"的获得，以及对我们的救赎意义呢？现在，我们中有许多人都在读吴宓谈吴宓，这使我想到，为了强化或者说深化我们的"阅读效果"，我们是否也需要来一场"灵魂的拷问"呢？

一、我们是在"知识分子更需要悲剧"的意义上与吴宓狭路相逢的

之所以要特别提出吴宓来谈，倒不是为了赶"畅销书"的热闹。主要有两个原因：其一是，我有幸或可说不幸曾在吴宓先生"第三个二十八年"中任教的那所学院当过学生。按照吾国的习惯，故而有种莫名其妙的"亲近感"。其二是，由于《红岩》在"理想主义、英雄主义、文化关怀、批判精神"的感召下，近期特意把文化热点聚焦在吴宓身上，希望大家开怀放谈，因此，不能不谈点个人真实的想法，否则不太礼貌。

和许多1977、1978级学生一样，我第一次听到吴宓这个名字在1978年的春天，正是在这一年的1月吴宓病逝了。记得我们入学不久，院方还为他开过一个简单的追悼会，当时印象并不特别深。稍后，不断有与他谋过面、共过事的教师和行政干部用一种颇怪异的口吻点拨我们说："知道我们学院有个吴宓吗？就是办《学衡》杂志鼓吹复古，被鲁迅批驳得落荒而逃的那个吴宓……"于是，大家就忙不迭地翻出鲁迅的书，专拣吴宓的那几页看。但无论如何也实在看不出他到底有多么见不得人的败迹，唯感其迂阔执拗得令人生怜，却也并不见其怎样凶狠。鉴于经过"文化大革命"的"洗礼"，同窗中绝大多数此前都极熟悉鲁迅关于"痛打落水狗"的檄文，这样，就极自然地将他归并入梁实秋们那般模样，同时竟暗暗哂笑他哪是鲁迅的对手！虽然我们也间或听到一些那种"旧文人"特有的迂阔式的传奇故事，但若要说有什么发自内心的"深深的景仰"，在当时却是根本没有过的。更不要说像有人所形容的那样"他暗暗成了我们心里的英雄"，事实上，即或在今天，在我们对吴先生有了更深入具体的了解之后的今天，我也认为吴先生并不是什么英雄，而只是一个真正意义上的悲剧命运的承担者——他不过是承担了

一个知识分子被迫和应该承担的义务，但这并不是什么“英雄”的创举。我之所以要这样说，一方面是想强调，我们在回忆“历史”情景，尤其是某些至关重要的情感细节时，一定要不折不扣地写出当时的真实感受，而绝不能因自己以后的思考和感受发生“进步”，或为了自己当下的某种“文化”需要以及与时尚或某种利益吻合，就可以随意修改和涂抹记忆，因为这比遗忘还要可怕。说实话，我们当时在对吴宓的感觉和认识上，绝没有那样的健康公允和正常，我们用不着在今天见机行事顺便偷偷把我们自己拔高。另一方面是想强调，我“景仰”吴宓、陈寅恪、顾准等人，但丝毫没有必要硬要把每一个真正意义上的知识分子应担当的学理和道义上的“本职”义务说成是什么英雄的创举——我认为，恐怕称他们是“真理的使徒”要恰当些。

真实的情况就是这样，于今想来，怎不深感愧疚！那时根本谈不上“遭遇”吴宓——教师也罢、学生也罢。我们那时谈论的吴宓，无论距他的学术风范，还是道德风范都是十分遥远的。当时，学院中人提及吴宓，就像手持一张早已不再流通的旧币，但又隐隐觉得，作为收藏品可能还多少值一点钱，而且奇货可居，故而免不了时常拣出来炫耀一番，同时又顺便调侃一番。特别是有一个非常滑稽的时期，几乎“举院”上下的人都极势利眼地失憾道：如果吴宓没死，学院在评级别时肯定还会占起手。面对这种充满喜剧和闹剧意味的“怀念”，不知吴先生地下有知，其表情如何？老实说，直到毕业，我们这些人都完全谈不上对他有什么真正的了解。

真正意义上的遭遇吴宓，是在二十年后的今天，当然也只能是在今天。尤其是近年来，随着学术探讨环境的日渐宽松，以及“国学热”的兴起；随着知识界把目光投入到20世纪那些在悲剧的境遇中苦苦贞守和传承学术和道义的“国学大师”身上，吴宓们才重新被人们提起并予以普遍关注。但是，可以说，在张紫葛撰述的《心香泪酒祭吴宓》一书问世前，这种关注还只是囿限于学院派的狭小范围内，散布在社会更广大范围内的知识分子和普通的民众仍然对吴宓缺乏了解。而在1997年的春天，还是因为张紫葛的这本吴宓传记的出版并迅速畅销海内外，才使我们许许多多的人，尤其是特别关注自身悲剧命运的知识分子，对吴宓和吴宓的悲剧有了一个形象具体的了解，才使我们在“知识分子更需要悲剧”的意义上与吴宓“狭路相逢”，霎时间，这位

"学衡派"健将在知识分子和民众中产生了巨大的轰响。我认为,无论围绕张紫葛的这本书有多少商榷和诘难,公允地说,该书都是功不可没的。它在向知识分子和民众描述和阐释吴宓的悲剧故事时,所把握的基本的学术和道义立场,以及对这个悲剧传主所作的引起人们同情、称颂和景慕的那种审美刻画,都是非常到位而且出色的。同样,正是这本书的"横空出世",才一夜之间使吴宓走出了"学术"的牢笼,搅得知识分子一个个彻夜难眠,并普遍患了"心绞痛",才由此产生了朱亚宁先生所说的那种"抵抗遗忘"的用药功效。因为真正的遭遇灵魂的碰撞与际会,是生者和死者的灵魂对话。石琼生先生在谈到张紫葛的书所引起的阅读震荡时摘引的大量的知识分子读者来信,就动人地证明了他们"用心"来读的那种道德感受。很显然,这是一百篇一千篇"学术"文章绝对达不到的阅读效果,堪称吴宓和我们共有的幸运。

二、无罪感意识的阅读无助于"抵抗遗忘"

还是回到朱亚宁先生所触摸到的那个题目,或者说心病上来,这就是如何能真正有效地"抵抗遗忘"。他认为:"遗忘差不多已成为我们民族的特性(病症)之一,关于这点已有不少人痛切指出甚或大声疾呼过,可引发的反省效应甚微。"说得极是。严格而毫不偏袒地讲,遗忘,或曰擅长于遗忘,尤其已成为中国知识分子的"职业病"。当然,遗忘和假装遗忘对许多知识分子来说又有非常实际的好处,这些都是普遍存在的事实。由此简单地将"反省效益"甚微归结到文人惯常的趋利逐势、避重就轻,恐怕不能真正地触及问题的核心。恕我直言,如果我们老是扭住那些刻意以遗忘来讨生活、求腾达的"知识分子"不放,殊称滑稽——因为这些非常聪明练达的"智识者"毫不客气地说,他们根本就不是我们"大声疾呼"的对象!以读吴宓为例,那对象应是且读且哭"如妇孺般"悲恸忧愤的人们;也只有针对这样的人们,我们才能严厉地向他们提出"抵抗遗忘"的更高、更可能赢得悲剧尊严的要求。有意思的是,在张紫葛的书引起轩然大波并引来知识分子读者里三层外三层起哄打围的热闹时候,我突然想到一个非常得罪人的"边缘"问题,这就是:这本书为什么没由我们重庆来出?特别是为什么没由吴宓晚年悲剧出演地的那所大学来出？我这个问题可能提得太刁，有胡搅蛮缠之嫌。因为我们完全可找出一大串理由，诸如该书稿纯属潜伪之作，作者根本就没向这些出版社投稿；以及该书或许出于商业炒作目的，投向南边更可大赢其利，等等。既然自恃对吴宓了如指掌，何以在这么长的时间竟没有写出一本足以抗衡和清除张紫葛“恶劣影响”的史传呢？莫不是深藏有某种难以启齿的玄机？是的，我隐隐觉察到这些假设理由的后面有一个要命的东西，那就是有意无意地遗忘！有一些人在过去阶级斗争背景下直接导演了吴宓的悲剧，遗忘当然对这些人有许多好处。虽然他们中有的也比较热衷于“学术”研究，但这些人从来就没打算过要把吴宓的悲剧故事及其成因作为研究课题。他们非常“学术”，同时也深知吴宓的悲剧细节的不慎“泄露”对其声誉的不利，特别是在提倡和劝说大家都“向前看”的新道德风尚“确立”的时候，一味煽惑大家回头看，很影响团结、影响“学术”和发展，所以“辩证”地看，遗忘还是有积极意义的。当然，我的意思绝不是说，所有的人，都乐于遗忘。不是的，他们中的许多人谈到吴宓时，每每和我们一样的悲愤。因此，对这两种先生，我们只能提出不同的要求，这一点都马虎不得，混淆不得，否则要闹大笑话、出大乱子。

圈子似乎兜大了一点，但并非没有必要。现在我们正儿八经来探讨该如何真正有效地“抵抗遗忘”。有一剂好药，就是我们必须尽快从悲剧中获取罪感意识。萨特先生说过，当我们身处在一个丑恶的年代，却不敢说“不”，那其实就是丑恶的同谋。他似乎说得太严重、太难听了一些，可是，要真正达到“抵抗遗忘”的目的，要真正赢得知识分子的自尊，就绝对不可能绕开萨特先生的这个重要的揭示。的确，我们这个民族之所以健忘，我们这个民族中的知识分子之所以善于遗忘，说穿了就是我们太擅长于无休止地哭泣和控诉，而不习惯于从自身去搜寻和检讨罪孽；我们总是习惯于把罪孽“顺理成章”地推诿给别人——一忽儿是“集体无意识”地作恶，一忽儿又是集体有意识地大悲大恸大控诉大声讨大批判，心安理得地把罪恶推让给少数恶人，还不时呼天抢地大嚷“我们都是受害者！”不客气地说，我们现今的读吴宓流热泪，就还只是停留在这种不自觉不文雅的层面上。也许像我这般年岁的众多读者会说，吴宓遭劫难时，我们不是太年幼就是身处局外，我们又没有参与暴行,有何罪要忏悔呢！我以前也是这么想的。万幸是以后我从卢梭从萨特从巴金等具有深重的罪感意识的人们那里得到了灵魂的启示,因而改变了自己那种油滑的“立场”。特别是有一次我读到了赵鑫珊先生讲的一个故事。他说,50年代初,他在北京大学读书时和一个东德留学生很要好。一天,学校组织大家去观看一部描述法西斯暴行的影片。放映不久,赵发现这位东德哥们儿一直深埋着头不敢直视银幕,而且脸上挂满泪水。赵于是不解地问他:难道你父辈或者亲属中有参与法西斯暴行的？他回答说:没有。那你为什么要低头流泪呢？你们的民主德国不是已经彻底清算了纳粹的罪恶吗？他回答说:我作为德意志民族的一员,感到万分的羞愧和耻辱……我由此感到深深的震动。这就是直面历史悲剧的真诚的忏悔,把自己整个放进去拷问、熬煎。其实这个故事提供给我们的就是“抵抗遗忘”的简便易学的一种方法,具有很好的操作意义。遗憾的是,我就从来没听见我们这里有谁这样自责过。倘若谁敢,这样“抓屎糊脸”,他就很可能会被大家视为疯子。所以,我们从来都是指控别人,而鲜有指控我们自己。以这样的姿态去读吴宓读陈寅恪读顾准……几无异于白读。我们即或能把这所有的悲剧故事都倒背如流,实质上也是在遗忘。我这绝不是危言耸听,而是眼前普遍存在的事实。无罪感意识的阅读,无助于“抵抗遗忘”;同样,真正意义上的遭遇吴宓,就必须带着罪感意识去做灵魂的拷问和忏悔,否则,就根本谈不上遭遇吴宓,更谈不上通过“抵抗遗忘”来达到净化和提升我们这个民族,特别是它的知识分子灵魂的崇高目的。

(本文选自《红岩》,1998年第3期)

和吴宓相遇

钟　鸣

近来，关于大名鼎鼎的吴宓先生，在国内知识界，悄悄地有些热闹起来。想必有以下几个潜在因素：其一，历史的螺旋状发展，使不少睿智者发现，"现代主义"可疑地大肆盛行，与当年横扫千军的"新文化运动"有相似之处，旧时天花乱坠是主义，现在天翻地覆是流派，那时"八股文"迎来了"普罗文学"，皇权意志和士的思想，迎来了"德先生"和"赛先生"。现时则是社会的紊乱和生存的无道德，唤醒了耶佛二教，每个时代，都有其沉思者、浅薄者、务实者、投机者，还有赶时髦的和深谋远虑的，面红耳赤之间，便自然容易让人想到旧时的风范。"学衡派"的"白璧德主义"与"白话帮"的"实证主义"对垒便在此例，而"学衡派"的灵魂人物，则又是这吴宓。其二，在吴宓的教职下，莘莘学子，后来闻名于世的不少，大家熟悉的便有傅斯年、钱锺书、王力、贺麟、季羡林等。傅斯年后去了台湾。而其他诸君，自 20 世纪 80 年代始，因文化断代，又复为治学的中流砥柱，从某种角度看，真可谓"学衡派"大获全胜于无形之中，这不禁让人终归要问起吴宓的影响究竟何为，这一点，其高足徒儿们也未必说清过。其三，因为鲁迅当年棒喝或鄙夷过"国故""学衡"一类，于是，与反面人物相关的东西便很难见着。随时势变迁，公正客观在学术界逐渐苏醒，于是，海内外重估"新文化运动"得失的文章，多有涉及"学衡"和吴宓的，资料性的也略见一二，如前不久书肆上的《国故新知论——学衡派文化论著辑要》，吴宓女儿编写的《吴宓与陈寅恪》《吴宓自编年谱》和《文学与人生》《陈寅恪的最后 20 年》等。这些都免不了要惹起人们对吴宓的兴趣。而张紫葛的《心香泪酒祭吴宓》,则从另一个角度,记述了吴宓在蜀地的最后生涯。当时周围许多能接近吴宓的知情者,多已故去。紫葛是幸存者。他们如何相识,如何成为忘年之交,吴宓何故入蜀,两人如何共度艰难岁月……那是个漫长感人的故事,一读便不能放下。紫葛写作时,失明的双眼和纵横的老泪,是能保证这点的。

按理,我等之辈,最无资格谈吴宓。可事出有偶,我又恰隔着晦涩的岁月,深深景仰过这位未曾蒙面的大学者和师长。

1977 年,我考入重庆西南师范学院中文系。那级学生入学较晚,时值 1978 年才入校。正是这年 1 月,吴宓病逝于陕西泾阳县。后来正是从张紫葛处得知,他于 1977 年,被他妹妹吴须曼的儿子接回陕西。入校不久,我便听说了这位大学者。他的传闻很多,有的令人悲恻,有的令人感动,如他和第二个妻子邹氏的故事。在她死后,物感其类,室内摆设,不得有动。按旧时祭礼,吴宓还在家中为她设有灵位(后在“文化大革命”中成为罪状,为红卫兵所砸),每餐必多设一副碗箸,每看电影,必多购一票,虚席以待。足见恭行君子之风。

但 20 世纪 70 年代末,在我们的现代文学课堂上,每讲到“白话文运动”,“学衡派”却必以复古反派的面目出现。吴宓二字,在讲师嘴边嗫嗫嚅嚅,在号称 30 年代大工程的《中国新文学大系》里,你恐怕连他的影子也见不着。当时中文系宿舍在桃园,从窗口就能看见吴宓住过的那幢小楼。“文化大革命”期间他被摔折了腿,室内囊洗一空,曾听他过去的邻舍述说先生半夜呻吟爬行小溲的惨状。尽管多有谀闻,但在我们几个要好的同学中间,却激起了微澜,心里怏怏不已。每经过那座房子,也不由要多看一眼。他暗暗地成了我们心里的英雄。这和青春、历史、正义有关,也和日益崩溃的教育质量有关,记得,因吴宓的传闻,我们甚至怀疑系上还有没有有资格的教授。先生若活着,尚有精力,想必那外国文学课,我们是能洗耳聆听的。

有幸第二次景仰先生,是偶然借到他的藏书。吴宓平生惜书,年谱中有迹可循。据紫葛回忆,内战期间,吴宓自武汉入蜀(吴宓把此行列入“大糊涂”一类,有“极端错误,而祸害久长”语),虽衣物尽弃,但最心爱的书籍却是带着的。这部分书籍,1952 年,“思想改造”时,有小部分被视为“反动”者,被迫交给了方敬(此公乃著名诗人何其芳妹夫,也算诗人,吴宓顶头上司,对先生颇多折磨),其中有杜威、叔本华、尼采的英文版书。后来吴公曾向方敬索要过。方敬说,已全部充公。余下的,直到1967年,"文化大革命"抄风四起,先生有所察,便心痛如绞,提前交出部分,其他后来悉数抄走。先生为此常有隐痛感慨。我在外文书库借的《英语百年诗选》,想必是交出的那部分中的幸存者。塘鹅版,两册,小条32开简装本。第一册扉页,有吴宓小方款识。《年谱》曾这样写道:"回国将近,宓已将自己历年所购书籍,及讲义、笔记等,装入一大木箱,封钉。于1920年暑假中,交托海运公司。运回中国,直至北京,送交姑母家中存放。"不知这套书,是否也在其中。

《自编年谱》还提及其他两本书,想来,也是先生曾喜爱过的,一本是奥松·斯威特·摩登编的《永往直前》。先生道:"君衍表兄,头发全薙光,日本学生皆如此。今戴假辫。先毕业上海南洋公学,即后来之交通大学。素用功英文,所造甚深。此次赠宓英文书 *Pushing to the Front* 一册。宓读之多年,且译出若干页。"从吴宓女儿注释看,吴宓后来是译完了全书的,名为《青年励志编》。而另一本则是詹姆斯·鲍德温编的《英文读本》,为先生在清华念书时所用课本。说来也怪,这两本书,我都在近一两年内,由旧书肆购得。可惜,不是先生所藏。《英文读本》共八册,我搜到的是最后一册,原书主人或叫王敬书(因签名为拼音,故只能猜测),是在1917年购得的。稍晚于先生。

说起借书,便想起张紫葛在回忆吴宓西师生活时提及的一个女子。因有顾虑,紫葛称她"上官芬"。解放时,尚年轻,颇有姿色,其夫三青团,去了台湾,因此安排在图书馆工作,属隔离对象。那年头,一个女子,苟且之中,想寻点庇护,尚可理解。但她择中吴宓,则是另一回事。因吴宓虽为名人,但那年头,也已自身难保。更何况,他以君子之风,照顾邹氏,已惹得风言风语,再加上个"上官芬"死命靠拢,为迫使先生与她结婚,胡诌已私通云云,招来不少麻烦。实际上,"上官芬"真正与之私通的则是方敬好友张东晓,被抓了个现场,方知先生的清白。但迫于政治压力和无奈,吴宓则不得不和发妻离异，与邹氏结婚[1]，最后才算平息了一场“桃色风波”。在外文书库，常推荐借我书的，是位银发老妪，风度颇佳，当时，只觉得她有点与众不同，但说不出个究竟，后看了紫葛的回忆录，回想起来，觉着很像是她。算是推测。那套书就是她寻出借给我的。最让我惊讶的，是我发现书中一首诗，有吴宓修正印刷错误的手迹——塘鹅英文版，一个中国人改错，那需要多细致的心啊！这使我对吴宓越加崇敬起来。这套书在我手上辗转了一个多学期，直到满满抄在三个笔记本上为止。它使我第一次接触到奥顿、艾略特、叶芝等。那是1980年。

但整个大学期间，对吴宓我仍所知甚少。甚至连他是怎样到重庆北碚的，都不知道。后来，购得上海书店影印的旧书《二十今人志》。开篇即吴宓，短文是从英文转译的，没署名，故不知为谁所写。旧时痕迹较重，尤其谈及主义，立论便有些偏颇，不过，关于形象性格，描述倒还生动，概述如下：世上只有一个吴雨僧，叫你一见不能忘，常有人得介绍一百次，而在第一百次，你还得介绍才认识，这种面貌太平凡了。他的脑袋形似颗炸弹，而一样的有爆发性，面是瘦黄，胡髭有随时蔓延全局之势，但每晨刮得整整齐齐，面容险峻，额骨高起，面颊瘦削，一对眼睛亮晶晶的像两粒煤炭——这些都装在一个太长的脖子，及一副像枝铜棍那样结实的身材上。他对自己的学问是有相当的抱负，他为人慷慨豁达，乐为善事，每为人所误会，待人接物，每偏于忠厚，而对外间之臧否也不能漠然，因此雨僧的心灵永是不安的。不是在怅惘咨嗟，便是发愤著作。但虽然崇拜歌德，但他却未达到歌德所称羡——“不慌不辍”的境地。他待人以宽，待己甚严，是个立儒行的人。这样一来，吴宓在我脑子里才有了点具体的形象。

说到先生的为人，这段文字想来也还准确，尤其“乐为善事，每为人所误会”云云。后来听紫葛讲过这段逸事。似乎也能说明这点。这件事，恰好与先生的一帮学生有关，包括那大名鼎鼎的钱锺书与王力。1950年，吴宓所在的教育学院，和紫葛所在的女子师范学院合并。跟紫葛一起过来的人里，有

---

① 认为吴宓与陈心一离婚与邹兰芳有关，与事实不符。吴、陈离婚于1929年。——编者注

不少吴宓的弟子。其中一个是殷炎麟,另一个叫张劲公。殷炎麟虽迎合时政,仍被学生视为异己,日子非常难过。吴宓不仅和紫葛一起安慰他,还出面联系,通过华东文教部——当权者中,恰好有二人也为吴宓在清华教书时的学生,把殷炎麟调到上海去了。临行,殷问吴宓是否也让那边的同学,把先生调过去。吴宓不仅谢绝了,而且还晓以时势之厉害,让殷别与他通信,怕因他而受牵连。自此以后,先生除1961年南下广州中山大学看望老友陈寅恪(两人是通过俞大维认识的。陈那时已双目失明),北上回老家谒祖坟,便再没和与他有干系的人联系,慎他人之危,君子独行,可见一斑。至于那位张劲公,因有妻有妾,也大难临头,在西师日子定不好过。吴宓见状,便出面求西南农学院教务长陈某辗转将其调去。但张劲公一心想出蜀地,也知清华想先生去北京而被婉言谢绝一事,便向紫葛抱怨,先生未努力凭其声望将他推荐给清华。吴宓得知,便对紫葛有番“力所不能及”的叹息,略举一二,便道出钱锺书与王力一事来。

时间在1940或1941年。先生那时正好在昆明西南联大教书。钱锺书在法国学欲归来。在诸多弟子里,要说恩惠,吴宓给他的恐怕也最多。钱锺书的父亲,与吴宓私交甚好,请吴宓关心,吴宓便让锺书在清华旁听,并亲自辅导外语一年有余。学业有了长进,后考入外语系。锺书后能去国外深造,再后来,能在中央编译室,做红宝书翻译的主笔,再再后来,能用了多国语言说卷耳蟋蟀密响旁通一类,都得益于老师。所以,师生素有通讯。当锺书要回来时,先生便与学校说好,聘他为教授。校方也同意了。系负责人陈福田,在先生给锺书的信里也附有书信,只是未下确切聘书一类。锺书到了联大,校方派人与他谈话后告诉吴宓,说钱锺书的学问尚欠火候,暂时还只能聘为副教授。

校方易辙,自然使钱锺书心里怏怏。而这怏怏后来一并索性给发挥到《围城》里去了。那“三闾大学”,指西南联大无疑。抗战期间,联大乃由京都的北大、清华,天津的南开三所大学组成,经长沙转至昆明,那“只按照高松年开的路程走”中的高松年,虽不敢说,全数落得就是吴宓,但一半奚落陈福田或校方,一点附会先生(钱锺书:角色当然是虚构的,但是有考据癖的人,也当然不肯错过索隐的机会、放弃附会的权利的),倒也很明显。那个方鸿渐，自是作者自个安的吉祥名字，鸿(洪)福渐至。高松年也不算坏，高高的松树，经年不衰。但若是读了那段关于老科学家的调侃，还有对高松年的抱怨，如“鸿渐等了一个多钟点，不耐烦了，想自己是神经过敏，高松年直接打电报来的，一个这样机关的首领好意思说话不作准么？”“只觉得自己是高松年大发慈悲收留的一个弃物，满肚子又羞又恨，却没有个发泄的对象”一类，虽没什么道理，即是小说嘛，作者不已经申明虚构了嘛，但隔了岁月，也还是隐隐要为先生捏把汗的。方鸿渐和高松年见面说话那段，要照顾许多面，看得出，作者颇费了些心思。至于“我当初很希望到三间大学去，所以接了聘书，近来越想越乏味，这时候自恨没有勇气原船返回上海”一说，那不过是事后一种谦虚的高明。小说笔饰耳。纵观《围城》全书，一段实写(观其一生的学术，虚构实在不是他的特长)，故有些生动，再者游历、市井、学问、趣味、民情点缀其间，也还合适……

后来，吴宓劝他去了湖南兰田师范学校任教授。钱锺书去了。不久，通过王力又调至桂林广西大学。其间，向王叙说诸事，谈及先生，自然有些怨语。这些不了然的话，经过王力转口，不久便多处传到先生耳边。锺书辗转长途，吃些苦头，抱怨一二，或许可理解。但先生一片好心，反受窝囊也当理解。更何况为师者，耿介书生，不擅长官场交际的性格，众所周知。作为学生，应该体谅。而且，吴宓也因校方聘用锺书易辙之事，心里有气，忍耐了一阵，最后终于拂袖而去了迁到成都的燕京大学(抗战期间，京都大学迁移，清华本有合并之意，但燕京执意不肯)，然后又是武汉大学，最后辗转入蜀，开始了他那最为不幸的第三个二十八年，其中替人受的委屈、肮脏——最后自投罗网(四川各类政治运动，较之其他各地，都有过之而无不及，自古就有“天下未乱，蜀先乱”之说。如果吴宓在北京或广州，尚好一些)，这些事恐怕钱锺书未必知道。至于王力先生，为吴宓弟子，身为语言学家，便该知生活中君子成人之美，不成人之恶的道理，也该知晓所谓“君子隐恶扬善”的用途与厉害。此话可作两解：一指不揭他人短处，只张扬他人长处；一指在人际交往时，君子过话有戒；与双方不利的话，听之不过，而有利者则过。王力没做到这点，致使吴宓心存块垒。王力此举虽为瑕疵，倒也可由此想及，那大学问是如何做的了。

再后来，通过朋友认识了定居成都的张紫葛。这也是个有来头的人物，他曾师从经学大师章大炎的师兄吴之英先生。与许多作家，如夏衍、茅盾、郭沫若有过来往，而且，与周恩来、张治中、于右任等政界人物也有交往，还给宋美龄当过一段时间的机要秘书。前不久著的《在宋美龄身边的日子》，我让他寄给《联合报》陈义芝先生，在上面发表，随又在香港出版。宋美龄得到此书后，曾惊喜地问及张紫葛安在。抗战期间，紫葛乃风华正茂的青年。到渝后，曾给《大公报》写过措辞激烈、针砭时弊的文章。得以和《大公报》主笔张季鸾一晤，深受器重，遂为报人。再经张季鸾引荐，又结识了大书法家、国民党监察院院长于右任，成为他的再传弟子。有一次，宋美龄召集各界人士开会，紫葛代表张季鸾前往。在宋美龄的办公地，她的助手于忙乱之中，请紫葛帮忙打电话，十多个号码，出口便被他记住，一一准确无误打出，记忆力惊人。此事为宋美龄知道，立即征得张季鸾同意，聘为她的秘书。重庆大轰炸时，他曾救宋美龄于险境，为此，上过蒋介石的餐桌。后来他辞去秘书一职，在大学任教，再经茅盾推荐，被聘为新疆大学中文系教授。1946 年经宋美龄、张治中暗中提携，当了《新疆日报》主编。1948 年，在南京与宋美龄诀别后回到重庆，1949 年，任重庆国立女子师范学院教授。第二年，这所学校，和吴宓所在的省立教育学院，在磁器口并为西南师范学院。紫葛任俄语组主任。而吴宓则为英语组教授，两人邻室而居。其实，早在这之前，两人因于右任的关系，就有了交往。于右任为国民党元勋，早年革命流寓上海，吴宓父亲曾多有资助。后来，于右任与吴家关系颇好，而紫葛作为弟子，又常随其右。在他和吴宓父亲的撮合下，两人遂结为忘年之交。

我第一次拜访紫葛是 1990 年。后偶尔去去。得知他和吴宓的关系，加上西师这共同的校园和不同时代的影子，便劝他把吴宓这最后一段生活写写。过了半年多，去年夏天，紫葛打电话告诉我，书已完成，特地取来拜读。或许因为事涉我所熟悉的环境，或许因为吴宓的命运吧，亦或许是那个特别的时代吧，读完它，如果过去你是个不痛不痒的人，那你似乎就永远有一种隐痛，任凭什么也除却不掉。这本书，是凭他惊人的记忆力和在纸上摸着写（写此书时，紫葛已双目失明），经他妻子整理完成。书名原定为《吴宓的第三个二十八年》，因吴宓曾不止一次谈及自己的三个二十八年。由此可见，吴宓是个知谶纬的人。但因《陈寅恪的最后20年》盛然风行于世,遂改为现在的书名。不过"三个二十八年",说起也还有意思。

从紫葛处得知,吴宓是这样划分的:从1894年出生到1921年留学归国,为第一个;回国任教授,到1949年改天换地,为第二个;然后到1978年寿终为第三个。而紫葛回忆所及,正是第三者。书中涉及人物事件颇多,因有书可读,这里只拣一二说说。

抗战胜利后,西南联大分别复校,吴宓本来自清华,自该回清华。但一来,先生为校方聘用锺书易张一事,心有不快;另外,当时海内外许多名校都来邀请他。美国驻华大使司徒雷登,为此还特别拜访过吴宓,敦促他受聘美国哈佛大学任教授,为避打搅,吴宓却去了武汉大学。内战一起,邀请仍然不断,又尽拣了不知名的学校,到了重庆的省立教育学院。1949年,傅斯年曾特派人到重庆携吴宓到台湾。结果,在宾馆为他尿遁逃脱。1950年并入西师,1953年迁址北碚。没想到,遂成了他一生的憾事。吴宓在《年谱》中对此表白得最为清楚。那是因为他只想君子卓然独立,不依附任何政治势力。后来,灾难虽一次次落到头上,但他一生终还是做到了君子独立的。忠、义、勇、信,在他身上的体现,真可谓人文精神的绝唱。尽管他敬佩西方的学术精神,首倡那白璧德主义到极致。但他只乐意在本土服务于大众,即使稍有异国势力的影响,他也是警醒的,这是他不去台湾的一个原因。另外,和胡适也不无关系。人人都知道他和"学衡"诸子,与胡适、鲁迅暗中对峙。多年来被浅薄的机械进化论(吴公曾戏谑为"学猴子变人"),红是红,黑是黑,用了二分法去其细节,作了阉割与定论。但晚年,他仍是坚持自己反对摭拾文学之皮毛的信念。除检讨当年未能及时澄清自己并非笼统反对白话文这点外,其他诸种观念,他仍坚持是正确的。他忠于民族,忠于自己,恪守信念。

说到义,书中所及他的第二个妻子邹兰芳之事,最为明显。邹兰芳,当时是重庆大学中文系女生。那时,艾芜是系主任。他慕名请吴公任兼职教授。这样,邹兰芳得以认识吴宓,不断写信以示爱慕之情。但吴公均以小姐一时虚幻,而未在意。1951年,邹氏两个哥哥遭镇压,留下8个幼小子女,哭求吴老的帮助。吴公乃仁者之心,从此,便每月从自己工资抽出大部分,助她抚养孩子,帮助这样的人,在当时非常危险。紫葛就曾劝过吴宓。但吴公按天性，自然选择了后者，即使这般，吴公对邹氏也抱坐怀不乱之势。直到后来“桃色新闻”事发，情势所迫，不得已和邹氏结婚。书中关于邹氏跪谢吴公，甘执箕帚，充侧室，以报三世之恩，而吴公自咎其责的情景，不由令人仰天长叹。吴宓道：“我负担了小邹一家九口生活，就娶她为妻，成什么话？买她吗？前此一诺千金之仗义行为竟成狼子野心矣！且我再婚须与发妻离婚，糟糠之妻不下堂（从年谱看出，吴公和陈心一的婚姻是不美满的，也属大事糊涂一类），我离而弃之，于心何忍？天下知我之师友、弟子何以评价我？更何况还有三个女儿，我老年而弃其母，骨肉离散，其何以堪？”但当时，为保清白不与邹氏结婚，各种运动一浪高一浪，邹氏也恐怕小命难保。这方面并非没有例子。两人1954年结婚，这样邹才有了工作。两人生有一女，未足岁便夭折了。邹氏因体弱多病，不到两年，也香消玉殒。吴公照旧抚养其子侄，直到自己也快撒手人寰，紫葛和李源澄等西师诸友，都给予过资助。这些人，除紫葛，也都不在人世了。

从另外两件事，也可看出吴宓之义勇。他与大史学家陈寅恪1919年在美国相识。几经岁月蹉跎，后陈寅恪去了广州中山大学。两人自1961年一晤，便断了音信，先生常挂记着。1971年曾有一信写到广州中山大学探询陈寅恪夫妇。信中直言两人乃哈佛同学。那时这般写来，仍是十分危险的。此为永诀。因陈寅恪夫妇已于1969年相继撒手人寰。另外，50年代“土改”时，西师外语系有一女子叫郭辉霞，其父地主，逃到重庆投奔她。她却叫来公安将父亲抓回家乡，并陪同回乡参加揪斗。结果，贫雇农过于激愤，连她也揪下脱了裤子揍得皮开肉绽。吴宓听说后，觉得大伤风化，岂有此理，一气之下，便去求见邓小平（时为西南局书记），要求处理此事。邓小平知道吴公乃国际知名学者（曾说他是文化界的吴世光），而且，言之凿凿，对他十分客气，并答应处理此事。缘此一面，吴公断言此公三十年后，会有移星转斗之功，结果还真给言中了。

依《吴宓自编年谱》看，先生平生仅有两次受过皮肉之苦。一次是因家庭冲突遭祖母杨太淑人拧扯给别人看的。另一次，则是“文化大革命”揪斗之时。这在紫葛回忆中有较详细的描述。“文化大革命”期间，吴宓被揪斗在一百次以上。大会揪斗时，总有两大汉，将他拖出，风驰电掣奔向会场，快到主席台前，老远就抛甩出去，先生髌骨就是那时跌断的，还伤了膝关节。以后也未得以医治。先生曾对紫葛言及，他不怕辱骂吼叫，不怕揪扯踢打，而最怕的就是这猛的一甩："每闻那声'把吴宓揪出来！'我就心胆俱裂。"那时，吴宓常言自己最后一个二十八年时日不多，最神奇的是，他说自己将看到红太阳落山……而吴宓先生则在1978年。值得一提的是，"文化大革命"前，吴公有许多书信日记、文稿散落人间，部分是他提前分送学生，转移保存的。有些则是被哄骗走的。甚至还有两个所谓的"学生"，以研究出版为名，骗走日记文稿，并要挟吴宓，在他那里支钱。先生每领了工资后，便将钱币一小叠一小叠摊在床上分配，这是给周氏孩子的，这是给谁谁的。自己所剩无几，除40元伙食外，只有10元零花。那两个家伙，使先生深受其苦。于是，吴公便给他们取了两个代号，一个叫作"乌奚奴"，一个叫作"马边生"，下各注"月摊30元"。那"马边生"，就是"骗"字，"马边生"，就是"骗子生"。至于"乌"就是"乌鸦"，"奚"与"欺"谐音，"乌奚奴"，即指此奴乃专门欺骗人而像乌鸦一类的不祥之物。据紫葛讲，还有某大学教授，拿了吴宓的讲稿，竟敷衍出论文，混了点国际性的名声。先生一代宗师，一生光明磊落，在那不明不白的时代，粉身碎骨，除救邹氏，委屈了自己外，终不做什么违心的事，最后，却为魑魅魍魉跳蚤一类，叮咬得厉害。若我有那多国文字的功夫，是要用来考据考据这些虫豸那一方厚脸的，文学终该有痛痒才行。

1996年4月于成都

（本文选自《追忆吴宓》，李继凯、刘瑞春编，社会科学文献出版社2001年版）

吴宓的二马之喻

于奇智

闻吴宓先生大名,已久!早在中学时代,一位60年代毕业于西南师大的学生、我的老师讲过吴宓先生二三逸事:吴先生看电影必多买一张票,留空位以待他心中的爱侣,很神秘;传承中国文化意如磐石,令我心仪。余生也晚,余来也晚,吴宓先生虽曾长期执教西师,我却没见过他,以亲睹博雅之士风采。后又在异域从报上知其女吴学昭女士编出《吴宓与陈寅恪》,列于清华文丛,将钱绍武绘两先生像剪下珍藏。我曾遍走西师图书馆及有关资料室,以寻其大著,每每不得而归。至去年,在京城获《文学与人生》《吴宓自编年谱》《吴宓与陈寅恪》各一册,一气览尽,并携宝书返渝,置于案头,常常研习。上京所购的书中,还有《陈寅恪的最后20年》,近来又读《心香泪酒祭吴宓》,因有此二书出,中国20世纪学者的传统文化信念、人文精神、学者风范、传奇人生……构成当下的大致景观。这一景观中有两位杰出人物:穗有陈寅恪,渝有吴雨僧。曾经,只会是曾经,他们的声光尽没。将来,他们留给我们的精神产品,必会放出异样光辉。

时间有序地流,时代却无序地变。人处于有序和无序的两难之间。人生多舛。20世纪的中国是多变的中国,20世纪的中国学者命途不坦。吴宓先生等自不例外。集大师、哲匠、巨灵于一身的王国维同水西去,吴宓先生受王氏遗嘱所托处理其后事,深感大荣。王氏跃沉昆明湖后十二日,吴宓先生同友陈寅恪先生倾谈,作二马之喻。

据《吴宓与陈寅恪》载:“宓设二马之喻,言处今之时世,不从理想,但计功利。入世积极活动，以图事功。此一道也。又或怀抱理想，则目睹事势之艰难，恬然退隐，但顾一身，寄情于文章艺术，以自娱悦，而有专门之成就，或佳妙之著作。此又一道也。而宓不幸则欲二者兼之。心爱中国旧日礼教道德之理想，而又思以西方积极活动之新方法，维持并发展此理想，遂不得不重效率，不得不计成绩，不得不谋事功。此二者常互背驰而相冲突，强欲以己之力量兼顾之，则譬如二马并驰，宓以左右二足分踏马背而縶之，又以二手紧握二马之缰于一处，强二马比肩同进。然使吾力不继，握缰不紧，二马分道而奔，则宓将受车裂之刑矣。此宓生之悲剧也。而以宓之性情及境遇，则欲不并踏此二马之背而不能，我其奈之何哉。”陈寅恪先生谓：“凡一国文化衰亡之时，高明之士，自视为此文化之寄托者，辄痛苦非常，每先以此身殉文化，如王静安先生，是其显著之例。”吴宓先生曰：“寅恪与宓皆不能逃此范围，惟有大小轻重之别耳。”吴宓先生逃不过，陈寅恪先生也逃不过，一切真诚的学问家亦然。

吴氏设二马车理解之喻，是对异代灵魂的诚笃表白。这十分清楚地表明，时代多动荡，命运总坎坷，但以维持中国文化的精神为己任的信念断不可更移。吴宓先生时刻准备着为中国文化殉身。为了学术事业，终生无悔。婚姻爱情也要为这一事业服务。甘与妻子决裂，不能同学术决裂。陈氏作王静安碑文，视王氏为独立精神和自由思想的化身，并视独立精神和自由思想为学问之道。可以说，独立自由之道与二马车裂之喻相互辉映，是人生和学术的升华与落实。因此，二马之喻是吴宓先生的人生境界与学术理想。独立之精神与自由之思想，当以受二马车裂之刑力争，更要以生死力争。王氏遗书开首就写道：“五十之年，只欠一死。经此世变。义无再辱。”这说明，王国维重负桎梏，是为独立自由而沉而死，绝非为个人恩怨，为满清朝亡。陈氏从王国维身上发现了独立自由意志，因此，王国维死得从容，死得辉煌，自然“历千祀与天壤而日久，共三光而永光”。

在争独立自由上，陈寅恪先生比吴宓先生稍稍幸运。前者，眼虽盲，却可以心证史，在助手协同下，以心写史；后者，眼虽明，却难如前者再书一己鸿篇，动不动就被“二马裂尸”——实为“二人之甩”。吴宓先生根本没有料到，自己的“二马之喻”竟成谶语。他没设一马之喻，因为一人骑一马，不管是共进还是同退,都容易。一人踏二马,会有三种情形:同时,这是一;同退,这是二;二马各奔其道,这是三。在前两种情况下,马背上的人都容易握紧缰绳,与马儿同行。要是二马真的沿各自的道狂驰起来,马背上的人就惨了,更何况马背上是位读书人。如吴宓先生设三马四马五马之喻,情形相同。吴宓先生在“十年劫难”中,被二彪汉驾着在万人会场上悬空一“甩”,他难驭这二“马”之狂暴,腿断了,骨折了。呜呼!真是他一生之大悲剧矣!奈之何哉!二人之甩与二马之裂又有什么差别?

真正的车裂之刑,中国和西方都有过。在西方,刺杀国王者,处以车裂刑(如法国哲学大家富科所叙车裂达米安)。车裂,俗称“五马分尸”,在中国周代已有,是中国古代处决死犯的一种酷刑。将人头和四肢分别拴于五辆车上,用五马驾车,同时朝各方奔驰,扯裂肢体。“天不盖你亏心汉,今日把你分尸五马,远配千年。”(《群音类选·北腔类·王昭君和番》)“商君归还,惠王车裂之。”(《国策·秦策一》)可知商鞅为车裂而亡。直至唐朝才基本废除车裂。西方叫作 démembrer à quatre chevaux 四马分尸。中西车裂刑,有异曲同工之妙。西方在 18 世纪末废止车裂这一酷刑,比中国晚了十一个世纪。人类为消除野蛮性而促进文明化进程付出得太多,人类进化得相当缓慢。车裂无异于“人吃人”。在吴宓先生面前,人裂竟代替了车裂。马分尸,是人借刀(马)杀人,而人分尸,就不用借刀(马)了,人本身就是刀和马。如果说,车裂为酷刑,那么,人裂更是酷刑重酷刑了。惭愧的灵长动物!残酷的灵长动物!

二马之喻标明了吴宓先生的两大贡献,一是学术探索,一是诗的创作,即是说,他是学者兼诗人。学术探索又集中于两个方面:中国传统文化和中西文化比较。他的诗是中国文学的继续。吴宓先生在现代重视中国传统文化,标示着学无古今;关注中西文化比较,说明学无中西。在当时中国的特殊环境中,吴氏的工作与事业是背时的。背时而进,必遇车裂之险。信念既定,理想已立,车裂就车裂。吴宓先生所持所行的“学无古今无中西观”,是王国维学无新旧观和学无中西观的延伸。中国文化本身可以会通,中西文化也可以会通。我们认为,会通的关键在于贵同而不贵异,贵合而不贵分,贵生而不贵灭,贵和而不贵仇。不仅如此,不同学科领域间也是可以汇合创新的。东西合一,古今合一,各科合一。东学(中学)与西学间、古文化与今文化间,一个学科与其他学科间,不仅能比较分析,而且能交往理解。东学与西学、古文化与今文化、不同学科,所直面的是相同的现象——天、地、生、人。东方的主题可以成为西方的主题,古代的东西可以变成当今的东西,一个学科的对象可以化作其他学科的对象,反之亦然。综上而言,我们也许可以进一步得出结论:学无东西,学无古今,学无分科。我们称之为"学三无","学三无"即"学三通",三通就是东西通、古今通、学科通。"学三无论"或"学三通论",这个意见可存东西、古今、学科之异,可融东西、古今、学科之同;可以消除或者超越文化的"国粹派""西化派"及近年新出的"东化派(东方主义)"。人类文化发展至今,因交流日密,技术益进,信息愈快,已迈入"学三无时代""学三通时代"或"大综合创新时代"。人类文化必将游行于东、西之间,古、今之间,社会、人文和自然之间,我们应当肩负起观照并沟通东西之学、古今之学、多科(百科)之学,以开一代新学。中学西学的方法之别、形式之异不是学术的关键,真伪才是关键。不管是中学还是西学,皆不应按地域论评,而当以真伪(真学术和伪学术)辨析,因此,时下再次掀起的"中西论争"应转向"真伪论争"。"学无东西,学无古今,学无分科"是文化的未来之路,这表明,各种文化资源可以共享、互融,文化具有双重结构。伴随世界互联网技术的迅猛发展,人类文化交流的条件将大改善,学者之间将拥有崭新的交往手段,足不出户可访东西、古今、百科之学。互联网不仅仅是纯技术的,而且是文化的、思想的;不仅仅是科学的,而且是哲学的。

成就学问大业,绝非易事。时常要直面文化与生存、事功与自悦的两难甚至几难境地,关涉学问家个人的生死、祸福、贫富、苦乐、悲欢。若一国学人怕死、怕祸、怕贫、怕苦、怕悲,并以学术为手段而不以学术为目的为生命,该国学术则绝无发达之日,绝无异样光彩。今日中国学术界,大多学者不明学问是何物,有愧于先贤。此为中国文化之悲哀。浮华虚荣的文化投机分子,断无力承载弘扬中华学术的重任,更不敢"任二马车裂",进而成为人类灵魂的导师。世间万象,人运有殊。千人有千条路,各走各的路,走的一定要是路而非悬崖,最后必能合成一条大道。

吴宓先生是中国传统文化的递火人、中国比较文化(文学)研究的开山师。他造就了一代大师,如王力、贺麟、钱锺书、季羡林等,因此,他是大师的大师。西师有吴宓,此地可著名,西师人可以自豪;渝碚有吴宓,此地可以灵,渝碚人可以骄傲;故乡泾阳人亦可直立昂首;中国有吴宓,华夏文化可大放异彩。吴宓先生素以文学指导人生,教育学生,视文学为自我的人生,视学术为全部的生命,视文化为民族的灵魂,当为我辈师范。

(本文选自《红岩》,1998 年第 1 期)

吴芳吉与吴宓的诗友情谊

曾祥邹

吴芳吉(1896—1932),字碧柳,号白屋,四川江津人。他具有卓越才华,被赞誉为"四川才子",是近代诗坛很有影响的诗人。其代表作品《婉容词》《巴人歌》等,蜚声诗坛,流传甚广。《婉容词》一度编入中学语文教材,在20世纪三四十年代的蜀中青年学子中广为传诵。

吴芳吉幼年家境贫困,长成后生活道路艰辛曲折。1906年,他在10岁时随母迁至江津白沙镇,在黑石山聚奎小学读书,除在家庭里接受知书达理的母亲教育熏陶,在小学又获名师箫湘的器重和精心培育,奠定了日后进行诗歌创作的基础。

1910年,吴芳吉因成绩优异被选送考入北京清华留美预备学堂。于1912年在清华结识来自陕西泾阳的同学吴宓。二人志趣相投,成为莫逆之交,建立起深厚的诗友情谊。此后相互支持和关照,至死不渝。学识渊博又乐于助人的吴宓,特别推崇吴芳吉的诗才。他们日夕相聚,砥砺切磋。

吴芳吉初识吴宓,恰遇清华学生闹学潮。吴宓与吴芳吉当时都是学生代表,被校方开除。后来校方让步,凡参与学潮学生写悔过书后,可以复学。而吴芳吉坚持己见,拒不悔过,竟被开除,从此走向坎坷曲折之路。在惋惜之余,吴宓对友谊忠贞不贰。吴芳吉离开清华后,生活上十分困难,吴宓曾发动同学捐款资助,以解燃眉之急。此后,又陆续帮助他谋取职业,推荐工作,或汇款接济。如1915年吴芳吉在上海失业,以稀粥度日。吴宓闻讯,迅速汇款支援。1917年,吴宓赴美国留学,仍发动留学生中朋友,共襄义举,筹款按月汇寄吴芳吉，直到他能自给时为止。1926 年，因军阀混战，吴芳吉在西安遇围城，困厄数月，吴宓曾在北京写信恳请父亲仲旗公前往救护。诗人吴芳吉内心对吴宓无限感激，后在《北望》诗中写道："人世多荣辱，驷马千钟非我欲，得一知己万念足。"他以结识吴宓为一生之大幸。而吴宓自己也以结识吴芳吉这样有才华和正直品质的朋友而自豪，以能为吴芳吉做点事为快乐，其诚挚之情和把友谊珍视到神圣化程度令人感佩。

吴芳吉与吴宓友谊的基础和内涵主要在作诗。他们都是一生执着追求的诗友。吴宓留学归国后不仅成为名教授、学者和红学家，也是一位有成就的诗人。他早年曾学诗于姑丈陈伯澜，苦读古诗，得到精心指导，后来又受到名师黄晦闻、饶鹿樵等培植。他十分追慕杜甫、李义山、吴梅村等古代诗人。

吴宓对近代诗人王国维、梁启超也十分推崇钦佩。1917 年留学美国，对西洋古典诗歌研究尤深，钦慕外国诗人拜伦、安诺德等。他自己曾创作众多的古体诗词。1935 年曾出版《吴宓诗集》，其中有不少佳作。和吴芳吉相交后，慧眼识诗才，竭力鼓励、帮助、切磋，支持吴芳吉的诗歌创作。吴芳吉对其帮助感到受益良多，曾说："吾不知诗也，吾知诗，家门兄所教也。"其后又说："雨僧者，吾良友而贤师也……吾诗有今日者，全赖雨僧之力也。"这些话并非完全是自谦之词，有许多具体事例可以说明。在吴芳吉遭开除离开清华回乡后，吴宓曾多次致信敦促鼓励。1913 年，吴宓在致吴芳吉信中说："足下志气雄豪，文笔健举，以此学诗，诗即不工，亦以完纯无病，况其工乎。细绎足下诗，于古人则近陆放翁。放翁遭际身世，足下已知其详。至其作诗之日，多居蜀中，故其集号《剑南诗稿》。足下亦生长渝城，相如子云，雄深绮丽，蜀山蜀水，天久付诗人用矣，愿更勉之。"受到吴宓如此勉励，吴芳吉此后不断将诗稿寄吴宓指正，吴宓往往成为他的诗作第一位读者，阅后加以赞扬、勉励说："尊稿反复诵读，多已成诵，其情哀，其节壮，其词丽，其意深而远知，迩来所进日深，险阻艰难，所以磨炼英雄，亦以成就诗人。世态物情，虽言可愤可恨，然拈来手中，皆是诗人良好材料，于足下之诗，观之益信。"此后，吴宓在信中反复勉励吴芳吉，努力并多多创作："足下之诗，颇多忠爱之言，尤重沧桑之感……昔赵瓯北有诗云：'国家不幸诗人幸，说到沧桑句便工。’嗟呼，碧柳，吾辈生今之世，即不欲以诗人自显，又焉能负此时势乎！况足下弱冠之年，天涯奔波，风尘戎马，万里为家，当其入世之初，壮心始违，忧愁交至，可道可歌，无往不然。凡是诸种，佛法所谓因缘。既已定为因缘，虽欲不倾泻吐纳于诗之中，岂可得哉，岂可得哉！”吴宓给吴芳吉很多启发，吴芳吉便“遂发愿为诗，凡吾有感而弗逮者，一一纳之诗中”。此后坚持不懈，刻苦钻研，勤奋写作，终获成果。

吴宓不只是和吴芳吉互相支持鼓励，相互切磋，有时也向芳吉虚心求教。他曾将准备出版的诗集手稿给吴芳吉评审。吴芳吉给予真实评述：“雨僧长篇诸诗，其间缠绵温厚，短篇诸诗，则至为清越，得诗家三昧也。古风诸诗甚佳，似比长篇诸作尤美，而以《寄仲侯》五首为最，句句真情，意在言外，非但文字可取，其养心功夫，自不可及。”1935年，《吴宓诗集》出版，诗集中附有吴芳吉的诗评与唱和之作，由此可见诗友之谊深厚。

1917年，吴宓赴美留学，临行不忘再三嘱咐吴芳吉，当专力于诗，勿作他图。除了在经济上继续接济外，还建议并帮助他研习西洋文学以开阔眼界。吴芳吉听从建议，开始认真学习钻研古希腊罗马史诗、但丁的《神曲》及近代欧美诗人的作品，熟读英国诗人彭斯的诗作。吴宓从美国选寄一些美国诗人作品给吴芳吉，有时候还将诗译成散文附在原诗后，以帮助他理解诗文内涵，这使吴芳吉开阔视野，对诗歌形式的创新有很大帮助。

1919年，经吴宓推荐，吴芳吉去上海任《新青年》杂志诗歌编辑。受当时新文化运动和五四文学革命的影响，诗歌面临变革之势。吴芳吉在新思潮的推动下，创作了具有现实主义艺术风格的《婉容词》，诗中运用了旧诗词曲的句式，融入了大量现代口语，反映了在变革时期，封建婚姻制度下受害妇女的形象，情节生动，引起强烈的社会反响。吴芳吉创作的诗歌继承了中国古典诗词和民歌的优美传统，也受西方文化的影响，但他没有完全接受新文化运动之后的白话和自由体新诗。在诗歌的形式和风格上力求自树旗帜，独标一格，这反映了他在诗歌新旧交替变化过程中富于积极意义的探索。

1931年，吴芳吉回到故乡，担任江津中学校长。1932年5月9日，日夜奔忙于抗日救国演讲宣传的吴芳吉，积劳成疾，不幸去世，终年36岁，逝世后安葬于江津县白沙镇黑石山。吴宓在十天后始闻噩耗，悲不自禁，含泪写下

《碧柳挽诗》二首。为诚挚悼念这位诗友,吴宓撰写《吴芳吉传》在《大公报》的文学副刊发表。还编印《吴芳吉诗集》(未及出版)。吴芳吉逝世后,他十分关怀其亲属,继续供养吴芳吉老母直至病殁。后来又负起对吴芳吉病妻幼子的生活接济。新中国成立后,吴宓长期在重庆西南师范学院任教授,每月必从工资中支出部分汇给他们。吴芳吉的儿子汉骧常与吴宓有联系。吴宓和吴芳吉两位诗人做人与做诗,友谊与诗谊真切感人,传为诗坛佳话。

(本文选自《文史精华》,2000 年第 5 期)

吴宓《将入蜀先寄蜀中诸知友(步陈寅恪兄〈己丑元旦〉诗韵)》笺证稿

邓小军

将入蜀先寄蜀中诸知友(步陈寅恪兄《己丑元旦》诗韵)①

吴　宓

余生愿作剑南人,万劫惊看世局新。
野烧难存先圣泽,落花早惜故园春。
避兵藕孔堪依友,同饭僧斋岂畏贫。
犹有月泉吟社侣,晦冥天地寄微身。

[校勘]

己丑:原作“乙丑”,乙丑为1925年,作“乙丑”误。据诗意及陈寅恪原诗《己丑元旦作时居广州康乐九家村》改②。己丑为1949年。

余生:原作“餘生”,误。

① 吴学昭.吴宓与陈寅恪[M].北京:清华大学出版社,1992:129.

② 陈美延,陈流求编.陈寅恪诗集[M].北京:清华大学出版社,1996:60.

[笺证]

将入蜀:《吴宓自编年谱》1919民国八年谱:"1949四月,不回清华,又离弃武汉大学而来渝碚,遂走入相辉,编入西师。"①吴学昭《吴宓与陈寅恪》:"一九四九年四月二十九日,父亲由汉口乘飞机到重庆。"②案:陈寅恪先生原诗题为《己丑元旦作[下略]》,则吴宓先生此诗作于1949年1月至4月之间,时在武汉。又,《吴宓与陈寅恪》引录吴宓"文化大革命"中所写交代材料:"初意本欲赴成都,在川大任教授,而在王恩洋主办之东方文法学院讲学;但因行途不便,遂止于渝碚,而在私立相辉文法学院任教授,并在梁漱溟主办之私立勉仁文学院讲学。此时,宓仍是崇奉儒教、佛教之理想,以发扬光大中国文化为己任。"③

野烧难存先圣泽:《庄子·天运》篇:"[黄]帝张《咸池》之乐于洞庭之野。"《战国策》卷十四《楚一人》:"楚王游于云梦[泽],结驷千乘,旌旗蔽日,野火之起也若云蜺。"案:"野烧",即野火,喻指内战。"先圣泽",即云梦泽,亦即黄帝(轩辕氏)所张乐之洞庭湖,喻指先圣相传之中国文化。又,"泽",含恩惠之义;"先圣泽",含中国文化惠泽生民、惠泽百世之义。

《吴宓日记》民国三年(1914)2月5日记:"近日愈看得《论语》《孟子》等经书价值至高……且皆系对于今时对症下药。"④《吴宓自编年谱》1918民国七年谱:"梅[光迪]君慷慨流涕,极言我中国文化之可宝贵,历代圣贤、儒者思想之高深,中国旧礼俗、旧制度之优点,今彼胡适等所言所行之可痛恨。昔伍员自诩'我能复楚',申包胥曰'我必复之'。我辈今者但当勉为中国文化之申包胥而已,云云。宓十分感动,即表示:宓当勉力追随,愿效驰驱。"⑤《吴宓日记》民国十六年(1927)6月3日记:"宓随同陈寅恪,行跪拜礼。学

① 吴宓自编年谱[M].吴学昭整理.北京:三联书店,1995:199.
② 吴学昭.吴宓与陈寅恪[M].北京:清华大学出版社,1992:128.
③ 吴学昭.吴宓与陈寅恪[M].北京:清华大学出版社,1992:128.
④ 吴宓日记:第1册[M].吴学昭整理注释.北京:三联书店,1998:280.
⑤ 吴宓日记:第1册[M].吴学昭整理注释.北京:三联书店,1998:177.

生等亦踵效之。……宓固愿以维持中国文化道德礼教之精神为己任者，今敢誓于王［静安］先生之灵，他年苟不能实行所志，而溳忍以没；或为中国文化道德礼教之敌所逼迫，义无苟全者，则必当效王先生之行事，从容就死。惟王先生实冥鉴之。”[①]《吴宓日记》1961 年 8 月 30 日记：“寅恪兄之思想及主张，毫未改变，即仍遵守昔年‘中学为体，西学为用’之说（中国文化本位论）。……但在我辈个人如寅恪者，则仍确信中国孔子儒道之正大，有裨于全世界，佛教亦纯正。我辈本此信仰，故虽危行言殆，但屹立不动，决不从时俗为转移。”[②]由上所述可见，“存先圣泽”，即保存以孔子为代表的中国文化，实为吴宓先生的一生志愿。

已故西南师范大学中文系教授曹慕樊师所撰《吴宓先生的晚年》一文记述：“在批林批孔中，吴先生发言，说只可批林，不可批孔。”[③]曹老师是吴先生“文化大革命”中公开发言反对“批孔”的见证人。由此可见，“存先圣泽”，即保存和保护以孔子为代表的中国文化，不仅是吴宓先生的一生志愿，亦是其临大节而不可夺的实践。吴宓先生公开反对“批孔”，已不再是“危行言殆”，而是举世非之而不顾。其风骨，与陈寅恪先生、梁漱溟先生相同。

落花早惜故园春：“落花”，喻指中国文化之花果飘零。“故园春”，喻指中国与中国文化。此句兼用陈宝琛落花诗，王国维自沉前手书韩偓诗及陈宝琛落花诗，作者自己及陈寅恪所作落花、惜春诗之今典，以及韩偓所作落花、惜春诗之古典。今分疏如下。

古典：唐末韩偓于唐亡后所作诗多哀唐之亡，如《避地》：“偷生亦似符天意，未死深疑负国恩。”又多以落花、惜春，喻说唐朝之灭亡及传统文化之沦丧。如《惜花》：“总得苔遮犹慰意，若教泥污更伤心。”《春尽》：“人闲易有芳时恨，地迥难招自古魂。”[④]案：韩偓落花、惜春诗，自为吴宓先生、寅恪先生所

---

① 吴宓日记：第 3 册［M］.吴学昭整理注释.北京：三联书店，1998：346.

② 吴学昭.吴宓与陈寅恪［M］.北京：清华大学出版社，1992：143.

③ 曹慕樊.吴宓先生的晚年［J］.大连大学师范学院学报，1990（3）.

④ ［清］彭定求，等，编.全唐诗［M］.卷六百八十、六百八十一。系年参阅霍松林，邓小军.韩偓年谱（中）：乙丑天祐二年谱［J］.陕西师大学报，1988（4）；霍松林，邓小军.韩偓年谱（下）：甲戌梁干化二年谱［J］.陕西师大学报，1989（1）.

熟悉。吴宓先生论及韩偓诗，见《空轩诗话》第十三条，《吴宓日记》1945 年 7 月 10 日记引①。寅恪先生考论韩偓诗，见蒋天枢《陈寅恪先生编年事辑（增订本）》民国二十年条所引②。寅恪先生 1927 年《王观堂先生挽词》“更期韩偓符天意”，是活用前揭韩偓《避地》“偷生亦似符天意”，此已为寅恪先生所自道③。其 1952 年《壬辰春日作》“芳时已被冬郎误，何地能招自古魂”④，则是活用前揭韩偓《春尽》“人闲易有芳时恨，地迥难招自古魂”。

今典：吴宓《空轩诗话》第十三条：“王静安先生［国维］自沉前数日，为门人［谢国桢，字刚主］书扇诗七律四首，一时竞相研诵。四首中，二首为唐韩偓（致尧）之诗，余二首则闽侯陈弢庵太傅宝琛之《前落花诗》也。兹以落花明示王先生殉身之志。为宓《落花诗》之所托兴。”⑤案：述及陈宝琛《前落花诗》之前，兹先述及俞樾诗“花落春犹在”之句。

清道光三十年，俞樾所作诗有“花落春犹在”之句，曾国藩“极赏之”⑥。案：“花落春犹在”之句，自道光末以后，传诵人口，其实质即在于人们借此落花、惜春之诗句，托喻中国文化花果飘零之悲慨。盖自道光末以降，由于外族之侵迫，外来文化之掊击，中国日益衰乱，中国文化日益沦丧。陈寅恪 1928 年《俞曲园先生病中呓语跋》⑦足资参读。

清末民初，陈宝琛光绪二十一年乙未（1895）作《感春四首》⑧；己未民国八年（1919），次前韵作《次韵逊敏斋主人落花四首》，即《前落花诗四首》⑨。甲子民国十三年（1924）及次年乙丑，又次前作韵作《后落花诗四首》（《沧趣楼诗集》未收；《空轩诗话》十三全录之）。陈宝琛此三组联章诗，《感春四

---

① 吴学昭.吴宓与陈寅恪［M］.北京：清华大学出版社，1992：199.

② 蒋天枢.陈寅恪先生编年事辑：增订本［M］.上海：上海古籍出版社，1997：75-77.

③ 《陈寅恪解》第 16 页。——原文如此。

④ 陈寅恪.诗集［M］.第 79 页.

⑤ 吴宓.吴宓诗集 · 卷末［M］.上海：中华书局，1935：146.

⑥ 俞樾.春在堂全书 · 宾萌集 · 春在堂记［M］//钱仲联主编.清诗纪事：第十五册［M］.南京：江苏古籍出版社，1989：10391.

⑦ 陈寅恪.寒柳堂集［M］.上海：上海古籍出版社，1980：146.《病中呓语》九绝句，见钱仲联主编.清诗纪事：第十五册［M］.南京：江苏古籍出版社，1989：10411.

⑧ 陈宝琛.沧趣楼诗集 · 附听水斋词：卷一［M］.1939 年刊本.

⑨ 陈宝琛.沧趣楼诗集：卷八［M］.1939 年刊本.

首》《前落花诗四首》《后落花诗四首》，亦是以落花、惜春，喻说清朝之衰亡及中国文化之花果飘零①。陈宝琛《感春四首》第四首末联："故林好在烦珍护，莫再飘摇断送休。"吴宓《空轩诗话》第十三条："此首指台湾之割让。末联谓中国本部亦岌岌危亡。"②弢庵此二句诗，与前揭俞曲园"花落春犹在"之句神似。又《前落花诗四首》，《空轩诗话》十三："宓按此四诗，似咏辛亥鼎革及以后事。"③其中第四首"泥污苔遮各有由"，则是活用前揭韩偓《惜花》"总得苔遮犹慰意，若教泥污更伤心"④。

1927 年 6 月 2 日，王国维自沉于北京颐和园昆明湖。王国维自沉前数日，手书扇面诗四首，即韩偓《即目》（第一首）、《登南神光寺塔院》⑤、陈宝琛《前落花诗》第三和第四首⑥。韩偓《即目》："万古离怀憎物色，几生愁绪溺风光。废城沃土肥春草，野渡空船荡夕阳。倚道向人多脉脉，为情因酒易怅怅。宦情弃掷须甘分，回避红尘是所长。"（《登南神光寺塔院》兹不录。两诗见《全唐诗》卷六百八十）陈宝琛《前落花诗》第三首："生灭元知色即空，眼看倾国付东风。唤醒绮梦憎啼鸟，罥入情丝奈网虫。雨里罗衾寒不耐，春闺金缕曲初终。返生香岂人间有，除奏通明问碧翁。"第四首："流水前溪去不留，余香骀荡碧池头。燕衔鱼唼能相厚，泥污苔遮各有由。委蜕大难求净土，伤心最是近高楼。庇根枝叶从来重，长夏阴成且小休。"

1927 年 10 月初，陈寅恪写成《王观堂先生挽词并序》⑦。《挽词序》略云："或问观堂先生所以死之故。应之曰：……凡一种文化值衰落之时，为此

---

① 参阅(1)吴宓.空轩诗话：十三[M].(2)陈衍.石遗室诗话：卷十七[M].商务印书馆，1929.(3)黄浚.花随人圣庵摭忆 · 陈铁庵之感春诗及落花诗[M].上海：上海古籍书店，1983：50-51.黄氏所述颇资参考，唯涉及系年则多误.(4)清诗纪事：第十七册[M].第11884 页以下.

② 吴宓.吴宓诗集 · 卷末[M].上海：中华书局，1935：147.

③ 吴宓.吴宓诗集 · 卷末[M].上海：中华书局，1935：147.

④ 《吴宓日记》1945 年 7 月 10 日记，《吴宓与陈寅恪》第 119 页所引，已指出此点。谨此注明.

⑤ 据谢国桢.题王国维先生书扇面绝笔遗迹[N].文汇报，1987-9-22.

⑥ 据吴宓.空轩诗话：十三[M].

⑦ 《吴宓日记》1927 年 10 月 3 日记："夕，陈寅恪来，以所作《吊王静安先生》七古一篇见示。"//吴宓日记：第 3 册[M].吴学昭整理注释.北京：三联书店，1998：415.

文化所化之人，必感苦痛，其表现此文化之程量愈宏，则其所受之苦痛亦愈甚；迨既达极深之度，殆非出于自杀无以求一己之心安而义尽也。……近数十年来，自道光之季，迄乎今日，社会经济制度，以外族之侵迫，致剧疾之变迁；纲纪之说，无所凭依，不待外来学说之掊击，而已销沉沦丧于不知觉之间……盖今日之赤县神州值数千年未有之巨劫奇变；劫尽变穷，则此文化精神所凝聚之人，安得不与之共命而同尽。此观堂先生所以不得不死，遂为天下后世所极哀而深惜者也。"①案：陈寅恪《王观堂先生挽词序》之要旨，实际是指出，中国"自道光之季［道光三十年，1851 年初］，迄乎今日"，"以外族之侵迫""外来学说之掊击"，而造成"社会经济制度""剧疾之变迁"、中国文化之"销沉沦丧""赤县神州值数千年未有之巨劫奇变"；并指出，此一现实，正是观堂先生之所以不得不死之原因。——可以说，此亦是寅恪先生、吴宓先生自观堂先生自沉后历年所作惜花、惜春诗之喻指。陈寅恪《王观堂先生挽词序》之今典，实为咸丰三年（1853）曾国藩《讨粤匪檄》："粤匪窃外夷之绪，崇天主之教……农不能自耕以纳赋，而谓田皆天主之田；商不能自贾以取息，而谓货皆天主之货；士不能诵孔子之经，而别有所谓耶稣之说、《新约》之书。举中国数千年礼仪人伦、诗书典则，一旦扫地荡尽。此岂独我大清之变，乃开辟以来名教之奇变，我孔子、孟子之所痛哭于九原！凡读书识字者，又乌可袖手坐观，不思一为之所！"②由明乎曾湘乡《讨粤匪檄》是寅恪先生《王观堂挽词序》之今典，即可以解读寅恪先生《冯友兰中国哲学史下册审查报告》所言："寅恪平生为不古不今之学，思想囿于咸丰同治之世，议论近乎曾湘乡张南皮之间。"③寅恪先生所说咸丰同治之世之意义，及曾湘乡之议论，即是如曾湘乡《讨粤匪檄》所揭示的维护中国文化、响应毁灭中国文化的巨劫奇变；寅恪先生所说张南皮之议论，则是作为曾湘乡思想之进一步发展、由张

---

① 陈寅恪.陈寅恪诗集［M］.第 10-11 页.最先发表于 1928 年 7 月出版的《学衡》第六十四期。

② 曾国藩.曾国藩全集・诗文集［M］.彭靖等整理.长沙：岳麓书社，1986：232.

③ 金明馆丛稿二编［M］.上海：上海古籍出版社，1980：252.

南皮《劝学篇》所系统揭示的中学为体、西学为用[①]。寅恪先生所说“平生为不古不今之学”，不古，指不同于排外派（晚清）；不今，指不同于全盘西化派（当时）；此语实指自己的学术思想在根本上认同于曾湘乡张南皮的学术思想。“思想囿于咸丰同治之世，议论近乎曾湘乡张南皮之间”[②]，即是明白表示自己基本认同于曾湘乡张南皮之学术思想。如实地说，寅恪先生所说“思想囿于咸丰同治之世，议论近乎曾湘乡张南皮之间”的意义，一是维护中国文化、响应毁灭中国文化的巨劫奇变，一是中学为体、西学为用，响应毁灭中国文化的全盘西化。明乎此，则对于寅恪先生、吴宓先生的学术思想，可以得其正确之解。对于寅恪先生著作、诗歌中的若干今典，亦可得其正确之解。

1928年6月2日，吴宓作《落花诗八首》，其序云：“古今人所为落花诗，盖皆感伤身世。其所怀抱之思想，爱好之事物，以时衰俗变，悉为潮流卷荡以去，不可复睹，乃假春残花落，致其依恋之情。近读王静安先生临殁书扇诗，由是兴感，遂以成咏，亦自道其志而已。”《落花诗》第二首：“根性岂无盘石固，蕊香不假浪蜂媒。”自注：“此首言我之怀抱未容施展，然当强勉奋斗，不计成功之大小，至死而止。”[③]第三首：“飘茵堕溷寻常事，痛惜灵光委逝尘。”自注：“此言我生之时，中国由衰乱而濒于亡。”第四首自注：“此言我至美洲，学于白璧德师。比较中西文明，悟彻道德之原理，欲救国救世，而新说伪学流行，莫我听也。”第七首：“渺渺香魂安所止，拚将玉骨委尘沙。”自注：“宗教信仰已失，无复精神生活。全世皆然，不仅中国。”第八首：“未容溴涊污真色，耻效风流斗艳妆。”自注：“新文化家新教育家主领百事，文明世运皆

---

① 张之洞《劝学篇·序》：“中学考古非要，致用为要。西学亦有别，西艺非要，西政为要。”《劝学篇·外篇·设学第三》：“新旧兼学。《四书》《五经》、中国史事、政书、地图，为旧学；西政、西艺、西史，为新学；旧学为体，新学为用。不使偏废。”（光绪二十四年三月，《张文襄公全集》卷二百零三）《两湖经心两书院照学堂办法片》：“中国［学］为体，西学为用。”（光绪二十四年闰三月十五日，《张文襄公全集》卷四十七，奏议四十七。）

② “思想囿于”与“议论近乎”互文。“议论近乎”之“近”，用法如《论语·阳货》“性相近”之“近”，训作“基本相同”之义。

③ 吴宓.吴宓诗集·卷九：京国集下［M］.1928：11.

操其手。"[①]同日,又作《六月二日作落花诗成,复赋此律,时为王静安先生投身昆明湖一周年之期》,诗云:"心事落花寄,谁能识此情?非关思绮靡,终是意凄清。叹凤嗟尼父,投湘吊屈平。滔滔流世运,凄断杜鹃声。"[②]《吴宓日记》1928年6月2日记:"《落花诗》实托兴于王先生临殁为人书扇诗也。"[③]案:吴宓先生《落花诗》第四首自注所说"新说伪学流行",即是寅恪先生《王观堂先生挽词序》所说"外来学说之掊击[中国文化]"。《复赋此律》,是专为哀悼静安先生之死而作。其中"心事落花寄,谁能识此情"二句,则是用静安先生自沉前手书落花诗以明志之今典,揭示静安先生所以死之故。不妨说,"谁能识此情"之句,是指向揭示了"观堂先生所以死之故"的《王观堂先生挽词序》。要之,1928年吴宓先生作《落花诗》八首、《复赋》一首,哀中国文化之沦丧,哀静安先生之自沉,此是二十一年后所作《将入蜀》"落花早惜故园春"之今典。

1927年王国维自沉及次年吴宓作《落花诗》后,吴宓历年所作落花、惜春诗,略举如次。1929年6月2日《王静安先生逝世二周年》:"悼公咏落花,倏忽一年事。"[④]1938年5月21日《残春和寅恪》:"阴晴风雨变无端,折树摧花未忍看。"[⑤]1938年5月29日《南湖一首》:"亘古兴亡无尽劫,佳书美景暂甚虞。"[⑥]1940年3月11日《和寅恪庚辰元夕》:"昔梦鹏飞逐海阔,今同鹿走泣林红。"[⑦]

陈寅恪历年所作惜花、惜春诗,略举如次。1938年《残春》第一首:"读史早知今日事,对花还忆去年人。"第二首:"雨里苦愁花事尽,窗前犹噪雀声啾。"[⑧]1946年《乙酉残春病目[下略]》:"世上欲枯流泪眼,天涯宁有惜花

① 吴宓.吴宓诗集·卷九:京国集下[M].1928:12.
② 吴宓.吴宓诗集·卷九:京国集下[M].1928:12-13.
③ 吴宓日记:第4册[M].吴学昭整理注释.北京:三联书店,1998:69.
④ 吴宓.吴宓诗集·卷十一:故都集上[M].1928:8.
⑤ 吴学昭.吴宓与陈寅恪[M].北京:清华大学出版社,1992:92.
⑥ 吴学昭.吴宓与陈寅恪[M].北京:清华大学出版社,1992:94.
⑦ 吴学昭.吴宓与陈寅恪[M].北京:清华大学出版社,1992:102.
⑧ 陈寅恪.陈寅恪诗集[M].第22页.

人。”[①]同年,《十年诗用听水斋韵并序》第三首:“楼台基坏丛生棘,花木根虚久穴虫。”[②]1948年《清花园寓庐手植海棠》:“剩取题诗记今日,繁枝虽好近残春。”[③]1949年《己丑元旦[下略]》:“食蛤那知天下事,买花弥惜去年春。”[④]案:寅恪先生惜花、惜春诸诗,历年例已录送吴宓先生,而为吴宓先生所熟知,故亦得为吴宓先生本诗“落花早惜故园春”之今典。

又,寅恪先生并活用陈弢庵《感春》《落花》诸诗。1935年及次年《吴氏园海棠二首》第一首“寻春祇博来迟悔”[⑤],是活用陈弢庵《前落花诗》第一首“寻春祇自怨来迟”。《吴氏园海棠》第二首“闻道通明同换劫,绿章谁省泪沾巾”[⑥],是活用前揭弢庵《前落花诗》第三首“返生香岂人间有,除奏通明问碧翁”。1940年《庚辰暮春重庆夜宴归作》“看花愁近最高楼”[⑦],是活用前揭弢庵《前落花诗》第四首“伤心最是近高楼”。1945年《十年诗用听水斋韵并序》四首,则更是次弢庵《感春四首》原韵之作。其中第二首“十载长安走若狂,玄都争共赏瑶芳”[⑧],是活用《感春》第二首“阿母欢娱众女狂,十年养就满庭芳。”其中第三首“叹息园林旧主翁”[⑨],则是活用《感春》第三首“绿阴涕尺种花翁”。案:上述寅恪先生诗,活用弢庵《落花》《感春》诗,对于读吴宓先生本诗“落花早惜故园春”之句,皆足资参照。又,弢庵“泥污苔遮各有由”之句,与寅恪先生所深赏之柳如是“春日酿成秋日雨”之句(《金明池·咏寒柳》)[⑩],实异曲同工,足资参考,亦记于此。

综上所述,“落花早惜故园春”,借用落花、惜春,喻说中国文化之花果飘零及自己之悲慨,由来已久,不待今日。其中,含有1927年王国维自沉前手

---

① 陈寅恪.陈寅恪诗集[M].第38页.
② 陈寅恪.陈寅恪诗集[M].第43页.
③ 陈寅恪.陈寅恪诗集[M].第58页.
④ 陈寅恪.陈寅恪诗集[M].第60页.此诗即吴宓本诗所次韵之原诗。
⑤ 陈寅恪.陈寅恪诗集[M].第21页.
⑥ 陈寅恪.陈寅恪诗集[M].第21页.
⑦ 陈寅恪.陈寅恪诗集[M].第28页.
⑧ 陈寅恪.陈寅恪诗集[M].第42页.
⑨ 陈寅恪.陈寅恪诗集[M].第43页.
⑩ 参阅陈寅恪.柳如是别传:上册[M].上海:上海古籍出版社,1980:336-340.

书韩偓陈宝琛落花惜春诗、1928 年吴宓作落花惜春诗、历年来吴宓及陈寅恪作落花惜春诗之今典,虽一句诗,实一部诗史。

避兵藕孔堪依友:《佛说观佛三昧海经》卷一《六譬品第一》:阿修罗王与帝释战,"时虚空中有四刀轮,帝降功德故,自然而下,当阿修罗上时,阿修罗耳鼻手足,一时尽落,令大海水赤如绛汁。时阿修罗,即便惊怖,遁走无处,入藕丝孔"①。此借喻避兵入蜀,与友人相依。

同饭僧斋岂畏贫:五代王定保《唐摭言》卷七《起自孤寒》条:"王播孤贫,尝客扬州惠昭寺木兰院,随僧斋餐。"此借喻寓居蜀中,不畏孤贫。

犹有月泉吟社侣:宋吴渭编《月泉吟社诗》,卷首《刻月泉吟社诗叙》:"月泉吟社者,浦江吴子之所作也。吴子名渭,字清翁,其号潜斋。按重本有邑人黄灏首叙:渭,故宋时尝为义乌令,元初,退食于吴溪。延致乡遗老方韶父[凤],与闽谢皋羽[翱]、括吴思齐主于家,始作月泉吟社,四方吟士从之。……今者吴溪社士,皆故宋人也,值元初季,共处心甘是,盖智者识矣。正德十年六月望日水吴南田汝粁叙。"②案:"吟社"即诗社。吴渭与作者姓同,借以自比。"社侣",则借比"堪依友"之友人,亦即"蜀中诸知友",情见乎词矣。又,明朝正德十年,当公元 1515 年,去宋末祥兴二年(1279),已二百三十六年矣。

(本文选自《中国文化》,2001,Z1 期)

---

① 大正新修大藏经:卷十五[M].第 647 页。又见唐释道世撰集.法苑珠林·卷五:修罗部·战斗部第七[M].

② 丛书集成初编·诗词杂俎[M].北京:中华书局,1985:1-4.

吴宓先生年表

王泉根

1894 年(清光绪二十年·甲午)

8 月 20 日(农历七月二十日)出生于陕西省泾阳县西北乡安吴堡世家。谱名玉衡,小名陀曼,1910 年报考清华时改名吴宓。字雨生,亦作雨僧,别号藤影荷声馆主,偶署笔名余生等。

生父吴建寅(1874—1949),字芷敬,早年任职于上海大学,后曾任职于国民政府监察院。

1895 年(清光绪二十一年·乙未)　一岁

不及半岁,生母亡故,由祖母抚养。继后过嗣给叔父吴建常为子。

吴建常(1876—1950),字仲旗。早年受业于关中大儒刘古愚,后留学日本习陆军。辛亥革命后任凉州副都统,后任国民革命军驻陕总司令于右任的秘书长、国民政府监察委员等职,抗战时以监察委员身份长驻西安,1947 年因年高退休去职。博学能文,对吴宓一生有较大影响。

1900 年(清光绪二十六年·庚子)　六岁

7 月,八国联军进犯北京,慈禧、光绪西奔,退居西安。

8 月 3 日,随嗣父母离陕避乱,经河南荆紫关、老河口,湖北襄阳、汉口,车船转辗,南下行四十余日,赴上海。居姑丈、诗人陈伯澜家,并从姑丈学诗,深得诗教。此为吴宓首次离陕远行。

1901 年(清光绪二十七年·辛丑)　七岁

中秋节全家离沪回陕,北归约行五十日,于农历十月初抵西安。

在嗣母管教下,已"读了《史鉴节要便读》《唐诗别裁》等书,能背育,成为宓文史之学的最先基础"①。

1903 年(清光绪二十九年·癸卯)　九岁

是年,吴宓始"出就外傅"入学读书,在西安姨丈王幼农创办的私立学校就学,同学自十岁至三十岁不等。

1904 年(清光绪三十年·甲辰)　十岁

仍在西安读书。除读《春秋》《左传》等外,常阅嗣父从上海寄来的《新民丛报》《新小说》《上海白话报》等报刊小说,并练笔写小说。

1905 年(清光绪三十一年·乙巳)　十一岁

冬十月,赴三原县北城,在前街北口南文华先生家中"从泾阳王麟编师(名玉书)读书"。

1906 年(清光绪三十二年·丙午)　十二岁

年初,随祖母由西安迁居三原县,转入新制高等小学"敬业学塾"读书。冬,考入三原县宏道高等学堂预科(中学部),学习国文、英文及数理化各科。同学中有张奚若(陕西朝邑人)、严庄(陕西渭南人)等。

1909 年(清宣统元年·己酉)　十五岁

与三原表兄胡文豹等创办《陕西杂志》,由西安公益书局印行,稿成三期,因经费不足,只出版了一期。在该刊发表反映日俄战争的小说《军国民》第一回。

暑假检阅诗作,计六十余首,编为《雨僧诗稿》。

1910 年(清宣统二年·庚戌)　十六岁

清政府以美国退还"庚子赔款"在北京设立"游美肄业馆"(清华大学前

---

① 江家骏.先师吴宓传略[G]//黄世坦编.回忆吴宓先生.西安:陕西人民教育出版社,1990:180.

身),诏令各省提学使招考优秀学童入学。5 月至西安,参加“留美第二格(相当于中等科)”考试。

6 月,毕业于三原宏道高等学堂预科。10 月,再赴西安参加游美肄学馆复试,以优异成绩录取。复试既毕,始作日记,自此吴宓终生记日记不辍。

1911 年(清宣统三年·辛亥)　十七岁

1 月 22 日(腊月二十二日),离西安,由生父吴建寅护送,坐骡车赴京报到,至河南洛阳改乘火车,于 2 月 1 日到北京。到京后即剪去辫发,暂住于潘家河沿“三原南馆”,准备入学复试。

游美肄业馆于 2 月迁入清华园,改名清华学堂。清华学堂为八年制留美预备学校,其学制、教材、师资多采自美国,毕业生可直接进入美国本土各大学之三年级。

2 月 18 至 20 日,在西单牌楼学部署内举行入学复试,吴宓在全国四百多名考生中以优异成绩考取第二名。4 月 8 日前后,到清华入学报到。等待开学,自习。4 月 29 日(农历四月初一)举行开学典礼,是日即为清华大学历史之开端,468 名学生为清华园第一批“瑞芝”。学堂视学生年龄学历,编入相当班次,高等科三年毕业,中等科五年毕业(后改为两科各四年)。吴宓被分入中等科四年级(1916 级,也称丙辰级),任班长、室长。同学中有吴芳吉(四川江津人)、汤用彤(湖北黄梅人)、刘朴(湖南宁乡人)、刘永济(湖北新宁人)、朱君毅(浙江江山人)、洪深(江苏常州人)、陈达(浙江余杭人)等二十余人。

6、7 月暑假中,编《雨僧诗稿》卷二,又作《雨僧杂记》(后录入《雨僧杂稿》)。

10 月,武昌新军起义,辛亥革命成功。11 月,清华学堂宣布停学。经天津坐海轮赴上海,依姑丈陈伯澜居,并学诗。其时生父吴建寅在上海《民立日报》馆作校对。

本年有《学堂日记》一册,商务印书馆印刷。

1912 年(民国元年·壬子)　十八岁

元月,中华民国临时政府成立,定都南京。

2月，考入"学费征收最多而英文程度最高"之上海圣约翰大学。3月19日入校读书。

5月，清华学堂复学，重返清华。

8月，与汤用彤合著长篇章回体小说《崆峒片羽录》，拟撰三十回，已完成缘起及前三回，三万余字，"全书大旨，在写吾二人之经历，及对于人生道德之感想"①。此稿未刊布，后于1923年10月佚失。暑假中，因吴芳吉约，参与创办《观摩新报》，共出三期，撰《〈观摩新报〉叙》。

9月，为抗议学校无理开除四川籍学生何鲁等，清华发生学潮，吴宓被推为代表。与陈达、吴芳吉十位代表被开除，数星期后又被赦回校。独吴芳吉不肯归，径回四川。与吴芳吉订为生死之交，笃念情殷，终生不渝。

是年末，清华学堂奉令改为清华学校。

1913年（国民二年·癸丑）　十九岁

夏，清华中等科毕业，升入高等科。

12月，清华成立学生社团"达德学会"，并刊印《益智杂志》，每期皆有中、英文两部分，吴宓任英文部编辑，至下年6月共出四期。在该刊发表剧本《沧桑艳传奇》第一至四出，及若干诗作。

自前年始迄本年，除正课学习外，又列入清华国文特别班研习国学。清华"把国文较好，爱读国学书籍的学生七八人选出，特开一班，派学问渊博、有资格、有名望的国文教员姚茫父、饶麓樵诸先生来授课。此特别班的学生，有何传骝（高等科）；有刘朴、汤用彤、吴宓、闻一多等……于是互相督促、切磋，共同勤读"②。

是年，袁世凯即大总统职位，临时政府迁往北京。

1914年（民国三年·甲寅）　廿岁

与同学施济元合著《天坛》，英文打印本，以作美籍教师所授"欧洲古代史"之课程成绩。暑假南行，居上海姑丈陈伯澜家。作《甲寅杂诗》30首。

---

① 吴学昭.吴宓与汤用彤[M]//汤一介.国故新知：中国传统文化的再诠释.北京：北京大学出版社，1993：23.

② 转引自汤一介.国故新知：中国传统文化的再诠释[M]. 1993：23.

8月，第一次世界大战爆发。日本攫取德国在我山东一切权益。作《哀青岛》长诗。

11月，在《清华周刊》发表以辛亥革命为背景的纪实小说《二城新事》，连载七期，未写完。

是年，任《清华学报》编辑。

1915年（民国四年·乙卯）　廿一岁

5月9日，袁世凯接受日本提出的卖国条约"二十一条"，国人激愤，清华学子称是日为"国耻日"。作《五月九日即事感赋示柏荣》《咏史》等诗，痛斥袁之卖国求荣："河山拱手让他人，一纸约章飞孤注。哀我将作亡国民，泪眼依稀看劫尘。"

是年与下年，仍担任《清华周刊》编辑，并一度代理总编辑。9月，在《清华周刊》发表的总编辑言论《励志》中，表明自己的理想抱负："夫今我民国肇建，于今四载，百度渐新，诸弊悉革。虽贫弱为病，闾阎疲敝，然此为往日之余毒。譬之病愈初起，手足乏力，当然之局，又何可免。旭日初出，世界犹清凉，而已非曙光一线之景。则我国家，正勃兴未艾，如之何不望之于后来，而独追往迹于无裨之境也。"并劝勉诸同学："故以国家及个人言之，我同学均当以积极自处，重其乐观，鼓其朝气，淬厉奋发，期底于成。"①

冬，与同学黄华、汤用彤等发起，由汤用彤命名，成立"天人学会"。会员前后有叶企孙、冯友兰、尹任先、陶峙岳、吴芳吉、邓均吾等三十余人。其宗旨为："造成社会淳美之风俗；造成平正通实（折衷新旧）之学说；普及社会教育。"②后因目标太大，志趣各异，至第二年无形解散。

1916年（民国五年·丙辰）　廿二岁

夏，于清华学校高等科毕业。因体弱与目疾，未能通过清华严格的体育测验而未能与丙辰级二十余同学一起留美。留校任文案处（即秘书处）英文翻译及文牍员，并作次年留美准备。同事中有林语堂、袁同礼等。

秋，开学后，曾同夏廷献、王文显一起担任《清华周刊》顾问部顾问，并担

---

① 吴宓.励志[J].清华周刊，1915(47).

② 吴宓.吴宓诗集·卷末[M].上海：中华书局，1935：132-133.

任“暑期调查论文竞赛”评判员等。

在《清华周刊》第48～72期(1915.9—1916.4)连载诗艺文论《余生随笔》,共发稿21次(中间有数期中断)。

在清华读书六年,师从黄晦闻(黄节)、饶麓樵、姚茫父学诗,诗艺大进,只诗词一项即得三百多首。

是年,袁世凯“帝制”失败,恢复民国法统。

1917年(民国六年·丁巳)　廿三岁

年初,清华1910年直接派赴美国留学的胡适在《新青年》发表《文学改良刍议》,陈独秀发表《文学革命论》,五四新文化运动开始。

上半年,仍在清华学校文案处供职。据周诒春校长意,成立“《游美回国同学录》编辑办公室”,吴宓全力投入此书的征稿编辑印行事务,记录二百七十多位清华留美回国学生的传记,一直忙至7月下旬。

7月24日,离北京乘火车至天津,换乘轮船于8月4日抵上海,准备赴美留学。8月18日乘坐“委内瑞拉号”海船离上海,与清华丁巳级学生一起留美,由周诒春校长亲自护送至美国。

8月31日到檀香山,9月3日抵美国本土旧金山。9月中旬到弗吉尼亚州立大学学习文学。该校中国学生仅有另一人林祖光。初入弗吉尼亚州立大学,插入文科二年级。“对于选科之事,始则欲习应用化学,继则欲习新闻业,以为文学非今世所急需。又以为文学可以自己研究,不必到美国学之。此种见解,过后方知其误。”①

9月开学,本学年选修英国文学、哲学、近世史、经济学、法文等五门课程。并参加该校“后备役军官训练团”军训。

1918年(民国七年·戊午)　廿四岁

在《弗吉尼亚州立大学杂志》1月号发表《中国高等学校中之学生生活》(英文)。

6月,考试毕,完成弗吉尼亚州立大学一学年之学业。林祖光毕业回国,

---

① 吴宓.由个人经验评清华教育之得失[J].

陪林同去华盛顿，分手。又至马里兰州霍浦金斯大学访朱君毅（清华同学），波士顿麻省理工学院访王正基（陕西同学），至哈佛大学访施济元（清华同学）。

7月，报名入哈佛大学暑期学校学习，选修法文与心理学两课。

8月初，由施济元介绍，初识清华1911年直接派赴哈佛留学的梅光迪，交换对中国文化之看法，一谈即合，结为知交。经梅光迪引介，9月免考转入哈佛大学本科比较文学系，师从美国新人文主义文学批评运动领袖白璧德（1865—1933）教授和穆尔（1865—1937）教授，研习比较文学、西方文学与哲学等。

9月开学。哈佛实行导师制，吴宓请白璧德做导师。本学年（1918—1919）选修课程有：白璧德讲授的“比较文学”与“卢梭及其影响”“近世文学批评”，梅纳迪讲授的“英国小说”，洛斯讲授的“英国浪漫诗人研究”，波特讲授的“抒情诗”，以及白璧德讲授的“第一年法文”。吴宓自谓“此一学年（1918—1919）中，宓最专心致志，用功读书。校课而外，又读完白璧德师及穆尔先生全部著作。是故宓留学美国四年，惟此‘第二学年’为学业有成绩、学问有进益之一年也”①。同时选修洛斯教授的“英国浪漫诗人研究”，因洛斯尤重雪莱研究，自此“和雪莱结了甚深的因缘”②。

入哈佛不久，即参加由波士顿留美学生因痛愤“二十一条”国耻而成立的爱国组织“中国国防会”。凡中国留学生开会议事与投寄国内《申报》《新闻报》等发表的函电、宣言等，皆由吴宓草拟。

11月11日，第一次世界大战（1914—1918）结束。

1919年（民国八年·己未）　廿五岁

2月初，陈寅恪由欧洲到美国，入哈佛大学研习梵文、希腊文等。经俞大维介绍而识其表兄陈寅恪，恒往返，聆其谈述，遂订终生情谊。旋驰书国内，认为“合中西新旧各种学问而论之，吾必以寅恪为全中国最博学之人”。陈常将诗稿持示吴宓等传阅，但不许抄存，立即自撕成碎片弃之。不料，吴宓

① 吴宓自编年谱：1894—1925［M］.北京：三联书店，1995：182.

② 吴宓.徐志摩与雪莱［J］.宇宙风，1936：12.

过目皆能背诵、录于日记。故吴宓日记保存陈寅恪诗甚多。汤用彤亦于6月由美国汉姆伦大学毕业升入哈佛研究生院。

2月初，北京高等师范学校校长陈宝泉到波士顿考察，聘吴宓为该校英语系主任、教授，学成归国即就职。

3月，在哈佛大学中国留学生会演讲《〈红楼梦〉新论》，陈寅恪为之题写七律。

五四爱国运动在北京爆发。积极参加中国留美学生声援五四的爱国主义活动。同宿舍的尹任先系"中国国防会"副会长，宿舍成为国防会办公处。吴宓日夕劳忙，"帮助尹君办理会务，一面又要打电报到巴黎阻止中国和会代表签字；一面又要在美国报上写登文章；一面又要参与中国留美学生会的事情"①。中国留学生在国内《申报》《新闻报》所发表的电文多由吴宓起草改定。

暑假，入哈佛大学暑期学校学习，分二期听课。第一期（7月初至8月初）选修"对社会主义、苏联过激党、共产主义、无政府主义、单税制之评论""英国近世史"二门；第二期（8月初至9月初）选修"法国近世史"。

本学年（1919—1920）选修课程有：白璧德讲授的"十九世纪浪漫主义运动""法国文学批评"，彼利讲授的"十八及十九世纪之各体小说"，葛兰坚讲授的"法国文学史大纲"，霍华德讲授的"德国文学史大纲"。又读完白璧德与穆尔二师的全部新作。

1920年（民国九年·庚申）　廿六岁

6月，哈佛大学本科毕业，获文学学士学位。暑假，潜心研读《柏拉图全集》英译本四大册，并作详细札记。继续参加哈佛暑期学校学习，选修"希腊、罗马史"一门。又由同学俞大维为吴宓单独讲授"西洋哲学史大纲"，汤用彤讲授"印度哲学及佛教"，并攻读印度哲学及佛教书。与哈佛留学生关系密切者有陈寅恪、梅光迪、汤用彤、俞大维、楼光来、张鑫海、顾泰来等。吴宓与陈寅恪、汤用彤被并称为"哈佛三杰"。

在哈佛本科就读两年期间，指导教师均请白璧德教授担任，并在白氏指

① 吴宓.徐志摩与雪莱[J].宇宙风，1936：12.

导下选修各门课程。白氏为当时颇具影响的文学批评家,其学说远绍柏拉图、亚里士多德之精义微言,近宗文艺复兴诸贤以及英国约翰生(S. Johnson)、安诺德(M. Arnold)之遗绪,而所得安诺德者尤多,被视为现代保守主义与新人文主义美学的主要代表。曾对古典主义和浪漫主义理论作专门分析,认为从文艺复兴以来的科学主义、浪漫主义等都遵循"物的法则",而损害了人文主义的原则,提出用"人的法则"取代"物的法则"的新人文主义思想。其美学思想,主张以人性中较高之自我遏制本能冲动之自我,强调人性、理性、道德;而此种"较高之自我"的养成则有赖于从传统文化中求取立身行事之规范,即永恒而普遍之标准,以此集一切时代之智慧对抗当代崇尚功利物欲的"物的原则"。因之,此种标准具有超越时空的世界性。白氏所标举的人文精神不涉宗教,专尚人事,因而与中国传统儒学极为相似,故其对孔子思想极为钦崇。认为儒家的人文传统乃是中国文化的精粹,也是谋求东西文化融合、建立世界性新文化的基础。中国人必须深入中西文化并撷采其中之精华而加以施行,以求救亡图存,不蹈西方之覆辙,并为解决全球人文精神之危机做出新贡献。因而,白氏对中国年轻一代留学生屡致殷望,以为中国文化的复兴与否,不仅关系到中国本身,且将影响世界文化之前途。白氏的新人文主义理论,日后直接成为"学衡"派的理论资源与文化思想基础。受白氏影响,吴宓与梅光迪等哈佛同学不但具体地认识到传统儒家择善固执、不为流俗所移的高贵典型,也对自身的文化背景有了一种批判性的新认识,益发坚定对中国文化"有可与日月争光之价值"的信念与"昌明国粹,融化新知"的文化使命感。

9月,升入哈佛大学研究生院。本学年(1920—1921)选修课程有六:①"文艺复兴及宗教改革史";②"纪元五百年至一千五百年之欧洲学术史";③"欧洲政治学说史";④"各体戏剧";⑤"莎士比亚时代之英国戏剧";⑥"1500—1660年之英国文学"。

"中国国防会"在上海创办《民心周报》,吴宓作为国防会董事,负责该报在美国的征稿、发行。

本年在《留美学生季刊》《中国留美学生月报》发表《英文诗话》《论新文化运动》《中国的旧与新》《评〈碎玉集〉》等重要论文,参加新文化讨论。所选“欧洲政治学术史”一课之作业论文，为《孔子、孟子之政治思想与柏拉图及亚里士多德比较论》。吴宓自谓“本学年(1920—1921)中，宓对校课，不如以前之专心致志，读书亦不多，而移其注意于中国国内之事实、情况，尤其所谓新文化运动(兼及新教育)。宓之时间、精力，主要用以撰作汉文、英文文章，作成即刊布。盖此一年，宓虽身在美国留学，实不啻已经回国，参加实际之事业、活动也矣！”①

1921 年(民国十年·辛酉)　廿七岁

2 月，吴宓日记载：“白师谓于中国事，至切关心。东西各国之儒者 Humanists 应联为一气，协力行事，则淑世易俗之功或可冀成。故渠于中国学生在此者，如张(鑫海)、汤(锡予。按即汤用彤)、楼(光来)、陈(寅恪)及宓等，期望致殷云云。”②

5 月，先于 1919 年 10 月归国的梅光迪自南京东南大学致书吴宓，力邀其去东南大学共事，东南大学拟聘吴宓为英国文学教授。梅光迪并邀其董理拟由上海中华书局出版的《学衡》杂志。吴宓欣然回电应聘，并电函辞去北京高等师范学校之聘，决心“为理想与道德，作勇敢之牺牲”。

6 月，哈佛大学研究生院毕业，获文学硕士学位。按规定清华留美公费为五年，尚可继续深造，吴宓决定提前归国，投入弘扬民族文化、沟通中西文明的行列。6 月 20 日，离波士顿哈佛大学，经纽约、底特律、西雅图，至加拿大温哥华。7 月 19 日，乘坐“俄罗斯皇后号”海船离温哥华。游途中作《再论新文化运动》一文。船行十四日，于 8 月 6 日抵达上海，学成回国服务。

8 月 23 日，与浙江杭县陈心一女士在上海结婚，7 日同去杭州西湖游息一周。9 月 2 日返上海，3 日即坐火车去南京东南大学报到。闭门不出，专心备课二十多天，直至 9 月底开学。

9 月，任东南大学英语系教授(张士一为系主任)，为二年级学生开设“英国文学史”“英诗选读”“英国小说”等课，另为国文系四年级开设“修辞原理”。国文系四年级学生十余人，为全校最优秀一班，学生中有后来成为

① 吴宓自编年谱：1894—1925[M].1995：209-210.

② 吴学昭.吴宓与陈寅恪[M].北京：清华大学出版社，1992：22.

《学衡》骨干的缪凤林、景昌极以及张其昀、王焕镳、徐震堮等。

秋冬，与梅光迪、刘伯明等东南大学同事积极筹办《学衡》杂志。9月，白璧德在波士顿美东中国同学会年会上，发表题为《中西人文教育谈》的演讲，内容全系针对中国新文化运动而发。白氏虽同情新文化运动反压迫求发展之动机，然断言其偏弊甚多，认为“中国在力求进步时，万不宜效欧西之将盆中小儿随浴水而倾弃之。简言之，虽可力攻形式主义之非，同时必须审慎保存其伟大之旧文明之精魂也”。白氏此演说给《学衡》同人以暮鼓晨钟之鼓舞。不久即由胡先骕译出，吴宓并作长篇按语（均刊于1922年3月《学衡》第3期）。吴宓认为，人文主义强调实行“人文教育，即教人以所以为人之道”，这种教育“不必复古，而当求真正之新”。又在《中国的旧与新》一文提出：“只有找出中华民族文化传统中普遍有效和亘古常存的东西，才能重建我们民族的自尊。”

11月初，梅光迪决定以吴宓的寓所“南京鼓楼北二条巷二十四号”，作为《学衡》杂志社的办公及社员同人会集之所，门口悬挂“学衡杂志社”木牌。第一次会议参加者有梅光迪、吴宓、胡先骕、柳诒徵、刘伯明、萧纯锦、邵祖平、马承堃、徐则陵等九人。公推吴宓为“集稿员”，并商定各专栏之责任编辑：通论——梅光迪，述学——马承堃，文苑——胡先骕，杂俎——邵祖平。封面“学衡”二字及各专栏栏目由马承堃请其师曾农髯题写。定为月刊，每月初一日出版。每期文稿，须于出版期前一个月交付，由上海中华书局“新文化书籍部”主管左舜生接收。

11月30日，编毕《学衡》创刊号，即寄中华书局。

12月，编辑《学衡》第2期。吴芳吉自长沙明德中学赴南京探望吴宓。

1922年（民国十一年·壬戌）　廿八岁

1月1日，《学衡》杂志正式在南京问世。吴宓出任总编辑。上海中华书局印行。该刊的创办人为东南大学梅光迪（西洋文学系主任）、刘伯明（副校长兼文科主任）、柳诒徵（历史系教授）、吴宓（西洋文学系教授）、胡先骕（生物系主任）等教授，初创时期的基本成员尚有李思纯（1924年任西洋文学教授）、萧纯锦（经济系主任）、邵祖平（东南大学附中教师）、缪凤林（国文系学生)、景昌极(国文系学生)等。代表《学衡》与中华书局订立条约者为刘伯明、梅光迪(1920年秋)。代表中华书局与总编辑吴宓接洽事务者为左舜生、舒新城。经济由中华书局负责,《学衡》撰述人均无稿酬,但中华书局绝不干涉《学衡》内容主张以及文字。该刊系文史哲综合性文化期刊,其宗旨为:“论究学术,阐求真理,昌明国粹,融化新知。以中正之眼光,行批评之职事,无偏无党,不激不随。”柳诒徵撰写发刊词《弁言》,吴宓撰写《〈学衡〉杂志简章》(从第3期起刊出,直至终刊号)。自《学衡》创刊号起,吴宓均按期寄赠英国牛津大学、剑桥大学、美国哈佛大学图书馆、英国博物馆、美国国会图书馆、法国国家图书馆,美国的白璧德、法国的伯希和等各一份,历久不断。

2月9日,鲁迅在《晨报·副刊》发表《估〈学衡〉》一文,就《学衡》创刊号内容立论,批评这一期的文章存在语法修辞等不通不妥的七八处硬伤,指斥学衡“诸公掊击新文化而张皇旧学问”。吴宓后认为,鲁迅先生此言“实甚公允。《学衡》第一期‘文苑’门专登邵祖平(时年十九)之古文、诗、词”,而邵作“实甚陋劣”,此是“各苑”专栏责编“胡先骕之过”①(胡与邵同为江西籍,胡专登江西诗人之作)。

《学衡》文苑专栏(主要为诗歌作品)因责编胡先骕专发江西籍诗人之作,吴宓只好从第3期起,将“诗录”改为“诗录一”,仍由胡编辑;另辟“诗录二”,由自己编辑,以扩大诗作者范围。

5、6月间,日本清水氏及学者二十余人,专程到《学衡》杂志社寻访,与“学衡”同人座谈。

《学衡》创办之初,吴宓致信吴芳吉,要其在湖南也创办一份刊物以为响应。2月,吴芳吉自长沙到南京访吴宓,住二三日,再议此事。回长沙后,即与当年清华同学刘朴、刘永济等成立湘君社,旋即创办了《湘君》文学季刊(1924年秋停刊),第一期刊有吴宓《留美日记》数篇及诗作。

9月开学时,从英语系中分出西洋文学系,主任梅光迪,教授吴宓,助教杨前海。学校命学生选系,结果英语系学生有四分之三皆愿转入西洋文学系,盖因吴宓上课甚受学生欢迎。本年起为学生增开新课“欧洲文学史”。

---

① 吴宓自编年谱:1894—1925[M].1995:236.

留美同学汤用彤、顾泰来、朱君毅、黄华、陈茹玄等经吴宓推荐，于秋季开学后到东南大学任教授。汤用彤为哲学系教授，并成为“学衡”同人。

本年《学衡》为月刊，共出十二期。吴宓除尽心授课外，集中全力忙于《学衡》杂志的编撰。该刊初出版之数月中，每月在吴宓家中开社务会议一次，讨论决定下一期用稿。半年后，除胡先骕、邵祖平、柳诒徵、缪凤林、景昌极等外，其他创办之初的成员不再过问社务或谈论刊物。杂志本无经费，也无其他同人资助，故此刊自始至终所有费用，包括纸张、邮资，均由吴宓出钱支付，故谓“《学衡》杂志竟成为吴宓个人之事业”。吴宓曾以“炉火烛光依皎日”比喻自己的追求精神，自谓在东南大学创办《学衡》期间，“昕夕勤劳，至于梦中呓语，犹为职务述说辩论”①。本年在第4期重刊《论新文化运动》，并发表《西洋文学精要书目》《诗学总论》《英诗浅释》等及长篇译作《纽康氏家传》六回。

长女吴学淑出生。

1923年(民国十二年·癸亥)　廿九岁

1月，自《学衡》第13期起，卷首增加英文《〈学衡〉杂志简章》及英文目录，此皆由吴宓撰写。

春季开学后，清华学生梁实秋来东南大学游览，连听吴宓课两三日。梁回清华后即在《清华周刊》撰文，盛赞东南大学学风及吴宓之饱学善教。

5月，香港大学副校长、伦理学教授沃姆(英国人)到南京访问吴宓与“学衡”同人，应邀在东南大学演讲中国文化教育问题，吴宓整理成《沃姆中国教育谈》，刊于本年《学衡》第22期。

8月，胡先骕再次赴美，入哈佛大学进修。《学衡》专栏“诗录一”改由邵祖平编辑；“诗录二”仍由吴宓编辑，各地来稿以成都诗人为多，有吴之英(当时已故，吴宓不知)、赵熙、向楚、庞俊等。

中秋节后，举家由南京鼓楼北二条巷搬至保泰街十号，此也是《学衡》杂志社地址之变更。

11月，《学衡》杂志主要创办人刘伯明因病去世，不数日，教学大楼“口

---

① 吴宓诗集·卷末[M].1935：151-152.

字房”又遭大火，全校多日不能上课，此两事在东南大学引起极大震动，《学衡》同人亦为失去强有力的支持者而不安。吴宓所撰挽刘伯明长联中有“大业初发轫，遽尔撒手独归。……问今后，更何人高标硕望领袖群贤”句。

本年《学衡》出刊十二期，吴宓发表《希腊文学史》（连载）、《论今日文学创作之正法》《我之人生观》等文。

1924年（民国十三年·甲子）　卅岁

自刘伯明溘逝，事迹纷来。4、5月间，东南大学宣布裁并西洋文学系（与英语系合并）。梅光迪赴美国哈佛大学任教，李思纯、楼光来去职，“学衡”同人星散。吴宓本因梅光迪与西洋文学系而来南京，西洋文学系既已解体，乃决意离东南大学。7月间，抓紧编完《学衡》第32~34期稿件，7月下旬，独自离南京去上海（妻女仍居南京）。将已编好的《学衡》三期全稿交付中华书局，并约定：《学衡》杂志不因吴宓调动而受影响，每期稿件必按时寄到，印刷、出版等亦一切照旧办理。

8月，离上海，坐火车北上，赴奉天（沈阳）任东北大学英语系教授一学期，讲授“英语选读”“世界文学史大纲”。其时东北大学有多位“学衡”同人及清华同学，如刘永济、刘朴、景昌极、缪凤林、林损等。

本年《学衡》出刊十二期。在第36期，吴宓化名“王志雄”发表白话小说《新旧因缘》。在第28~30期连载《世界文学史》等。

1925年（民国十四年·乙丑）　卅一岁

去冬，因顾泰来（哈佛同学，时任外交部秘书）向清华曹云祥校长举荐，1月，离东北大学，重返北京清华园，服务母校。居学务处西客厅“藤影荷声之馆”（请黄晦闻题匾。1914年，梁启超曾在这里“赁馆著书”，命名“还读轩”；后因吴宓在此作《空轩诗》与《空轩诗话》，故又称“空轩”）。

2月，清华大学成立，即设立“研究院筹备委员会”。应校长曹云祥之聘，吴宓任研究院主任，全力进行各项筹备工作；聘请梁启超、王国维、陈寅恪、赵元任为研究院教授，李济为讲师，陆维钊、梁廷灿、章明煌为助教（后聘浦江清、赵万里为助教），卫士生为事务员，周光午为助理员；主持制定了《研究院章程》等。研究院与大学部、留美预备部并列为清华大学三大部。

该院“以研究高深学术,造就专门人才为宗旨”,关于学科,“先设国学一科,其内容约为中国语言、历史、文学、哲学等。其目的专在养成下列两项人才:(一)以著述为毕生事业者。(二)各种学校之国学教师”。其院规院风“略仿旧日书院及英国大学制度:研究之法,注重个人自修,教授专任指导,其分组不以学科,而以教授个人为主,期使学员与教授关系异常密切”①。故该院又称“清华国学研究院”,穆然有鹅湖、鹿洞遗风。

4月23日,与王国维、梁启超拟定研究生考题。

7月6日,进城监考三天。7月27日,录取研究生,决定正取30名,备取2名。

9月7日,国学研究院第一届研究生刘盼遂、徐中舒、高亨、姚名达、杜钢百等29人报到。

9月8日,主持第一次教务会议,商议并通过“各教授所授普通演讲之讲题与时间表”和“各教授指导专题研究范围”。以后每月举行一次教务会议,吴宓与诸教授共商院务,集思广益,民主办学。

9月9日,举行开学典礼,吴宓作《清华开办研究院之旨趣及经过》的报告。9月14日正式上课。

10月间,举行第二次教务会议,决定编印“国学研究院丛书”。第一套丛书为王国维的《蒙古史料四种校注》。

11月间,举行第四次教务会议,讨论下届招生办法及预算等,决议增聘教授二人,招生人数增至五十人。增设古物史料陈列室,与外界协作进行考古发掘等事业。

秋,吴芳吉到清华看望吴宓。

本年,吴宓为清华留美预备部高年级开设《翻译术》一课,选修的学生有贺麟、张荫麟、陈铨等。

本年《学衡》杂志出刊十二期。《学衡》主要创办人梅光迪、胡先骕其时已远在美国哈佛大学;柳诒徵因东南大学发生学潮也辞职离南京。《学衡》编委会分为南北两处,东南大学设编务处,由汤用彤等负责;总编辑吴宓则

① 清华研究院章程[A].清华周刊.1925(360).

在清华园遥领，支撑局面。

1926年（民国十五年·丙寅） 卅二岁

1月5日，吴宓在清华校务会议上提出研究院第四次教务会议上形成的提案。但遭否定，相反通过了“缩小研究院范围”等决议。吴宓在1月7日的研究院第六次教务会议上转达校务会议精神并征求诸导师意见。事后要求校长重新召集会议，复议此案，并在《清华周刊》上发表《研究院发展计划意见书》，但终因“未能畅其志而被迫辞职”。

3月11日，向校方提出辞呈。次日作《荷花池畔行吟》诗：“一载苦周旋，世情相排抵。”“为谋岂不臧，事迹难驱使。”3月15日，“辞职照准”。研究院主任职务由校长曹云祥“兼理”，5月后又由教务长梅贻琦“兼管研究院事务”。但整个研究院的教学则仍遵循吴宓制定的《研究院章程》进行。办学四年间（于1929年结束），共有四届74位研究生毕业，培养出如王力（语言学）、刘盼遂（文史）、刘节（史学）、高亨（经学）、谢国桢（南明史）、姚名达（文献学）、徐中舒（古史）、蒋秉南（楚辞学）、姚薇元（史学）、姜亮夫（史学）和陆侃如（古文）等学术名流。

从3月起，吴宓专任清华大学部西洋文学系教授（1928年改为外国语文学系），兼任大学部国文系（后改名为中文系）主任至1928年。其时，外文系刚建立，适值系主任王文显休假，校方请吴宓代理系主任职，负责制定办系方针、培养目标与课程设置。吴宓参考哈佛大学比较文学系的经验，结合中国的具体情况和需要，制定了清华外文系的“办系总则”及全面系统的课程设置，提出把学生培养成为既“了解西洋文明之精神”“熟读西方之学名著，谙悉西方思想之潮流”，又能“创造今世之中国文学”“汇通东西之精神思想，而互为介绍传布”的“博雅之士”的教学方针①，并身体力行，付诸实践。此一方针的制定，直接影响到二三十年代清华外文系钱锺书、季羡林、李赋宁、李健吾、王佐良、许国璋等一代杰出学人的成长。

本年起，吴宓在清华外文系开设的课程先后有：“中西诗之比较”“古希腊罗马文学”“西洋文学史”“文学与人生”“英国浪漫诗人”以及大学一年

---

① 清华大学外国语文系学程一览[A]//清华大学一览，1937.

级、二年级的“英文读本与作文”等课程,并在外文系研究部开设“翻译术”和“文学与人生”。同时还为清华其他系科学生开设英语课程。

3—4 月,南京东南大学聘吴宓为文科主任兼外国语文系主任,沈阳东北大学又聘为英文系主任,均以《学衡》事为重而辞谢未就。

7 月,陈寅恪初至清华园(上年经吴宓推荐应聘为国学研究院教授),住工字厅,与吴宓为邻。吴宓赋诗相赠:“经年瀛海盼音尘,握手犹思异国春。”

10 月 3 日,诗人徐志摩与陆小曼在北海公园举行婚礼,吴宓与外文系教授温德(R. Winter,美国人)、楼光来前往致贺。

本年《学衡》杂志出刊十二期,并再版发行第 1~50 期。自第 46 期起,连载柳诒徵 68 章 45 万字的《中国文化史》,直至 1931 年第 72 期。此著之刊载,进一步阐明学衡同人的中国文化观。

二女吴学文出生。

1927 年(民国十六年·丁卯) 卅三岁

本年仍代理外文系主任职。

1 月,自北京取道山西赴陕西省探父(吴仲旗其时任国民革命军驻陕总司令于右任的秘书长)并迎吴芳吉,往返共约 40 天。其时,由军阀吴佩孚遣部将围攻西安 235 天的“围城之战”刚结束,正在西北大学任教的吴芳吉生死难卜,吴宓专程赴西安接吴芳吉,于 2 月 19 日同返北京。此行作《西征杂诗》105 首。

吴芳吉脱险到北京后,吴宓将其所编《泾阳吴生诗集》请吴芳吉点勘一过,原拟仿英国诗人丁尼生(Tennyson)两兄弟集之例,与吴芳吉之《白屋吴生诗集》合刊为《两吴生集》梓行,并已请柳诒徵题签作序。后以人事蹉跎未得就。

6 月 2 日,王国维自沉颐和园,遗书请吴宓与陈寅恪共同料理藏书。吴宓迅即投书北京《顺天时报》,在该报 6 月 6 日刊发《王国维在颐和园投河自尽之详情》一文,并与陈寅恪作有挽诗、挽词。吴宓誓效王国维,以“维持中国文化道德礼教之精神为己任”①。

① 1927 年 6 月 3 日雨僧日记[M]//吴学昭.吴宓与陈寅恪.1992:43.

11月14日，胡先骕至清华晤吴宓，言谈间责言甚多，主张停办《学衡》。17日，“又接汤用彤函，谓暑中南京同人本以文学院院长推宓，而宓不惟不来，且又函景昌极云云。该函为同人传观，致深怪宓之不情云云”①。此盖学衡同人内隙之始。

11月21日，接上海中华书局函，决定续办《学衡》，年出六期。

本年，北伐战争结束，南京国民政府成立。《学衡》停刊一年。

1928年(民国十七年·戊辰)　卅四岁

1月，应天津《大公报》总编辑张季鸾之聘，兼任《大公报·文学副刊》主编。吴宓邀请朱自清(清华中文系)编辑副刊的新文学诗文，另约请朱自清、赵万里、浦江清、张荫麟、毕树堂五人为长期撰稿人，均用笔名，当时未公开，每周聚会一次，讨论稿件。自本年1月2日起至1934年1月1日，共编313期，吴宓游欧期间由浦江清代编第134～194期。由编《大公报·文学副刊》而与萧公权、潘伯鹰、徐英、卢前、叶麐、常乃德及女诗人卢葆华等唱和结识成为诗友。

6月，王国维逝世一周年，吴宓特在其主编的《学衡》和《大公报·文学副刊》出版纪念专号。

夏，梁实秋到北京晤吴宓。梁毕业于清华，留学哈佛时恰也师从白璧德。向吴介绍“上海似乎很有些人不知道白璧德的，更有一些人知道白璧德而没有读过他的书的，还有一些人没有读过他的书而竟攻击他的”②。对此情形，吴宓深感愤慨，遂接受梁实秋的建议，将散见于《学衡》杂志上有关白璧德的文章集录成编，交付于梁。后于1929年12月以《白璧德与人文主义》为书名，由徐志摩主持的上海新月书店出版，印行2000册，署名吴宓、胡先骕、徐震堮合译。

暑假，南游上海、南京与苏杭，会见柳诒徵等故友，此行作《南游杂诗》96首。

自本年9月至1930年6月，兼任北京大学外文系讲师，讲授“希腊罗马

① 吴学昭.吴宓与陈寅恪.1992:63.

② 吴宓.白璧德与人文主义·序[M].上海:新月书店,1929.

文学”“翻译术”等。

本年,《学衡》改为双月刊,出刊六期。

三女吴学昭出生。

本年改北京为北平(按:为求行文统一,本年表一律均称北京。北平于1949年10月1日后复称北京)

1929年(民国十八年·己巳)　卅五岁

2月,再度南游杭州,此行作《续南游诗》20首。

9月,与陈心一女士离婚。

本年,《学衡》仍为双月刊,出刊六期。

1930年(民国十九年·庚午)　卅六岁

根据清华教授休假章程,公费赴欧洲游学一年。行前朱自清、黄节、浦江清等作诗奉送。9月12日,乘火车离北京,恰与赴德国柏林的冯至结伴同行,途经哈尔滨、满洲里、莫斯科、巴黎,于9月30日抵达英国伦敦。入牛津大学,研究英国浪漫主义文学。

本年,《学衡》停刊一年。

1931年(民国二十年·辛未)　卅七岁

2月,赴法国巴黎,初入法语学校进修。3—4月游意大利、瑞士。4—7月回巴黎大学研究法国文学。7—9月游德国。在欧洲期间,曾会见艾略特、伯希和、庄士敦、叶慈等著名汉学家、文学家,访问了莎士比亚、雪莱、拜伦、司各脱、但丁、歌德等故居、纪念馆。作《欧游杂诗》五十余首。

9月,结束欧洲之行,与海伦(毛彦文)等友人自德国返国。回清华大学,仍任外文系教授。本月,南京钟山书局创办《国风》半月刊,由“学衡”同人柳诒徵任社长,缪凤林、张其昀等任编委。《国风》继承《学衡》之余绪,继续标举“发扬中国固有之文化,昌明世界最新之学术”的宗旨,直到抗战爆发才被迫停刊。

11月19日,诗人徐志摩死于空难。12月6日,徐的友人在北京大学举行追悼会。吴宓当场作挽诗以悼:“牛津花园几经巡,但丁雪莱仰素因。殉道殉情完世业,依新依旧共诗神。”

自本年 9 月至 1933 年 6 月，同时兼职于燕京大学英国文学系和北京师范大学外文系，讲授“中西诗比较”“翻译术”（燕大）及“英诗”“文学与人生”（北师大）。

本年 1—3 月，《学衡》杂志出刊第 73～75 三期，再版发行第 50～70 期。吴宓游欧期间，由胡稷咸代理编辑。

1932 年（民国二十一年·壬申） 卅八岁

本年仍代理外文系主任职。

5 月 9 日，契友、诗人吴芳吉在重庆病逝，年 36 岁。吴宓作《碧柳挽诗》痛悼，继又作《吴芳吉传》。

本年 5 月、12 月，《学衡》杂志出刊第 76、77 二期。

1933 年（民国二十二年·癸酉） 卅九岁

本年仍代理外文系主任职。

根据古希腊荷马史诗《伊利亚特》等所载故事，写成五言长诗《海伦曲》，传诵一时。此为吴宓诗作中最为诗界所推崇者。

暑假再度南下，游沪、杭。

本年 9 月至 1937 年 6 月，兼职于北京大学女子文理学院英国文学系，讲授“英国浪漫诗人”“世界文学史大纲”。

本年 5 月、7 月，《学衡》杂志出刊第 78、79 期二期。《学衡》在南京的编委提出将刊物交付南京钟山书局出版，由于意见分歧，吴宓于夏天正式辞去总编辑职务，改由南京缪凤林继任，并与上海中华书局解约。但自此《学衡》再未出版，故《学衡》杂志于第 79 期终刊。《学衡》创办十一年中，共出 79 期，再版第 1～70 期。各专栏刊发的文章篇数统计如下［按各栏数字系指发表文章的篇数，诗词以首计；括号内的数字系指文章的篇次，如吴宓的《西洋文学精要书目》连载三期，仍以一篇计，写为 1(3)］：

（一）通论：142（144）。（二）述学：164（228）。（三）文苑：其中文录类——散文 106（115），翻译 92；诗录类——古体诗 2883，译诗 224；词录类——词 338；戏曲类——杂剧 3，翻译 1（2）；小说类——小说 3，翻译 4（12）。（四）杂缀：9（22）。（五）书评：24（25）。（六）附录：6。

7月15日,《学衡》精神导师白璧德(1865—1933)在美国逝世,深为伤感。诗作有"哲师今殂谢,知友渐凋零"句。

12月30日,《大公报 · 文学副刊》改版,主编易人,吴宓编就第313期后,辞主编职。

1934年(民国二十三年 · 甲戌)　四十岁

本年,课余时间主要忙于《吴宓诗集》及附录《空轩诗话》等的编辑。

《空轩诗话》作为《吴宓诗集》之附录,"意在说明宓学诗之渊源,唱和之朋友,宗派之所属,技术之所重,国家社会之大势,个人情志之养成"①。《空轩诗话》论述引证近现代黄遵宪、梁启超、王国维、陈寅恪、陈宝琛、于右任、黄晦闻、吴芳吉、卢冀野、杨杏佛等各家诗276首、词35阕,内容十分丰富。

1935年(民国二十四年 · 乙亥)　四十一岁

1月10日,上海十教授发表《中国本位的文化建设宣言》,引发东西文化大辩论。

2月9日,编毕《空轩诗话》五十章。是日,吴宓倾心深爱的海伦(毛彦文)女士在上海与熊希龄结婚。"宓深伤感,题二诗于《诗话》之后,自注曰:'予平生所遇之女子……爱之最深且久者,则为海伦。'"②

5月,《吴宓诗集》由上海中华书局出版,为大16开本,共516页(其中诗词十三卷272页,附录文论224页),插图照片69幅计28页。收集吴宓1908年至1933年间创作的古体诗991首,词25阕。分为十三卷:(1)故园集;(2)(3)清华集;(4)美洲集;(5)金陵集;(6)辽东集;(7)京国集上;(8)西征杂诗;(9)京国集下;(10)南游杂诗;(11)故都集上;(12)欧游杂诗;(13)故都集下。卷末为附录,选辑了吴宓发表在《学衡》杂志、《大公报 · 文学副刊》上的诗论文评27篇,以及《余生随笔》《英文诗话》《空轩诗话》等。由陈寅恪、吴芳吉、钱锺书、缪钺、刘朴等题词作序。吴宓在卷首自识中说:"吾于中国之诗人,所追慕者三家:一曰杜工部(杜甫),二曰李义山(李商隐),三曰吴梅村(吴伟业)。""吾于西方诗人,所追慕者亦三家,皆英人,一曰拜伦(Lord

① 吴宓诗集 · 卷末[M].1935:196.

② 吴宓诗集 · 卷末[M].1935:198.

Byron),二曰安诺德(Mathew Arnold),三曰罗色蒂女士(Christina Rossetti)。”在诗集所附《评顾随〈无病词〉〈味辛词〉》一文中,吴宓表明了自己的诗学观:“新派之失,在于不肯摹仿,便思创造,故唾弃旧格律。旧派之失,在仅能摹仿,不能创造,故缺乏新材料。欲救其弊而归于正途,只有熔铸新材料以入旧格律之法。”此为吴宓诗创作的一贯主张。

1937 年(民国二十六年·丁丑)　四十三岁

6 月,德国 Frankfurt-am-Main 之中国学院聘吴宓为教授,辞却未去。

“七七”事变,抗日战争全面爆发。8 月 28 日战后,京津沦陷。10 月 21 日广州失陷,25 日武汉失陷。11 月 13 日长沙大火。11 月南京国民政府西迁重庆,定重庆为战时首都(1940 年定为陪都)。

8 月 5 日,日军占领清华园。9 月,清华大学奉命南迁,与北京大学、南开大学在长沙组建“国立长沙临时大学”。

11 月 7 日,吴宓偕毛子水等清华师生,离北京至天津,航海至青岛,登胶济火车转辗抵汉口,于 11 月 19 日到长沙。

12 月初,旋至衡山(南岳圣经学院)临时大学文学院外文系任教。战时条件艰苦,与沈有鼎、钱穆、闻一多同居一室。

1938 年(民国二十七年·戊寅)　四十四岁

1 月,“国立长沙临时大学”奉令西迁云南(后于 5 月 4 日在昆明成立“国立西南联合大学”),师生分两路于 2 月中旬开始撤迁:一路组成“湘黔滇旅行团”,徒步行军赴昆;一路为女生和大部分教职员眷属,乘粤汉铁路取道香港、安南(越南)海防,由滇越铁路赴昆。吴宓随第二路南下,赴广州转香港经海防,于 3 月 7 日抵昆明。又即于 4 月 1 日登滇越火车南下至云南蒙自,抵蒙自西南联大文、法学院(有教授 30 余名,学生 120 余名)。授课一学期,与汤用彤、贺麟、浦江清等合居一室。

文、法学院于 8 月底迁回昆明联大本部。10 月 29 日,吴宓与钱穆、汤用彤、沈有鼎等集体离蒙自赴昆明。自此在西南联大外文系任教授,直至 1944 年。住昆明北门街 71 号,清华大学单身教授宿舍。

西南联大师资强盛,光外文系就有二十多位教授。因清华外文系原系主任王文显未南下,新任主任陈福田经常忙于他事,故系务实际上是由吴宓主事。清华历届留学生考试试题(包括英、法、德三种文字)的拟订与审定,均由吴宓承担。联大清华研究院历届外语研究生招生、毕业考试的试题亦都由吴宓拟订和审定,并一直主持毕业答辩。在外文系开设的"欧洲文学史"为全系学生最重要的一门专业基础课。1937—1938 学年开设时称"西方文学概论",1938—1939 学年起改称"欧洲文学史"。内容除英、德、法欧洲诸国文学外,还包括埃及、巴比伦、波斯、阿拉伯、日本文学与印度梵文文学史等。故此课在 1943 年又改为"The History of Literature of the world"(世界文学史)。1944 年秋,吴宓离西南联大后,此课程停开。1938—1940 学年,开设选修课"人文主义研究"两次。1940—1941 学年和 1942—1943 学年,又开设"文学与人生"两次。除继续从事比较文学、英美文学研究外,同时热衷于《红楼梦》研究,在联大举办过多次红学讲座。

自"七七"事变前后至赴昆明离乱途中,一直携带、研习明代顾炎武诗集《亭林诗集》,并写成《〈亭林诗集〉批注》一书(未刊,近已发现佚稿)。

1939 年(民国二十八年·己卯)　四十五岁

本年,清华评议会决定吴宓休假。吴宓以"抗战期间,应加紧工作"为由放弃休假。

6 月,清华研究院恢复文科研究所(所长冯友兰),吴宓任外国文学部主任。

9 月,外文系增开"欧洲文学名著选读"课,由吴宓、叶公超、钱锺书、燕卜荪、陈铨等九位教授讲授十部名著。吴宓讲授的是"柏拉图《对话录》"。

9 月 1 日,德军进攻波兰,3 日英法对德宣战,第二次世界大战爆发。昆明时遭空袭,金融市场混乱,物价上涨。

1940 年(民国二十九年·庚辰)　四十六岁

1 月,西南联大常委会决议:本校教职员一律加入反侵略动员大会为会员。

本年,除外文系本科教学工作外,并担任外国文学硕士研究生导师,学生有周钰良等,至 1941 年毕业。

1941 年(民国三十年·辛巳)　四十七岁

1 月、4 月、8 月,西南联大数次遭日机轰炸,损失惨重。

9—10 月,日机 27 架从安南(越南)起飞,轰炸昆明,联大师范学院被毁。西南联大有迁川之动议。

12 月 8 日,太平洋战争爆发,英美同时对日宣战。

1942 年(民国三十一年·壬午)　四十八岁

8 月,被教育部聘为英国文学"部聘教授",与当年"哈佛三杰"之陈寅恪(历史)、汤用彤(哲学)同时列名。后又被聘为教育部学术审议委员会审议委员。

1943 年(民国三十二年·癸未)　四十九岁

2 月,清华评议会决定,请吴宓于 1943—1944 年度休假。吴宓再次以"抗战期间,应加紧工作"为由延缓休息。

9 月,招收新一届外国文学硕士研究生,学生有茅于美等。

9 月起至下年 6 月,兼任昆明中法大学外文系教授。

美国哈佛大学聘请吴宓前往讲学,吴宓认为自己的事业在中国,婉言辞却。后推荐金岳霖前往。

1944 年(民国三十三年·甲申)　五十岁

结合教学,已写成《世界文学史大纲》(英文)、《欧洲文学史大纲》(英文)、《文学与人生》(英文),但无暇修订梓行。获教育部核准在国内休假一年。上书梅贻琦校长,提出休假期间拟完成以上三书的修订并译成中文,同时应邀允遵义浙江大学、成都燕京大学等讲学的计划。9 月 23 日,离昆明西南联大,搭邮车经贵阳于 9 月 30 日到遵义浙江大学,会见旧友竺可桢、梅光迪、郭斌和、缪钺等,欢聚倾谈,情澜不歇,并向诸友出示抗战后所写之诗稿《南渡集》。应邀作"《红楼梦》人物分析"专题讲座,轰动遵义,誉为山城盛事。

10 月 13 日离遵义,经重庆、白沙(在重庆期间由刘泗英、潘伯鹰、茅以升接待),于 10 月 26 日抵达成都。其时,契友陈寅恪、萧公权正在燕京大学任教,吴宓之所以应聘任燕京大学国文系教授,因能"与寅恪、公权共事"。开设“世界文学史”“文学与人生”等课及“《红楼梦》讲座”，另兼四川大学国文系教授。与陈寅恪、萧公权、李方桂并誉为燕大“四大名旦”。其间曾赴乐山武汉大学，作《红楼梦》学术讲座，并访乌尤寺复性书院马一浮。

1945年（民国三十四年·乙酉）　五十一岁

2月，回西安省亲，旬日返成都。

8月15日，日本投降，抗日战争取得胜利。

吴宓休假一年于暑假结束，原拟伴送陈寅恪去昆明（陈转道印度赴英国治病目），而回西南联大。不慎于8月9日滑跌伤右髋骨，并突患胸疽，手术后住妹夫罗清生教授家调养。8月26日，吴宓致书梅贻琦校长，要求“请假一年，或半年，今仍留成都养病，病愈后，即在燕京大学授课，明春或仍赴武汉大学讲课”，然后随武大迁回武汉，“东下长江，兼览巫峡之胜，抵武汉后，火车直抵故都”①，仍回清华大学服务。梅校长准假一年，并通知联大自8月起停发吴宓薪津。

陈寅恪于9月10日离成都飞昆明去英国，原在燕京大学指导的研究生刘开荣，改由吴宓任导师。

本年，在成都《流星》《成都周刊》等刊物发表系列《红楼梦》研究论文。

1946年（民国三十五年·丙戌）　五十二岁

1—2月，再赴乐山武汉大学讲学。

抗战结束后，迁往西南的各大学纷纷复员返回原地，西南联大奉命于5月4日宣告结束，原清华大学迁回北京。吴宓原拟由成都回清华，因武汉大学文学院院长刘永济及朱光潜之坚留与友谊，担任武汉大学外文系教授兼系主任。

8月20日到重庆。8月30日由渝坐飞机抵武昌，到武汉大学就职。在武大三年，先后引荐田德望、周煦良、金克木、周辅成、何君超等多位朋友或学生到武大任教。

本年至下年，并兼武昌华中大学国文系教授。该系钱基博教授为吴宓

---

① 黄延复.吴宓先生与清华[C]//第一届吴宓学术讨论会论文选集.西安：陕西人民教育出版社，1992：59.

知友,得以相聚。

1947 年(民国三十六年·丁亥) 五十三岁

本年,复被教育部续聘五年英国文学“部聘教授”。又兼《武汉日报·文学副刊》主编,每周一期。

5 月 31 日夜间,武汉大学被国民党军警包围,三名同学被枪杀,金克木、缪朗山(号灵珠)等五教授被捕,是为“六一惨案”。吴宓为营救同事,四处奔走,去武汉行辕向陕西同乡孙蔚如副主任说情,被捕教授很快回校。又极力保护当时被指为共产党之外文系教授缪朗山,并送其乘飞机赴香港。

应上海正中书局总编辑吴俊升之邀,担任《牛津英汉双解字典》总编辑,于 10 月间偕周煦良赴南京、上海,和中央大学范存忠、复旦大学全增嘏等数十位专家商订编校办法,分工执行(此字典吴宓已总校一半以上,后因故于 1949 年 11 月在重庆退还给正中书局重庆办事处,未能出版)。

1948 年(民国三十七年·戊子) 五十四岁

本年至下年去重庆前,兼任汉口湖北师范学院外文系教授。

4 月,飞赴西安,在西北大学讲学两周,并省亲。5—6 月,应中山大学文学院院长王力之邀,赴广州中山大学讲学五周,并到岭南大学作学术演讲。

7 月,中山大学校长陈可忠聘吴宓为文学院院长、研究所所长、外文系教授,复函辞却,后举荐陈寅恪为中山大学教授。

暑假后,因刘永济跌伤而代理文学院院长三个月。秋,被聘为四川大学教授,决意辞却武汉大学外文系主任职,到成都任教。并与主办成都东方文教学院的王恩洋约定,到其院义务讲学,而目的是从王恩洋研修佛教,“慢慢地出家为僧,并撰作一部描写旧时代生活的长篇小说《新旧因缘》,以偿多年的宿愿”①。10 月初,书籍行李已运至汉口,不日轮船溯长江入川。临行前被武汉大学校方劝阻回校。

1949 年(己丑) 五十五岁

全国解放前夕,“1948 年放弃赴美国讲学;1949 年冬却台湾之聘;又辞

---

① 吴宓.改造思想,站稳立场,勉为人民教师[N].重庆:新华日报,1952-7-8.

不往(钱穆主持的)香港东亚书院任教,而决留居中国”①。

4月29日,由武汉飞抵重庆,任重庆北碚相辉文学院外文系教授;继又应梁漱溟之邀,任梁主持的北碚勉仁文学院中文系教授。后又兼任沙坪坝重庆大学外文系教授。在重庆与刘朴、邵祖平、高亨等旧雨新知共事。

10月1日,中华人民共和国成立,定都北京。采用公元纪年。

11月30日,重庆解放,为中央直辖市与西南军政委员会(大区)驻地。

1950年(庚寅)　五十六岁

1月,梁漱溟离北碚赴北京,不久,勉仁文学院停办。

上年秋冬与本年,与勉仁同事傅平骧、吴汉骥(吴芳吉之子)等假江津白沙镇留马岗邓家祠堂创办“白屋文学院”(用以纪念白屋诗人吴芳吉),与刘朴等多次前往讲学。终因经费困难等原因于本年停办。

4月起,任重庆沙坪坝四川教育学院(创建于1933年)外文系教授,并继续兼任重庆大学外文系教授,而北碚相辉文学院、勉仁文学院也改为兼任。

10月,四川教育学院与国立女子师范学院(创建于1940年)奉命合并建立西南师范学院。

1951年(辛卯)　五十七岁

5月,西南师范学院奉命成立七人院务委员会,主持全院工作。吴宓出任院务委员会委员,与方敬、赖以庄、郭豫才等共事②。

5月4日,以特邀代表身份出席重庆市第一届文学艺术工作者代表大会,特邀代表有吴宓、张默生、楚图南、何剑薰、赖以庄、王匡时等47人。被选为重庆市文联执行委员兼常务委员。11月,又被选为市文联古典文学研究会副主任。

本年,在外语系讲授“英文散文”“英国文学史”,在中文系讲授“世界文学史”等课程。

① 吴宓日记的内容及其所呈示的意义[C]//西安:吴宓先生诞辰100周年纪念大会暨第三届吴宓学术讨论会,1994.

② 西南师范大学史稿[M].重庆:西南师范大学出版社,1990.

1952 年(壬辰)　五十八岁

3—7 月,西南师范学院开展教师"思想改造运动"。7 月 8 日,重庆《新华日报》刊载吴宓思想改造的总结长文《改造思想,站稳立场,勉为人民教师》,后由《光明日报》转载。吴宓在文中曲折地表达了自己一直坚守的文化观,认为"中国即使亡于日本或任何国家,都不足忧,二三百年后中华民族一定可以恢复独立,驱除异族的统治,但若中国文化灭亡或损失了,那真是万劫不复,不管这灭亡或损失是外国人或中国人所造成的"。

10 月,西南师范学院在院系调整中扩大建制,并从沙坪坝迁往北郊缙云山麓的北碚。吴宓自此定居北碚,直至 1977 年 1 月回陕。

1953 年(癸巳)　五十九岁

与重庆大学法律系毕业生邹兰芳女士(四川万源人)结婚。

1954 年(甲午)　六十岁

10 月,西南行政区撤销,重庆由中央直辖市改为四川省辖市。西南师范学院改由教育部直管。

1955 年(乙未)　六十一岁

1 月起,担任四川省政协委员。

外语系取消英语专业而改设俄语,吴宓虽精通英、法、德、拉丁语等,但不懂俄语。2 月,调任历史系世界古代史教研室主任,讲授"世界古代史"等课。

1956 年(丙申)　六十二岁

邹兰芳女士不幸病逝。

将珍藏多年的数百册中外文珍贵图书特从北京运来,全部捐赠给西南师范学院图书馆。

9 月,全国高校进行工资普调与教师定级。学院评审组一致评定吴宓为一级教授。吴宓连写二信坚辞,提出只要三级。最后经学院领导并派民主党派人士曹慕樊(昔日勉仁同事)劝说遂定为二级教授,月薪 272.5 元。吴宓长期自奉甚俭,衣食住用一贯俭朴,而将工资中的大部分长期用于资助亲朋（如亡友吴芳吉的家属）及困难学生。

1957 年（丁酉）　六十三岁

1 月，在重庆市教育工会主办的敬老会上，坦陈己见，表示反对“（1）完全废除汉字（过去曾有人如此主张过）和（2）使用简体字”。

5 月，重庆市高校、文化等系统展开“大鸣大放”。吴宓在 10 日、24 日《重庆日报》接连发表《毛主席讲话对我之启示》《再谈毛主席讲话对我之启示》二文，认为毛泽东“深彻地了解中国社会、中国人民的生活、习惯、心理”，“学识渊博，曾广读了中国旧书，而且读得最得法”，《论语》《老子》《史记》等这类千百部的中国传统典籍，“皆是中华民族遗产之精华，我人民祖先丰富的经验与智慧之宝库，是人人所当吸收而利用的。而若不读书，但凭个人生活之直接体验，断不能十分了解中国人民的心理和其潜在的能力”。

6 月 3 日，《重庆日报》一版头条报道《西南师范学院鸣放逐步深入，教师们就党委制问题各抒己见》：外语系熊正伦、秦荫人，历史系吴宓、孙培良，教育系郝庆培、邓胥功，地理学王钟山教授等，“在发言中，一致主张高等学校仍然应当实行党委领导制，但须克服缺点，扩大民主”。“吴宓认为学校还是要用党委领导制，但他主张实行在党委领导下的院长负责制，使院长职权分明，名实一致。吴宓和郝庆培都主张在学校设立学术委员会，负责评级、升等、审查论文、办理学报等。”

6 月 11 日、23 日，《人民日报》发表社论《工人说话了》《不平常的春天》，“反右派运动”开始。在“反右派运动”中，西南师范学院教职员和学生先后被错划为“右派分子”的共 612 人，占全校总人数 5855 人的 10%以上。“反右”扩大化虽是全国性的，但该校比较突出①。吴宓有惊无险，幸免于难。

本年，在全国范围内招收三名进修生（副博士研究生），因运动延至 9 月入学。拟定教学计划，开设“世界文学史”等课。

1958 年（戊戌）　六十四岁

本年，调中文系，讲授“古典文学”“外国文学”等课，自此一直在中文系

① 西南师范大学史稿［M］.重庆：西南师范大学出版社，1990：45.

任教。

3月,开展"拔白旗"运动。6月,开展教育革命运动,"全院很快就掀起了鸣放高潮,在短短的两周内,共写出大字报3660142张,平均每天30万张"[①]。10月后,又投入全民大炼钢铁运动。在"拔白旗"中,吴宓被看作"白旗",受到干扰,无法再上课。

1959年(己亥)　六十五岁

《西南师范学院学报》1959年第1期(总第2期)发表中文系学生的长文《批判吴宓先生在"外国文学"教学中的封建阶级、资产阶级学术思想》,认为吴宓在课堂教学中宣扬资产阶级的"人性论""天才论"、封建迷信"有神论",严重的"厚古薄今"和"繁琐的考证"。

1960年(庚子)　六十六岁

本年,仍在中文系执教。1月,接受中文系所定之1960年科研计划题目《吴芳吉研究》及《外国文学研究资料汇编》。年初在向系、院递交的科研规划中写道:"宓拟于1960年7月及8月,至北京住一月有余,一方面求得北京大学及科学院文学研究所旧日我的朋友和学生给宓指助,一方面就北京各大图书馆所藏之书刊,详加检对,逐条校补。"吴宓去北京的愿望要到下年暑假方得实现。

1961年(辛丑)　六十七岁

8月23日暑假中,坐长江轮船离重庆,25日抵武汉,访契友、武汉大学刘永济教授。29日乘火车赴广州,30日抵达,专程探望契友、中山大学陈寅恪教授。居四日,并会见陈序经、刘节、冼玉清等。陈寅恪书《赠吴雨僧》等诗。吴宓日记:"寅恪兄之思想及主张,毫未改变,即仍遵守昔年'中学为体,西学为用'之说(中国文化本位论)……在我辈个人如寅恪者,则仍确信中国孔子儒道之正大,有裨于全世界,而佛教亦纯正。我辈本此信仰,故虽危行言殆,但屹立不动,决不从时俗为转移。"[②](1961年8月30日吴宓日记)此行系吴

---

① 西南师范大学史稿[M].重庆:西南师范大学出版社,1990:45.

② 吴学昭.吴宓与陈寅恪[M].1992:143.

宓与陈寅恪自哈佛同窗以来五十年深厚情谊所见之最后一面。

9月4日离广州，赴北京，会见贺麟、李赋宁、季羡林等昔日清华同事、弟子。贺麟告吴宓："周扬尝公开主张，应调取宓为中央文史馆研究员，命宓住居北京，'专力续译沙克雷之小说'。"贺麟欲陪导吴宓去见周扬，吴宓"惧祸，辞未往"。吴宓晚年认为："周扬实为宓之真知己，亦'可人'哉！"①

又西去西安省亲，并应邀到陕西师范大学讲学。9月15日，由西安至泾阳安吴堡老家探望亲友，此系吴宓离安吴堡五十一年后首次回到故土，住一宿。9月17日，抵西安，旋即返重庆。翌年12月30日作怀安吴堡绝句十五首。

回渝后，曾参加重庆政协的活动，应邀作《红楼梦》演讲，内容为"《红楼梦》在世界文学史上的地位"，与托尔斯泰的《战争与和平》做比较。此是吴宓最后一次公开演讲《红楼梦》。

本年，西南师范学院贯彻"高教六十条"，提高教学质量，于下半年开办文、理科青年教师进修班，吴宓担任文科班指导教师，为中文、历史、外语系青年教师开设英语、世界史、欧美文学、中西诗韵律比较等课，直至1964年秋。

1962年(壬寅)　六十八岁

各地高等学校纷纷为部分学有专长的老教授配备助手，外语系青年教师江家骏被选作吴宓教授的助手。第一年半脱产，第二年全脱产。

1963年(癸卯)　六十九岁

学校为老专家校内出行便捷，在环境幽静的文化村修建四合院式的建筑(平屋)，分给吴宓一处。但吴宓坚持不搬，仍住在文化村老一舍。后"四清"运动开始，此院被戏称为"地主庄园"。

1964年(甲辰)　七十岁

结合教学科研，自50年代至本年，先后编写过《外国文学讲义》《外国文学名著选读》《中国文学史大纲》《中国汉字字形、字音沿革(发展变化)简

---

① 吴宓自编年谱：1894—1925[M].1995：231.

表》《世界通史》《简明英文文法》《法文文法》《拉丁文文法》等多种讲义、教材，惜经“文化大革命”，均已散佚。

原拟暑假、十月上半、十二月下半请假再度南下，探望契友陈寅恪，“有意来广州住半年，为寅恪兄编述一生之行谊、感情及著作，写订年谱、诗集等”①（1964年8月1日吴宓日记）。但三次出访计划均未能成行。本年10月及下年7月，西南师范学院开展“四清”运动，吴宓被作为“资产阶级教育思想腐蚀青年”的典型，受批判，并不复授课。

1966年（丙午）　七十二岁

5月，《五一六通知》和《十六条》发布，“文化大革命”运动全面爆发。6月，在“火烧百分之百”的混战中，全院教职工遭“大字报”围攻的竟达98%②。9月5日，吴宓被打成“牛鬼神蛇”，大量日记、文稿、藏书被洗劫一空，并关进“牛棚”批斗。

1967年（丁未）　七十三岁

1月，全国掀起“一月革命”风暴，西南师范学院“造反派”夺权。

2月，吴宓向“造反派”写“交待稿”。

6月，全院爆发“6.5—6.8”严重武斗事件。7—8月，整个重庆市武斗不断升级。8月28日，北碚区两派群众组织武斗人员3000人在歇马场发生大规模武斗，双方死亡40人，经济损失惨重。吴宓虽身受羁绊，犹在《日记》中写下“叫中学生造反，等于拿小刀给孩子玩，没有不伤手的”“姚文元在江青的卵巢之下……”等语。

1968年（戊申）　七十四岁

5月，“军宣队”进驻西南师范学院。6月，重庆市革命委员会成立。8月，工宣队又进驻西师。

1969年（己酉）　七十五岁

4月12日，在向“造反派”交代时表明：“我的罪行的实质，是认为中国文

① 吴学昭.吴宓与陈寅恪[M].1992:152.

② 西南师范大学史稿[M].重庆:西南师范大学出版社,1990:109.

化是极有价值，应当保存，且发扬光大——在任何政治统治与社会制度之下，都能尽量多地保存。”

4月27日，吴宓与“中文系牛鬼蛇神教师七人，随工宣队、专政队被押解赴700里外梁平县乡间之西南师院分院劳动”。5月9口，在批斗中，吴宓“被推倒在地，左腿受重伤”。其间，髋关节、膝关节脱臼，多日尿血，全身疼痛，还被强令早晚在广场“练习行走”。据《吴宓日记》：“宓受一生未经历之苦，凡五十七日。”

6月21日，随众由梁平回到重庆西南师范学院本院，由人背负回宅。

11月30日夜半，被中文系学生抄去《吴宓诗集》续编（1935—1937）稿本一册、《雨僧杂稿》一厚册。

1970年（庚戌）　七十六岁

哈尔滨军事工业大学因“战备”迁到西南师范学院，并改为重庆工业大学。西南师范学院则于11月被强令迁往四川省梁平县、忠县农村。吴宓暂居校内。

1971年（辛亥）　七十七岁

4月19日，写信请求因“年老衰弱留校劳动”，不准，被“戴罪”遣送梁平县屏锦区七间桥农场院部“改造”。时正值开展“一打三反”和“清查五一六”运动。

6月，因眼疾加重，右目失明，左目患白内障。6月15日吴宓日记：“按宓78，已近耄耋之年，实不能应付生活，不如速死！”①

本年，林彪“9·13”“自我爆炸”。

1972年（壬子）　七十八岁

7月25日，自梁平返回重庆养病，住在原校内文化村老一舍楼下，直至离渝。

所撰之《吴宓自编年谱（1984—1925）》，“文革”中被抄走，本年开始重新撰写。

---

① 吴宓日记的内容及其所呈示的意义[C].

1973年(癸丑)　七十九岁

年初,“军宣队”撤离西南师范学院。

8月,哈尔滨军事工业大学迁出重庆,西南师范学院由梁平、忠县迁回重庆北碚原址,并于秋季开始招收“工农兵学员”入学。

吴宓逐步“落实政策”。

1974年(甲寅)　八十岁

本年,在“批林批孔”和“评法批儒”运动中,吴宓明确表示“只批林,不批孔”“没有孔子,中国还在混沌之中”[①],成为当时全国公开反对批孔的三教授(梁漱溟、吴宓、容庚)之一,再次受到批斗、冲击。

1975年(乙卯)　八十一岁

本年,请重庆诗友许伯建等帮助抄写《吴宓诗续集目录》以存。《吴宓诗续集》已在近年整理,并请许伯建誊抄数份。从目录可知,吴宓作诗未辍,但出现1957、1966、1967、1968、1970、1972、1974年空白。自50年代至晚年诗作唱和的文明诗友主要有:陈寅恪、刘永济、黄稚荃、穆济波、潘伯鹰、赖以庄、周邦式、凌道新、胡蘋秋、许伯建等。

一目失明,一腿残跛,晚景凄然。一日三餐请北碚曾婆婆照顾,来往信函由中文系曹慕樊代读。

1976年(丙辰)　八十二岁

10月,粉碎“四人帮”,十年“文化大革命”运动结束。吴宓长期卧床。

1977年(丁巳)　八十三岁

1月8日,由胞妹吴须曼女士接回陕西泾阳原籍。离重庆时,全部积蓄只有“枕头下的七分硬币”[②]。“落实政策”后补发的工资绝大部分用于接济亲朋及校内困难教师,也有被骗子骗走的情况;一床蚊帐,从1938年用了近四十年。回陕后,先住在泾阳面粉厂吴女士的宿舍,后在泾阳县城西关2号

---

① 第一届吴宓学术讨论会论文选集[C].1992:97.

② 吴须曼.回忆先兄吴宓教授[M]//回忆吴宓先生.西安:陕西人民教育出版社,1990:32.

租了一间民房。不久双目失明。

1979 年(戊午)　八十四岁

1 月 14 日病危,送当地驻军 513 医院抢救。1 月 17 日凌晨 3 时,在泾阳与世长辞。由吴须曼女士等亲友扶柩到西安三兆火化。

12 月,全国“外国文学研究规划会议”在广州召开,冯至、朱光潜、李赋宁等三十多位专家教授联名上书中共中央统战部,要求为吴宓先生彻底平反昭雪。

1978 年(己未)

7 月 18 日,西南师范学院(今为西南师范大学)召开全校教职工大会,为吴宓先生平反昭雪,彻底恢复名誉。《中共西南师范学院委员会关于为吴宓教授平反的决定》指出:“‘文化大革命’中,在林彪、‘四人帮’‘极左’路线的影响下,把吴宓教授打成‘资产阶级反动学术权威’‘现行反革命分子’,纯属冤案,应予平反昭雪。林彪、‘四人帮’强加给吴宓教授的一切诬蔑不实之词,应统统推倒。吴宓教授的政治名誉,应予恢复。”7 月 20 日《重庆日报》发表了这一消息。

1981 年(辛酉)

吴宓逝世三周年祭。吴须曼女士遵照吴宓遗嘱,将其骨灰送回泾阳安吴堡,安葬在嵯峨山下,入土为安,立碑为记。

1998 年 2 月 20 日晚 10:30 校订毕

于重庆西南师范大学桃花山寓所

(本文选自《红岩》,1998 年第 3 期)

第三辑　论吴宓

吴宓的“好梦”及其“难圆”

——《学衡》存在期吴宓文化启蒙蓝图剖析

苏光文

《学衡》终刊后一年又四个月的1934年11月，吴宓为自己的诗集题诗一首，诗云：

心迹平生付逝波　更从波上觅纹螺
云烟境过皆同幻　文锦织成便不磨
好梦难圆留碎影　慰情无计剩劳歌
蚕丝蛛网将身隐　脱手一编任诋诃

吴宓在《学衡》存在期（1922.1—1933.7），做了一个什么样的“好梦”？又为什么“难圆”？它有何共时性与历时性的价值？本文拟就这些问题做些探讨。

一

五四新文化运动及其后几年间，中国文化界先后出现了《新青年》《新潮》《努力周刊》《学衡》《国学季刊》等文化刊物。这些文化刊物似乎肩负着同一或相近的文化使命，即改造中国旧文化，重建中国新文化，对中国社会人生进行文化启蒙。在它们这里，“文化”即指精神文化，其实质是“人化”。

改造中国旧文化即改造中国既存的社会人生，重建中国新文化即重建中国新的社会人生。关节点是“人”的改造。但是，又因这些文化刊物在推行其文化使命过程中，各自所本的思想理论有别，选择的途径有异，操作的方式不一，而呈现出鲜明的差异，形成三大文化派别。陈独秀们主张“推倒”旧文化而建设新文化，可名之曰“推倒”派；胡适由“推倒”转为主张“整理国故”“输入学理”而“再造文明”，可名之曰“整理”派；吴宓们主张“昌明国粹”“融化新知”而“创造世界将来之文化”，可名之曰“昌明”派。这三大文化派别，以中国旧文化为焦点，呈现出的是相互排斥，隐含的却是互补互动。这三大文化派别，都是那个历史时代的“文化精英”，标举着那个历史时代与觉醒后的中国现代知识分子多姿多彩的精神现实与社会人生追求。

吴宓以《学衡》为依托，绘制出一幅宏阔高远的文化启蒙蓝图。其理论纲领与行动纲领，卓然特立，其精要之点为“昌明国粹”“融化新知”，“创造世界将来之文化”。对此，吴宓做过这样的阐释，他说：“中国之文化以孔教为中枢，以佛教为辅翼；西洋之文化从希腊罗马之文章哲理与耶教融合孕育而成。”“今欲造成新文化”，“则当以以上所信之四者。”①吴宓的同仁之一胡稷咸说得更为简明，他说：“世界将来之文化，必东西文化之精粹而杂糅之。”②这便是吴宓及其同仁们对于中国传统文化和外国传统文化真谛的总体把握与体认，这也是吴宓及其同仁们指涉的建设新文化所要“昌明”的“国粹”及“融化”的“新知”以及“磨合”方式。由此，反映出吴宓及其同仁们其时形成的崭新的思维定式：以本民族传统文化精神为基础，吸收世界传统文化精神的影响而创造新的文化。这种思维定式，无疑突破了褊狭的民族文化界限和虚无的民族文化观念，具有了开放性的特点。在吴宓及其同仁们看来，只有这样的新文化才既是民族的也是世界的文化，只有具备了这种新文化的社会人生才是新的社会人生。与此同时，吴宓在《论新文化运动》一文中，还认为：“要构建这样的新文化，必须对东西方传统文化首当着重研

---

① 吴宓.论新文化运动[J].学衡，1922(4).

② 胡稷咸.批评态度的精神改造运动[J].学衡，1931(75).

究,方为正道。"[①]亦即胡稷咸在《批评态度的精神改造运动》一文中说的:对东西方传统文化进行"筛剔,提炼"[②]。吴宓正是采用实证和比较的方法,对东西方文化进行条分缕析之后,而认为东西方文化存在三大类型:一是"以天为本,宗教是也",二是"以人为本,道德是也",三是"以物为本,所谓物本主义是也"。这三大文化类型中,吴宓断定"以人为本,道德是也"的文化,是"纯正健全"的文化,是东西方"普遍有效和亘古常存"[③]的文化,并表示"崇信之"[④]。吴宓以他对中国社会人生的感知认同于这种文化,而又以此种文化为参照,衡量其时中国文化与中国社会人生现状。他指出:其时社会黑暗、政治腐败、道德沦丧根源于人性丧失,人的行为无所规训与准则。要消解此种状态,必须改造中国人的现存人性,必须重建道德规范。关于人性问题,吴宓自有其见解。他说:人性既非纯善亦非纯恶,而兼具二者,有善有恶,亦善亦恶,可善可恶。人性是由人的个性、境遇、时势、读书以及涉世阅历等等主客观因素决定的。这些主客观因素的可变性决定着人性的可变性。进而,吴宓提出三条改造人性的法则:一是"克己复礼",二是"行忠恕",三是"守中庸"。所谓"克己复礼"即是"以理制欲",但又"并非容让他人,损失我之利益";所谓"行忠恕"即是"忠以律己,恕以待人","严于责己,宽以待人";所谓"守中庸"即是"有节制","求适当","不趋极","不务奇诡"。这三条改善人性与重建道德规范的法则中,吴宓尤为推崇"守中庸"一条,断言它是"立身行事,最简单、最明了、最实用、最安稳、最为通达周备之规训"[⑤]。在吴宓看来,按这三条法则,尤其是"守中庸"一条法则来改造中国人的人性与重建中国社会道德规范,则中国社会人生即可为"仁"的社会人生了,个人"仁",人人"仁","天下归仁"。这便是吴宓做的"好梦"。吴宓这一"好梦",随着《学衡》的创刊与存在以其耀眼夺目的光彩浮现于世人面前。

---

① 吴宓.论新文化运动[J].学衡,1922(4).
② 胡稷咸.批评态度的精神改造运动[J].学衡,1931(75).
③ 吴宓.中国的新与旧[J].中国学生,1921(16—3).
④ 吴宓.我的人生观[J].学衡,1923(16).
⑤ 吴宓.我的人生观[J].学衡,1923(16).

二

为着实现这一“好梦”，吴宓尽了筚路蓝缕之力。吴宓在主编《学衡》十一年半时间中，超负荷地工作着。他一面从事教育，一面从事翻译；一面从事研究，一面从事创作。贯穿于“四面出击”之中的宗旨是“人文教育”。所谓“人文教育”即他说的“人文教育，即教人之所以为人之道”①。

吴宓于1926年为清华大学外国语文系草拟的办系方针与课程计划，便融入了“人文教育”的宗旨。他认为清华大学外国语文系办系之方针应“具国际文化之空气，当中外学术交通之枢关”，“汇通东西之精神、思想，而互为介绍传布”；办系之目的是培养“博雅之士”与“通人”及“创造今日中国文学”；课程设置之要旨应是“注重与中国文学系联络共济”，即谓本系全体课程皆为与中国文学系相辅以行者可也。吴宓先后在东南大学、清华大学、北京大学、燕京大学、国立师范大学教授《希腊罗马文学》《英国浪漫主义诗人》《西洋文学史》《中西诗比较》《世界文学大纲》《翻译术》《文学与人生》等课程，亦始终坚持“人文教育”这一宗旨。吴宓在各门课程教授中，强调“不必复古，而当求真正之新；不必谨守成德，恪遵前例，理当闻吾说之是否合乎经验及事实；不必强立宗教，以为统一归纳之术，但当使凡人皆知为人之正道，仍当行个人主义，但当纠正之，改良之，使其完美无疵”②。教学中，吴宓采用比较的方法，探索“中西古今”的“不易之理”与“东西文学公认之言”。吴宓的这一“人文教育”观也融入他的西洋文化成果的译介方面。吴宓译介西洋文化时，取法于美国义理派的原则，以哲学与历史学的眼光，论究思想之源流变迁。尤其注重文学与时势之关系，视文学为转移风俗、端正人心之工具。据此，吴宓译介西洋文化文学成果时，不囿一国一时，西洋各国古今文化文学皆在译介视野之中。吴宓对西洋古今文化文学，加以分析比较，究其相互影响，择善而从。这种比较，不仅用于西洋古今文化文学的比较，而且

① 吴宓.白璧德中西人文教育谈·附识[J].学衡，1922(3).
② 吴宓.白璧德中西人文教育谈·附识[J].学衡，1922(3).

还把西洋文化文学放在中国文化文学中加以比较,同时又把中国文化文学放在西洋文化文学中去加以比较,从而决定译介对象。吴宓认为,只有坚持这一译介原则与方法,才能发掘中外文化文学中具有永恒价值的文化精神,也只有用这一文化精神来构建新的中国文化,才能达到启蒙民众之目的。吴宓译介的文化文学著述中,大抵有这样一些:《白璧德之人文主义》《白璧德论欧亚两洲文化》《白璧德论民治与领袖》《白璧德论今后诗歌趋势》《穆尔论自然主义与人文主义之文学》;《希腊文学史》《世界文学史》《但丁通论》《韦拉里论理智之危机》《穆尔论现今美国之新文学》《薛尔曼评传》《路易斯论治术》等。吴宓的同仁胡先骕译有《白璧德中西人文教育谈》,汤用彤译有《苏格拉底自辩篇》,徐震谔译有《白璧德释人文主义》等。同时,吴宓及其同仁们还不遗余力地整理和评价中国传统文化与传统文学。柳诒徵的《中国文化史》、刘永济的《中国文学史纲要》以及孔子学说要义阐释,便是有影响的有代表性的著作。从罗列的这些文化文学成果名目中,可以看出吴宓及其同仁们译介西洋文化文学和整理中国传统文化文学的重心及倾斜度了。那就是人文主义及其为基准的西洋文化文学与孔子思想及其为特质的文化文学,偏重的是人生哲理与道德伦理的译介,而不在乎文学的文本形式的译介。吴宓在主编《学衡》期间,还参与了众多文学活动,传播他的文学观念及价值取向原则。吴宓在强调文学的社会属性与审美属性的同时,突出文学的社会功能,他认为:文学的社会属性主要表现于对人的教化。因此在内容上要文学写“今时今地之闻见事物”,倾注作家“至性至情”,即:“真正之道德行为”与对社会人生诸问题“思深感锐,情挚意切”的“至性至情”[①]。吴宓的同仁胡先骕在《文学之标准》一文中也认为文学的社会功能在于“有修养精神,增进人格之能力,而能为人类上进之助者”[②]。刘永济在《中国文学通论》中,从中国文学发展史角度,阐明精神教化作用乃古今中外文学之一脉相传[③]。吴宓的挚友吴芳吉在《再论吾人眼中之新旧文学观》一文中,宣

① 吴宓.伦理小说青年镜序[M].吴宓诗集.北京:中华书局,1935.

② 胡先骕.文学之标准[J].学衡,1924(31).

③ 刘永济.中国文学通论[J].学衡,1922(9).

称:“吾人所贵于文学者”在于文学可以“养性情”“变气质”“化民成俗”,助人“安身立命”①。吴宓特别重视诗歌的教化作用。早在赴美留学之前,吴宓就认为:“国人而欲振作民气,导扬其爱国心,作育其进取之精神,则诗宜重视也;而欲保我国粹,发挥我文明,则诗宜重视也;而欲效法我优秀先民行事立言,而欲研究人心治道之本原,而欲使民德进而国事起,则诗尤宜重视也。”②基于对诗歌功用的如此理解,吴宓要求“诗者以切挚高妙之笔(或笔法),具有音律之文(或文字),表示人生之思想感情也”③。要求诗人从现实生活广阔领域中捕捉题材,军阀混战、帝国主义入侵、贪官污吏、道德沦丧等等事象,皆可入诗;要求讲究做诗的“义法”与“极诣”。吴宓这一诗歌观,融化为他的诗歌创作的灵魂,其诗歌创作又丰富他的诗歌观念及理论主张。一部《吴宓诗集》凡 13 卷 1000 余首诗,都是吴宓“感情生活之记录”和“至性至情”之抒写,突现出诗歌对于社会人生的教化作用。吴宓从事教育、翻译、研究、文学创作等活动及其成果,大都刊布于《学衡》杂志上。存在十一余年的《学衡》,不仅负载着吴宓为改造中国社会人生而做的“好梦”——文化启蒙蓝图,也呈现出吴宓付诸实践而刻画的一道道极深的印迹。

三

20 世纪 20—30 年代,吴宓之所以能做这么一个“好梦”——文化启蒙蓝图,是有着多方面的缘由的。

早年,吴宓接受梁启超变法维新的政治思想和“小说界革命”的文学观念的影响,萌生一种匡世济民的新思维与新理念,就是:欲改造社会,必先改造人心。在这一新思维与新理念支配之下,吴宓进入清华学校读书不久,便在《赠刘朴》一文中,表示“愿结同心扶大厦,拒能支手挽狂澜”。并由此化为一种行为方式,“联合知友”组织“天人学会”。成立于 1915 年冬的“天人学

① 吴芳吉.再论吾人眼中之新旧文学观[J].学衡,1923(21).
② 吴宓.吴宓诗集[M].北京:中华书局,1935.
③ 吴宓.吴宓诗集[M].北京:中华书局,1935.

会”,其意为:“天者,天理。人者,人情。此四字实为古今学术政教之本,亦为吾人之方针所向。至以人力挽回天运,以天道启悟人生。乃会众之责任也。”吴宓宣称该会“除共事牺牲,益国益群而外,则欲联合新旧,撷精立极,造成一种学说,以影响社会,改良群治。又欲以我辈为起点,造成一种光明磊落、仁心侠骨之品格。必期道德与事功合一,公义与私情并重,为世俗表率,而蔚成一时之风尚”。这应当说就是吴宓最早编织出的稚嫩的社会人生“好梦”与绘制出的雏形文化启蒙蓝图。这虽是稚嫩的“好梦”与雏形蓝图,却敞露出吴宓“必期道德与事功合一,公义与私情并重”所指涉的“天理,人情”这一古今学术政教之本,确立了吴宓终生追求目标的一个方面,即中国“古今学术与政教之本”的“普遍有效和亘古常存的东西”。这也成了吴宓接受新人文主义的指引进入欧洲圣哲理论殿堂,探讨外国“古今学术与政教之本”的“普遍有效和亘古常存的东西”的内在驱动力量。

新人文主义为美国哈佛大学教授白璧德所构建。白璧德对“人文(Humanitas)”一词做了这样的界定:“此字含有规训与纪律之义。”白璧德对“人文”一词赋予的内涵,就把新人文主义与欧洲文艺复兴以后形成的人道主义潮流相区别而对立起来。白璧德指出:文艺复兴运动,是复兴古希腊罗马文艺的运动,是反对中世纪以神学为核心的文化的一种运动。但是,16 世纪培根倡导的科学主义开启了灭人性近功利的功利主义潮流;18 世纪卢梭倡导的泛情主义,开创了放纵不羁的浪漫主义潮流。而且,白璧德还认为:19 世纪及其以后,人类面临“人文主义与功利主义及情感主义正将决最后之胜负”。这就是说,在白璧德看来,16 世纪以后,西方文化日渐离开了古希腊罗马文化之源,成为人类变为“物质之律”的奴隶的工具了,造成人性丧失、世风颓废、社会人生万劫不复。由此,白璧德大声疾呼:现今社会人生欲图存,必去功利主义与感情主义而行人文主义,超出“物质之律”而进入“人事之律”。“人事之律”照白璧德的解释,意为:社会人生应有理性与道德意识,人要守纪律、有秩序、循规矩、崇尚和平、抑制私欲及个性与自由[①]。那么,这种治世治人的“人事之律”从哪里来?又如何去操作?白璧德明白无误地指

① 胡先骕译.白璧德中西人文教育谈[J].学衡,1922(3).

出:“人事之律”存在于古希腊罗马文化、佛教文化、基督教文化和儒家文化之中,中国孔子的“‘克己复礼为仁’和亚理斯多德及其他希腊哲人以降的西方人文主义者是一致的”。白璧德还指出:使人成为“人事之律”,在于“进行人文教育”,“人文教育”即是“教人之所以为人之道”。据此,白璧德提出中国学校应把《论语》与亚里士多德的伦理学合并讲授;西方学校也应有学者,最好是中国学者教授中国历史与道德哲学。白璧德认为,通过这样的学校教育途径,就可以在东西方形成人文主义运动和新儒家文化运动,就可以促进东西方知识界领袖间的了解。白璧德这一新人文主义思想,显示出白璧德倡导的人文主义是一种伦理哲学,其着眼点在于对人进行道德教化与改造。

吴宓及其同仁梅光迪、胡先骕、汤用彤等人,先后就读于哈佛大学,接受白璧德倡导的新人文主义影响,尤其是吴宓“亲受教于白璧德师和穆尔先生”,自然深得白璧德新人文主义的要旨。吴宓从白璧德的“本经验,重事实,以察人事而定为人之道”的思维方式中,感知白璧德的新人文主义理论是白璧德博采东西、纵览古今哲学,“折衷而归之”形成的。吴宓凭借新人文主义的指引而走进东西方古圣先哲们的精神世界与理论殿堂。他认为:东西方古圣先哲们“皆精于为人之正道,而其学说又在不谋而合”。“持论”与白璧德“在在符符”的沃姆访问吴宓后,更加深与巩固了吴宓这一认识。因为,沃姆认为:“东西文明之所共具,无古今中外,若苏格拉底、耶稣基督徒,若孔子之教训,均相同。”①可见,吴宓早年追寻的中国“古今学术与政教”的“普遍有效和亘古常存的东西”,在这时又添了新质,即西方“古今学术与政教”也有“普遍有效和亘古常存的东西”,而且这两者还是相通的乃至一致的。吴宓就是这样从白璧德新人文主义那里得到深切启示而确定自己的社会人生坐标与价值关怀的。至此,吴宓以新人文主义为钥匙,打开东西方民族传统文化的大门,寻找到了东西方“民族文化传统中普遍有效和亘古常存的东西”。吴宓也正是以这一“普遍有效和亘古常存的东西”为支撑点,构建中国新文化,对中国社会人生进行文化启蒙。

① 吴宓.沃姆中国教育谈[J].学衡,1923(22).

四

“云烟境过皆同幻”,“好梦难圆留碎影”。这是吴宓对自己的人生追求目标不能实现而发出的慨叹。其实,这一“结果”已包含于“过程”之中。这一点,吴宓是十分清楚明白的。1925 年 1 月,吴宓在《海行杂诗》中写道:“可望不可即”“吾生重重纲”;1927 年,吴宓在《古意》诗小序中写道:“事业艰难,精神萎顿”;1930 年 9 月,吴宓在欧洲之行的第一首诗中写道:“郁郁不得意,休暇赋远游”;1931 年 12 月,吴宓在《吴宓先生之烦恼》一诗中写道:“钓得金鳌又脱钩。”这些诗句,或直白式或含蓄性地呈现出吴宓在推行文化启蒙使命过程中的心理状态与情感色彩。这种心理状态与情感色彩,似乎含有几分无奈,几分愤懑。由此看来,吴宓于 1933 年 7 月终刊《学衡》杂志就并非偶然因素所致了。《学衡》与《吴宓诗集》一样,也就成为吴宓“难圆”的“好梦”和未能实现的文化启蒙蓝图留存于一世的一片“碎影”。

文化,大凡可分为物质文化、制度文化和精神文化三种类型。这三种文化成为一个社会与国家的三大支柱。这三种文化的关系,可做这样的表述:物质文化为精神文化发展提供物质基础,制度文化为精神文化发展提供保障,精神文化为物质文化发展提供精神动力与智力支持。三者协调发展,相互促进,才能使社会与国家繁荣昌盛。隐含于三者之中的是“人”。人创造这三种文化而又受制于这三种文化。一个人、一个民族、一个国家,要求得生存、温饱与发展,必须改造自然、开发自然,必须同时改造人自身、开发人自身,关节点是人的思想、意识、精神、理想、道德规范、才智的培养与开发。吴宓和他同时代的中国现代知识分子,已经看清了当时物质文化十分落后、制度文化十分腐朽、精神文化十分颓丧。从改造与重建精神文化入手,匡世济民,也就成为吴宓和他同时代的中国现代知识分子共同人生追求的价值取向原则与行为方式。因此,他们不约而同地先后创办多种刊物,传播新的精神文化。不过,陈独秀们很快调整了这一“初衷”,把精神文化的改造与重建,纳入了物质文化与制度文化的改造与重建的轨道,组织政党,传播马列主义,从事实际的政治革命斗争。胡适们,除却信守这一“初衷”外,还将自己的眼睛盯住了政治,企图组织"好人政府"。也因此,他们各自的匡世济民的抱负都在其艰苦卓绝的奋斗中得到不同程度的展现。吴宓在美国编织成的"好梦",回国后企图通过主编《学衡》杂志加以实施时,却正值陈独秀及胡适们调整"初衷"之际。这时,中国先进知识分子与工农大众结合而偏重于颠覆旧的物质文化与制度文化,已成为历史时代的主流话语。吴宓及其同仁们仍固守"初衷",这就不能不说显得背离时势而太过迂拙。没有物质文化与制度文化的改造与重建,仅有精神文化的改造与重建,固守的"初衷"只能是一种虚幻的憧憬。这可以说,是吴宓"好梦难圆"的重要原因之一。

《学衡》形成的吴宓为代表的文化派别,其派性太强,排他性太烈,这不能不说是其"好梦难圆"的又一重要原因。一个国家与社会的精神文化,应当是多样的,尤其是精神文化环境与氛围,应当是宽松的和谐的。几千年承传下来的物质文化、制度文化与精神文化,一以贯之的基本特性就是专制独裁,无自由、无民主、无多元性可言。正是这样的物质文化、制度文化与精神文化,导致中国从 19 世纪末开始跌入半封建半殖民地深渊而不能自拔。要把一种专制独裁的物质文化、制度文化、精神文化改造成具有民主自由现代意识特性的新文化,为之奋斗的各文化派别,必须在同一目标上各司其职,各尽其能,互相呼应。离开了齐心协力而相互攻讦,膨胀派性,新的物质文化、制度文化、精神文化,是一定难于重建的。吴宓及其同仁们在五四新文化运动、新文学运动刚刚出现裂痕并露出分道扬镳端倪时,从《学衡》创刊之日起,即发表文章,抨击五四新文化运动、新文学运动,抨击社会主义及其传播者,抨击新文学作品。吴宓在《论新文化运动》一文中,指斥新文化运动"实专取一家之邪说"。梅光迪在《评新文化运动者》一文中更是施以侮辱性的攻击,写道:"号称'新文化运动'者实为'浮薄妄庸者','攻名之士也'。""故语彼等以学问之标准与良知,犹语商贾以道德,娼妓以贞操也",故"彼等""甫一启齿,而弊端丛生,恶果立现"。胡先骕在《评〈尝试集〉》一文中,认为胡适的诗集《尝试集》,"无论以古今中外何种眼光观之,其形式精神皆无可取"①。肖纯锦在《中国提倡社会主义之商榷》一文中,指责在中国宣传

① 胡先骕.评〈尝试集〉[J].学衡,1922(1).

社会主义是“造乌托之邦，作无病之呻吟也”①。民主意识、科学精神和社会主义思想乃是中国已经构建的五四新文化运动、新文学运动的特质所在，也是改造旧的物质文化、制度文化、精神文化之所本；《尝试集》虽是胡适个人的诗集而存在有胡适个人的时代的局限，然而却是中国现代新诗的开山之作，中国现代新诗第一部诗集，对此诗集的否定即标志着对新文学运动的排斥。特别是他在评《尝试集》中具体诗歌作品时，还殃及浪漫主义、象征主义、印象主义，这就更表明批评者不仅对中国现代新诗持否定态度，对世界现代新诗潮流也持否定态度。这种排斥“异己”的“唯我独尊”的意识与行为方式，无疑是四面树敌而将自己陷入四面楚歌之境。这自然招来鲁迅、文学研究会同仁及早期共产党人的驳难。经过几千年承传下来的中国精神文化，有其强固的物质文化与制度文化作依托，且浸入普通中国人的骨髓。因此仅凭一个文化派别之力，是不可能加以摧毁的，新的精神文化也是难于重建起来的。

吴宓重建的精神文化本身具有的致命弱点，更是吴宓“好梦难圆”的重要原因。这个致命弱点即是重“常”而轻“变”，表现为对古代精神文化（主要是其中的道德文化）的过分推崇而对现代精神文化的过分轻视乃至拒斥。吴宓在重建新的精神文化时，也十分强调“融化新知”。但是，他所说的“新知”，抽象而言是他说的“普遍有效和亘古长存的东西”，具体而言即指古希腊罗马精神文化。一个时代有一个时代的精神文化，这是一个不争的常识。但是，一个时代的精神文化并非随这个时代的结束而戛然终止，这也是一个不争的常识。精神文化的延续性、延伸性，决定着不同时代的精神文化既相区别又相承传而又更新。承传不断，更新不止。这可以说是民族精神文化发展永无完结的过程。事实上也如此。欧洲文艺复兴运动，复兴古希腊罗马文化精神，有了“人的发现”与“文学的发现”，带来了思维方式、价值观念与行为方式的根本变革。16 世纪以后，欧洲社会人生出现了多次巨大变动，特别是两次工业革命的成功和科学技术的迅猛发展，就为精神文化的发展与不断更新提供了广阔的空间。现代哲学、现代美学、现代文学艺术及其成

① 肖纯锦.中国提倡社会主义之商榷[J].学衡，1922(1).

果,相继成批面世,代表着世界性的精神文化达到的较高水准。19 世纪以后,尤其是世纪初第一次世界大战期间,欧美物质文化、制度文化、精神文化的弊端日渐暴露出来。这时,觉醒的中国现代知识分子们,在思考中国社会人生问题、重建中国精神文化时,一个极其尖锐而敏感的问题出现在他们面前,那就是如何对待已具世界精神文化水准的欧美现代精神文化。五四新文化运动的倡导者,吸收欧美近现代精神文化,改造或"推倒"中国旧文化,重建新文化。吴宓认同于白璧德新人文主义,反对吸收欧美近现代文化。吴宓认为:欧美近现代精神文化的弊害是由科学主义、人道主义、浪漫主义张扬的个人主义及其"物欲"而造成。显然,欧美近现代精神文化在他这里成了"盲点"与"禁区"。吴宓拒斥欧美近现代精神文化,大抵有两种方式。一是发表文章直接拒斥与批评,二是译介古希腊罗马文化与人文主义时,间接拒斥与批评。吴宓在《韦拉里论理智之危机》的"译者识"中,对现代主义、现实主义与浪漫主义文学创作原则与方法,大张挞伐。他说:"即今世文学论,若崇信弗洛伊德心理学说,以性欲解释一切,若以浪漫派之末流谓诗为一种无目的之迷衫,若极端之写实派以机械印版纤悉毫末之刻画描摹为能,若……凡此种种皆理智之敌,又皆文明之患,而人类进步之障也。"[①]胡先骕在《文学之标准》一文中,亦贬斥欧美近现代文学思潮。他写道:"易卜生之写实主义,亦为大雅所讥者也";"法国浪漫文学盛行之后,乃将文学时代精神严峻之标准,全体破坏之,其魁率卢梭";"今之象征派戏剧,乃不坐视言行,而惟布景之象征是求,心理小说家,仅知将其角色为心理上之分析,而不使之以言行表现人格,此皆违背艺术根本之原则也。"这种不加分析地一概拒斥欧美近现代精神文化与文学思潮,必然会使自己重建的新文化缺乏新的内蕴而显得单一与保守。拒绝现代文明阳光雨露滋养的精神文化与文学,绝不会成为"日日新,又日新"的精神文化与文学。但是,吴宓毕竟是学贯中西的学者、教授、诗人,毕竟生存于现代文明语境之中,因此其理性与情感、学术性与个人审美情趣等等方面,依然呈现出矛盾状态。这就使得他在品评具体作家作品时,又不时放射出宽容兼包的目光。吴宓在《钮康氏家

---

① 吴宓.韦拉里论理智之危机·译者识[J].学衡,1928(62).

族》的译序中，对情感派与写实派作家作品就做出了与其理性观念相违的评价。他称赞沙克雷与迭更司同是英国19世纪的大小说家。迭更司的作品多叙市井里巷卑鄙龌龊之事，痛快淋漓，成为情感派创作潮流之代表。沙克雷的作品，则专述豪门贵族奢侈、淫荡之情，隐隐微深曲，似褒实贬，半讥若讽，成为写实派创作潮流的代表①。吴宓对于英国浪漫主义诗人雪莱及其诗歌，十分推崇。他说，他在哈佛大学求学时，“沉酣于雪莱诗集中”。说到此时，又特别用括号注明“虽然同时上着白璧德师的文学批评课”。理性观念与个人审美情趣的背离，在这里置他于尴尬境地。吴宓同仁胡稷咸在《批评态度的精神改造运动》一文中，更是背离了其所信守的批评理性尺度，将西方进化之理想与科学之精神同佛教的出世主义与孔孟之入世主义并列为“改造人类必须之要义”，而且自称他所倡导的精神改造运动“所努力之方针，即欲使大众数人，能将出世入世主义进化理想科学精神，尽萃于一身，而使理想之天堂，得实现于人间。”应当说，胡稷咸较好地理解了“常”与“变”的关系、“古”与“今”的关系、“外”与“中”的关系。不过，就吴宓及其同仁们的精神文化观和文化启蒙蓝图总倾向而言，是缺乏“变”的现代意识的，因此背离“时势”而趋保守。

五

吴宓的“好梦”——文化启蒙蓝图，虽然破碎，然而其丰厚的文化底蕴，于五四新文化、于现今建设有中国特色社会主义文化，我以为具有可“刮目相看”的价值。可以说，它是一座矿藏，是一片蓝天，是一隅深邃的海，其中虽然有渣滓，有乌云，有暗礁，却值得我们开掘选用。

19世纪末，中国古老的大门被世界列强用坚船利炮轰开后，一系列割地赔款丧权辱国的事件接踵而至，中华民族陷入严重的生存危机之中。其时的政府，已不可能消解这一危机，其时盛行的精神文化已不可能回答社会人生提出的重大问题。于是一批又一批觉醒之士，产生了一个共同信念：“要

① 吴宓.钮康氏家传·译序[J].学衡，1922(1).

救国,只有维新,要维新,只有学外国。”[①]随之,先后出现了“洋务”运动、“变法维新”运动,企图改良其时的物质文化与制度文化。孙中山领导的辛亥革命,推翻了统治中国几千年的君主专制制度,但是中国的社会性质与人民的生存境遇并未得到改变。辛亥革命后,尊孔复辟甚嚣尘上,出现了鲁迅描述的状况:“改革一两,反动十斤。”短短一二十年间出现的这一系列事件,也孕育出以陈独秀为代表的后起之秀。陈独秀考察了欧洲近现代历史发展过程,并以此为参照,对中国的“洋务”运动、“变法维新”运动、辛亥革命,做了深入的比较分析,发现整个欧洲在新兴资产阶级革命前,先有文艺复兴运动,法国资产阶级革命前有一个启蒙运动,德国资产阶级革命前有一个从康德到黑格尔的哲学革命运动,而中国没有这样彻底的文化思想革命运动作先导,新的文化思想没有得到普及,中国民众没有觉醒,于是这么一种新的思维方式与运行思路形成了:要改变中国的政体与国体,必须先要有文化启蒙运动。所以,陈独秀于 1915 年 9 月创办《青年杂志》(后改名为《新青年》),并得到同代人中一批有志之士的呼应。陈独秀发动的新文化运动构建的新文化是以民主意识、科学精神、社会主义思想为特质的新文化,并以此种文化改造和提高中国人的素质,进而改造社会。由新文化运动到新文学运动,都贯穿着这一运行思路和价值目标。鲁迅为文,意在启蒙,改造国民性,便是文学领域内这一运行思路与价值目标的生动范式。陈独秀们着力于欧美近现代哲学、美学、伦理学、文艺的译介和中国传统文化特别是儒家文化的挞伐,皆出于这一运行思路与价值目标的需求。吴宓及其同仁们,正是在这一运行思路与价值目标上与五四新文化运动及其倡导者既相区别又相联系。他们的联系及一致性在于:要救亡图存,必须先重建一种新的精神文化,对民众进行启蒙,这是大关节的相似之处。他们的区别及相异在于:陈独秀们着眼于外国近现代精神文化,偏重于精神文化中随时而变的“变”文化因素的吸收,而竭力排挤中国传统文化尤其是其中的儒家文化;吴宓们则着眼于中外古代精神文化,偏重“亘古常存”的“常”文化因素的运用。由此,呈现出两种带极端性的文化现象。这两种带极端性的文化现象,不应

---

① 毛泽东. 毛泽东选集 · 论人民民主专政[M].北京:人民出版社,1964.

当是水与火的关系,而应是泥土与水相融的关系。这一点,已在当时部分五四新文化运动同仁那里有了应验。五四新文化运动推动者之一郭沫若,力排众议,非议对中国传统文化,尤其是对儒家文化的否定,并竭力推崇孔子学说。五四新文化运动发难者之一胡适,很快转向倡导整理国故,要求分清国粹与国渣,提出保存国粹而摒弃国渣的批判继承原则。显示五四新文学运动在社团流派方面取得实绩的文学研究会,于1923年1月在其机关刊物《小说月报》上展开了"整理国故与新文学运动"为题的笔谈活动。郑振铎在《新文学建设与国故之新研究》笔谈文章中,认为:"我们长在新文化的热潮应有整理国故的一种举动。"新文学运动的"真义,一方面在建设我们的新文,创作新的作品,一方面却要重新估定或发现中国文学的价值"。顾颉刚在《我们对于国故应取的态度》笔谈文章中也认为:"新文学与国故并不是冤仇对垒的两支军队","整理国故同是新文学运动应有的事。"余祥森在《整理国故与新文学运动》笔谈文章中,更是认为:"新文学须建立在外国文学与国故的混合物上面,这才是真正的新文学。"这些从五四新文学运动中发出的声音,无疑是对胡适倡导的"整理国故"的回应,同时也是五四新文化运动深入发展的一种必然性反映。从另一个角度加以审视,似乎也可以说,这些从五四新文学运动中传递出的声音,是对吴宓及其同仁们发出的声音的一种认同性感应。

吴宓"难圆"的"好梦"和破碎的文化启蒙蓝图,距今六七十余年了,然而其中诸多文化因素仍可为建设有中国特色社会主义文化所吸收。有中国特色社会主义文化建设的根本是在全社会形成共同的理想与精神支柱。我以为,正是这一个"根本"就把吴宓构建的新文化及其文化启蒙蓝图与今天建设有中国特色社会主义文化的距离拉近了。这就是说,这两种文化所追寻的价值目标有了相通之处。一个正常的人,必须要有理想与精神,才能求得生存与发展,才能对国家、社会、民族有所贡献;一个民族与国家,也必须要有理想与精神支柱,才能生存与发展,才能立于世界民族之林。吴宓及其同仁们构建的新文化、绘制的文化启蒙蓝图,根本就在于启蒙民众,使之获得新的理想与精神,求得生存与发展。当然,这两种文化的内涵有着实质性的差异。吴宓们是以"仁"作为其理想与精神的支撑点,追寻的是一种虚拟的

“天下归仁”的社会人生。有中国特色社会主义文化是以马克思主义、毛泽东思想、邓小平理论作为理论支撑点,追寻的是富强民主文明的社会人生。这种不同,不应成为吸收对方营养的障碍。在吸收民族传统文化时,我们今天可以借鉴吴宓及其同仁们追寻到的“亘古常存的东西”即“仁”,以净化与提高现今人们的道德文化素质。同时,借鉴其追寻方法,更会发现从《易》开始积淀而成的“天行健,君子以自强不息”这一中国传统文化“亘古常存的东西”。坚韧不拔、自强不息、奋斗不已,是中华民族上下五千年纵横八万里历史时空长河中永恒的一种民族传统精神、意志与行为方式。可以说,中华民族正是依存于这一民族传统文化精神,才度过了一个个劫难而繁衍至今的。立脚于现实,把握住这一个“常”而又不断地赋予时代的“变”,吸收外国文化的“新”,我们希冀的文化一定会是民族的世界的文化。

(本文选自《中国现代文学研究丛刊》,1999 年第 2 期)

吴宓与红学

段启明

吴宓先生是“五四”以来在国内外享有盛誉的著名学者之一。他学贯中西，通今博古；他在高等学校执教多年，培养的不少人才现多活跃在学术界文史外语诸多领域。中国学术界将永远纪念着这位治学严谨、诲人不倦的前辈。

一

我在学生时代就读过吴宓先生的文章，60年代到西南师大工作，才见到他。当时他是中文系古典文学教研室的教授。虽说是教授，而且是二级，但他的处境已经很不“景气”了，当然，比以后的几年，还是好得多的。当时我与他的接触不多，但有一个印象十分深刻：无论开什么会，他都准时到达，而且对迟到者总表现出一种反感。1966年春天，系里组织学生军训，夜行军到渣滓洞白公馆，部分教师乘车前往，在政法学院住了几天。当时我还比较年轻，领导上派我与吴宓先生同行止，照顾他的生活。在我与他相处的几天中，我发觉他是一位十分“听话”的老人，无论有什么行动，他都自言自语地说“等段来领我去”。（只称姓而不呼名，当时有的老师开玩笑说，他可能是要称呼“My段”的，但又觉不宜操洋文，故只称一“段”字。是否果真为此，也未深究。）在连续几天的参观学习座谈讨论中，我又发觉，吴宓的思想并不如所传说的那样反动、顽固、“花岗岩”，他的发言，我倒觉得都在说真话。在空闲的时间里，他与我也谈论了一些《红楼梦》的问题，于是我又发觉吴宓先生确实是一位功力极深的红学家。

二

吴宓先生的红学研究，早在20年代就已经很有影响了。他在1920年发表的论文《红楼梦新谈》（载上海《民心周报》第一卷第十七、十八期），即使在今天读起来，也还有发人深思之处。40年代，他连续发表的几篇红学论文，如《石头记评赞》（载桂林《旅行杂志》第十六卷第十一期，1942年11月版）、《红楼梦之文学价值》（载成都《流星》创刊号，1945年1月1日版）、《贾宝玉之性格》（载成都《流星》第一卷第二期，1945年2月10日版）、《论紫鹃》（载《成都周刊》第一期，1945年3月11日版）、《红楼梦之教训》（载《成都周刊》第三期，1945年3月25日版）、《红楼梦之人物典型》（载《成都周刊》第四期，1945年4月1日版）、《王熙凤之性格》（载成都《流星》第一卷第三、四期合刊，1945年4月版）……也颇多独到之见。综观这些论著，我以为如下几点是很有价值的。

（一）从20年代到40年代，正是胡适派新红学极为兴盛的时期，考据之学正为红坛主调。而吴宓先生的论著，大多数却着眼于《红楼梦》所表现的伦理道德、思想境界、人生哲学、艺术价值等问题，即多在理论上进行探索。这些探索，尽管在理论上存在极大的局限性，有明显的偏颇及缺陷，但在那样的历史时期，能独辟蹊径，显然是难能可贵的。当然，肯定吴宓先生的探索，丝毫也无意贬低考据红学在红学史上的地位，而且我一向认为，如果没有那些必要的考证，就没有今天如此兴旺的红学研究。五四以来，正因为有必要的考证与理论的探索并驾齐驱，才形成了红学的全面发展。吴宓先生为此做出了他应有的贡献。吴宓先生也有一些考据之作，但其主要著作的价值则不在于此。

（二）王国维的《红楼梦评论》（于1904年在《教育丛书》上连载）是一部引用西方理论系统评论《红楼梦》的著作，它的价值，至少是在红学史上打开了一扇窗户，引进了新的空气，因此，它在红学史上的地位是确立了的。论点的正确与否，那是另一个问题。吴宓先生的红学论著，也采用了这一方法，大幅度引用西方理论，而且杂取诸家，不似王氏惟取叔本华一家。有些论文，实则显示了早期“比较文学”的实绩，这充分表明，红学研究一向是“对外开放”的。吴宓先生不愧是促使红学走向世界的早期的“推波助澜”者。

（三）《红楼梦》问世以来，在一个相当长的历史时期里，人们对它的兴趣多集中在探索本事和别求深意的揣测方面，而吴宓先生的论著则明确地把《红楼梦》作为一部文学作品来加以研究。他不仅专文论述“《红楼梦》之文学价值”，而且充分注意到《红楼梦》作为文学作品的核心问题——人物形象。他的有关贾宝玉、紫鹃、王熙凤等人物形象的专论，虽然瑕瑜互见，但“文学的眼光”则是十分明确的。

在吴宓先生的红学论著中，我以为最有价值的一篇是他在 1920 年发表的《红楼梦新谈》。在这篇论文里，开宗明义，他首先指出了《红楼梦》“入人之深，构思之精，行文之妙，即求之西国小说中，亦罕见其近”，从而确认了《红楼梦》在世界文学中的崇高地位。这一点，比当时所谓《红楼梦》“不能入世界文学之林”的观点，显然是高明多了。在阐述了这一基本观念之后，吴宓先生则采用了美国哈佛大学某英文教员讲授小说理论的体系，从“宗旨正大”“范围宽广”“结构严谨”“事实繁多”“情景逼真”“人物生动”等六个方面，详细论述了《红楼梦》的诸多问题，其中尤以“宗旨正大”一节，所论最深。虽然文中对法国大革命的解释，对卢梭的评价，有明显的错误，对《红楼梦》的总体辨析归之于所谓“返朴归真”亦为牵强，但对某些观点的论述，还是发人思考的。例如：强调贾宝玉与林黛玉二人的“诗人”的特质，认为宝玉一生，“惟以美术（美学、艺术）上之道理，为察人阅世之准则”，而美术（艺术）家，“惟事审美，求其心之所适，世俗中事，不喜过问，而又任自然重天真，身心不受拘束”。这就从一个侧面道出宝玉的性格本质。对林黛玉，吴宓先生认为，她“本有其完美资格”，但因“直道而行，不屈不枉，终归失败”，《红楼梦》作者写林黛玉“不特为黛玉伤，亦借黛玉以写人在社会中成败之实况也”。并由此而论及“天道报施，常无公道，有其德者无其名，有其才者无其位，有其事者无其功……”就吴宓先生所生活的那个时代而言，这种议论显然也正是一种对社会的揭露和批判。对于宝黛二人的爱情悲剧，吴宓先生在论文中充满了同情和赞美。在论述“金玉之缘”与“木石之盟”时他写道：“金玉形式璀璨，其价值纯在外表；木石质本平朴，而蕴蓄才德于其中”，“金玉者尘世之浮荣，木石者圣哲之正道。”这里所谓“圣哲正道”的具体含义是怎样的，姑且不论，但对“金玉”与“木石”的褒贬爱憎之情，则溢于言表。在这篇论文中，吴宓先生还强调“诗人之褒贬，与律师办案，史家执笔者不同”。把评论文学作品的特殊规律严格地加以限制，并据此对《红楼梦》中的很多艺术手法进行了分析鉴赏，在该文第四(“事实繁多”)、第五(“情景逼真”)两节中都有很精彩的议论。

所有这些，作为七十年前的红学见解和艺术眼光，其难能可贵，是显而易见的。

三

50年代，吴宓先生的红学论著已经罕见，到了六七十年代，就更看不到了。

在“文化大革命”当中，我们西南师大的人曾被迁到一个县城的农村去集中搞所谓“斗、批、改”，有一段时间我与吴宓先生同住一个寝室。这时的吴宓，一条腿在批斗中被打跛，已经是一位苍然白发双目近盲的老人了。在那个反常的疯狂的年代里，似乎任何人都可以对吴宓任意嘲弄侮辱，甚至拿他开心取笑。他每天的属于个人的生活，一是不断地写日记；二是沉醉于对往事的回忆。偶有交谈，他所说的都是他的往事，例如他讲述当年他曾代表清华大学去邀请梁启超、王国维到校讲课的情景，讲起来还是神采飞扬的。他还有一个非常奇怪的习惯，给我留下了深刻的印象：每天晚上他睡得很早，半夜就醒了。醒了以后就开始自言自语，而且声音由小到大，以至把我吵醒。听来就像与朋友高谈阔论一样，口齿非常清楚，比白天被迫做检查交代时清楚多了。我当时还很年轻，很快又入睡了，但有时又被吵醒。于是我断断续续听到了他的自言自语的内容，全是对往事的追述：什么民国多少年，“我们在一起吃过饭”，“他的诗写得好”“也难怪他喜欢女人”……有时又背诵英文、古诗文。开始的几天，我对他这个毛病实在很有意见，时间长了，也就习惯了，他说他的，我睡我的。但那时我却也并未感到这孤独老人的自言自语的悲凉，甚而感到有些可笑，无意中还与别人作为笑料谈论过。随着年龄的增长，每当想起当时的情景，似乎逐渐悟出了这一代学人深夜自言自语之中潜藏着的，正是一个孤独老者无告的悲辛：白天，再也没有人听他说话了，于是就只能在深夜自言自语；现实，已把他打翻在地，并踏上一只脚，于是唯在追怀往事之中寻得慰藉。吴宓先生晚年适逢乱世，祖国的命运尚且处在危机之中，像他那样一位学者，又焉能不历劫难?！

在那段时间里，当然很少谈论《红楼梦》问题。我记得倒是问过他为什么反对鲁迅（这是当时批判他的一条罪状），他当时回答的大意是：他决不反对鲁迅，而且十分敬佩鲁迅，尤其敬佩鲁迅写出《中国小说史略》这样的著作；并表示他能准确无误地背诵其中关于《红楼梦》的章节文字，如“悲凉之雾，遍被华林，然呼吸而领会之者，独宝玉而已……”我想，这会是真话，因为我不是什么专案组的人，他没有必要对我扯谎，更何况他老先生的背诵功夫是尽人皆知的。

然而我不知道吴宓先生当时是否知道，“悲凉之雾正遍被祖国大地”；只是“呼吸而领会之者”非一人而已，而是亿万人民。如今，悲凉之雾终被驱散，迎来了灿烂的新时代。吴宓先生已成古人，而他所致力钻研的红学，却在新时期的曙光中兴旺发展，走向世界。

（本文选自《文史杂志》，1987 年第 2 期）

吴宓文化担当的两种方式

——学术论坛与大学讲坛

刘明华

吴宓是一个富有文化使命意识的知识分子。

随着历史迷雾的逐渐散开,吴宓的真实面目日渐清晰,对吴宓的学问、思想、行为方式的讨论也有了可能。本文要说的是,作为一个富有文化使命意识的学者,吴宓最为关注的是“新文化运动”和“新教育”问题①。他选择了两种方式来实现自己的人生追求和人文理想,这就是办刊物,面向社会,启蒙人民群众,着眼于“新文化”;上讲台,面向学生,培养博雅之士,着眼于“新教育”。正因为如此,吴宓的影响也在文化的和教育这两个领域。

一

吴宓办《学衡》杂志,与鲁迅“打笔仗”——这是80年代以前的读者因舆论导向对吴先生产生的误读。

关于办《学衡》的起因,已有不少文章有过介绍,无须赘述。我们要说的是,吴宓等办杂志,是一种时代潮流。这潮流,反映的是20世纪知识分子的

① 《吴宓与陈寅恪》第24页载,吴宓在哈佛大学后期,自觉思想精力不如以前集中,读书也不如过去两年多,原因是“移其注意于中国国内之事实情况,尤其所谓新文化运动兼及新教育”。笔者认为,这两方面的内容,正是吴宓一生关注所在。白璧德人文主义的基本内容正是教育与文学,吴宓深受白璧德影响,于此可见。

一个共同特点:在西学东渐的过程中所产生的一种参与社会改造的积极性。同时,在一定程度上还可以认为是一些走在时代潮流前列的启蒙先驱的标志。吴宓对新文化运动的关注和对中国文化的担当,在办《学衡》这一行动上得到充分的表现。

在20世纪之初,中国出版业的第一个黄金时期来临。办报办刊成了许多学者的选择。尤其是"五四"之后,大学教授自办报刊,宣传自己的政治主张,着力于思想文化建设,成为该时期一种特殊的文化现象。而是否善于利用大众传媒,也正好是一个现代文化人的一个重要标志。

这从当时的一些著名人物的举动中可以证实。

胡适在20年代,在朋友为他设计的人生三种选择中,选择了下策(上策是专心著述,中策是作大学教授,下策是办报)。胡适是中下策兼顾,即教授办报。纵观胡适一生,时时与刊物打交道。他17岁开始编《竞业旬报》,晚年当《自由中国》的发行人和撰稿人,一生参与了一系列重要刊物的编辑(或主编)工作:它们是《新青年》《每周评论》《努力周报》《读书周报》《新月杂志》……其中,最典型是办《独立评论》,十二位教授将自己的月薪抽取5%,几个月得4000元,这就是《独立评论》的启动资金。在编刊物时编者无编辑费,作者无稿酬。这一切为的是发表政治见解不受经济的制约,以保证有"独立的声音"。

这种办刊模式一时成为当时有志办报办刊的学人的选择。吴宓和他的同仁们在办《学衡》时,采取的就是这一模式。

与《独立评论》办刊方式惊人的相似,《学衡》的开办也是教授们自筹资金的。几位志同道合的学人每人出100元钱作为出版启动基金,中华书局只负责出版。为保持刊物的独立性,《学衡》在创办之初就拒绝了政府一些部门的资助。作者无稿酬,编者无报酬,作为总编的吴宓,在接受梅光迪的邀请任东南大学英国文学教授和《学衡》编务时,是怀着"为理想与道德,作勇敢之牺牲"的精神而归国赴任的。吴宓在《学衡》的后期,为维持刊物的生存,个人每期津贴上百元。以致"《学衡》杂志竟成吴宓个人之事业"。就在这样艰难的条件下,《学衡》断断续续,出了十余年。

《学衡》是吴宓办得最久也是影响最大的一种刊物。除了《学衡》,吴宓参与的办刊还有多种。他对办刊办报的热情由来已久。早在1920年,吴宓留美期间,“中国国防会”在上海创办《民心周报》,吴宓作为国防会董事,就承担了该报在美国的征稿和发行工作。1928年1月至1933年月12月,任天津《大公报·文学副刊》编辑。1947年,兼任《武汉日报·文学副刊》主编等。

办刊的意义,对吴宓来说,有两种意义,一是传播自己的思想,对社会启蒙,二来则是培养自己“办实事能力”。在吴宓早期的活动中,他在对自己的能力的培养方面颇为自觉。除了参加各种活动,办刊是一个重要途径。这种自觉在他就读清华学校时已见端倪。吴宓所在的清华丙辰级(1916级)人才济济,各种活动频繁。他们创办了“益智学会”和“益智报”,并一度“垄断”了三个全校性刊物——《清华周刊》《清华学报》和《清华年报》的总编辑职务,主持着“联谊社”和“文学团”的工作。吴宓在同学中尚不是最活跃的,但积极参与,长了不少才干。他在清华,当过班长、室长,担任过清华学报编辑,还一度代理清华周刊的总编辑,出任“文联顾问团”成员……[①]更早一点,还可推到他在中学时代。当他在三原县宏道高等学堂预科(中学部)时,就与表兄胡文豹等创办过《陕西杂志》,虽组稿三期,仅出一期,亦见满腔热情。

办实事,是一种入世的态度,由此可以解释吴宓的另一些行为,即他在行政工作方面的一些成就。

吴宓在行政工作上所担任的最重要的职务,是出任清华国学研究院主任。在他主持院务期间,所聘请的清华“四大导师”名噪一时。一年后,虽“未能畅其志而被迫辞职”,但这一年的工作足以“名垂青史”。此后,又担任清华外语系主任,为培养一代杰出人才而做出了重要贡献。

文化担当的途径有多种。参与大众传播,是最直接地表达自己的思想学说的重要途径。除此之外,通过著述来实现自己的文化理想也是一种传统的方式。这在一些叫“重内轻外”的学者那里,是一种主要的选择。后者的代表是陈寅恪。

---

① 参见黄延复.吴宓先生与清华[C]//第一届吴宓学术讨论会论文选集.西安:陕西人民教育出版社,1992.

与吴宓不同，陈寅恪认为对文化做出贡献的最好办法就是独立著述。陈寅恪对吴宓办《学衡》是支持的，但自己并不参与，为《学衡》写稿也不多。所刊的几篇文章，也属于文苑杂缀之类，与《学衡》的办刊主旨距离较远。陈寅恪治学重立，重“言必己出”，不大参与论战，这在与《学衡》的关系中得到表现。

刊物是文化担当者的生存空间之一。一种学说一种主张，不借助传媒，是无法得到社会的认可的。无人知晓，一种学说就只能是自言自语。这不是任何一个有志于社会革命的人士所愿意看到的局面。因而，宣传自己的主张，就成了一切思想者的最重要的任务，而自办刊物，无疑是自己为自己争取一个相对自由的生存和发展空间。

同仁办报刊在20世纪初比较盛行，但随着行业的成熟，文人办报已不再具有优势，40年代以后，就很少有文人办报办刊成功的例子了。道理很明白，各行各业，各有其自身的运行机制，办报办刊涉及资金、人员、稿源、发行等诸多的环节，不是业余爱好就能够解决问题并正常发展的。

值得一提的是，在近现代，每逢思想活跃的历史阶段，总是民间报刊兴盛的时期。当代社会的一些事实，同样可以说明这一历史现象，并帮助我们加深理解吴宓和老一辈知识分子的选择。“四人帮”倒台后，中国面临着一次思想的重建，而当时的中国，尤其是大学校园，各种油印刊物风起云涌。这些刊物的主办者们，一个最基本的想法，就是以此刊物，作为磨砺思想、交流思想、宣传思想的一个重要阵地。那积极分子中，是不乏文化担当的有志之士的。这些刊物，对于当时的思想解放运动，起了积极的作用。自然，大潮涌起，不免鱼龙混杂，当时的有关部门，对形形色色的民间刊物，一时无法应付，最后，是从出版物的角度，对此加以整顿。当出版市场渐趋规范时，自办刊物也就失去了动力。

吴宓因《学衡》而著名，也因《学衡》而受累。《学衡》明确主张：“论究学术，阐求真理，昌明国粹，融化新知。”(《〈学衡〉杂志简章》)这可以说是《学衡》的文化担当，也是吴宓的文化担当。对于《学衡》内容的评论，不是本文的任务，这里只是说明，在20世纪二三十年代的中国，提倡民主、反帝反封建的新文化运动是时代潮流，吴宓等一批留美学人在西方看到了资本主义社会的种种败象，对中国文化的价值有了进一步的体认，因而这一批留学生反倒不赞成否定民族文化全盘西化。“学衡派”的“昌明国粹”“融化新知”，用吴宓的解释就是：“西洋真正之文化与吾国国粹实多互相发明，互相裨益处甚可兼收并蓄，相得益彰，诚能保国粹而又昌明欧化，融会贯通……”（《论新文化运动》）在当时，这种持中的态度，与激进者的立场是显然对立的，所以，希望在文化讨论中“以中正之眼光，行批评之职事，无偏无党，不激不随”的“学衡派”成了保守派。再加之吴宓等人对文言文的偏爱也确实与新文化运动中的重要内容白话文运动格格不入，因而他们被视为食古不化的落后者。吴宓后来也认为，鲁迅在《估〈学衡〉》一文中批评“诸公掊击新文化而张皇旧学问”，“实甚公允”。从某种意义上讲，吴宓们的不幸既有技术上的错误，也有态度上的不合时宜。当时的中国历史选择的是果决的激进，而不是从容的整合。就在当时，吴宓也深深为世人对他的误会而悲哀。他说：“世之誉宓毁宓者，恒指宓为儒教孔子之徒，以维护中国旧礼教为职志，不知宓所资感发和奋斗之力量，实来自西方。质言之，宓爱读《柏拉图语录》及《新约圣经》，宓看明（一）希腊哲学（二）基督教，为西洋文化之二大源泉，及西洋一切理想事业之原动力，而宓亲受教于白璧德师及穆尔先生，亦可云宓曾间接承继西洋之道统，而吸收其中心精神。宓持此所行之区区以归，故更能了解中国文化之优点与孔子之崇高中正。宓秉此以行更参以西人之注重效率之办事方法，以及浪漫文学、唯美艺术，遂有为《学衡》，为文艺副刊。”①

吴宓对自己办刊的目的说得十分清楚。而他试图对中西文化进行整合的这一番苦心，在大半个世纪之后，才为世人理解，幸欤不幸欤?!

二

吴宓先生的文化担当的第二个方式是大学讲坛。

据现有资料，我整理出了《吴宓教育年谱》。吴宓先生一生在各高校所授课程及重要演讲题目如下（为方便读者，凡在不同学校的重复课，不省略，

① 吴宓.吴宓诗集·卷末：空轩诗话[M].上海：中华书局，1935：162.

用楷体表示。在同一所学校所开之课，则只列出一门，重复课省略。）

东南大学英语系（教授）：英国文史、英诗选读、英国小说、修辞原理。

东南大学西洋文学系（教授）：欧洲文学史。

东北大学英语系（教授）：英文读本、英国文学史、修辞及作文。

清华大学国学研究院（主任）：翻译术。

清华大学外国语文学系（教授，兼任系主任）：英国浪漫诗人、希腊罗马文学、西洋文学史、翻译术、中西诗比较、文学与人生、大一英文、大二英文、（英文作文）、古代文学史、专集研究。

国立北京大学外国语文学系（兼职讲师）：希腊罗马文学、翻译术。

北平燕京大学英国文学系（兼职讲师）：中西诗比较、翻译术。

北平国立师范大学外国语文字系（兼职讲师）：英诗、文学与人生。

北平国立北平女子文理学院英文学系（兼职讲师）：英国浪漫诗人、世界文学史大纲。

长沙国立临时大学外文系（教授）：西洋文学史、欧洲名著选读、欧洲古代文学。

西南联大外文系（教授）：欧洲文学史（后名西方文学概论）、世界文学史、人文主义研究（选修课）、文学与人生、红楼梦研究讲座、欧洲文学名著选读"柏拉图《对话录》"（九教授讲十部名著）。

昆明中法大学文学院（兼职讲师）：英国浪漫诗人、世界文学史大纲。

在遵义浙江大学应邀作《红楼梦》人物分析（专题讲座）。

成都燕京大学国文系（教授）：世界文学史、文学与人生、《红楼梦》讲座（亦曾在乐山武汉大学作《红楼梦》讲座）。

武汉大学外文系（教授、系主任）：中国文学、外国文学、中西比较文学。

武昌华中大学国文系（兼职教授）

汉口湖北师范学院外文系（兼职教授）

西北大学学术演讲：世界文学史纲、文学概论、中国小说。

中山大学文学院讲学五周。

岭南大学学术演讲。

重庆北碚相辉文学院外文系教授。

重庆大学外文系教授。

四川教育学院外文系(教授):英国散文选、世界文学史。

兼任重庆大学、相辉文学院、勉仁文学院教授。

四川教育学院与国立女子师范学院合并为西南师范学院后,吴宓任外语系教授所开课程:英国文学史、散文、近世欧洲文学史、世界文学史;吴宓在历史系开课:世界古代及中世纪史、世界古代史、世界上古史、世界文学史;吴宓为中文系本科生开课:外国文学、文言文导读;为教师进修班开课:世界文学名著选读、世界文学史、文言文选读、世界通史、英语、世界文学名著。

"《红楼梦》在世界文学史上的地位"(重庆市政协演讲,1961)。

1964 年 10 月,"四清"运动开始,吴宓从此离开了他立命安身的讲台。

从课程总体情况看,大约可以分为以下几类:

一、英语语言、翻译技巧及写作。如英语、翻译术、修辞原理、英文作文、修辞及作文。

二、外国文学史。英国文学史、欧洲文学史(又名西方文学概论)、西洋文学史、世界文学史、近世欧洲文学史、世界文学史(大)纲、希腊罗马文学、欧洲古代文学等。考虑到有些课程是名称的不同,而内容的大体一致,或侧重点的不同,在文学史方面至少涉及这样几方面的内容:(1)(大概念的)世界文学史;(2)断代史,如欧洲古代、近代史;(3)国别史,如英国、希腊罗马史等。

三、外国文学(作家、作品、文体)。英诗选读、英文读本、英国散文选、英国小说、英国浪漫诗人、欧洲名著选读、外国文学。

四、比较文学。中西诗比较、文学与人生、人文主义研究、中西比较文学。

五、世界历史。世界古代及中世纪史、世界古代史、世界上古史、世界通史。

六、中文专业。文言文导读、中国小说(演讲)、红楼梦研究(演讲)、中国文学、古代文学史。

纵观吴宓先生一生，共在十二所高校任教，在十所大学兼职，在多所大学做过学术演讲；所开课程是十分惊人的。吴宓的博学亦得以充分展示。从内容上，主要以西方文化、历史、文学为主，这就从直观上给我们一个新的感觉，吴宓先生并不是“传说”中的那样，是一个国粹主义者。或者说，是一个开口之乎者也的“冬烘”老学究。吴先生是很“西化”的，正是他对西方文化的熟悉，才深知中国文化的博大精深。吴宓曾对一个学生讲：“我虽然多年研究古典文学，但绝不是‘国粹遗老’，古典只是我的偏爱，好的新文学和西方文学，我也喜欢。中国古典名著我读得很多，能说出它们的中心主题。我主张知识没有国界，知识应当广博。”①

吴宓看重教育，他的很多选择都与育人有关，且常常当仁不让。解放初，有友人请他到北京任教，他却认为：“四川（西南）学生一样聪敏好学，而需要一位西洋文学通博翔实而又授课讲解认真且得法之好教授乎？目前具此资格者而在重庆（在西南地区）实只有宓一人，是故为国家计，直应遣派宓驻此地区。”②“文化大革命”后期，他已失去任教资格，但当学校开始招收工农兵学员时，他仍然主动请缨，希望重返讲台，或作文字翻译，或教授口语。当他晚年回乡后，得知家乡的学校无人上外语课，不顾自己年老体残，自告奋勇，愿意为中学生讲课。这种为国育才的精神，贯穿着吴宓的一生。

对教师的看重，使吴宓曾有一个天真的建议，他认为学校里应该把教师授课当成隆重的大事，他甚至建议教师授课应该穿上大礼服以昭郑重。这个“书生气”十足的建议显然不合时宜，未能实现，吴宓为此十分遗憾③。

吴宓对三尺讲台是十分看重的，他认为一个教师，主要阵地应是讲台，过多地被讲台以外的事务羁身，是一件痛苦的事。1926 年 9 月 22 日的日记中，他就表达了自己身不由己的苦恼：“宓到清华，长羁身于行政事务，而未能专授功课，使学生知我服我，舍长用短……而日与小人俗子角逐龋龁，不

① 水天明.我所认识的吴雨僧先生[C]//第一届吴宓学术讨论会论文选集.

② 胡国强.忆吴宓先生晚年在西南师范大学[C]//第一届吴宓学术讨论会论文选集.

③ 何兆武.回忆吴雨僧师片断[C]//第一届吴宓学术讨论会论文选集.

亦哀哉。”①

在特殊的时期,对一个有文化使命意识的人来说,教师也不一定是最好的选择。1927年6月,吴宓和陈寅恪在政局动荡时期,有过一次关于立命安身的讨论,他们一致认为,如大局改变,就“勿任学校教员。隐居读书,以作文售稿自活,肆力于学,谢绝人事,专心致志若干年。不以应酬及杂务扰其心,乱其思,费其时,则进益必多而功效殊大云。又与寅恪相约不入(国民)党。他日党化教育弥漫全国,为保全个人思想精神之自由,只有舍弃学校,另谋生活。艰难固穷,安之而已。”②但吴陈二人后来均未离开学校。所不同者,陈坚持不涉俗务的原则,而吴宓则欲罢不能。

在吴宓与陈寅恪的多年交往中,陈寅恪数次极力劝阻吴宓不要把精力耗费在一些社会活动上,包括一些教学管理及行政工作,最好集中精力读书、思考、写作。吴宓对此的态度是矛盾的。一方面,他知道陈寅恪言之有理,另一方面则感到欲罢不能。其原因如前所述,吴宓比陈多一份“办实事”的热情。在这一问题上,吴陈二人有过多次交谈。吴宓也有过多次感叹。如1928年2月10日记陈寅恪劝吴宓:“谢绝人事,努力为学读书,以成一己之专著。不特为朋托及学校团体之事,不必费时费力:即《学衡》有《大公报》,亦力求经济,以支持出版为度,不必过耗精神时间。然后乃能有读书之暇,而有进步之望。”③同年6月27日又记陈力主吴“屏绝杂务,专心读书著作。生活种种,均不足计也”④。10月2日日记:“……寅恪亦谓近今深感于生命之短促,故决专心著述,及时行乐。其他事务得失,概不萦心。此正合宓意。”⑤吴宓在日记中多次表达了对陈寅恪为学态度的敬佩,称陈的主张“此实良言,当铭识之”⑥,“我宜效法”⑦。但相较之下,吴宓“办实事”的热情

---

① 吴学昭.吴宓与陈寅恪[M].北京:清华大学出版社,1992:38.
② 吴学昭.吴宓与陈寅恪[M].1992:48.
③ 吴学昭.吴宓与陈寅恪[M].1992:75.
④ 吴学昭.吴宓与陈寅恪[M].1992:74.
⑤ 吴学昭.吴宓与陈寅恪[M].1992:75.
⑥ 吴学昭.吴宓与陈寅恪[M].1992:75.
⑦ 吴学昭.吴宓与陈寅恪[M].1992:86.

很少因自我的原因而降温。《学衡》杂志，如不是因为内部矛盾而导致停刊，按吴宓的想法，他是要坚持到最后的。二人的性格差异在这一问题上表现得十分鲜明。

吴宓的教学风采，可谓几十年如一日，他在《自编年谱》中曾记述，梁实秋到东南大学听了他的课后，在《清华周刊》撰文，记吴宓讲课时，预先写大纲于黑板，讲时，不看书本不看讲稿及任何纸片，内容丰富，井井有条，滔滔不绝，深受学生称赞。这种认真的教学态度和风度，吴宓保持了一生。

吴宓先生对教学的态度，他的很多学生已有不少文章谈到。下面这段话，或许较有代表性，移录如下，与读者重新感受这位教育家的风采：

> 我进清华不久，拜见了雨僧先生。……我先后选习过他开的两门课——《英国浪漫诗人》和《希腊罗马古典文学》。这两门课都讲授得很好，我从中获得不少知识。特别是"浪漫诗人"一课，对二十来岁的青年，一般都很有兴趣。在课堂上听着讲述拜伦、雪莱、济慈的诗篇和他们富有浪漫色彩的生平，真是一种享受。雨僧先生讲课时也洋溢着热情，有时眉飞色舞。虽然时光已经过了60年，今天我依然可回想起雨僧师当年在课堂上讲拜伦的《恰尔德·哈罗尔德游记》第三章21以下诸节、雪莱的《西风歌》、济慈的《希腊古瓮歌》、《夜莺歌》、《圣艾格尼丝前夕》等篇的热烈气氛。（王岷源《忆念吴雨僧先生》）①

吴宓在讲台上的风采，永远鲜活地存留在学生的记忆中；吴宓对教师工作的热爱，永远成为后来者的榜样；吴宓以自己渊博的学识和高尚的人格，培育出了中国现代学术界、教育界的一大批"博雅之士"。薪尽而火传，从这个意义上讲，吴宓先生的文化担当并没有落空。

（本文选自《红岩》，1998年第4期）

① 转引自第一届吴宓先生学术讨论会论文选集[C].

吴宓与现代知识分子的生存空间

王本朝

吴宓是位纯粹意义上的学者和诗人,他既有诗人的真诚与多情,又有知识分子的迂阔与执着。他以德立人,以学问行世,以诗调剂人生,终其一生都坚守着现代知识分子的人文情怀:借助文化思想解决社会现实问题。在我看来,吴宓的幸与不幸都与此相关。

现代社会为中国知识分子提供了四种生存空间:大学、市场、流亡、体制。中国的现代文化发源于大学文化,这在整个世界文化史上具有独特的意义,其他民族的任何一种新型文化都没有从大学孕育出来。20 世纪 20 年代的北京大学成为中国现代文化的发源地,以蔡元培为代表的教育文化、胡适为代表的语言文化、陈独秀为代表的媒介文化、鲁迅为代表的精神文化以及李大钊为代表的革命文化共同组成了现代中国文化最初的基本形态,它们最终成为现代中国文化的主流与中心。同时在南京的东南大学以吴宓主编的《学衡》杂志为中心又形成了另一种文化,他们以“论究学术,阐求真理”的态度与眼光去“昌明国粹,融化新知”,想同时发扬国家之精神,又传西学之精义,达到寻求中西文化之“共性”的目的。以北京大学为中心而形成的启蒙主义文化和以东南大学“学衡派”为代表而形成的人文主义文化,它们共同组成现代思想文化体系,并且是相互补充、相互制约的,从而形成强大的文化张力,推动整个现代文化的发展。

吴宓一生几乎都在大学里待着,从留学美国的哈佛,到执教于东南大学、清华国学院、西南联大，直至新中国成立后的西南师范学院。西方从中世纪以后所形成的大学机构一直是知识分子安身立命的重要居所，他们既承担着知识的创新与价值的维护的社会使命，又坚守批判社会、独立思考的自我岗位。中国现代知识分子选择大学这个特殊的空间来对社会发言，再借助一定的媒介把大学的学院文化传播到社会，转换成一种社会文化，从而影响到人们的思想与认识；这恰恰契合了现代中国社会对“文化兴国与立人”的价值认同方式，也为现代知识分子最初选择大学而获得成功奠定了基础。大学中的知识分子应该说是现代社会第一代真正意义上的知识分子，吴宓在二三十年代所取得的学术成就与此不无关系。

接着就是30年代社会大市场对知识分子的冲击与选择。20世纪30年代知识分子的主要生存空间是市场，一种商品化、社会化的市场空间出现了，知识分子从大学中走出来进入到社会大市场之中，自由地选择自己的职业。这时学院中的知识分子再也不是社会的中心，逐渐被边缘化了，社会的兴奋点转入对非学术话题的关注。而学者们要么离开大学，进入政坛或市场，要么继续坚守自己的立场，继续从事自己的学术思想工作，真正的大学者也就开始涌现出来，一批很有分量的学术成果也不断面世。吴宓在清华大学主持的国学院工作，聘请国家大师王国维、梁启超、赵元任、陈寅恪等“研究高深学术，造就专门人才”，可以说是对现代学术的一大贡献。而鲁迅、陈独秀等则从大学中走出来，当时称之为走出“亭子间”，进入大社会，他们各自选择了与社会保持紧密联系的工作，鲁迅以杂文文体表现对社会现实的批判，陈独秀则直接参加了社会革命斗争。社会的市场化使现代知识分子内部出现分化，整个社会出现了多元化的发展态势，相互间共存、互补，而不是约束与替代。

民族战争的爆发使现代知识分子陷入流亡与奔走的生存困境。居无定所、心无宁日。一批知识分子投奔到抗日战争的洪流中去了，把自己的身心都交给了民族的自救工作；一批知识分子退隐了，归隐于自然山水，或游遁于故纸堆里讨生趣；还有一批知识分子却依然坚守在大学空间，尽管那个时候的大学已经无法获得清静安闲的心境，但知识分子们依然以人类文明之光烛照青年迷茫的心,让他们坚定信心,建立起坚固的文化屏障,足以支撑起民族的和个人的道德灵魂。那个时候的吴宓待在西南联大,在风雨飘摇中做有益于民族文化的教育工作:"坐看西南天地窄,心伤宇宙毒魔加。死生小已遵天命,翻笑庸愚作计差。"在无可奈何中依然把握着人格的超越与坚韧。流亡中的大学已经紧缩在社会的一个很小很小的角落中,偏居一隅,大学已经不再是社会的中心空间,更不是社会的文化中心了。大学的彻底边缘化与零散化也标志着大学中的知识分子也彻底被边缘化了,被挤落在没有多少文化氛围的乡间。这是不是一个预兆?预示着知识的民间化与乡村化运动即将登上历史舞台。

同时在40年代中国的第二代知识分子已经走上历史岗位,他们与吴宓所代表的第一代知识分子出现了明显的差异,他们拥有强烈的政治使命意识,而不是文化使命意识,他们没有吴宓们的困惑与矛盾,没有多少沉重的思想包袱。这一代人即将成为体制中的知识分子的主要角色,并以自己的意识形态强制性地改变第一代知识分子。50年代以后,现代知识分子完全进入一套体制之中,成为国家干部,成为自食其力的劳动者与管理者。大学也成为体制的一部分,大学中的知识分子自然不可能游离于体制之外,你的生活与工作关系都与体制紧密相连,思想也只能在体制中去思想,或者说是思想符合国家体制的思想。这样,社会政治中的各项运动,只要是在这种体制中发生和进行的,最终都将波及大学,甚而以大学为急先锋,从大学开始运动到社会中去。吴宓依然待在一所大学里,那么他也必然要经受各种政治运动的考验,最终成为运动的受害者。同时,他也不可能离开大学,到社会中去谋一份工作,也不愿意流亡到国外去忍受背井离乡的文化相思之苦。吴宓的悲剧是自找的,也是被迫的。他在新中国成立后的大学中依然想走文化建设中国之路,自我设计着一套人生道德准则,最终证明他所有的"聪明"都无法逃脱社会运动与时代浪潮的冲击。他的"聪明"留下了一个悲凉的结局,他的"不聪明"令人肃然起敬。

吴宓的意义向我们昭示着:真正的知识分子应该怎么去承担文化之道?他一生以大学作为自己的生存空间,不傍人、不屈势、自由而独立,始终坚守着清贫的学术与高贵的人格。今天的知识分子生存空间要相对宽广得多，道德与学术不可能成为知识分子的唯一选择，但知识分子人格与良知依然是知识分子之所以成为知识分子的凭证。

（本文选自《红岩》，1998 年第 1 期）

吴宓主编《学衡》杂志的初步考察

王泉根

《学衡》杂志是20世纪二三十年代一份标榜"论究学术,阐求真理,昌明国粹,融化新知",以文史哲学术论文为主体,并兼有文学创作与翻译的综合性文化研究期刊。由于各种原因,有关该刊的办刊始末与整体面貌等一直缺乏详尽的考察文字,留下某种遗憾。本文依据考查所得,拟就此问题作一客观持平的述评,期以引起文化研究界的注意,并就教于广大读者。

第一部分 《学衡》始末

一、《学衡》的出版发行情况

《学衡》杂志于1922年1月1日在南京东南大学创刊,1933年7月终刊,共出79期。其中:1922年1月至1926年12月为月刊,计出第1~60期,共60期。1927年因北伐战事停刊一年,1928年1月至1929年12月改为双月刊,计出第61~72期,共12期。1930年因总编辑吴宓赴欧游学再度停刊一年。1931年以后出版甚不正常,时断时续。1931年1月至3月计出第73~75期,共三期。1932年5月、12月出刊第76~77期,共两期,1933年5月—7月出刊第78~79期,共两期。此外,1926年3月曾再版发行第1~50期,1931年又再版第51~70期。

《学衡》杂志为16开本,每期正文120页,另有4页套色插图。自第14期(1923.2)起,各期均附有本期主要文章的英文目录及英文《学衡》简章。该刊自创刊至终刊,所载文章均无稿酬。编辑兼发行者为南京《学衡》杂志社,出版印刷与总发行者为上海中华书局。该刊向国内外发行,第60期(1926.12)曾刊登过一则启事,说明"国内及日本,每期三角,全年(六期)一元五角。欧美各国,每期四角,全年(六期)二元"。

二、《学衡》杂志编辑力量

《学衡》杂志的编辑力量主要是南京东南大学的一些文史哲教授。据台湾学者罗佩秋《柳翼谋先生及其学衡诸友》一文称,柳诒徵、刘伯明、梅光迪、汤用彤、吴宓、胡先骕等人皆为《学衡》的创办人,而柳、吴二人致力尤多。柳诒徵(1880—1956),字翼谋,江苏镇江人,历史学家、图书馆学家。清宣统元年(1909)优贡,1916至1925年任南京高等师范学校、东南大学历史系教授,后长期任大学教授及图书馆馆长。《学衡》创刊号卷首"弁言"即出自柳氏手笔,自1924年起,任《学衡》南京编务处的干事。柳氏在《学衡》杂志发表文章位居第一。其中,第46~72期,连载68章45万字的专著《中国文化史》影响甚广。吴宓(1894—1978),字雨生、雨僧,陕西泾阳人。英国文学、比较文学研究家,诗人,红学家。1917年,自清华学堂毕业,赴美国哈佛大学攻读英国文学,师从美国人文主义大师白璧德。1921年回国后即任东南大学西洋文学系教授,历任清华大学国学研究院主任、外文系教授,并主编过六年天津《大公报·文学副刊》,终生在大学任教。吴宓国学基础深厚,英文造诣尤高。自1922年《学衡》创刊起,直至1933年终刊,一直担任该刊总编辑,他不但"独立集稿捐资",而且为《学衡》撰文甚多。《学衡》创办11年,在时局动荡与经费困难的内外交忧之中,能始终一贯坚持办刊宗旨与独特风格,总编辑吴宓的执着固韧精神与文化追求实为最主要的因素。吴宓曾以"炉火烛光依皎日"比喻自己的追求精神,自谓在东南大学创办《学衡》期间,"昕夕勤劳,至于梦中呓语,犹为职务述说辩论。盖此后三年中,实为予一生最精勤之时期”[①]。

《学衡》杂志的其他编务人员还有胡先骕、汤用彤、景昌极、缪凤林等。

胡先骕(1894—1968),字步曾,江西新建人。植物学家,诗人。曾两度赴美留学,获科学博士学位。回国后终生从事植物科学的研究与教学,历任北京大学等校教授、研究员,同时也是一位“从事吟咏逾四十年”的诗人。1922至1924年任《学衡》“文苑”专栏的诗歌编辑。吴宓在《空轩诗话》(1934)中说:“步曾中国诗学之知识及其作诗之造诣,皆远过于我,我深倾服,并感其指教之剀切爽直,益我良多。予虽为《学衡》杂志之总编辑,然‘诗录’一门则由步曾主持编选(予毋能改动丝毫)。步曾出洋[②],则以授邵祖平君。其后邵君与予忤,乃改请李思纯君。北来后[③]继以李汉声君。60期以后始归宓编选,外人或未能尽知也。”汤用彤(1893—1964),字锡予,湖北黄梅人。哲学家,历史学家。清华学堂时与吴宓同学,留学美国哈佛大学获哲学硕士学位。1922年回国入东南大学,后长期在北京大学等校任哲学教授。汤用彤在东南大学期间曾任《学衡》编辑,第一篇很有学术贡献的论文即是发表在《学衡》第12期上的《评近代人之文化研究》,另发表过《亚里士多德哲学大纲》《希腊之宗教》等译著。后以佛学史研究知名于史学界。

景昌极、缪凤林都是东南大学毕业留校的,长期在东大等校任教。1925年,吴宓北上任清华大学国学研究院主任后,《学衡》特增设景昌极为副总编辑,负责南方地区的组稿。1927年起,改由缪凤林出任副总编辑。景氏与缪氏主要研究历史、哲学,在《学衡》杂志发表过不少文章。缪氏还著有《中国通史纲要》《近代西洋哲学史大纲》等。此外,1930年吴宓赴欧游学期间,曾由胡稷咸一度代理编辑过第73~75这三期。

---

① 吴宓诗集·卷末[M].上海:上海中华书局,1935:151-152.

② 指1925年第二次赴美国哈佛留学.——引者注

③ 指吴宓1925年到清华大学任国学研究院主任.——引者注

三、《学衡》杂志创办始末

1. 创刊

《学衡》于1922年1月创刊于南京东南大学。东南大学是由两江师范学堂发展而来的。1915年，两江师范学堂改为南京高等师范学堂，1921年冬，又升格为国立东南大学。《学衡》酝酿筹办之时，正是东大欣然开创百科俱兴的发皇伸展之际。当时东大的文史地部学术研究空气颇为浓厚，历史学教授柳诒徵曾发起成立史地研究会，创办《史地杂志》，开办学术讲座。文史地部学风笃实，蔚然知名于国内外，毕业生多为国内各大学聘用任教。校内各科学术带头人皆一时名素，为学界推重，文科如王瀣、吴梅，历史如柳诒徵，理科如竺可桢，英语如梅光迪，教育如郑宗海等。《学衡》正是在这样一个学术空气浓厚、有一大批"学贯中西"的教授可以源源供稿的环境里问世的，可谓得"天时、地利、人和"之助。

当然，导致创办《学衡》杂志的根本原因在于五四新文化运动带来的中西文化大交流、大讨论、大碰撞及由此而产生的五四人物"重新估定一切价值"与学衡人物"昌明国粹，融化新知"之间的思想冲突。而推动《学衡》在东大问世者，厥为梅光迪。梅光迪（1889—1945），字迪生、观庄，安徽宣城人。早在《学衡》创办之前，梅光迪与胡适就在美国展开了文言与白话的文学形式问题的论争。胡适与梅光迪都是隶籍安徽，出身清华学堂又先后留学美国的朋友，交谊甚笃。但因胡适师从杜威，深受杜威实用主义的影响，基于进化论与实用的观点，力主文学与时推移，以合世用，故以"评判的态度"对待传统，主张破旧立新，高标"文学革命"之旗帜；而梅光迪则师从白璧德，秉持白璧德的人文主义，重视传统与现代之间的继承性，故虽不满中国的旧文学，却反对"把孩子和洗澡水一起倒掉"，主张在现有基础上作温和的改进。胡、梅二人在美国期间的这一分歧后来带回国内，由讨论而攻驳，最后终于分道扬镳，成为对立的两面了。

1919年秋，梅光迪学成归国，始任天津南开大学英文系主任，同时又任上海《民心周报》主编。该报以"发扬吾国故有之文化""输入及批评欧美新思想与学说”为职志，对胡适倡导的白话文多有批评。1920 年梅氏应故友东南大学副校长刘伯明（也曾留美）之邀，调南京高师，次年（1921 年）南高升格为东南大学，梅氏即出任西洋文学系主任。是年 8 月，梅氏的好友、同样师从白璧德的吴宓从哈佛毕业回国，应梅氏之邀，担任东南大学西洋文学系教授。梅光迪有了吴宓这样一位“志同道合”的清华哈佛同窗，顿感力量倍增。其时正值五四后期，思想文化界各种学说新见层出不穷，五四人物以西洋文化批评东洋文化，以欧化议孔教之非，决然抛弃华夏中心主义，冲决自我封闭的思想体系。当时虽有梁启超、梁漱溟等人竭力维护传统文化的价值，提出“东西文化”“精神文明”“昌明国粹”“发扬国光”等口号，但终因缺乏强固队伍与言论阵地，难以发挥“力挽狂澜”的作用。聚集于东南大学的梅光迪、吴宓及刘伯明、胡先骕、柳诒徵等人朝夕往返之际，莫不深感五四人物误以西方人的行为方式作为人的普遍行为，以西方人的习性作为人的普遍本性，一意抛弃本国文化传统，不免矫枉过正，铸成遗憾；又鉴于五四后期，知识分子竞言西学，唯新是骛，却不知究其本源，审慎取择，难免“道听途说，呼号标榜，陷于一偏而昧于大体”[①]，故亟思加以匡正，以振溺继绝，斡旋时运，有补于世。正是在这样特定的时代背景与文化气候中，《学衡》杂志应运而生了。

2. 衍变

《学衡》创办之初，吴宓即写信给他在长沙的契友，诗人吴芳吉，要他在湖南也创办一个刊物以为响应。不久，吴芳吉与刘朴、刘永济等当年清华学堂的同学一起成立了湘君社，并创办了《湘君》文学季刊（1924 年秋停刊）。《学衡》同时又与《史地学报》《文哲学报》《亚洲学术杂志》《国学丛刊》《华国月刊》等遥相呼应，互结奥援，以“昌明国粹，融化新知”为号召，一时间声势鹊起，大有与以北京大学为中心的新文化运动形成南北对峙的局面。

然而好景不长。第二年《学衡》即开始受到冲击，学衡人物内部发生了分化。先是 1923 年 11 月刘伯明去世，不数日东南大学又发生教学大楼“口

---

① 《学衡》杂志简章.

字房”遭受火灾的事变，此二事在东大引起极大震动。刘伯明（？—1923），江苏江宁人，系《学衡》筹备、初创阶段的东大副校长兼文科主任，曾以自己在东大的行政地位与学术影响给予《学衡》很大支持，《学衡》创刊号的首篇文章（相当于发刊词）即为刘氏的《学者之精神》。刘氏去世后，柳诒徵、吴宓都有诗文记述哀忱。吴宓在挽联中写道：“（下联）合学问与事功有理想并实行，强为所难斯真苦志。平居念天下安危，毅然慕东林复社之规，辟訾说放淫辞正民彝固邦本。撷中西礼教学术之精华，以立氓蚩蚩成德之基。大业初发轫遽尔撒手安归，虽云后死者皆有责，我愧疏庸。忍泪对钟山兀兀，问今后更何人高标硕望领袖群贤。”（重点号系引者所加）吴宓的挽联既说明了刘伯明“慕东林复社之规”在创办《学衡》“领袖群贤”中的重要作用，也透露了当年作为总编辑的吴氏在失去刘伯明有力支持后的失落感与忧虑心情。刘伯明之死是学衡人物逐渐发生变动的开始。

1924 年，《学衡》中坚人物梅光迪赴美讲学，长期未归，以后也未给《学衡》写稿。梅氏的出走，无疑使《学衡》失去了一根台柱。同年暑假，总编辑吴宓也离开南京，辗转执教于沈阳东北大学及清华大学。1925 年，胡先骕第二次赴美国哈佛大学，攻读植物分类学博士学位。同年 3 月，东大发生“易长风潮”，柳诒徵愤而辞职也离开东大。自此，学衡人物星流云散，编辑成员分为南北两处。

3. 终刊

自学衡人物星散之后，《学衡》实际上是由吴宓一人在奋力支撑。该刊自 1927 年以后的停刊复刊情况，均与吴宓的活动密切相关。1927 年因北伐战事，又因吴宓于年初专程赴陕接吴芳吉离开被军阀吴佩孚部将围城两百多天的西安，这一年《学衡》暂时停刊。1930 年 9 月至 1931 年 9 月，吴宓去英国牛津大学和法国巴黎大学游学，《学衡》在 1930 年再度停刊，1931 年仅出二期。从 1931 年以后，《学衡》实际上已处于艰难困顿之中，这主要在于人事与经费两项，尤其是经费，堪为《学衡》的沉重包袱。前已提及，《学衡》自创刊至终刊，所载文章均无稿酬，此即可见经费长期拮据。自第 67 期起，曾刊有赞助经费的鸣谢，但至第 78 期，六年间仅收到 600 元。按《学衡》创刊时每份二角五分，60 期起改为每份三角，全年订费 1.8 元计算，600 元只等于333份《学衡》一年的订费,经费亏损之大是可想而知了。人事方面,自总编辑吴宓北上以后,《学衡》编务始终由其在清华遥领,这种局面难免引起南京同人的不便与不满。1932年柳诒徵与缪凤林在南京创办钟山书局,提出《学衡》收归钟山书局自印发行,于是引起南北双方的最后摊牌,吴宓被迫于1933年7月在出刊第79期以后辞去总编辑之职,改由缪凤林继任。关于《学衡》终刊的这一"内部消息",吴宓曾在《吴宓诗集·卷末》第46页中做过如下记述:"民国二十一年秋冬,《学衡》杂志社员在南京者,提议与中华书局解约,以本志改归南京钟山书局印行。宓当时力持反对,盖以已往十余年之经验,宓个人与中华书局,各皆变故屡经,艰苦备尝,然《学衡》迄未停刊,以昔证今,苟诸社员不加干涉,任宓独力集稿捐资,仍由中华印行,必可使此志永永出版而不停。纵声光未大,而生命得长,任何改变办法,皆不免贪小利而损大计,故宓坚持反对云云。乃诸社员卒不谅。宓不得已,于民国二十二年夏,正式辞去总编辑职务。于是诸社员举缪凤林君继任,然后与中华书局解约。但迄今一年有半,尚未见《学衡》第80期出版。此事伤宓心至大。外人不明实情,反疑《学衡》之停刊由于宓之疲倦疏懒。宓既力尽智全,不能阻止,反尸其咎,乌得为平。"作为"《学衡》生命所系"的吴宓,一旦辞去总编辑之职,创办十一年之久的《学衡》杂志,也就自此终刊永别学界了。

第二部分 《学衡》内容

一、作者队伍

欲论《学衡》内容,当先分析《学衡》作者队伍。

《学衡》先后出刊79期,各期作者("文苑""杂缀""附录"三栏不计)共108人,其中发表过三篇次以上文章者计23人。按发表作品篇次多少顺序依次为:柳诒徵(55篇次)、吴宓(42)、缪凤林(24)、景昌极(23)、王国维(20)、胡先骕(18)、张荫麟(14)、刘永济(12)、林损(12)、汤用彤(8)、郭斌和(8)、刘伯明(7)、孙德谦(7)、徐震堮(6)、梅光迪(5)、吴芳吉(4)、胡稷咸

(4)、王恩洋(4)、李思纯(3)、陈柱(3)、刘朴(3)、叶玉森(3)、杨成能(3)。

从《学衡》主要作者的学历、经历、人际关系分析,可知学衡人物是由以下三方面组成的:一是留美归国者(其中又以出身清华学堂并留学哈佛者为《学衡》之中坚),这有梅光迪、吴宓、胡先骕、刘伯明、汤用彤、张荫麟、郭斌和等。二是东南大学执教者,这有柳诒徵、缪凤林、景昌极、徐震堮。三是与总编辑吴宓是清华学堂的老同学或是清华大学的新同事。前者有吴芳吉、刘朴、刘永济,后者有王国维、陈寅恪(留学欧美)、李思纯(留法)、胡稷咸。从以上开列的人物名单中可以看出,学衡人物中留学欧美获得高学位者多达九人,这种教育背景使他们对于西方文化有着相当程度的了解。学衡人物中的三位年轻中坚梅光迪、吴宓、胡先骕,既有着深厚的国学根基,又深受西方文化的深刻影响,梅、胡二人早年曾得秀才功名,后又相率加入"南社",吴宓则终身依皈"儒教",并奉北京大学国学大家黄节为师。当他们留学哈佛时,则又不约而同从美国人文主义大师白璧德(胡先骕虽为植物学家,但他在1925年第二次赴哈佛时,也曾亲炙于白璧德)。学衡人物中的王国维是名闻中外的国学大师,曾任清华国学研究院导师。柳诒徵也是著名历史学家。张荫麟与汤用彤都是清华学堂毕业赴美留学的,张氏毕生从事历史研究,汤氏对佛学史研究甚有贡献。综观《学衡》杂志主要作者的情况,可以说绝大多数都是学贯中西、学有专长的知名学者,其中不少人在年龄与学历方面都与提倡五四新文化运动的胡适相当。由这样一支以留学欧美的年轻知识分子为中坚同时又集合了王国维、柳诒徵等对传统文化素有研究的学者组成的学衡人物,在对待中西文化的价值取向方面,必然会形成自己的风格,并直接影响到《学衡》杂志的整体内容与文化精神。这种风格用梅光迪的话说就是"阐扬旧学,灌输新知";用《学衡》的简章表达就是"昌明国粹,融化新知","无偏无党,不激不随";用柳诒徵为《学衡》写的"弁言"揭示该刊出版目的则系于下列四义:"一、诵述中西先哲之精言以翼学。二、解析世宙名著之共性以邮思。三、籀绎之作,必趋雅音以崇义。四、平心而言,不事嫚骂以培俗。"

二、《学衡》栏目

《学衡》所设栏目，自创刊至终刊十一年一直固定不变，其内容可分为七部分：

1. 插图。置于每期目录之后，正文之前，以刊登古今中外名宿大师画像为主，如第一期并列孔子与苏格拉底的画像。亦有介绍艺术方面的图片，如第27期为配合正文《希腊美术之特色》，特选载13幅古希腊雕塑及罗丹作品等作为插图。

2. 通论。这是《学衡》的主要栏目，以发表政治时事评论与文史哲学术论文为主，如第27期《中国文化西被之商榷》（柳诒徵）、《戒纵侈以救亡论》（杨成能）。《学衡》有关批评新文化运动的言论亦多见于这一专栏。

3. 述学。这也是《学衡》的主要栏目，除第38、66两期外，各期皆有。以介绍阐释中国传统文化与西方文化为主，尤重介绍中西学术思想，是《学衡》“昌明国粹，融化新知”的具体实施。

4. 文苑。专门刊登文学作品，又分为文录、诗录、词录、戏曲、小说等。以旧体诗为多，间或发表少量翻译作品。

5. 杂缀。此栏不多见，内容较芜杂，有游记、诗话等。如第1~10期断续连载的胡先骕《浙江采集植物游记》，属于自然科学方面的内容。

6. 书评。此栏亦不多见。以评介新近出版物为主，尤重诗词方面的。如第1、2期连载的胡先骕《评〈尝试集〉》。

7. 附录。间或有之，如第26期郭秉文的《刘伯明先生事略》等。

兹将《学衡》出刊79期发表的所有文章，按专栏别类，统计如下（各栏数字系指发表文章的篇数，诗词以首计；括号内的数字系指发表文章的篇次，如吴宓《西洋文学精要书目》连三期，仍以一篇计，写为1(3)）：

1. 通论：142(144)
2. 述学：164(228)

3. 文苑
   - 文录
     - 散文 106(115)
     - 翻译 2
   - 诗录
     - 古体诗 2883
     - 译诗 224
   - 词录 338
   - 戏曲
     - 杂剧 3
     - 翻译 1(2)
   - 小说
     - 小说 3
     - 翻译 4(2)

4. 杂缀:9(22)

5. 书评:24(25)

6. 附录:6

三、《学衡》整体内容

从《学衡》杂志 79 期的整体内容考察,除了在五四新文化运动中所持文化守成主义或曰文化保守主义的重要一面外(参见文末附记),主要还有以下三方面的内容:

1. 研究中国古代文化与古代文学

这方面的作者主要有柳诒徵、王国维、刘永济、张荫麟、景昌极、邵祖平等。如柳诒徵的《中国文化史》《华化渐被史》,王国维的《最近二三十年中国新发见之学问》《中国历史之尺度》,刘永济的《中国文学通论》《中国文学史纲要》,陆懋德的《中国文化史》,张荫麟的《老子生后孔子百余年之说质疑》《纳兰成德传》,邵祖平的《唐诗通论》,黄建中的《中国认识论史》,景昌极的《中国心理学大纲》,袁同礼的《永乐大典考》,王焕镳的《论周代婚制》,张其昀的《刘知几与章实斋之史学》等。在大量的"国学"研究类文章中,影响最大的当推《学衡》第 46~72 期连载的 68 章 45 万字的《中国文化史》(柳诒徵著)。全稿分为三编:第一编上古文化史(凡 23 章)。自邃古以迄两汉,是为中华民族本其创造之力,由部落而建设国家,构成独立文化之时期。第二编中古文化史(凡26章)。自东汉以迄明季,是为印度文化输入中国与中国固有文化由抵牾而融合之时期。第三编近世文化史(凡19章)。自明季以迄民国。是为中印两种文化均已就衰,而远西之学术思想、宗教政法以次输入、相激相荡而卒相合之时期。柳氏淹贯经史,学识广博,全稿引用资料多达六百余种,自六经、诸子、廿五史、历代各家著述,旁及国外汉学家的论著和近代报章杂志、统计资料,无不详为搜集。作者对我国文化的起源阐明源流,尊重历史事实,不做轻率的否定或怀疑;对我国古代科学文化的创造,从社会发展、生产斗争、人民生活的需要来说明演变;对中国文化与东西方文化的融合,分析得失,说明文化交流相互影响的过程。全稿虽征引繁博,但叙事章节主题鲜明,详辨慎取,不乏独到的见解。例如,柳氏把清代学者研究经学的全部成果,归纳为史料考证之学,从而扩大了史学的研究范围,这是他以前的学者没有认识到的,对后学颇有启示。《中国文化史》对我国上下几千年文化的发展做了比较系统全面的梳理与考察,对于弘扬中国文化起了促进的作用,因而全稿在《学衡》发表后,即引起较大的反响。钱穆称誉此书为"名世之作",认为柳氏的史学成就堪与陈寅恪分庭抗礼。《学衡》刚刊完全稿,即有书商偷印出版,但因鲁鱼亥豕,使《学衡》不得不发表启事,声明版权所有。《中国文化史》于1932、1947年两度出版,1988年又作为"中国学术丛书"之一,由中国大百科全书出版社重版。由此可见此书的价值与影响,亦可窥见《学衡》杂志对于研讨中国传统文化所做的努力。

应当指出,在研究中国古代文化与古代文学方面,《学衡》的努力在当时学界是独树一帜的,它所刊布的不少文章,至今仍有参考意义。例如,王国维在古代史、金石考古、边疆史地等方面的论述,汤用彤对印度哲学与中国佛学史的钻研,刘永济对中国古代文学发展轨迹的探讨等。有的文章在发表当时就传诵一时,除《中国文化史》外,其他如刘永济的《文鉴篇》,对文艺鉴赏有极精微的剖析,为时人所重。张荫麟在《学衡》第21期刊载的《老子生后孔子百余年之说质疑》,以深刻的史识,批评梁启超有关老子的考证,引起任公的重视与赞赏。

2. 引介西方文化与西方文学

在阐扬中国古代文化与古代文学之际,《学衡》又致力于西方文化与西方文学的引介。他们认为“引介西学”和“昌明国粹”应是文化研究的两翼，相辅而行。真正的西方文化不但有助于了解中国本土文化的价值，更能与传统文化彼此贯通，融铸成一种世界性的新文化。热衷于引介西学的主要是留学归来的一批年轻学者，如吴宓、胡先骕、梅光迪、张荫麟、汤用彤、郭斌和等。在《学衡》79 期“通论”“述学”两栏中，有关讨论西方文化的文论多达 69 篇，其内容又可分为以下数端：

(1) 注重古希腊罗马文化

双希文化(希腊文化和希伯来文化)是西方文明的两大源泉，学衡人物在对待双希文化方面格外注重希腊罗马的古典文明。吴宓说过，他“爱读《柏拉图语录》及《新约圣经》。宓看明(1)希腊哲学(2)基督教为西洋文化之二大源泉，及西洋一切理想事业之原动力”。① 但“西洋文明之精华，惟在希腊之文章哲理艺术”。② 又说：“古希腊之哲理文章艺术等，为西洋文化之中坚，源流所溯，菁华所在，为吾国人研究西洋文化所首应注重者。”③基于这样的认识，《学衡》十分注重希腊文化的译介，这方面的著译多达 17 种(篇)，其中重要的有：景昌极、郭斌和合译的柏拉图五大语录(《苏格拉底自辨义》《克利陀篇》《斐都篇》《筵话篇》《斐德罗篇》)，在《学衡》连载后由郭氏撰写导言单独出版，开我国译介柏拉图著作之先河；向达、夏崇璞合译的《亚里士多德伦理学》全书，分期连载，亦开汉译亚里士多德著作之先声。其他如汤用彤译《亚里士多德哲学大纲》《希腊之宗教》，吴宓译《希腊对于世界将来之价值》，胡稷咸译《希腊之哲学》等，以及吴宓著《希腊文学史》等，均是《学衡》介绍希腊文化的实绩。

(2) 介绍新人文主义

《学衡》总编辑吴宓及梅光迪、胡先骕均深受美国人文主义领袖白璧德的深刻影响，他们认为“欲窥西方文明之真际及享受今日西方最高之理想者”必须了解新人文主义④，而“实证之人文主义，如本志夙所提倡介绍之白

---

① 吴宓.空轩诗话·二十四[M].

② 吴宓.沃姆中国教育谈·识语[M].

③ 希腊对于世界将来之价值·译者识语[M].吴宓译.

④ 吴宓.穆尔论现今美国之新文学·译序.

璧德等人之学说是也”。[1] 故有关新人文主义的引介自然成了《学衡》引介西学的一大重要内容与特色，属于这方面的文章多达20篇。总编辑吴宓还在各篇译著之前撰写长篇按语，详尽阐述新人文主义。这方面的文章主要有：吴宓译《白璧德之人文主义》（19期）、《白璧德论民治与领袖》（32期）、《白璧德论欧亚两洲文化》（38期）、《白璧德论今后诗之趋势》（72期）、《穆尔论自然主义与人文主义之文学》（72期），胡先骕译《白璧德中西人文教育谈》（3期），徐震堮译《柯克斯论古学之精神》（21期），张荫麟译《葛兰坚论学校与教育》（42期）、《白璧德论班达与法国思想》（74期），浦江清译《薛尔曼现代文学论序》（57期），以及梅光迪写的《现今西洋人文主义》（8期）、《安诺德之文化论》（14期）等。

（3）介绍西方文学

介绍西方文学为《学衡》引介西方文化的又一重要组成部分，从创刊至终刊一直坚持不懈。先后引介的西方作家有但丁（Dante）、兰姆（C.Lamb），雨果（V.Hugo）、安诺德（M.Arnold）、爱伦坡（Allan Poe）、雪莱（Shelley）、罗色蒂（Rossetti）、济慈（Keats）、歌德（Goethe）、拜伦（Byron）、莎士比亚（Shakespeare）、萨克雷（Thackeray）伏尔泰（Voltaire）等。《学衡》除单个作家的研究介绍外，还通过组织专栏，集中介绍欧美文坛的重要信息，如第65期（1928.9）曾推出一组《1928年西洋文学名人纪念汇编》，向中国读者介绍了这一年去世的一些世界著名作家或作家的生辰纪念，计有：英国小说家哈代、西班牙小说家易班乃士逝世，挪威戏剧家易卜生、法国历史学家与批评家但因、英国小说家麦雷迭斯、英国诗人但丁·罗色蒂、俄国文豪托尔斯泰诞生百年纪念，等等。

在诸多介绍西方文学的译著者中，以吴宓作品最富。《学衡》创刊的第一年，他就发表了《西洋文学精要书目》，分载数期，第二年又发表《西洋文学入门必读书目》（22期），通过介绍西方文学重要作家作品与必读参考书籍，用以引导初学者入学门径。《学衡》发表的译作，吴宓大多写有长篇按语，译介作者生平、文学成就与在文学史上的地位影响等。吴宓在《学衡》还发表

① 吴宓.《张荫麟译〈斯宾格勒之文化论〉》编者序.

过一些文学评论，如《诗学总论》《英诗浅释》等。1928 年至 1933 年，他在兼任天津《大公报·文学副刊》主编期间，也殚竭心力，利用副刊鼓吹介绍西方文学，发表过《评潘彼得译本附论桓吉尔》《马勒尔白逝世三百周年纪念》《罗色蒂诞生百年纪念》等文。

3. 进行中西比较文化的研究

学衡人物十分重视中西比较文化的研究，《学衡》“弁言”确定“诵述中西先哲之精言以翼学”“解析世宙名著之共性以邮思”为其办刊要旨，其目的是为了通过研讨中西文化的“精言”“共性”，“以见吾国文化，有可与日月争光之价值”；对于西方文化决不一概盲从，而应在“博极群书，深窥底奥”的基础上“然后明白辨析，审慎取择”①。《学衡》的办刊宗旨既是学衡人物进行中西比较文化研究的目的与指归，也是他们从事这一工作的理论纲领与努力目标。从某种意义上说，《学衡》79 期自始至终就是在进行中西文化的比较研究，并试图通过这种研究寻找出一种既合乎中国国情又顺应世界潮流的新文化。当然，这种努力的结果是否合乎中国国情、顺乎世界潮流达到预期目的那是另一回事，但他们的的确确在进行着严肃认真的中西文化的比较研讨。屈于这方面的课题是多方面的，这里略述数项：

(1)苏格拉底与孔子的比较

《学衡》创刊号之插图并列孔子与苏格拉底中西两大哲人的画像，此即表明学衡有志于中西文化比较研究之趋向。《学衡》十分重视苏格拉底、柏拉图、亚里士多德著作的译介(前已述及)，他们认为这三位古希腊哲人的思想与中国古代哲人孔子的思想有相通之处。吴宓在《我之人生观》②中说：“吾以穷则独善其身，达则兼济天下之义，求之于泰西，得柏拉图。柏拉图之时势与怀抱，与孔孟最相近似。”他在《苏格拉底像赞》③中更把孔子与苏格拉底相提并论，直接表明了《学衡》人物寻求中西文化会通的苦心：

① 《学衡》杂志简章.
② 学衡[J],16.
③ 学衡[J],48.

亹亹苏哲，奋志求真，明法殉道，杀身成仁。
天地正气，日月精魂，音容宛在，光焰长存。
东圣西圣，此理此心，师表万稷，一体同尊。
举世横逆，吾独辛勤，内省不疚，常视斯人。

胡稷咸也表述过同样的观点："……其(希腊)文明之性质与中国之文明，颇相仿佛。哲学家如苏格拉底、柏拉图所研究之主要问题，厥为人类道德之增进，与我国孔孟讨论相同。……亚里士多德之伦理学中，亦以道德为人类之最高目的。而其所谓中道，又与孔子中庸之道相吻合……与孔孟同主张人本主义。"学衡人物之所以矻矻于孔子、苏格拉底等的比较，得出东西哲人"一体同尊"的结论，其目的都是为了倡导人文主义，他们认为儒家的核心思想——人文主义，与西方古典文化中的人文主义传统具有一致性与永久的文化价值。而这些观点都是深受白璧德的影响所致。白璧德对中国传统文化一直深为向往，尤其钦仰孔子的中心思想"仁"。他认为东西方人文主义者的精神是一致的，故"凡能接受人文主义的纪律的，必趋于成为孔子所谓的君子或亚里士多德所谓的持身端严的人"。他"希望中国也能有一个新儒家运动，以扬弃儒家思想里千百年来累积的学院与形式主义的因素为特质的新儒家思想，予以响应"。

(2)中国文化对西方的影响

学衡人物一直认为中国文化"有可与日月争光之价值"①，他们认定的中国传统文化并不是枝节琐屑的儒家典章仪文，而是指"放之四海而皆准，百世以俟圣人而不惑"的具有永久价值的文化精粹，也即如巴勒斯(Bares)所言"不是过去，而是永恒的事物"。贺昌群在《哭梅迪生先生》一文中，对此做了如下表述："一种影响于后世几百千年的思想或学说，其本身必含有两个不可分的成分。一是属于时代的……另一个成分是超时代的，那是总集一种文化之大成而带有承先启后的作用，才能影响于后世，息息与整个历史文化相关。……学衡社所欲发扬的那是超时代的部分，那是一个民族文化的

① 《学衡》杂志简章.

基石,终古常新,虽打而不能倒。”贺氏所谓的具有超时代意义的文化精神,即是中国文化中的人文精神,这也是中国文化影响于世界的根本之点。对此,柳诒徵在《中国文化西被之商榷》①中作做过详尽探讨。柳氏以为,“西方立国以宗教,震旦立国以人伦”,虽然“吾国初民,亦信多神”,但“脱离宗教甚早,建立人伦道德,以为立国中心,繩繩数千年,皆不外此。此吾国独异于他国者也”。非宗教性也即人文精神,是中国文化的最显著的特征之一。它否定神鬼的权威,强调以人为本位,以人为中心。它“不使人类为经济之奴隶”,“不讲超人之境”,不像西方文化与印度文化那样,一旦个人私欲不能满足,“则惟宗教为依皈,不求之上帝,则求之佛国,欲脱人世而入于超人之境,而于人之本位,漠然不知其定义及真乐”。柳氏断言:“吾国文化惟在人伦道德,其他皆此中心之附属物。……故吾国之学,不讲超人之境,而所悬以为人之标准者,最平易,亦最艰难。……中国文化可持以西被者在此;中国文化在今日之世界具有研究价值者亦在此。”

(3)中西比较文学的研究

前已述及,吴宓、梅光迪曾师从美国人文主义领袖白璧德。白璧德除了倡导人文主义外,更是一位比较文学研究家,他从1894年起即在哈佛大学执教比较文学等课,直至去世,这给吴宓以很大影响。1922年,吴宓任教东南大学,即讲授“中西诗之比较”,开我国比较文学之先河。30年代初,出任清华大学外文系主任,继续开设“中西诗之比较”及“古希腊罗马文学”“英国浪漫诗人”等课程。吴宓在他主编的《学衡》杂志上,发表过一系列比较文学论文,重要者有:《诗学总论》《希腊文学史》《英诗浅释》等。《诗学总论》一文长达数万言,将中西诗歌艺术特色互为参照比较,提出了不少新鲜见解。如在诗歌的音律方面,吴宓认为:“(一)希腊拉丁诗之音律,以长音及短音之部分,相重相间而成(物理学上无关系)。(二)英国诗之音律,以重读及轻读之部分,相重相间而成;以音波波幅之宽狭定之。(三)吾国诗之音律,以仄(高)声及平(低)声字相重相间而成;以音波振动数之多寡定之。”吴宓在《希腊文学史》中,专列《荷马史诗与中国文章之比较》一节,他认为,荷马史

① 学衡[J],27.

诗与中国弹词最相近似,列举了十二个方面的契合点,主要有:两者的内容同为"英雄儿女",即战争与爱情;同为无名氏之作,最初均无定本,常由盲者四处演出,都用一种简单的乐器伴奏;表现形式都是以叙述故事为主。吴宓还就古希腊的教训诗与中国古代教训诗之间的异同做了比较。吴宓在1922年重刊于《学衡》第4期的《论新文化运动》(首刊于1920年《留美学生季刊》第8卷第1号)传达了当时颇有影响的法国比较文学学派的观点:"近者比较文学,取各国之文章,而究其每篇每章每字之来源,今古及并世作者互受之影响,考据日以精详。"他认为,胡适首倡的"中国之新体白话诗,实暗效美国之自由诗(Free Verse);而美国此种诗体,则系学法国三四十年前之象征派(Symbolists)"。当白话诗刚在五四文坛出现之际,吴宓即对其来源影响做出比较判断,这在当时可谓别具只眼,自倡新声。

综观《学衡》杂志的整体内容,笔者认为该刊是现代中国一份内容庞杂但又有自己独立的文化精神与理想追求的重要的文化研究刊物。对于它的方方面面,还需要我们进行严肃认真科学求实的探研。笔者的这一拙文只是抛砖引玉,至于具体精深的研究,尚"望垦辟于健者也"。

〔作者附记:本文系为"吴宓先生诞辰96周年纪念大会暨国际学术讨论会"而作。本文旨在对吴宓先生主编之《学衡》杂志办刊始末与整体面貌作一史实性的考察。因限于篇幅,有关《学衡》杂志在五四新文化运动中所持文化守成主义的情况,笔者将撰文另述,此非本文忽视《学衡》杂志这一重要现象也。这是需要特别说明的。〕

(本文选自《西南师范大学学报》[哲学社会科学版],1990年第4期)

无法圆满的悲剧

——我看吴宓及其文化理想

李　怡

"人不能两次踏入同一条河。"如果说人生是一条曲曲折折的长河,那么我们不仅不能洞悉连接这条河流两端的幽深的虚无,而且很难自如地在同一个时空里仔细勘探、从容选择,于是这便有了人生的来去匆匆的喜剧,以及更多的无法圆满的悲剧。

回顾吴宓先生的一生,他的整个人生履历与全部文化活动,我越来越清醒地感受着这样的道理:吴宓,从诗人到学者再到教授,从白璧德主义的忠实信徒到所谓五四新文化运动的"逆流"再到20世纪90年代以后学贯中西的现代大儒、学术大师,从清华大学到西南联大再到西南师大,其间流注着多少的光荣与辉煌、辛酸与沉沦、寂寞与喧哗,喜剧乎?悲剧乎?或许又兼而有之。

世纪之交的今天,我们究竟该如何来读解这段人生,如何来读解这样的生命?

一

到了90年代,吴宓和他的"学衡派"似乎是稳稳地坐在了理性主义的宝座上。在不少人的眼里,高举启蒙主义大旗锐意改革的"五四新文化派"因为"急于用世"的功利主义目标而难免流于偏激和情绪化,他们在一意的"西化”中远离了中国自身的传统与文化,割断了现代文化与传统文化之间的血缘联系;相反,正是吴宓和其他的“学衡”同人以“无偏无党”“不激不随”的客观、公允的中正态度对待古今中外的诸种文化,不薄今人爱古人,从而为中国新文化的发展贡献了一条全面而合理的理性主义的思路。只可惜,由于特定历史际遇的关系,这样的理性的态度并没有为当时激进的文化改革大潮所接受,从而留下了一段深长的遗憾。这就是所谓的“悲剧”,即历史发展的合理要求与这一要求一时之间还得不到实现的错位。

发掘吴宓悲剧的历史错位性显然是一个相当富有启发意义的论述,然而问题的关键还在于这种错位的具体内涵究竟是什么。如果说吴宓及他的同人所提出的文化理想是最理性最合理的,那么拒绝这一合理理想的力量又来自何方,历史的合理要求为什么在一个“百家争鸣”的思想自由的时代被弃而不顾了,难道真正是“五四新文化派”以自身的话语霸权阻挡着中国文化向着更健康、稳重的方向发展?

我以为未必就是这样。我们的判断似乎不仅无助于说明历史事实的复杂内涵,就是“理性”、稳健、客观、公允等概念也未必能够准确地概括吴宓及其所归属的白璧德主义。

具有新人文主义之称的白璧德主义代表了西方文化在20世纪初叶的一种自我调整与自我反拨,它将对于19世纪科学主义恶果的反思上溯到了对于整个文艺复兴以降的“旧”的人文主义(为了区别,白璧德将之称为“人道主义”)的批评上,在他看来,正是以培根为代表的科学人道主义和以卢梭为代表的感情人道主义导致了20世纪弥漫于西方的精神危机。白璧德主张以“纪律”来节制我们的私欲,以道德的自我完善来实现人与禽兽的区别,这里显然体现了一种所谓的理性主义精神,然而问题却还在于究竟什么是所谓的理性主义,是不是理性就一定意味着思想的远见、成熟和睿智?至少,我们既看到了启蒙主义时代的理性,也看到了17世纪新古典主义时代的理性,尽管这两种理性都可以从遥远的古希腊罗马精神中找到自己的渊源,但事实上却各自包含着相当不同的内蕴。前者以追求智慧的远见卓识,努力建构解释人类历史、设计未来的宏大思想为己任,而后者的主要目的在于伦理的规范和卫护,在于道德的遵守与完善;前者的根本立场在于保障个体权利与自由的理性原则，后者的根本立场则在于社会整体的稳定与秩序；前者以宽阔的胸怀包孕了人类几乎所有的丰富的情绪和感受，正如法国启蒙思想家拉美特利所说："我们愈加深入地考察一切理智能力本身，就愈加坚定地相信这些能力都一齐包括在感觉能力之中，以感觉能力为命脉，如果没有感觉那里，心灵就不可能发挥它的任何功能。"[①]而后者则信奉"永远只凭理性获得价值和光芒"（布瓦洛语），从而异常鲜明地将最具有个体特征的感情因素加以排斥。

不难看出，吴宓及其承受的白璧德主义的所谓"理性"和整个思想体系显然并非来自激进的启蒙主义文化而是相对保守的新古典主义文化。就像17世纪的新古典主义以人性的善恶二元论对于个人情感的竭力排斥一样，白璧德也从几乎完全相同的二元人性立场将以卢梭为代表的"感情主义"作为自己决战的对象。在这些方面，作为白璧德的受业弟子与白璧德学说的积极介绍者，吴宓都可以说是比较准确地把握了这一学说的实质。吴宓也正是以对于人性的二元论作为其道德立论的基础，并在此基础上提出了"克己复礼""行忠恕""守中庸"等实践措施[②]。现在，也有研究者发现：吴宓"在日记中，有时把 Humanism（人文主义）与 Classicism（古典主义）等同"[③]。

相应地，其实所谓的激进的"五四新文化派"也并非当下一些人所想象的那样情绪化到了丧失理智的程度，事实在于，构成这一派别思想基础的恰恰正是西方式的启蒙理性。我们看到的现实是，不是理性与非理性的差异而是对于理性的不同的理解成了区别吴宓和他当年的论争对手的重要基础。

二

理解吴宓这一特殊的古典主义立场的"理性"，是读解他的文化理想的

① 十八世纪法国哲学[M].北京：商务印书馆，1963：236.
② 吴宓.我之人生观[J].学衡，1923(16).
③ 沈卫威.回眸"学衡派"[M].北京：人民文学出版社，1999：38.

一把钥匙,也是真正认识其精神悲剧的关键。

构成吴宓人生观与宇宙观理论基础的正是古典主义的"二元论"。吴宓认为:"人与宇宙,皆为二元","凡人不信人或宇宙为二元者,其立说必一偏而有弊。"①

构成吴宓价值体系基础的是古典主义的道德理想。吴宓将人类的价值从低到高列序为:①官能满足的价值(如饮食男女欲望的满足之上的价值)→②经济价值→③实用价值(如谋生手段)→④美的价值→⑤哲学价值→⑥道德价值→⑦精神的或宗教的价值(最高真理,圆善之具体化)。

在这样的序列中,最引人注目的是他的道德价值,它高高地居于美的价值与哲学价值之上,按照白璧德的理解,宗教意义的神性毕竟太高,因而合于"中道"、更具有现实意义的还是作为人的道德价值,所以道德价值实际便成了吴宓讨论的中心。

构成吴宓社会历史观念基础的也是白璧德式的"常变观"。作为古典文化传统的承继者,白璧德比较强调对于历史文化的继承与接受,即比较看重历史文化变迁中的"常"态,比较注意其中那些相对稳定的因素。对此,吴宓是这样译述的:"夫为人类之将来及保障文明计,则负有传授承继文化之责者,必先洞悉古来文化之精华,此层所关至重。"②这既是对于白璧德思想的阐述,同时也更是对于自身的历史文化态度的表白。正是从这一基础出发,吴宓在五四新文化运动的"革命"浪潮中,发出了十分独特的维护中华传统的声音;在五四白话文学的高歌猛进之时,大唱反调,强调"模仿"的意义,突出旧文学"恒久不变的价值"。就是这种从文化到文学的对于中国古老传统的推重,吴宓也是直接获得了来自恩师白璧德的理论支持。白璧德认为:"今日在中国已开始之新旧之争,乃正循吾人在西方所习见之故辙。""但闻其中有完全主张抛弃中国古昔之经籍,而趋向欧西极端卢骚派之作者,如易卜生、士敦堡、萧伯纳之流。""须知中国在力求进步时,万不宜效欧西之将盆中小儿随浴水而倾弃之。""治此病之法,在勿冒进步之虚名,而忘却固有之

---

① 吴宓.文学与人生[M].北京:清华大学出版社,1993:77.

② [法]马西尔.白璧德之人文精神[J].吴宓译.学衡,1923(19).

文化,再求进而研究西洋自古希腊以来真正之文化。"①

古典主义作为知识分子的一种文化理想与文化立场,昭示着人类对于历史与未来的一种审慎与稳健。然而,就像人类的其他思想文化一样,它也有自身的生成与"生效"的特殊语境。换句话说,古典主义是有意义的,但却并不是在所有的时代都具有同样大的合理性,与此同时,站在另外的时代语境之中,有时也很难真正理解这种"主义"的内涵与真髓。例如,人们通常都将古典主义的源头追溯到遥远的古希腊罗马,其实古希腊的价值取向与古罗马并不能简单地等同起来,而且在那样一个所谓的"古典时代",后来在17世纪规范、成熟的一些理性原则也几乎都具有特殊的"混沌"形态。在"古典时代",人的感性与理性其实是获得了同样的发展,它们各自在自身的立场上完成着对于人的肯定,在许多时候,这些感性与理性又是浑然一体、难以分割的。这便与17世纪新古典主义时代以国家政权立场的"以理节情"大不相同,而后者作为"古典主义"的合理性在于世俗君主政权在从"神"到"人"的权利转换中出现的一系列必然要求与规范。历史的事实也充分证明,一旦这一从"神"到"人"的权利转换大体完成,一旦我们再次回到个体生命的立场,那么对于个性与自我的发觉与肯定就再次成了人类精神的"主流话语",浪漫主义对于新古典主义的激情式批判,启蒙主义对于新古典主义的理性重建,都是如此。同样,在20世纪初叶,白璧德等人针对西方现代化过程中的某些"物质主义泛滥"的事实,企图以古典主义的节制、理性来规范人们的言行,这也有某些救正时弊的合理性。但问题又在于,白璧德是不是就概括了20世纪西方文化发展的全部事实?显然,他没有这个力量,因此白璧德主义仅仅也是20世纪出现于西方的诸多文化思想当中的一种,而且显然还不是最有代表性的,这也就是这一古典主义自身的局限性。

值得注意的是,当吴宓在20世纪的中国现代化建设之初举起白璧德古典主义的旗子,这究竟意味着什么?

我以为,吴宓的这一行动几乎是无可选择地将自己置于了历史的尴尬境地。

---

① 胡先骕.白璧德中西人文教育说[J].学衡,1922(2).

20世纪的中国现代化，中外文化的历史性交融冲撞，民族思维方式的大调整，传统人生理想与价值观念的嬗变，这种种的一切究竟该以怎样的眼光来看待，究竟该以怎样的标准来评价，一个根植于严格的西方文化背景的白璧德是否可能准确地说明它？同样，一个来自传统中国文化的价值体系又是否可以判断它？当认知对象已经发生着巨大的演变，我们固有的知识结构是不是应当做出根本性的调整？

显然，吴宓和他的“学衡”同人还没有清醒地意识到这些问题的复杂性。因为，在他们的心灵深处，用以解释这变化多端的世界的还是传统中国文化的理论模式：在社会历史观中是儒家的王道皇极思想，例如面对西方世界这样的观感好像是表述着《尚书》的训诫：“无有作恶，遵王之路。”吴宓认为：“凡古今叛乱，虽其假借之名各不同，而实则皆由生人好乱之天性，所谓率兽食人，争夺扰攘、杀人放火之行为。但使礼教衰微，法令不行，则蜂起不可收拾。如法国大革命，则以‘平等’‘自由’为号召；我国之乱徒，以‘护法’等为号召；今之过激派，以‘民生主义’为号召。其实皆不外汉高祖‘取而代之’之一中宗旨。”[①]在人生观上还一度保留着传统的尊卑等级意识。有谓：“昔在希腊及欧美盛世，与吾国同。人之尊卑贵贱，以学、德之高下为断。故首重士，次农，次工，次商。晚近商贵于工，工又贵于农，犹可云时势之所趋；若乃贱士黜学，而尊劳工，恣所欲为，则诚所谓倒行逆施，是乱世之道也。”[②]十分明显，吴宓的这种农业中国时代的观念并不符合西方现代社会的事实，也有悖于中国现代化历史的实际要求。他还以“正邪之别”来看待复杂的现代学术论争，将“五四新文化派”的正常学术见解视作不屑一顾的歪理邪说。

我以为，吴宓这种来自中国传统的思维习惯其实就是他理解和接受西方文化特别是白璧德思想的基础。他是以中国式的道德背景和道统观念来认同与读解着白璧德，较之于白璧德所背负的整个西方文化的理性传统，一向缺少理性精神的中国文化之中的吴宓似乎对于“理性”的抽象更多，其理论追求与中国现代化现实的脱节度甚至比白璧德之于西方文化更大。

---

① 吴宓.吴宓日记：第2册[M].北京：三联书店，1998：23.

② 吴宓.吴宓日记：第2册[M].北京：三联书店，1998：55.

我敬仰吴宓,因为他是现代中国一位执着于自身学术理想、追求学术独立的知识分子,然而,他所孜孜以求的人生与文化理想却是与中国文化现代化的诸多事实相抵牾的,这便在很大的程度上限制了他的发展、他的意义。这,不能不说就是一出莫大的悲剧。

三

然而,作为中国现代文化语境中一位真诚的知识分子,吴宓的悲剧还不仅在于此。一个引人注目的事实是,这位感情丰富、体验深刻的现代文人已经无法拒绝现代人生与现代社会所给予他的复杂信息了。于是乎,出现在我们面前的景象是:他既无法否认这些新的人生体验的实际影响,同时又还在极力维护着固有理想的合理性,这恐怕就是一种格外的尴尬了。

几乎所有的评论都注意到了这样一个事实,即所谓的“学衡派”同人其实具有并不完全相同的思想事实,例如陈寅恪更多地体现了这一派别的文化“学者”的本质特征,可以说,在整个“学衡派”的学人中,以他对于中西文化的博大内涵的理解最深入,也最为独到,而最为偏激最为执着地体现了其古典主义立场的是梅光迪、胡先骕,这两位知识结构并不完全相同的学者在捍卫其中国式的新人文主义理想方面却立场坚定、旗帜鲜明。相对而言,吴宓却呈现了这一文化理想与理想背负者之间的异常沉重的矛盾。

我们注意到了,尽管吴宓秉承白璧德的新人文主义观念,认为以卢梭为代表的感情人道主义是导致20世纪精神危机的重要原因,然而在事实上,吴宓并没有摆脱由卢梭所开启的西方浪漫主义所给予他的重要影响。拜伦、雪莱都是他向中国读者介绍的重要的文学家。他还明确表示,自己追慕的西方三诗人有拜伦、安诺德和罗色蒂,其中拜伦就是具有“雄奇俊伟之浪漫情感”。他们的作品都在一定程度上体现了“西洋文明之真精神”,所谓“积极之理想主义”[①]。吴宓不仅拥有这样的明显区别于白璧德的认识,更重要的还在于他以自己作为一位作家的真情实感在创作中不断表露出这种冲破

① 吴宓.吴宓诗集·卷首[M].上海:中华书局,1935.

古典主义理性束缚的性情与自由,正是在艺术创造中,吴宓为我们展现了一个情感丰富、个性鲜明、有着自己独特人生见识与追求的浪漫主义诗人的精神世界,特别是他的那些著名的情诗。早就有学者指出:"在阅读吴宓那些献给女人的诗时,人们会觉得有'两个吴宓':在思想文化观念上非常'守旧'与'古板'的吴宓和在情感生活中非常'浪漫'的吴宓。这似乎是一种性格上的不和谐。"①

尤其值得注意的是,20世纪中国对于"自我"的发现,对于个性主义的倡导所给予人的影响是全方位的。在这里,我们可以发现由"五四新文化派"所阐发的现代化理想不仅仅是一种"思潮",事实上它已经构成了现代中国人生活的基本现实,从而在生存的方方面面都不断进行着对于人的具体"塑造"。作为刻意坚持着自我个性的吴宓,他不仅在自己的诗歌创作中袒露心扉,而且在现实的人生实践中也试图完满着自己的"浪漫理想":在流传一时的"吴毛爱情"中,在他个人生活里的不绝如缕的异性交往中,吴宓都是一位至情至性的现代人;而在"十年内乱"、文化涂炭的荒芜岁月,他依旧岿然不动,"顽固"坚持着自己的古典主义信仰,这实在又是将古典主义作了理想主义的处理,此时此刻,在吴宓的内心深处,起着支撑作用的是不是也包括一种浪漫主义式的个性与傲岸?而当他是如此翔实如此坦白地将自己的所思所想所动都载入《日记》并试图传于后人的时候,这不就是再写了一部卢梭式的《忏悔录》?

但悲剧也正在于此了。现实的问题在于,这样一个以坚持古典主义观念、组织古典主义学术活动而著称的似乎是相当保守而迂阔的"传统文人",当他最终无法拒绝心灵的真实而"直抒胸臆"的时候,这个习惯于"归类"和"划圈"的世界以及这世界的人们将以什么样的目光来打量他呢?我们发现,在新文化人士那里,他成了表里不一的虚伪之人,甚至被新文学作家引作讽刺、挖苦的素材。而在自己的一些同人那里,他这种有违新人文主义道德理想的"悖谬"之举,也是相当不可理解的。吴芳吉是吴宓的毕生挚友,但

① 徐葆耕.吴宓的文化个性及其历史命运[C]//第一届吴宓学术讨论会论文集.西安:陕西人民教育出版社,1992:154.

当吴芳吉也对他的离婚事件加以指责的时候,吴宓简直是“殊为愤慨”了,他甚至认为这是“从井下石,极力攻诋,以自鸣高”。在这样的“愤慨”语词中,我们不难见出吴宓内心世界的孤独与凄凉。

一位执着于自身文化理想的知识分子竟然就没有意识到这一理想与当下生活轨道的严重脱节。一位真诚的人生追求者似乎恰恰因为他的真诚而不为这个惯于掩饰的世界所容忍。

一位原本就充满了自我矛盾自我痛苦的“亦新亦旧”的人物既远离了“新”的支持,也失去“旧”的同情。

这是怎样的人生,怎样的文化,怎样的悲剧呀!

(本文选自《西南师范大学学报》[人文社会科学版],2000年第5期)

吴宓先生《文学与人生》中的《红楼梦》

——兼论吴宓与中国文化重建的一些问题

韩云波

吴宓先生的一生,和《红楼梦》有极深的渊源。早在1919年,他25岁的时候,就对《红楼梦》有了深入的研究。当年2月初,吴宓先生由欧洲到美国,进入哈佛大学。3月2日,即应哈佛大学中国学生会之请,做了题为《红楼梦新谈》的精彩演讲,"用西洋小说法程(原理、技术)来衡量《红楼梦》,见得处处精上,结论是:《红楼梦》是一部伟大的小说,世界各国文学中未见其比"①。他的一生中,多次开设过关于《红楼梦》的课程,做过关于《红楼梦》的演讲,发表过评论《红楼梦》的文章。1938年,在昆明西南联大开设红楼梦研究讲座;1944年,在遵义浙江大学做《红楼梦人物分析》专题讲座,在成都燕京大学、乐山武汉大学也做了红楼梦讲座;1948年,在西北大学做学术演讲《红楼梦的文学价值》《论紫鹃》;在他67岁时的1961年,下半年开学不久,他参加重庆市政协的活动,又应邀做了"《红楼梦》在世界文学史上的地位"的演讲,和托尔斯泰的巨著《战争与和平》做了比较。他发表的论文,则有《〈石头记〉评赞》《〈红楼梦〉之文学价值》《贾宝玉之性格》《论紫鹃》等多种。

《红楼梦》是吴宓先生最喜爱的中国小说,他对《红楼梦》的兴趣,贯穿他的一生;他对《红楼梦》的研究,也成为他学术思想中的一个重要组成部分。

① 吴宓先生1967年2月1日交代稿《演讲红楼梦》。

吴宓先生之女吴学昭在谈及《红楼梦新谈》时说："据我所知，最早从西方文论角度审视《红楼梦》的是王国维先生，然而在西方系统介绍《红楼梦》并指出其在世界文学发展史上地位的，可能是我父亲的这篇演讲。"①吴宓先生以深厚的中西融通的文学和文化功底所从事的《红楼梦》的研究工作，主要基于两个方面：一是将《红楼梦》放到世界文学的大视野内，高度评价《红楼梦》的崇高地位，其中包括对《红楼梦》所做的精到的艺术评价；二是以比较文学的手法，将《红楼梦》与世界名著进行对比，以此揭示《红楼梦》的深厚内蕴，其中包括《红楼梦》所蕴含的人生和哲学价值。他的《红楼梦》研究，是文学研究，也更是哲学和文化研究，在王国维的红学研究之外，开辟了一个令人耳目一新的新天地，直到如今，仍是十分值得重视的。而在他的整个学术文化生涯中，他在 20 年代到 40 年代曾多次开过的《文学与人生》课程，以比较文学的手法，对中外文学、人生和哲学问题进行了深入的探讨，是他学术文化思想的核心部分之一，也是他整个红学研究体系的核心和基石，具有承前启后的意义。本文即主要讨论吴宓先生在《文学与人生》中关于《红楼梦》的思想，并以此说明吴宓先生与中国文化的某些问题。

在《文学与人生》中，吴宓先生贯彻了他的一贯主张，对《红楼梦》予以高度重视。在课程应选书目的中国部分，中国的叙事文学共六种，其中戏曲两种，为《桃花扇传奇》《长生殿传奇》；文言短篇集两种，为《唐人小说》《虞初新志》；白话小说两种，为《水浒传》《石头记》(《红楼梦》)。从这里，已可看到他对《红楼梦》的重视。而在《文学与人生》的三十一篇正文中，谈到其他五种作品的篇章很少，但谈到《红楼梦》的则有七篇之多，有些篇章还做了较长的论述。在所附的四套考题中，也有一道题考到《红楼梦》："《红楼梦》中你最喜欢哪一个人物？请描写此人物的性格，以说明你为何喜爱这种性格。"②从这些都可以看出，吴先生对《红楼梦》是高度重视的。

---

① 吴学昭.吴宓与陈寅恪[M].北京：清华大学出版社，1992：4.

② 北平女子文理学院《文学与人生》期中考试(1936 年 11 月 21 日)//吴宓.文学与人生[M].北京：清华大学出版社，1993：208.该书中有些文字原为英文，出版时由王岷源先生译出。本文在引用这些英文时，为阅读方便，直接使用王先生译文，以下不再另行注出。

那么,吴先生为什么如此重视《红楼梦》呢？其核心点在于,《红楼梦》的思想意识,体现了吴先生的人生理想;其次,是《红楼梦》的创作方法,符合于吴先生的人生方式;最后,是《红楼梦》体现了一种与传统文化的契合。

首先,《红楼梦》的思想意识,体现了吴先生的重建真理的人生理想。

吴宓先生在他的研究中,将文学与人生紧紧结合起来,将哲学、伦理学贯穿在文学之中。周辅成教授说吴先生这样做,这样想,不是要使文学变得哲学化或道德化,而是要使人的本质生活(即人的灵魂深处的声音,或人格的光焰)在文学中得到形象的表现(或借文学形象来表现),这样,文学才算是尽了自己应尽的责任或义务。人接触了文学,便是真正接触了人生本质(The Essence of Life),懂得了人的真正的生活(反过来,人如果懂得了人生本质,也可懂得文学本质)①。吴宓先生谈到《红楼梦》,也正是由于《红楼梦》体现了这样的一种人生的本质。吴先生在中西小说的对比研究中说萨克雷的作品表现了一种西方文明精神,其"实际上表现于(i)对上帝之爱(ii)对妇女之爱心与尊重"(这也是理想主义和浪漫主义),而在东方,"上面的讨论也是对《石头记》的赞颂和辩护,以显示小说家(曹雪芹先生)的人生观不仅是严肃的,也是高尚的,理想主义的。曹雪芹先生的巨大成就不仅在于(i)写了一部具有完美艺术与技巧的伟大小说,还在于(ii)把一种新的、较高级的、对人生和爱情的概念引入中国文学与社会。"②虽然曹雪芹并不曾与西方文明有什么接触,但是,他的文化精神却与进步的西方文明精神相吻合,代表了一种对真理的真诚追求和对世界的人类之爱。吴先生说:"每人必须在自己的灵魂中重建哲学的真理。"在他看来,曹雪芹就正是以《红楼梦》实践了"崇真去伪"和"好善恶恶"的重建真理的人生使命。李赋宁教授总结道:"吴先生要求人们真诚、做到表里如一。他最憎恨谎言和伪善。他最喜欢的中国小说是《红楼梦》。他最喜欢的英国小说是《汤姆·琼斯》。《汤姆·琼斯》的主人公汤姆是真诚和善良的化身。和他对照的角色是布利菲尔,

---

① 周辅成.吴宓的人生观和道德理想[M]//吴宓.文学与人生[M].北京:清华大学出版社,1993:212.

② 吴宓.阅读萨克雷〈英国18世纪幽默作家〉札记[M]//文学与人生.北京:清华大学出版社,1993:47-53.

一个极端自私、算计、陷害别人、彻头彻尾的伪君子。《红楼梦》中宝玉像汤姆。而贾环却类似布利菲尔。”[①]吴先生对《红楼梦》的这种总体评价，实际上体现了他在《人生—道德—艺术（小说）：小说与人生》一节中所提出的五条标准，尤其强调了小说与人生固有的密切联系，以及小说所担负的崇真去伪、好善恶恶、爱由心生，以及由此重建真理的人生使命，也就是真诚（哲学的）和博爱（伦理学的）、以道德价值为核心的人生使命（关于真理与爱的问题下文还要谈到，此处不赘）。

其次，《红楼梦》的创作方法符合吴先生的人生方式。

对于人生，吴先生说：“宇宙间事物，不可知者多，故生涯——幻象（illusion）耳。究极论之，道德、理想、功业，无非幻象。人欲有所成就，有所树立，亦无非利用此幻象。所谓弄假成真，逢场作戏而已。虽然既有幻象，必有解脱（disillusion），如影随形，相伴而来。解脱之时，则一切破灭，顿成空妄……幻象与解脱，得以相反相成，由百千年解脱而更生幻象，则其幻象，始颠扑不破；知幻象必有解脱，则其幻象可免迷惘依恋如此，则岂不喜哉！”[②]他的这个“生涯—幻象”的观点表明，在人生的追求中，有许许多多变相的形式。在看似幻象的境界中，实际上表达人生的真谛。落实到《文学与人生》，他说：“小说是具体而微的人生。而小说又高于历史（因为小说更具有普遍性，更有代表性）。太虚幻境及名利场的意义即在于此。”[③]既然小说和现实存在着如此的意义，那么，以幻象表现真实，就成为小说的必要艺术手法。《红楼梦》的太虚幻境正是这一艺术手法的典型运用。他在该节的注释中专门讨论太虚幻境之意义，指出：太虚幻境＝“理想世界（理想与价值的世界）”；是“小说（艺术）世界；憧憬（更高的现实）；人生归结为艺术的逻辑与价值”。而贾府和大观园＝“现实世界（感知经验与实际生活的世界）”；“实际生活的世界；

---

① 李赋宁.学习吴宓先生的〈文学与人主〉课程讲授提纲后的体会[M]//吴宓.文学与人生.北京：清华大学出版社，1993：238-239.

② 吴宓.我的人生观[J].学衡，1923（16）.

③ 吴宓.文学与人生 · 人生—道德—艺术（小说）：小说与人生[M].北京：清华大学出版社，1993：32、40、41、34.

实际上(低现实);混乱、神秘,和无意义的生活"[①]。

以此为例,他对于以《红楼梦》为代表的小说创作方法就有了一个基本的定位。第一,小说以幻象的方式表现人生,是人生的另一种写照;第二,小说具有隐喻性,隐喻地表现哲学和道德(伦理学)重建的终极追求;第三,小说中的对比的运用,揭示了作品更深刻的意义;第四,小说比历史更真,更具普遍性。他把他所推崇的小说家萨克雷称为"精神的现实主义者",他说:"爱存在于(生活于)人心,亦为人心所感受,所觉察。爱只有通过'自知'才能被理解、被体会。有各种不同类型不同程度的爱;即在男女之间的爱,也有很多种类——真的,假的;高尚的,卑鄙的;纯洁的,从利害关系考虑的,等等。小说家试图显示体现不同人物身上的、不同性质和不同生活环境的各种爱。这样可使读者爱上'真诚的爱'。在这一意义上,萨克雷被称为'一个精神的现实主义者'。曹雪芹亦然。"[②]

从更广的意义上考察,我们再回到上文谈过的真理与爱的两极,可以更清楚地看出,吴宓先生从《红楼梦》所看到的小说创作方法的体系。

> 真理=客观理想主义(Objective Idealism)=生活与社会的完整画面。
>
> 爱情=实际宗教(Practical Religion)=人心之深邃与错综复杂。[③]

在这里,真理实际上还可以说是一种社会现实主义(social realism),而爱情可以说是一种心理现实主义(psychological realism);真理是社会的真实和人生的真实,爱情是心灵的真实和伦理的真实,小说则是在真理与爱情完美结合的基础上的现实的真实和心理的真实的完美结合。如果再能够达到一定的描写艺术上的水准,一部优秀的小说就诞生了!

---

① 吴宓.文学与人生·人生—道德—艺术(小说):小说与人生[M].北京:清华大学出版社,1993:32、40、41、34.

② 吴宓.文学与人生·人生—道德—艺术(小说):小说与人生[M].北京:清华大学出版社,1993:32、40、41、34.

③ 吴宓.文学与人生·小说与实际人生[M].北京:清华大学出版社,1993:28.

最后,我们还要谈谈,吴宓先生对《红楼梦》的研究,体现了一种与传统文化的深刻契合。

《红楼梦》体现了深厚的中国传统文化意蕴,我以为,和吴宓先生人格意气相吻合的,尤其要推举道德意识、悲剧意识、奋进意识三点,从这里表现出他的文化观念和文化使命意识。

道德意识。

吴宓先生非常重视人的道德价值的实现,并将其上升到人生真理和哲学评价的高度,他讲解《文学与人生》的基本出发点,也可以说就正是建立在人生的道德使命感之上的。而他的这一道德使命感,又是基于中西古代的传统文化的。他对于世界文化格局的认识,也是建立在所谓"道统"的基础之上的。他曾就人们对他复古守旧的诘难说:"世之誉宓毁宓者,恒指宓为儒教孔子之徒,以维护中国旧礼教为职志。不知宓所资感发及奋斗之力量,实来自西方,质言之,宓爱读《柏拉图语录》及《新约圣经》,宓看明(一)希腊哲学(二)基督教,为西洋文化之二大源泉。及西洋一切理想事业之原动力;而宓亲受教于白璧德师及穆尔先生,亦可云宓曾间接承继西洋之道统,而吸收其中心精神。宓持此所得之区区以归,故更能了解中国文化之优点与孔子之崇高中正。"①在西方文化的源头之下,他在中国的具体国情中,则极力推举孔子。他在《文学与人生》中,就将孔子、释迦牟尼、苏格拉底、耶稣共同视为世界古典文化的精华。而对孔子,他有过极高的评价:"孔子为中国文化之中心,具前数千年之文化,赖孔子而传,其后数千年之文化,赖孔子而开。无孔子,则无中国文化。"因此,"孔子已成为世界之人物,孔教今亦为世界之公产。孔子不但为中国国民性及中国文化最高之代表,且为世界古今少数圣贤之一。其教人之学说,至平实而精微,不特为中国人所宜保存奉行而勿失,且为凡欲以人文主义救今日世界物质精神之病者,最良之导师"②。从这里出发,吴宓先生论述文学之价值,就是立足于东西方古典文明的道德和宗教价值,并进而得出关于人生的结论的。

---

① 吴宓.吴宓诗集·卷末:空轩诗话[M].上海:中华书局,1935:112.

② 吴宓.孔子之价值及孔教之精义[N].天津:大公报·文学副刊,1927-9-22.

吴宓先生重视道德，还对宗教有一种特别的重视。他把儒家称为儒教，和佛教、基督教相提并论。其《壬申岁暮述怀》诗云："至德唯诚敬，真爱存理想。"他认为："就理论言之，宗教实为道德之根据或基础。""就一人生活之历程言之，宗教为最后之归宿。""而合一切人言之，则宗教为其公共之归宿。"① 他还对宗教与道德的区别做了论述："宗教目的在于精神上的确认：即，维护绝对真、善、美，并作为一种模式或理想将人引向另一世界。""道德目的在于实际智慧：即，在具体环境中，理智为某种天性与性情的个人正确选出的感情与行为。"所以，"宗教中无中庸，道德中有中庸"②。他把孔子学说和儒家进一步称为孔教和儒教，就在于希望以更进一步的方式，强化文化中的道德意识，这时，道德意识和宗教倾向互为表里。

《红楼梦》正是这样的一部书，一部浓缩、蕴涵了中国人生哲学和中国人文精神的旷世奇书，一部兼具高超文学技巧和深刻道义理想的伟大作品。小说的结构和内容，都与吴宓先生所推崇的道德与宗教的内蕴相吻合。贾宝玉是真诚和善良的化身，是"至德"与"真爱"的道德；贾宝玉的最后结局，以及《红楼梦》的整体结构方式，却又暗藏着以宗教隐喻人生的大格局。

我们在前面曾经提到过，在吴先生提出的必读书目中，六部叙事文学作品，仅仅《红楼梦》得到先生如此的激赏，其奥秘恐怕也就在于作品中一种浓厚的真正的道德意识(或者说与道德意识互为表里的宗教意识)吧！这也正是吴宓先生以道德理想实现文化重建的努力。

悲剧意识。

吴宓先生的时代，是中国文化走向现代化的转型期；吴宓先生的文化重建，体现了中国文化现代化历程的艰难。在20世纪，传统文化中的糟粕与精华并存，东西方的文化亦出现了空前的融合与斗争。他在编《学衡》的时候，就常常有一种负重致远的悲壮心情。20年代，他在对"孔家店"的批判呼声中，他宣称："今虽举世皆侮谩孔，虽以白刃手枪加于我身，仍尊孔信孔，毫无

① 吴宓.文学与人生 · 论宗教[M].北京：清华大学出版社，1993：131.

② 吴宓.文学与人生 · 中庸之道[M].北京：清华大学出版社，1993：124.

迟疑之情，游移之态。”①在“文化大革命”当中，他只批林，决不批孔，也表现了十分坚决的态度。吴宓先生的一生，他固执顽强地重建文化的态度，是坚决的，也是真诚的。但是，他的努力在他的有生之年，并没有收到预期的效果，相反，他所设计的一整套文化道路和人生准则，最终无法逃脱政治运动与时代浪潮的冲击。在他的三个二十八年当中，第一个二十八年是内忧外患的社会文化大转型期；第二个二十八年是民族危亡的救亡图存期，他经受了辗转中华的流离所；第三个二十八年中，他更经受了史无前例的“文化大革命”的文化浩劫。他的文化与人生理想至少在当时并没有得到真正有效的实现，他的真正意义乃在于启迪了后人的文化思索。这是何其悲壮的人生，何其悲壮的事业！

《红楼梦》中主人公的最后结局，吴先生将其总结为“事业中，成败异路之人物”，即薛宝钗与林黛玉—贾宝玉的对立②。贾宝玉的理想没有实现，最终只能是现世红楼中的缥缈梦境。在 1935 年版的《吴宓诗集》里，有一首吴宓先生在《学衡》终刊的次年，即 1934 年 11 月，曾自题诗集的七律，诗曰：“心迹平生付逝波，更从波上觅纹螺。云烟境过皆同幻，文锦织成便不磨。好梦难圆留碎影，慰情无计剩劳歌。蚕丝蛛网将身隐，脱手一编任诋诃。”中国传统文化中的人生境界，有所谓“少年游侠，中年游宦，老年游仙”之说，有儒、侠、隐的三大分野，《红楼梦》里贾宝玉的最后结局，实际上是走入了宗教的“仙佛之隐”，这一点，并不是主人公的自觉，而是一种好梦难圆甚至梦破后的无奈。吴宓先生的自题诗集，所反映的不也正是这样一种与《红楼梦》的境界相暗合的东西吗？

在现实的后面还有理想，这乃是文化的真意所在。吴宓先生还进一步总结道，《红楼梦》的结局，也即“金玉”与“木石”的对立，从更深一层说，是“现世的生活—实际生活（现象）；现（在）世（界）的或社会的”与“永生—理

---

① 吴宓.孔子之价值及孔教之精义[N].天津：大公报·文学副刊，1927-9-22.

② 吴宓.文学与人生·人生—道德—艺术（小说）：小说与人生[M].北京：清华大学出版社，1993：39.

想(念)的生活(实体);灵魂的或它世的”的对立[①],亦即“事,功”与“道,德”的对立。在这一系列的对立中,我们看到中国传统文化背景下的人文悲剧命运。吴宓先生的纯粹学者和诗人意义上的知识分子品格,也正如《红楼梦》中主人公对理想的追求一样,最终是在历史的偶然中被抛进了浊流中的漩涡;而他对于卑劣人格的鄙视,又将这悲剧的文化命运变得如此地崇高与辉煌。

奋进意识。

《红楼梦》中,贾宝玉对人格的世风的堕落和人格的卑下,是坚决斗争的。吴宓先生对社会的堕落和人格的卑下,也是坚决主张斗争的。近代以来,有识之士面对中国民气不振的现实,逐渐有了一种尚侠崇儒的共识。其中尤以谭嗣同的理论为代表。他在《仁学·自序》中阐述其基本宗旨说:“墨有两派:一曰‘任侠’,吾所谓仁也。……一曰‘格致’,吾所谓学也。”章太炎则从20世纪初叶到30年代多次就儒侠相兼的问题做出论述,30年代抗日战争前夕所作的《答张季鸾问政书》中,他说:“今日宜格外阐扬者,曰以儒兼侠。”更将儒侠相兼当作了中国文化的出路[②]。为什么要在儒中加上侠的文化内涵,因为儒是仁心,体现了一种善,但中国传统的儒却往往有柔弱的一面,故需要加上侠的武勇,以成就一种“仁心侠骨”的品格。无论康有为、梁启超、谭嗣同、章太炎还是吴宓先生,他们以知识分子的社会使命感,都固执地坚持着这一道义理想。吴宓先生在生活中不拘小节、疾恶如仇、乐于助人,在事业上勇往直前,就正是这种“仁心侠骨”的体现。关于知识分子的这一文化品格,我曾说过:“无论隐也好,侠也好,知识分子因此具备了一种江湖情结,江湖成为知识分子的一种文化理想。在这个理想中,隐代表的是不得志时退让隐忍的一面,侠则代表了身居蓬蒿而仍思奋发和身处下贱而愤激幽悲的一面。”[③]吴宓先生无论穷通,都顽强地坚持着他的文化理想,这可以追溯到1915年他发起组织“天人学会”时的自述:“除共事牺牲,益国益群

① 吴宓.文学与人生·穷则独善其身,达则兼济天下[M].北京:清华大学出版社,1993:114-115.

② 韩云波.谁是英雄[M].成都:四川人民出版社,1995:43-45.

③ 韩云波.人在江湖[M].成都:四川人民出版社,1995:250.

而外，则欲联合新旧，撷精立极，造成一种学说，以影响社会，改群治。又欲以我辈为起点，造成一种光明磊落、仁心侠骨之品格。必期道德与事功合一，公义与私情并重，为世俗表率，而蔚成一时之风尚。”①以传统文化的道德来善其自身，又以强烈的使命意识而刻苦追求以济其天下，虽然前途多艰，崇高与悲壮并存，就像《红楼梦》中的主人公一样，仍然孜孜以求，为我们的文化树立起一座座丰碑，这是近代以来许多文化大师的努力，也是吴宓先生的文化观念与文化使命意识。

最后，我们引用周国平先生的一段话来结束本文。周国平先生说：“说句老实话，我已听厌了老调不断重弹的中西文化讨论，既不相信全盘西化，也不相信儒学复兴，甚至也不相信可以人为地造就一种东西合璧普遍适用的新文化新人生观。当务之急不是提出救世的方案，而是启迪自救的觉悟；不是建立统一的价值体系，而是鼓励精神价值的真诚追求。如果有更多的人注重精神生活，热爱全人类文化遗产，认真思考人生问题，那么，不论思考的结果如何纷异，都是中国文化的福音。我们已经有了许多热衷于文化讨论的学者，缺少的是诚的儒者、释者、人文主义者、基督徒，等等，一句话，真诚的理想主义者。读完吴宓的《文学与人生》，掩卷沉思，我明白这本书使我如此感动的原因之所在了。”②

这也是我们感动的原因。

谨以此文纪念吴宓先生逝世 20 周年。

（本文选自《钦州师范高等专科学校学报》，1999 年 3 月第 14 卷第 1 期）

① 转引自苏光文.吴宓的文化观及文化使命意识[J].红岩，1998(1).

② 周国平.理想主义的绝唱——读吴宓〈文学与人生〉[J].红岩，1998(1).

吴宓诗论浅窥

刘健芬

吴宓先生是中国现代文化史上颇有影响的知名学者。他不仅是诗人、教授、中西文学专家,而且是文学理论家、教育家和真诚的爱国主义者。他为了弘扬中国传统文化,早在20年代就创办了《学衡》杂志,主编过《大公报》文学副刊。吴先生热爱中国的传统文化,并积极吸取西方先进的文化思想,以促进中国学术文化的发展。正如《学衡》宗旨所言:“论究学术,阐求真理。昌明国粹,融化新知。以中正之眼光,行批评之职事。无偏无党,不即不随。”《学衡》共出了七十九期,从所刊内容来看,确实体现了吴先生的指导思想。他的这些观点,不仅在当时具有进步意义,即使在今天也仍然有学习和借鉴的价值。

吴先生知识渊博,学贯中西。他在繁忙的教学之余,创作了大量的诗、词和传奇,翻译了西方许多有价值的文、史、哲等著作;他的《余生随笔》《英文诗话》《空轩诗话》以及各种专论文章更是丰富多彩,纵论中外古今,分析作家作品,诗论、文论、剧论、小说理论无所不备。吴先生留给我们的遗产是丰厚的,本文仅就其诗歌理论,谈点粗浅体会。

一、诗应以情真为本,自然为先,反对虚伪和矫饰——吴先生论诗的审美理想

吴先生有丰富的创作实践经验,他的诗歌理论具有坚实的创作基础。

他在诗集的编辑例言中指出：

> 作诗本无定法，随人而异。区区之意，以为作诗固不可不讲格律，然感情首贵真挚。世中万事皆可作伪，惟诗不能作伪。人生处处须行节制，惟诗中之感情，则当令其自然发泄。强之不可出，抑之亦难止也。①

从吴先生诗集所收的九百多首诗词来看，其情真挚，语语天然。正如先生好友吴芳吉所言："雨僧长篇诸诗，其情意缠绵温厚。短篇诸诗，则至为清越，得诗家三昧者也。古风诸诗甚佳，似比长篇诸作尤美。而以寄仲侯五首为最，句句真情，意在言外，非但文字可取，其养心工夫自不可及。为文质朴而少饰，此雨僧之所长。"②这些分析真可谓知音之言。缪钺在《读吴雨僧兄诗集》中也做了高度评价："拜读大稿，至深钦佩。才气俊发，情意肫挚。嘉禾秀出，颖竖群伦。大雅之才，美矣茂矣。尝讥弹今世作者，率有二弊：一曰浮泛；二曰虚伪。……综此二弊，雨僧兄皆无之。言志必真，选辞必切。"并赞扬其"熔冶中外，自铸伟词。……撷莎士比亚之菁英，扬李杜之光焰，创为真正之新诗者，舍雨僧外，谁克当此"③。可见，吴先生才华横溢，诗情率真，是一位脱俗于时弊的具有独特风格的优秀诗人。古人云："诗乃人之行略，人高则诗亦高，人俗则诗亦俗，一字不可掩饰，见诗如见其人。"④这是至理之言。

吴先生论诗，亦重情真、自然，反对雕饰。他说：

> 作文贵诚，作诗尤贵诚。作文尚可伪托，作诗断难假冒。西德尼曰：盖作诗非"语语自我心中爬剔而出"不可也。所谓切挚，即诚也。……如柳宗元诗"一身去国六千里，万死投荒十二年"；又陈其年诗

① 吴宓.吴宓诗集・卷首[M].上海：中华书局，1935.
② 吴宓.吴宓诗集・卷首・读雨僧诗稿答书[M].
③ 吴宓.吴宓诗集・卷首・序跋[M].
④ 徐增.而庵诗话[M]//清诗话（上册）.

"百年骨肉分三地,万死悲哀併九秋"。夫二人之艰难困苦,虽至其极,然尚未死,即人死亦只一次,乃曰万死,是切挚之笔也。①

可见,吴先生非常强调感情的真挚,这也是我国古代现实主义诗歌理论的一个重要原则。历代的诗论家都认识到真实的感情与艺术创作的密切关系,吴先生也不例外。他要求"示人学诗途径,勿以藻饰为工",因诗"非真性情真怀抱者不能作"。同时,他还指出诗人的思想感情与其所处的时代环境有密不可分的关系:

诗词文章均与一时之国势民情、政教风俗息息相通,如镜鉴物。苟舍社会,去生涯而言诗,则无论如何之雕琢刻饰,搜奇书,用僻典,皆不得谓之诗。此古今不易之理,亦东西文学公认之言。昔人推尊诗史,亦以其善传时代之事物与其精神。而前辈教作诗,力戒拟古人某题,盖时易世变,纵得形似,已不免味同嚼蜡。故居今日,而合于社会情形、世界大势,或不熟悉数十年来国闻掌故者,即有别才,亦难进于诗。②

这精辟的论述中,说明了三个问题:其一,诗情来源于现实,是客观社会生活及个人经历的反映,并认为这是古今中外公认的文学规律。正因为这样,被称为"诗史"的作品,必须反映社会的基本面貌和时代精神。其二,真正的好诗,不在模拟古人,求得"形似",而要反映社会生活的发展变化,求得"神似"。这与刘勰在《文心雕龙·时序》中所说的"时运交移,质文代变""歌谣文理,与世推移"的观点是一致的。其三,诗人应熟悉社会生活,了解世界形势,以及中国近几十年来的各种异闻奇事,才可进入创作过程。吴先生的这些观点不仅是唯物的,而且是辩证的。他把文学与现实的关系这一文学理论的根本问题讲得非常明确。这也是吴先生强调诗歌要情真的丰富内涵。同时也说明了诗人的感情不能脱离社会,要与国家民族的命运紧紧

① 吴宓.吴宓诗集·诗学总论[M].第53-58页.
② 吴宓.吴宓诗集·卷末·余生随笔[M].第18-38页.

相连，要肩负时代的重任，要抒发民众的感情。所以，吴先生坚决反对“以词章自炫，堆砌粉饰”，并批评时人学古诗只学其皮毛而未学其精神的弊病。他说：“前辈谓王荆公以拗体学杜，最能得神似。此外则李义山。学者学杜，须从义山入手。今之为香艳诗者，每托始义山。不知义山皆言时事，句句比兴。词微而远，风人遗志。后人无病而呻，何足言仿效也。”①吴先生认为，无论是学少陵，还是学义山，首先要学他们的忧国之心，爱民之意，才能得其精髓，走上创作的正途。

吴先生虽然强调诗歌要反映国事民情，但并不偏执一端，认为诗的好坏，不在题材的大、小、公、私，而在诗人本身的思想感情是否纯真。他说：

> 今人每谓吾国诗人，多言一身一家之事，而不及于天下社会邦国之大，指为重私而忘公。以此为吾国之诗病，将欲废弃屏绝而不读。窃谓此其所见实大误。盖既不通诗，且未尝多读诗者之言也。夫诗之公、私、广、狭，应视作者之怀抱如何，而不可以题目字面定之者也。凡为真诗人，必皆有悲天悯人之心，利世济物之志，爱国恤民之意。如杜工部、如陆放翁，细读其诗，则谓之因公忘私也可。即在西洋，若弥尔顿，若华次华斯，其集中十之八九，皆不系于国计民生。……而集中之精华，则犹系于个人之作也。……故诗人者，真能爱国忧民，则寄友詠物诗中，正可自抒其怀抱，不必易其题为敬告全国父老昆弟诸姑姊妹，或各大报馆转商学农工各界钧鉴，而后方好诗也。②

因此，吴先生认为，诗只要“本于性情，必求真挚”，就是写“父子兄弟朋友，死生离聚，梦魂颠倒，据实传真，笔而出之，便是佳诗”③。他阐明了创作中的一个重要问题，即诗人只要有爱国之心、忧民之志的怀抱，具有远见卓识的理想，则无论采用什么题材，均能写出感人至深的好诗来。这个观点，

---

① 吴宓.吴宓诗集·卷末·余生随笔[M].第 18-38 页.

② 吴宓.吴宓诗集·卷末·余生随笔[M].第 18-38 页.

③ 吴宓.吴宓诗集·卷末·艮斋诗草[M].第 202 页.

对于我们今天的诗歌创作和评论,仍具有深刻的启迪作用。

二、诗是幻境出于实境的描绘——吴先生对诗歌的艺术追求

在我国古代诗论中言“境”或“意境”“境界”者颇多,都从各自不同的角度来谈对诗的艺术境界的理解。吴先生提出的“幻境”“实境”和“真境”,深受传统“意境”说的影响,特别是受王国维“境界”说的影响更为直接。当然又有其新的理解和发挥。吴先生认为:

> 诗为美术之一,凡美术皆描摹人生者也。惟其描摹之法,非以印板写照,重托复本,毕肖原形,毫厘不爽之谓。盖如是,则理固不宜而势亦不能。其法乃于观察种种积久成多之后融聚一处,整理而修缮之。另行表而出之以示人,故美术皆造成人生之幻境。而此幻境与实境迥异,盖实境者,某时某地,某人所经历之景象,所闻所见之事物也。幻境则无其时其地,且凡人之经历闻见未尝有与此全同者,然其中所含人生之至理,事物之真象,反较实境为多。实境似真而实幻;幻境虽幻而实真。……实境迷离闪烁,不易了解;幻境通明透彻,至易领悟。实境成于偶然,而凌乱无理;幻境出之化工,故层次位置关系极清。①

吴先生把作为美术(指艺术)之一的诗,看作是对人生的描绘,这正是现实主义诗论家为人生而艺术的反映。这种思想渗透在他所有的创作和文学理论中。因此,在诗歌如何反映现实人生的问题上,提出了“幻境乃由实境造出”的观点。他认为诗歌是出“幻境”来反映现实人生的,而“幻境”又是在“实境”基础上的创造和升华,它的包容量大,能反映“人生之至理,事物之真象”,“通明透彻,至易领悟”。所以,凡艺术“皆示人以幻境而不问实境”。这正道出了艺术创造的真谛!

① 吴宓.吴宓诗集·卷末·诗学总论[M].第53-58页.

在如何创造"幻境"的方法上,吴先生又提出了"剪裁"和"渲染"两法。他说:

剪裁者,不将实境中所有之形色事物,均取而纳之幻境。但选其佳者,合用者,而弃其不佳者,不合用者,即足。……渲染者,实境中之形色事物,不必存其原来之真,而尽情改易,变不佳为佳,变无用为有用。然后入之幻境,以符合作者之意旨。故美术中之幻境比原有之实境,必较为精美,较为清晰,较为趣味浓深。①

这里说的"剪裁",是对生活素材的提炼,把与主题无关的东西去掉。这与刘勰在《文心雕龙·熔裁》篇中说的"芟繁剪秽,驰于负担"的要求是一致的。所谓"渲染",是指艺术创作上的夸张,它可以不拘泥于生活中的真人真事,而按作者的旨意进行创造加工,这样创作出来的"幻境"比之原来的"实境"就更为精美、清晰,其趣味就更加浓郁。可以说,这是吴先生创作的经验之谈。他还提出,艺术幻境的最高要求是要达到"真境",才是完美的艺术。对此,他做了这样的说明:

美术中幻境之价值,不在其与实境相去之远近,而在其本身是否完密,无一懈可击。使读者置身其间,视如真境。真境者,其间之人之事之景之物,无一不真。盖天理人情物象今古不变,到处皆同,不为空间时间等所限。故真境与实境迥别,而幻境之高者即为真境。故凡美术皆求造成一无殊真境之幻境,惟诗亦然。昔者亚里斯多德著《诗学》,谓史专叙一时一地三数人之事,而诗则叙古今天下所有人之事。故二者相较,诗高于史云云,实即此处所言之理。盖史者,实境之记录;而诗则幻境之真相也。②

① 吴宓.吴宓诗集·卷末·诗学总论[M].第53-58页.
② 吴宓.吴宓诗集·卷末·诗学总论[M].第53-58页.

这里说的“实境”是指生活的真实,“真境”是指艺术的真实,它是“幻境”和“实境”的完美统一。吴先生认为,要达到这样的艺术境界,必须靠诗人的想象力。他说:

> 诗人能造幻境,端赖其想象力。想象力者,质言之,即设身处地,无中生有之天才也。故能造成幻境。想象力愈强者,其所造之幻境亦愈真。想象力有结合归纳之功用。文学家之论想象力,则谓凡具想象力者,能见他人之所不能见。所谓能见他人之所不能见者何物耶?曰:事物间之同异而已。①

这里所说的“想象力”,即刘勰所说的“神思”。它包括想象,也包括思索。它是客观和主观统一的桥梁,是文艺创作成败的关键。诗人在创造诗歌形象的构思活动中,必须驰骋艺术想象,而艺术想象就是形象的艺术思维。吴先生虽然没有对创作中的想象作专篇论述,但对想象力在创作中的作用却非常重视。所以,他说:“想象力愈强者,其所造之幻境亦愈真。”同时,想象力丰富的诗人,“能见他人之所不能见”并能窥见事物的异同,创造出同中有异,异中有同,绚丽多姿的优美诗篇。这正如他说的:“盖天下之物,全同则无美,纯散则亦无美。惟异中有同,或寓整于散,而美始生。……全同全异之形,不足以悦目,全同全异之声,不足以悦耳。惟同中有异,异中有同者始能之。”②这说明诗歌美,既要有共性,也要有个性,诗人必须具有创新精神和独特风格方能写出真正的好诗。

三、严守旧韵,坚持“以新材料入旧格律”——吴先生论诗的形质并重观

中国古代诗论非常重视诗歌的音韵美。诗论家们认为,音韵美是诗歌

---

① 吴宓.吴宓诗集·卷末·诗学总论[M].第 53-58 页.

② 吴宓.吴宓诗集·卷末·诗学总论[M].第 P53-58 页.

的特点之一。李东阳说："诗之体与文异……盖其所谓有异于文者，以其有声律讽咏。"[①]所以作诗不能只求达意，还须根据音韵美的要求来选择字眼，讲究平仄，"不可专于意义而忽于声律也"。历代诗论家对诗律问题都做过许多论述。陆机在《文赋》中说："暨音声之迭代，若五声之相宣。"沈约则说："妙达此旨，始可言诗。"[②]刘勰在《文心雕龙》中更将声律问题作为专篇来论述。其目的都是为了追求诗歌的韵律美，而这正是一千多年来，中国古典诗歌创作所要遵循的一条规则。深受传统诗论影响的吴宓先生，对声律问题极为重视。他在《诗韵问题之我见》中说：

> 诗韵不特有其演进之历史，且有其当保存之价值。……若夫作旧诗者，予意必当严格的遵守旧韵。凡艺术必有规律，必须宗传。……世界各国各体文学，皆有其特殊之规律及宗传。中国旧诗之形式上之规律及宗传，厥惟平仄之排置与协韵。去韵，则旧诗不成为一种艺术。破坏人人所共遵所共守之韵，则旧诗已不成为旧诗，即等于完全消灭矣。……各种规律之存在，不特不至阻抑天才，且能赞助天才之发荣滋长，不特非枷锁之束缚手足，且如枪炮之便利战斗。故谓中国旧规律太严者，妄也。谓中国现今之韵应废除者，亦妄也。[③]

吴先生的这段论述，中心是说明旧体诗为什么要坚持讲求韵律的问题。他的这些意见，把旧体诗要讲究声韵的必然性、重要性和可行性都阐述得非常明确具体。他所坚持的诗歌韵是旧体诗的特征，也是与新体诗的显著区别。如果否认这种形式上的特征，就等于取消这种艺术。

吴先生论诗并非只讲形式，而是强调形质并重。他对黄遵宪的"以新材料入旧格律"推崇备至。他认为：

---

① 清刻本《怀麓堂集》文卷五：沧州诗集序[M].

② 宋书·谢灵运传论[M].

③ 吴宓.吴宓诗集·大公报文学副刊论文选录[M].第105-106页.

作诗之法须以新材料入旧格律。即仍存古近各体,而旧有之平仄音韵之律,以及他种艺术规矩,悉宜保守之,遵依之,不可更张废弃。旧日诗格律绝,稍嫌板滞,然亦视才人之运用如何,诗格不能困人也。至古诗及歌行等,变化随意,本无限制……。总之,诗之格律本可变化,而旧格律极有伸缩创造之余地,不必厌恶之,惧避之,废绝之也。……今日旧诗所以为世诟病者,非由格律之束缚,实由材料之缺乏,即作者不能以今时今地之闻见事物思想感情写入其诗。……易言之,即新材料入旧格律也。此二者兼之甚难,然必须兼之,始合乎文学创造之正轨。①

吴先生强调创作必须遵守艺术规矩,旧诗格律不可废,要懂得旧诗格律方可言诗。从诗的角度讲,他的观点无可指责。今人指责旧诗的毛病,不在格律的束缚,而是缺乏当代人的生活和思想感情,如果精通格律,又反映了当代人所关心的事物和思想感情同样可以创造优美的作品。从吴先生的分析中可以说明格律(形式)虽然重要,但决定作品成功与否的关键在于新材料(内容)。因此,他要求诗人要像杜甫那样"熔铸新材料以入旧格律",才能写出优美的诗篇。他指出:

总之,诗之内容与形式,即感情与技术,二者缺一不可。今之论诗者,或主效法欧西近代某派,不问内容,专务技巧,斯实一偏非是。顾技术须养成于平日,而感情则发于临时。自然奔放之感情,必得细整之形式与精妙之技术,始能达其意而成其美。②

吴先生对诗的格律,及诗歌的内容与形式关系的论述是精到的。特别值得称道的是,吴先生的诗论观不是停滞不前的,而是发展变化的,他在《余生随笔》中说:

① 论今日文学创造之正法[J].学衡,第 15 期.
② 吴宓.吴宓诗集・卷末・评卢葆华女士血泪集[M].第 124 页.

古来一时代之诗，或重质朴，或主秾丽。一人之诗，忽而清刚，忽而绮靡。按其变化之迹，究其因果之实，皆不外此钟摆之律。例如“自从建安来，绮丽不足珍。圣代复元古，垂衣贵清真”。故陈子昂为初唐之朝阳鸣凤，其后龙白太过直显，昌黎几于以文为诗，故复有李商隐、韩偓等之重藻饰而贵隐含。以诗论，则各有其美。且同出于时机运会之所求。文章与时势，天才与境遇之关系，如是而已。①

吴先生看到了诗歌的发展和诗人的风格特点都是随时代的发展而变化的。他对反映新思潮的诗人特别赞赏，认为：“盖自清中叶以还，士大夫言论文章，以渐多新思潮之表现，余所见最著者两人，一为龚定菴，一为赵瓯北。定菴集，恢奇恣肆，人多知之。而瓯北之诗，其理想又如此之新。足可征世变矣。”②赵瓯北、龚自珍是清代中、晚叶诗界的革新人物，他们共同的主张是诗歌要创新，要适应一定的政治制度和社会状况而发展变化。吴先生肯定赵瓯北和龚自珍，正说明他们的观点是一致的。由此可见，吴先生的诗论观是进步的。他对诗歌形式与内容及其变化发展所做的精辟论述，正反映了他闪光的文学思想。

四、强调诗歌的社会作用和爱国主义精神——吴先生论诗的功利观

儒家传统的重要诗论观之一，就是强调诗歌的社会作用。孔子的“诗可以兴，可以观，可以群，可以怨”③成了诗歌要为现实社会服务的指南。唐代诗人兼现实主义诗论家的白居易更明白具体地提出：“文章合为时而著，歌诗合为事而作。”④要起到“救济人病，裨补时阙”的作用。深受儒家文学思想熏陶的吴宓先生，对诗的社会作用也是极为重视的。他指出：

---

① 吴宓.吴宓诗集·卷末·余生随笔[M].第 18-38 页.
② 吴宓.吴宓诗集·卷末·余生随笔[M].第 18-38 页.
③ 论语·阳货[M].
④ 白居易.与元九书[M].

> 古者陈诗以观民风，后世虽政趋专制，不恤民隐。而有真正诗人者出，必能心在斯民。凡政刑之乖谬，闾阎之疾苦，礼教之废弛，积所闻见，靡不著之歌咏。盖深望朝廷当局与在野士大夫之反省，急起直追，力图改造。故大声疾呼，为民请命。不能自安缄默。……而真正诗人，何代靡有？前后接踵。以其光芒万丈，大声踔踏之诗，毅然行其天职，以舒民意而挽颓风。江河万古，此流不废，盖有由矣。若李太白，若韩昌黎，若王荆公、陆剑南皆与彼昏君巧宦，薄俗陋士，最不能相容者。杜工部有诗圣之称，以其为国忧民之心，尚非余人所能及耳。①

吴先生要求通过诗歌反映国情时弊和人民疾苦，希望诗人为民请命、不自安缄默，要像李白、韩愈、王安石、陆游那样与“昏君巧宦”做斗争，要有杜甫那种“穷年忧黎元，叹息肠内热”的感情。因此，他对历史上那些爱国忧民的诗人都给予很高的评价。对近代诗人黄遵宪尤为称赞：

> 黄公度先生乃近世中国第一诗人，宓多年恒持此论。今试析言黄公度先生伟大崇高之故，约有五端：(1)黄先生性情笃挚，忠厚恻怛，具有诗人之本质。(2)黄先生精力弥满，学识广博，通古今中外之故。大而政治宗教，小则民俗琐事，莫不熟知理解，取用入诗，故其诗材料精宏，新颖而充实。(3)黄先生洞明世界大势，先机察变，爱国保种，乃识时之俊杰，英年之导师。其诗不特言志，且以立教，识之足资启发。(4)黄先生之诗，多詠国事，少叙私情，不愧为诗史，可称民族诗人。(5)黄先生以新材料入旧格律之主张，不特为前此千百诗人所未能言，所未敢言，且亦合乎文学创作之正轨，可作吾侪继起者之南针。②

吴先生对黄遵宪做了全面而崇高的评价，并与杜甫并列，誉为近代中国

① 吴宓.吴宓诗集·卷末·余生随笔[M].第18-38页.

② 吴宓.吴宓诗集·卷末·空轩诗话[M].第154、184页.

的第一大诗人。其根本原因就在于黄遵宪是一位爱国主义者、知识渊博的政治家、诗界革命的领袖。无论诗品、人品均可作为后世的典范。可见,吴先生所敬所爱的诗人都是名留千古的精英,这不正反映了吴先生的高风亮节吗?

正因为这样,吴先生在日寇侵略、国难当头之际,对反映抵抗日寇的诗歌都做了充分肯定。他说:

> 九一八国难起后,一时名作极多,此诚不幸中之幸。以诗而论,吾中国之人心实未死,而文化尚未亡也。统观辛未、壬申、癸酉间,南北各地佳篇,应以常乃悳之《翁将军歌》为首选。此歌气格高古,旨意正大,深厚而沉雄,通体精炼,无懈可击。①

吴先生赞扬这位翁照恒将军在上海"一·二八"之役,"守闸北,率先应战。守吴淞,凭废垒与敌死拒",使十九路军驰誉于世界。可惜这位战功卓著的旅长为同僚们所挤,解职而云游海外。先生惊悉后特写诗追送:"祖怀白刃向前去,以血还血头还头。长江万里锁废垒,将军立马寒飕飕……。"②他与翁将军并不相识,主要是为国家挫伤将才而痛惜,为豆萁相煎而愤慨!真是"疾风知劲草,板荡识诚臣".这不正是吴先生热爱祖国的表现吗?先生在大敌当前的抗日战争时期,关注着国家民族的命运,对当局不抵抗日本帝国主义失去东北三省而感到异常悲愤,认为这是"吾国之奇耻大辱"!而对浴血奋战的下级将士则钦佩之至,对反映抗日的诗歌则有来必登。吴先生这种悲天恤人之志、忧国爱民之心令人敬佩,可称是爱国知识分子的楷模!

纵观吴先生的诗歌理论,有如下两个特点:(一)理论与实际的密切结合。吴先生是诗人,有创作的实践经验,因此,他的理论不空泛,很多都是经验之谈,有的放矢,往往一语中的。他的诗论可与其创作互为印证。(二)在

① 吴宓.吴宓诗集·卷末·空轩诗话[M].第184页.
② 吴宓.吴宓诗集·卷末·空轩诗话[M].

比较中论诗,以观中西诗学之异同。中国的比较诗学起步较晚,在这方面做出显著成绩的,首推吴宓先生。他早在20年代就从事比较文学的研究,是这一领域的拓荒者和创始人。

当然,吴先生的诗歌理论不是完美无缺的,也有他的局限,主要表现在两个方面:其一,经验式、随感式的较多,系统的深入的专题论述较少。虽然也有《论今日文学创造之正法》《诗学总论》《论新文化运动》等长篇论文,但更多的则是"诗话""随笔"式的杂感。从总体来说,缺乏严密的理论体系。其二,强调继承的多,强调革新的少。吴先生是学者型的诗论家,对中国的文化遗产,主要考虑的是学习继承而缺乏分析批判的眼光。比如,对传统的格律诗就忽视了这种形式有束缚思想的缺点。特别在新文化运动中还要强调格律诗的优越性来批评新诗,从社会发展需要新的文学艺术形式来看,这不能说不是缺陷。但几十年来,吴先生一直为此被斥之为新文化运动的反对派,是食古不化的顽固分子,却是极不公道的;从全面来看,吴先生的思想是进步的、爱国的,在文化学术上的贡献是突出的。无论是文艺创作,还是理论建树,都堪称是同时代人的佼佼者。其功不可没,应该载入史册!

(本文选自《西南师范大学学报》[哲学社会科学版],1990年第4期)

吴宓档案中的“红学”资料

肖太云

民国时期，吴宓的“红学讲座”遍布中华大地，备受关注，被时人誉为“红学专家”“红学大师”“红学权威”。时至今日，有关吴宓的这些名号是否准确，在学者中有一定的争议。吴宓在“红学”研究史中的地位如何，贡献怎样，尚无定论。但无论如何，吴宓是《红楼梦》的虔诚热爱者、大力推广者、毕生研究者，应无疑义。吴宓一生做过不少“红学”讲座，写过不少红学论文，其讲座记录材料和红学论文散落在浩如烟海的各种史料中，如民国时期的校园刊物、地方小报及边缘书志等。如果辑轶齐全，编一本厚厚的吴宓“红学”文集，应不属难事。

笔者因编辑“吴宓年谱长编”的因缘，蒙西南大学档案馆的允准，有幸在吴宓档案中发现了一些有关吴宓“红学”的资料，可丰富吴宓的“红学”资料库。吴宓的干部档案有一大本，编号是387872，档案编有目录，分为以下几个部分：第一部分是吴宓的各种表格，如《大专学校教职员简历表》《高等学校教师登记表》《科学技术干部简历表》《干部鉴定表》《专门人才登记表》《西南师范学院员工服务证申请表》等。第二部分是吴宓“自传”。第三部分是吴宓平反的相关文件。第四部分是吴宓的各种计划、汇报和检讨，如《五年内个人工作及进修计划》《期中教学检查工作报告》《改造思想，坚定立场，勉为人民教师》《新中国成立后的生活经历、思想转变过程及我对当前运动之认识和态度》《交代我和中文系同志数人之关系》《自我检查(放下包袱、自觉革命)》等。

档案中的吴宓“红学”资料可归类成两部分。第一部分是吴宓如何看待他自己的“红学”研究，特别是在1949年之后的个人自述、历次交代材料和检讨材料中是如何看待和自我批判。这部分材料较多，相互之间形成一个富有张力的话题。第二部分有关于他人及单位是如何评价或定性吴宓的“红学”研究、“红学”贡献和“红学”地位。这部分材料较少，但也能引起一些思考。

一、吴宓“自传”中的自我叙述

吴宓档案编目的第二大点为“自传——1952年7月8日”。这篇“自传”，实际上是一篇交代材料，名为《忠诚老实地为人民服务：个人历史及社会关系之末次交代》。吴宓开篇自叙“本篇作法：以年月日次序为经，以每一类大事为纬，合并叙述，而按时排列，以便读者易于了解”。显然，吴宓有意识地以写史书的方式来组织材料，将此文当作自传来写。因此，此文虽属个人交代材料，但档案馆编目录时将它定义为“自传”也就顺理成章。

该文篇尾标注日期“1952年七月八日缴入”。1952年，吴宓时任西南师范学院（以下简称西师）教授，同时在重庆大学外文系兼职。此篇材料交给西师院党委和西南文教部派驻西师思想改造指导小组。此长文共17858字，从个人出生直至1952年，从个人经历到亲友关系，从教学活动到编辑活动，一一详细叙述，信息含量极大，对了解吴宓一生有重要参考价值。

吴宓写作时编有“自传”的目录，也称“内容提要”，共分35个部分。内容有“年龄”“名与字（别号）”“家庭出身（地主）”的自我介绍，并有父、妻、弟、妹、女儿及亲友等社会关系，任教国内各个大学，编辑《学衡》及《大公报》《武汉日报》文学副刊，校译牛津字典，演讲《红楼梦》等活动的介绍。第25部分题为“演讲红楼梦”。此部分文字不多，转录于下：

> 由1941至1949，我在各地演讲《红楼梦》，虽从未售门票，募捐款，或收受任何礼物银钱作报酬，但所讲的机关和听众，则大大超出了学校师生的范围。例如昆明郊外中央电工器材厂、化学工厂、无线电制造厂

贵阳社会处、遵义附近酒精厂、成都空军参谋学校、武昌省立民众教育馆、汉口银行公会、汉口空军俱乐部(新生社)等,我都应邀去演讲过。每次只是汽车(或吉普车)接送,酒席款待(有时须住一宵),演讲外,惟谈平常酬应的话,不及政治时事。对邀请宓的机关或个人,并未发生任何关系,事后便都两相忘了。①

众所周知,吴宓第一次演讲《红楼梦》是在哈佛求学期间。当时,哈佛大学的中国学生会每两星期开一次晚会,每次规定由两位同学演讲②。吴宓接受任务,做了《〈红楼梦〉新谈》的演讲。吴宓集中演讲《红楼梦》是在20世纪40年代,涉及自述中所说的昆明郊外中央电工器材厂等各个地方、各种场所。沈治钧曾提出过吴宓"红学"讲座"高峰处于抗日战争后期"的精到之论③。据日记,1940年,吴宓做过一次《红楼梦》演讲(1月17日)④,1941年只是私下与友生谈论《红楼梦》(6月12日与翁同文谈,6月21日与金克木谈,9月24日与毛子水等人谈),并没有正式演讲。实际上,吴宓较密集的《红楼梦》演讲开始于1942年,仅在这一年,就做了十场"红学"讲座。1942年是抗日战争最为艰难的时期,联大很多教授入不敷出,无以维持家人生计,纷纷寻策养家。吴宓虽然一人生活,但负担不轻,每月要给陈心一及三个女儿寄送生活费,其父母、亲人等也需要寄款救济。因此,他演讲《红楼梦》主要出于对《红楼梦》的热爱而推广《红楼梦》文化,也为赚取额外收入。

---

① 西南大学档案馆《吴宓档案》,编号387872。本文中所有有关档案资料的引文皆出于此,后不再注。

② 吴宓.吴宓自编年谱[M].吴学昭整理.北京:三联书店,1995:185、186.

③ 沈治钧.吴宓红学讲座述略[J].红楼梦学刊,2008(5).

④ 吴宓.吴宓日记:第7册[M].吴学昭整理注释.北京:三联书店,1998:120.《吴宓日记》第1册至第10册载作者1910—1948年日记,凡予引用,随文标明日期,以备查核。为免烦琐,不另注。沈治钧在《吴宓红学讲座述略》中对吴宓的业余红学讲座做过全面概述和研究,提出吴宓是红学史上"业余从事《红楼梦》学术讲座的第一人"等精确结论。该文统计吴宓在1940年有两次公开演讲。除1月17日之外,4月11日,吴宓在西南联大文林食堂做"林黛玉之精神"(陪同陈铨)演讲,但没有标明出处。根据吴宓日记,是日只有"晚7—9陪陈铨在文林堂演讲《叔本华与红楼梦》"的记载,没有提及吴宓是否演讲《红楼梦》。故笔者暂只计一次。

同时,1942年8月,吴宓因获聘为民国教育部的部聘教授,名气大增,各机关团体、社会组织、工厂学校也主动邀请吴宓前去演讲《红楼梦》,而且礼节隆重,有条件的单位均派汽车接送。

此段文字中,吴宓自叙演讲《红楼梦》的时间是从1941至1949年,应该指的就是这段包含赚取演讲费的集中讲学《红楼梦》时期,但准确时间应从1942年开始算。“从未售门票,募捐款”是真,如1948年9月20日,汇通银行汉口分行经理杨正莘想要吴宓“往讲《红楼梦》,售票,为川大校友会所设补习学校募款”,吴宓的反应是“严辞拒却之”。从未“收受任何礼物银钱作报酬”是假。吴宓演讲《红楼梦》获得报酬的形式多样。有时是直接获得酬金,如1942年5月6日,在昆明电台讲《红楼梦之文学价值》,得酬金80元。有时由主办方帮助出售杂志而获得收入,如1943年12月11日,在昆湖电厂及炼铜厂演讲《红楼梦》,代为售去《旅行杂志》20册,得款200元。有时邀请方热情,既奉送酬金,也代为销售杂志,如1943年4月20日,至西南联大工学院,为学生约200人演讲《石头记》,工院学生自治会依例奉送演讲费200元,又代销《旅行杂志》20本,得款160元。

吴宓演讲前后“不及政治时事”是实。吴宓对政治不感兴趣,一生从未参加任何政党。蒋介石发动“四一二”事变后,1927年6月29日,吴宓与陈寅恪“谈大局改变后一身之计划”,两人即相约“不入国民党”,为的是“保全个人思想精神之自由”。吴宓的“红学”演讲大多专注于对《红楼梦》人物形象和文学价值等的分析,至多涉及人事或暗指时事,决不明涉政治时事。但“对邀请宓的机关或个人,并未发生任何关系,事后便都两相忘了”的自述却不实。吴宓与邀请他演讲的机关团体、企事业单位联系不多,却与邀请他演讲的个人联系多多。如1943年4月11日,至中法大学演讲的邀请人李靓高,11月4日,至昆明天祥中学演讲的邀请人许渊冲,11月12日,至昆明妇女会演讲的介绍人李公朴,等等,或为朋友或为学生或为同事,吴宓日记中记载的往来皆不少。吴宓在自述材料中有掩饰之辞可以理解,可能为的是在思想改造运动中,更容易“过关”。

吴宓“自传”中的第30条“世界日报副刊污我之辨明”中,也有两处关于《红楼梦》的自我辩述。第一处是1949年10月20日、21日重庆《世界日报》

副刊《明珠》连载《红学大师吴宓》一文,文章中称吴宓对反对国民党的政党运动,非常痛恨,"比之为洪水猛兽"。吴宓在"自传"手稿中郑重声明:"此实污我,我从未在所作的文章中,或与人谈话中,作此语。"这是一篇有关吴宓"红学"的佚文。笔者按图索骥,在重庆图书馆找到此文。该文分为"红学与一多""二十世纪的病原"两个部分。文章开首以讽刺的笔调概述吴宓的"红学"研究和"红学"地位,接着在"红学与一多"部分对吴宓以"一多"哲学为基础来研究《红楼梦》进行批评。第二部分"二十世纪的病原"主要是抨击吴宓对政治、时事、学生运动等的看法。

第二处在第30条第二段的开头,原文是"1949十二月十七日重庆《新民晚报》又有吉士撰《吴宓老太爷》一文,谓宓讲《红楼梦》乃由宓在上海北京出入妓院多年之经验。其实宓生平在中国外国未尝涉足花柳,妓院未曾到过。此所言,不待办。"不仅提示了又一篇有关吴宓"红学"的佚文,而且"谓宓讲《红楼梦》乃由宓在上海北京出入妓院多年之经验"的消息更是前所未闻或骇人听闻。笔者同样在重庆图书馆找到了《吴宓老太爷》这篇短文,作者吉士主要是愤于吴宓以"道学的绅士派"指责作家们写下流社会,因此讽刺吴宓对《红楼梦》"特殊的心得"来源于妓院经验。该文还讽刺吴宓"坚持做文言文"。吴宓1929年与妻子陈心一离婚后,三十多年间一直没有结婚,传出很多绯闻,这大概是吉士坐实吴宓逛过妓院的由头。

吴宓"自传"第26条"国立西北大学",自述"我在武大时,于1948四月请假飞西安,在国立西北大学讲学两星期(集中授课,得半年薪)并回家省视父亲"。此条"自传"虽然没有述及"红学"讲座,但实际上,吴宓此次的西安之行做过两次公开《红楼梦》演讲。沈治钧在《吴宓红学讲座述略》中提及"据日记,1948年吴宓在西北大学仅一场(4月14日)红学讲座,而刘明华《吴宓教育年谱》记载为同月10日和17日两场,这两天的日记恰恰失记或残缺,一时无以查证。上表仅列10日、14日两场,以刘谱17日或为14日之误,有待高明指正"。1948年4月14日吴宓仅是在李仲吕家宴上讲《红楼梦》,听者不过四五人,能否算作"红学讲座"有待商榷。另外,据4月12日《建国日报》报道:"红学专家吴宓教授此次来陕讲学,听者极为踊跃。本月十日，吴氏曾假西大讲述红楼梦的文学价值，并定于本月十七日下午继续讲演。”①吴宓4月18日离开西安飞返武汉，5月6日又乘火车至广州中山大学讲学兼讲《红楼梦》。由此可以基本确定，刘明华《吴宓教育年谱》记载吴宓在4月10日和17日做过两场“红学”讲座是真实的。

二、《改造思想，坚定立场，勉为人民教师》中的自我批判

《改造思想，坚定立场，勉为人民教师》是吴宓的一篇思想改造长文，共八千余字，发表于1952年7月8日中共中央西南局机关报、重庆《新华日报》第三版，转载于同年7月19日的北京《光明日报》和8月2日的上海《大公报》，并被译成英文，对美国广播宣传，以作招降胡适等之用(1952年10月3日)。可见该文在当时受到了高度的认可。文章中有专门部分谈及“讲说红楼梦”的自我批判：

> 第二是我在昆明、成都、武汉等地，屡次为人讲说红楼梦。虽未售票敛钱，有时亦隐寓道德之教训，暗指时政之得失，然而正当人民革命解放战争将成功底时候，我却作此演讲，以娱乐资产阶级的少爷小姐们，结果是把许多来听讲的男女青年，引他们走出革命的道途，而趋向于享乐腐化。我既麻醉毒害了青年，又阻碍了革命解放事业，这是对我确切的评判。

《改造思想，坚定立场，勉为人民教师》有手稿和刊发稿，吴宓档案中保存的是手稿，与刊发稿内容差不多，但文字有较大改动，两者在标点符号、文字及表达上的不同处至少达到100处。两者更大的区别在于手稿有吴宓的眉批，共173字，都是吴宓自己提炼出来的、助于上级领导理解的提纲挈领之要点。吴宓“讲说红楼梦”的自我批判材料，眉批是“红楼梦演讲”。

《改造思想，坚定立场，勉为人民教师》的手稿共分“过去的生活和封建

---

① 吴宓.红楼梦之文学价值[N].建国日报，1948年4月12日第1版“编者按”.

思想”“西洋的保守反动思想和改良主义”“小资产阶级的性情和生活方式”三大部分，加上一个较长的结尾“解放后思想转变的过程”“自我检查所得之收获”“今后之决心”共四个部分组成，最后落款为“1952 年六月二十九日下午作成缴入”。“红楼梦演讲”属于第三大部分“小资产阶级的性情和生活方式”中“我这种生活涉历，有两个实际的结果”之一。

此段文字除了重述民国时期“讲说红楼梦”的主要城市和“未售票敛钱”之外，主要在于自污“讲说红楼梦”“既麻醉毒害了青年，又阻碍了革命解放事业”，认可“这是对我确切的评判”。民国时期，时人及报刊批评吴宓的“红学”讲座是“红色恐怖”[①]，责问他在“国难紧急，战士浴血舍身”之时，对青年讲《红楼梦》“是何居心”（1944 年 12 月 31 日），诋斥他“侈谈《红楼梦》”“为迟生数千年、不合时世，为动机不良、别有用心”（1945 年 1 月 18 日）。对此言论，吴宓要么是一哂置之，“决置不理”，要么是他的学生出面辟谣，认为“多系向壁之谈”，“肆意讥讽，则其意见亦无从接受”[②]。吴宓 1949 年之后的回应与之前形成对比。同时，在此段文字中，吴宓首次承认自己“讲说红楼梦”“有时亦隐寓道德之教训，暗指时政之得失”，这是真话，是日记中没有明示的，可以与日记的记载形成相互参证。

三、“放下包袱，自觉革命”自我检查中的检讨

1965 年，正是社会主义教育运动如火如荼之际。是年 4 月，吴宓写成长文《1965 年三月，在社会主义教育运动中之自我检查“放下包袱，自觉革命”》，全文共 19758 个字，“四月八日全篇写完，钉成一本。即缴呈工作组”。在检讨文的开头，吴宓有一段概述：“宓行年七十一，而知七十年之非。包袱太多，放之有不能尽。今但就此次运动中学习所得，按照阶级、斗争及两条道路之标准（即 1964 至 1965 年之要求）分（一）思想（二）生活（三）工作（四）政治四项，简括述说宓自己检查之结果如下。”在第二大项“生活”篇

① 乔奇.“红色恐怖”[J].燕京新闻，1945-4-25.

② 燕大国文学会.来函照登[J].燕京新闻，1945-5-5.

中，有一长段关于“《红楼梦》讲谈”的自我陈述和检讨：

在1942至1949年中，宓在昆明、成都、武汉、重庆、白沙等地所作的《红楼梦》讲谈（演讲或座谈），其所犯的错误，其对社会和人民的责任，和上段《吴宓集》批判的第（二）条，是相同的，一样的。——即是：宣传了封建贵族和资产阶级腐朽的生活方式和人生观（逸居享乐。婚姻自主。男女爱情至上，美的感情生活），对青年起了很大的腐蚀作用。宓对自己的《红楼梦》讲谈，已经在1955一月四川省政协会议上，作出了检查和批判。整个说来，宓讲谈的内容，可分为（i）文学艺术（ii）道德评论两大部分。（i）宓强调了《红楼梦》的艺术性［认为它是反映着十八世纪初年全中国的社会情况（其中在贾府，更集中在宝、黛、钗三个人身上）之一部伟大的现实主义小说（既不是清朝历史的寓言；亦不是曹雪芹的自传），而细讲其创造过程及描写方法］，却完全忽略了其思想性，更未用阶级观点。（ii）在评论书中的人物（妙玉、王熙凤、香菱等）时，宓使用了自以为是能融合中西古今而造出的一套道德标准，什么“仁智合一，情理兼到”之类——其实仍是宓的封建思想与资产阶级思想之结合，全是应当批判的，否定的。宓讲谈《红楼梦》的余波，出现在1963三四月，宓自己又邀请了林昭德先生，进城去“指导”、帮助重庆市川剧院二团排演《晴雯传》川剧，演出后，观者满座，盛极一时。同时，各地又正放映着越剧团在香港制作的《红楼梦》电影，宓都劝请（甚至邀陪）本院的男女同志们去观赏。只要拿1954年的京剧和川剧改革运动来作一对比，则可看出宓在反动文艺路线上的推动作用，其关系固不止个人生活琐事而已了。

此段文字六百多字，是吴宓档案中为数不多的关于“红学”讲学的较详细材料，透露出很多信息。首先，吴宓关于从1942到1949年，在昆明、成都、武汉、重庆、白沙等地做过《红楼梦》演讲或座谈的自我陈述，包含重要信息。1942到1949年中，吴宓在昆明、成都、武汉演讲《红楼梦》，吴宓日记均有记载。但由于1944年10月吴宓由遵义到重庆到成都这段日记的缺失（“文化大革命”中被抄没丢失）及1949年整年日记的缺失（同事陈新尼惧祸，自行代为焚毁），导致1944年过境重庆、1949年重庆生活期间，以及1949年在四川江津吴芳吉的老家白沙镇为白屋文学院义务授课期间，吴宓是否作过“红学”讲座，一直无确证。吴宓档案中的这条自我陈述，有力证明了他确实在重庆和白沙两地做过“红学”讲座。

吴宓在1955年1月的四川省政协会议上，做过《红楼梦》批判的发言，容后段论述。

吴宓一生最后一次“红学”讲座是在1963年春天到重庆市川剧院演讲《红楼梦》，并对其排演《晴雯传》提出己见。但吴宓演讲当日的日记缺失，其1963年6月23日的日记有简单补述。当日，吴宓赴重庆市政协俱乐部宴请友人，市政协副秘书长方镇华言“宓等讲《红楼梦》对重庆川剧院二团诸演员启发甚大，故《晴雯传》演出甚佳”。吴宓档案中的此段文字不仅交代了此次演讲的时间是“1963 三四月”，而且邀请了西师中文系老教授林昭德[①]陪同进城去“指导”。至于观看香港的越剧歌唱彩色电影《红楼梦》，吴宓日记与档案可相互参证。吴宓同中文系师生观看过三次，分别是1963年8月2日同学生周锡光，8月4日同学生蓝仁哲，8月6日与同事荀运昌再一次观看时，吴宓“泪落不止”。

此段材料更重要之处在于吴宓在批判自我的“红学”讲谈中，将其一生宣讲的《红楼梦》归纳为“文学艺术”“道德评论”两个演讲主题。纵观吴宓一生的《红楼梦》讲座，这两个总结是符合事实的。吴宓始终坚持《红楼梦》“既不是清朝历史的寓言”“亦不是曹雪芹的自传”，只是“反映着18世纪初年全中国的社会情况之一部伟大的现实主义小说”，始终将“艺术性”摆在第一位，坚持从“艺术美”的角度来欣赏《红楼梦》。吴宓也兼顾对《红楼梦》诸人物的道德评价，坚持用“仁智合一，情理兼到”的新人文主义标准来衡量贾宝玉、林黛玉、王熙凤等人的优长短缺。“仁智合一，情理兼到”是吴宓的道

① 林昭德，四川乐至人，曾撰有《〈红楼梦〉简论》书稿。吴宓日记中多次记载两人关于《红楼梦》的交往和探讨。吴宓和林昭德还有过一次关于《红楼梦》的同台演讲。

德标准,也是他的文学评价标准,是他道德主义文学批评论的核心①。

吴宓在档案的其他交代材料中反复言及1963年春的这次《晴雯传》的演讲和辅导,如在《1965一月三十日下午发言稿》中,吴宓以"三原则,四界限"为标准来检讨个人之思想、言论、行动,认为"1963春帮助重庆川剧二团导演晴雯传一剧,是错误;以《吴宓诗集》给青年助教、学生阅读,是错误;昔年大讲《红楼梦》,教学中英文课本用《傲慢与偏见》小说(一九五〇年前后,在重庆大学),更是错误"。

1949年之后,凡是与《红楼梦》活动有关的人事,吴宓在档案的历次交代材料中均须提及和说明。如1964年11月30日晚,吴宓在关于邹开桂被调查之事,缴呈西师"社教"工作组的报告之中,交代"1963四月初或三月底,宓在市政协讲《红楼梦》,学校派吉普车送去,邹开桂随往。是晚在政协之餐厅吃晚饭,宓请邓均吾同志在一席,而命邹招待司机另一席,邹的女友钟毓华亦来了,同餐,此是一次"。邹开桂,是吴宓第二任妻子邹兰芳的本家,算吴宓的内侄,与吴宓曾长期生活在一起,同时照顾吴宓的日常生活起居。在1964年的"社教"中,邹开桂因言行不端被人检举揭发,从而被派出所立案调查。吴宓受到牵连,须交代他与邹开桂社会活动的关系。"市政协讲《红楼梦》"指的是1963年4月13日,重庆市政协文艺组在市政协俱乐部举办讲座,纪念曹雪芹逝世200周年,吴宓主讲《〈红楼梦〉与世界文学》,林昭德主讲《曹雪芹的生平和〈红楼梦〉的人物形象及艺术特点》。提及的邓均吾时任重庆文史馆馆长。

档案中的《交代我和中文系同志数人之关系》一文交代同苏鸿昌、徐永年、郑思虞、谭优学四人之交往及关系,共6554字,1964年12月8至11日写成。在第一篇中写道:"1954冬,在文科各系批判俞平伯讲《红楼梦》之大会上,宓第一次看见了苏鸿昌,他发言,宓觉得:'这个学生确是聪明俊秀,今天讲得很好。'"苏鸿昌是西师中文系毕业生,曾任中文系党总支书记,与吴宓有工作交集。1959年"大搞科学研究"之时,苏鸿昌同意吴宓作"吴芳吉的诗"研究,后改为"西洋文学研究书目提要"研究。在1964年的"社教"运动

---

① 吴宓.文学与人生[M].北京:清华大学出版社,1983:23.

中，苏鸿昌被批判、撤职，1965年改作教员。吴宓必须事无巨细交代同苏鸿昌的一切往来。交往初期，吴宓对苏鸿昌抱有好感，又因《红楼梦》的关系，两人有共同语言。但在特殊情境下，谈《红楼梦》也是一种错误。

四、《西南文艺》之《殊途同归》篇中的吴宓“红学”批判

1954年末，以批判俞平伯的《红楼梦》研究为开端，全国掀起一场“清除胡适思想污染”的运动。吴宓是西师人眼中人所皆知的民国“红学专家”，批判的火焰很快燃烧到他身上。1955年1月11日，吴宓被指定为四川省第一届政协委员。1月17日，吴宓跟随重庆代表团，赴成都参加四川省第一届政协会议。1月22日，在大会上作“我自己《红楼梦》研究的错误”的发言。此发言稿在吴宓日记和吴宓档案中均已不存，但我们可以从档案中的四封检举信看出一些端倪[①]。因邹兰芳和吴宓的出身皆不好，妻子邹兰芳将吴宓在省政协会议上的发言打印稿当作荣耀，擅自寄给好友——邹兰芳老家四川省万源县第一区供销合作社的事务陈明容。吴宓极不愿意发言稿四处传播，因此心急焦虑，连续给陈明容写了四封信，索要发言稿。信函中，吴宓态度谦卑，“故求您务必费神把该文追寻回来”，“谨此恳催，盼速速寄回，不胜感激”。因屡催无效，吴宓在信函中说了一些义愤之言，如“1950以来之宓，不过揣摩、迎合、服从、模仿，说一番照例不得不说之话以苟延生命，暂保职位而已”，“至于文章，宛如旧时代乞丐跪在街上，自己打着自己的嘴巴，至于出血，以求得活命之赏钱而已。故红楼梦批判文，从名誉，我只感觉痛苦与羞耻”。吴宓的信函被陈明容检举、揭发，以“吴宓过去的发言（改造中）完全是说假话，是不忠于党的，请党组织给以反动思想的吴宓以处分”的事由，由中国共产党万源县委员会五人小组办公室寄给西师院党委。

吴宓的第四封信中提及“西南文艺六月号中，有陈（原信残缺）全部把吴宓当俞平伯一样的来检讨——这是一纸对宓（原信残缺）催命符”。《西南文艺》前生是《大众文艺》，后世为当今大型文学刊物《红岩》，存在于1950至

---

① 吴宓的此四封信为佚信，拙文《吴宓1949年后的四封佚信及识解》附有四封佚信的原文，并作解读和探讨。文章发表在《新文学史料》2017年第2期。

1956年,是西南文学艺术界联合会、中国作协重庆分会的机关刊物。笔者按图索骥,在重庆图书馆找到了尘封已久的《西南文艺》1955年6月号总第42期,发现了对吴宓"红楼梦"讲学的批判文。此文名《殊途同归》,共2865字,作者陈守元。正如吴宓信函中所言,此文"全部把吴宓当俞平伯一样的来检讨"。笔者将原文中把吴宓和俞平伯并列批判的文字摘录如下:

俞平伯说《红楼梦》"以梦幻为本旨,……本演色空",吴宓更说《红楼梦》"指示人厌离尘世,皈依三宝,乃其正旨"。俞平伯在《红楼梦研究》中特别指出了"色即是空,空即是色"的所谓"本旨",吴宓在《红楼梦》讲学中更特别宣讲了"好即是了,了即是好"的所谓"正旨"。俞平伯的《红楼梦》研究,如他自已曾声称的,在欣赏中"附带一点趣味的研究","亦只是逢场作戏而已",这恰如金圣叹一样,把评点"才子书"作为"一消遣法"。他的态度好像很潇洒超脱,好像是在了悟人生如戏以后,觉得"若大若小,男男女女,生旦净丑末脚色各异,却大伙儿都来表演一整个的戏……"所以自己也不妨"游戏人间",而在游戏人间中又不妨弄点游戏笔墨作为"逢场作戏"。至于吴宓的《红楼梦》讲学,也如他自己所声称的,并非"趋俗堕落",而是由于"益趋向宗教",故愿"本宗教道德立说",以"指示人厌离尘世,归依三宝"。他的态度好像是很"慈悲庄严"的,好像是"已入于大彻悟之境界",而"悲愿必随智慧而万丈光芒",因鉴于"世衰道丧,大劫空前",故愿以"哲人之智慧与宗教之悲愿勇力","入地狱以度众生","领导后学出幽暗而入光明"。由此看来,俞平伯从《红楼梦》中悟澈"色空"的"本旨"以后,就引申出一种"游戏人间"的玩世思想;而吴宓从《红楼梦》中悟澈"好了"的"正旨"以后,就大事宣扬"厌离尘世"的厌世观,则完全是一种"出世"的想法。

但无论是俞平伯的《红楼梦》研究或吴宓的《红楼梦》讲学,在实质上都是完全抹煞了《红楼梦》的现实意义,以致把它当做神秘空虚的宗教哲学来研究,甚至把它当做佛家宗教讲义来宣扬。……(此处为笔者加以省略)。

我们还该特别着重指出:吴宓的《红楼梦》讲学,带有浓重的封建主义气味。就他与王恩洋的通信来看,没落的士大夫阶级的意识与所谓

"宗教家的精神"溢于言表。他也是以"救世拯俗"的卫道者自居,特别赞同"痛斥大学中人讲西厢记",所以他讲《红楼梦》要"本宗教道德立说",这是不足怪的。但俞平伯沿袭胡适一派买办资产阶级所崇奉的实用主义来研究《红楼梦》,而实用主义是打着科学的招牌,并且声称尊重"事实"与"证据"的,何以他也堕入"梦幻""色空"的宗教迷雾中,他所谓的《红楼梦》的"本旨"恰与吴宓所谓的"正旨"恰相符合呢?此中消息,大可寻思玩味,而最主要的,就是说明了实用主义与佛家哲学原是"一脉相通"的。

陈守元为了说明"吴宓究竟是以怎样的观点和方法来进行《红楼梦》讲学",特意引用吴宓在 1946 年 8 月 16 日,即将由成都赴武昌武汉大学任教时,致东方文教研究院的主持人王恩洋约"面谈"的一封信作为论据。原信如下:

化中道兄:

多年虽未晤教,然于兄私心敬仰至极。所撰刊之书志,亦曾在友处或就书店中诵读若干种,弟既佩兄之学,尤佩兄坚信佛教,有救世拯俗之热心也。……宓近年益趋向宗教,去年曾有到内江贵院住一年之意,友人尼之。总之,一切容面叙,幸勿以趋俗堕落相疑。又弟在各地讲红楼梦,原本宗教道德立说,以读书为指示人厌离尘世,归依三宝,乃其正旨。尊论痛斥大学中人讲西厢记者,弟极赞同尊论,但弟非其伦,所谓貌同而心异,兄可勿怪弟讲红楼梦而拒不见,弟亦不因此而忸怩不敢见兄也。诸俟面谈,即颂

文安!

弟吴宓上

8 月 16 日成都①

① 吴宓来信和王恩洋回函均见于 1946 年 11 月东方文教研究院出版的《文教丛刊》第 5、6 期合刊。

吴宓自言“在各地讲红楼梦,原本宗教道德立说”是真心之言,是对自我“红学”讲座的准确定性。吴宓一生爱读佛经,喜与佛教人士交往,屡言出家但从未真正出家。再结合其历次《红楼梦》讲学的实际情形,可以判定“以读书为指示人厌离尘世,归依三宝,乃其正旨”非真实之言,可能只是吴宓为了迎合佛学家王恩洋的文化趣尚和宗教选择的故意之言,不得当真。陈守元却是当了真,以信函中的此句自述为论据,提出吴宓是以“神秘空虚的宗教哲学”方法,宣讲所谓“好即是了,了即是好”的《红楼梦》“正旨”,与俞平伯在《红楼梦研究》中指出的“色即是空,空即是色”的所谓“本旨”,“在实质上都是完全抹杀了《红楼梦》的现实意义”,是“殊途同归”。

吴宓致王恩洋的原信在吴宓日记中无记录,档案中无存,但吴宓当日的日记记载了有关于此的信息,“今日为宓53岁生日。晨,函内江圣水寺东方文教研究院院长王恩洋(化中)约晤”。王恩洋接到信函后,于是年8月20日,即吴宓从成都至重庆途经内江的当晚,派门人在内江邮车站迎候至晚9点,因吴宓未及时到,遂回。而吴宓邮车迟至当晚11点才到,两人因此未能晤面。在9月24日,王恩洋致函吴宓解释此事,并对吴宓的志业宏愿大加赞扬。原函如下:

雨僧先生道席:

暑期归家,八月始还文教院,奉读赐书,感佩万分。先生为学界老师,言行思想,态度心情,影响于后学者甚巨,即以赐书论其真挚乐善之情,当代学者,能更得耶。世衰道丧,大劫空前,均由众生共业所感。消此恶业,领导后学出幽暗而入光明,非有哲人之智慧,与宗教家之悲愿勇力,不足以任之。善哉乎先生近乃于佛法深生信仰,其外观世,内观心,历人事之曲折险巇与内心之苦闷烦忧,必已入于大彻悟之境界,而悲愿亦必随智慧而万丈光芒,即于赐书已窥见其一斑矣。洋于先生有甚大之同情与祈祷,且期终得同偕于菩提清凉之大道,入地狱以度众生,先生之能辅助扶将于我者其有量哉。惜当日过内未得一申所怀,门人迎候已至九钟不至。今特奉书道歉意,并奉上近著五十自述一册,希

教正之，侯生春福、黄生世彦，皆可造者，乞时诱导。即颂
教安

弟王恩洋再拜

9月24日

王恩洋回函中提及的门人侯春福、黄世彦是国立武汉大学哲学系的学生，王恩洋认为两生"皆可造者"，请求吴宓"乞时诱导"。此处暂且不论吴宓与王恩洋的交谊及论学，附上此函的目的是陈守元在《殊途同归》文中引用王恩洋对吴宓的赞辞来讽刺吴宓，认为吴宓好像是"已入于大彻悟之境界"，以"救世拯俗"的卫道者自居，自己"吸食毒品"，已经是错误，还要"贩卖毒品"，那就更不可容忍。

吴宓对陈守元《殊途同归》文的态度，在致陈明容的第四封信中说得很清楚，"至于省政协的发言是宓跪在大街上，当众自己打自己的嘴巴，西南文艺上的文章，是别人打宓的嘴巴，并要催逼宓死方休"。此句话透漏两层意思。其一，省政协的发言是违心之举，不是真我，因此吴宓劝告陈明容"如果你真要了解宓，您应当读1935年中华书局出版的吴宓诗集以及宓所编辑的学衡杂志一至七十九期，那是吴宓的真表现"。其二，陈守元的批判文章给吴宓带来莫大痛苦，造成很大的精神压力。

五、他人及单位对吴宓"红学"研究的评价

吴宓于1978年1月17日去世，死时凄惶，只有妹妹吴须曼陪伴在身旁。三个女儿在吴宓的墓碑上铭刻"四川省政协委员、西南师范学院教授"。吴宓去世后，还头顶"反动学术权威"等各种帽子。幸运的是，在李赋宁等热爱吴宓的学生及众多吴宓研究者的推动下，吴宓后半生工作过的西南师范学院主动作为，在1978年给吴宓彻底平反，恢复了名誉，对吴宓的"红学"贡献和"红学"地位给予了明确肯定。吴宓档案中保存了两份吴宓的平反文件。一份是西师党委副书记王景明同志在吴宓先生平反昭雪大会上的讲话。其中有关吴宓"红学"评价的文字如下：

吴宓先生治学谨严，勤奋刻苦，知识丰富，他通晓多种语言文字，特别是英文。吴宓先生精心研究中国和西方古典文学，熟悉史料和作品内容，尤其对中国古典诗歌与英国古典诗歌有较深的研究，并创作了很多古体诗。他对《红楼梦》很有研究，1920 年春在美国哈佛大学研究文学时就发表了《红楼梦新谈》（该文于 1976 年人民文学出版社出版的《红楼梦研究参考资料选集》第三辑转载），以后又用中文、英文发表过《石头记评赞》《红楼梦之文学评价》《红楼梦与世界文学》《红楼梦之人物典型》等许多评论文章，成为我国最早研究《红楼梦》有较大影响的学者之一。

此次平反大会西师全院教职工参加，由院党委书记张永青主持，副书记李一丁宣布经上级党委批准的中共西南师范学院委员会关于为吴宓教授平反的决定，副书记王景明在会上讲话。这段文字 254 字，谈吴宓《红楼梦》研究的文字 158 字，占到三分之二的篇幅。“很有研究”“我国最早研究《红楼梦》有较大影响的学者之一”，字斟句酌，颇有讲究，对吴宓的“红学”研究和“红学”地位评价准确。

是年 7 月 20 日，也就是在西师召开平反大会两天之后，重庆的主流媒体《重庆日报》发表短讯，报道吴宓的平反之事，宣布官方对吴宓一生的评价：

吴宓通晓世界多种语文，博览群书，知识丰富，治学严谨，工作认真，襟怀坦白，直抒己见；在从事文化教育四十多年的工作中，对学生循循善诱，为我国培养了许多优秀的外国文学研究专家和教授，以及中、外语文教学人材，对祖国是有贡献的。吴宓先生自一九二〇年春以来，用中文、英文发表过有关《红楼梦》的许多评论文章，是我国研究《红楼梦》并向外国作介绍有较大影响的学者之一。

报道突出吴宓的大学教授和“红学”研究者的身份和贡献，跟西师王景明的讲话大同小异。在关于吴宓的“红学”影响力方面，提出他是“我国研究

《红楼梦》并向外国作介绍有较大影响的学者之一”,增加了他从比较文学角度,将《红楼梦》推介给国际社会的贡献。这是目前可见的两份官方文件对吴宓“红学”的评价。至此,我想吴宓墓碑上如果能加上“红学研究者”几个字,可能更足慰他的亡灵。

吴宓档案是一个宝库,可开掘之处很多。档案中的“红学”资料,由于其独特性和稀见性,不仅具有资料价值,而且具有史料价值。既可以与吴宓日记相互参证,甚或形成互文,也可以透观出中华人民共和国成立30年中《红楼梦》研究和批判的生态。然而,更大的价值也许在于吴宓关于《红楼梦》的自我批判和检讨材料,见证了红学专家吴宓在1949年之后的心路历程,可以烛照出一代知识分子的生命和生存图景。吴宓一方面在各种批判场合大力检讨个人的“红学”研究与讲学,另一方面居宅时时勤读《红楼梦》,涕泪纵横,生命的晚年时期更是默背《红楼梦》回目,细细品味,唏嘘不已。吴宓自言“小廉曲谨,与世推移,至60岁后,卑躬屈节,尽弃理想与人格”(1959年12月27日),其心酸、无奈处值得同情。幸运的是,历史已翻开这一页,吴宓名誉已经恢复,成绩得到公正评价。

(此文特别致谢西南大学档案馆)

(本文选自《红楼梦学刊》,2020年第三辑)

《吴宓日记续编》中吴宓与方敬的交往考察

凌孟华　王本朝

共和国时代的吴宓，虽久居西南师范学院(今西南大学)，远离政治、文化和学术中心，但仍喜交游，与不同阶层及不同角色面目者保持着或长或短，或深或浅的人际交往。仅《吴宓日记续编》之《中文人名注释索引》列入的人物就多达649人，其中大部分在新中国成立后都与吴宓有过来往。如果再加上有名有姓而未附注释、未列入索引者及有姓无名者、未记姓名者，《吴宓日记续编》提到的人物就更多了。不管是交往时间的漫长、交往次数的频繁，或是交往方式的多样、交往对象的重要与交往身份的特殊，方敬都是不得不提的重要人物。但除方敬后人于1998年5月撰写的《吴宓与方敬》一文外，尚无翔实专门的梳理与论述。该文说："尽管他们之间在政治观点和文学见解上有差异，但是在长时期相处中，相互了解，相互尊重，彼此信任，不仅有公事的接触，还有私人的交往，建立起了超乎一般同事之上的友好关系。"又说："他们都去世了。记下他们之间关系的真实情况，对了解吴先生晚年的处境和际遇，理解吴先生的精神品格，懂得吴先生为什么是一个真纯的人，是有意义的。"[①]本文拟借助《吴宓日记续编》中关于方敬的诸多记载，考察吴宓与方敬的交往，以期更全面丰富地呈现二人的交往情形。

吴宓1949—1950年的日记已焚毁，《吴宓日记续编》所存这两年的若干

① 方小早，方小明.吴宓与方敬[G]//王泉根.多维视野中的吴宓.重庆：重庆出版社，2001：107-113.

草稿残片并无关于方敬的记载。1951年1月1日,吴宓在日记中写下"外文系主任方敬、教授赵维藩来拜年"[①],从此,方敬在《吴宓日记续编》中正式出场。方敬在《吴宓日记续编》里最后出现的时间是1973年7月25日,"上午8时(雨止)出,至大礼堂参加全校师生大会,陈洪主席聆方敬副院长播讲《教育革命》,8:30开讲,至10:30毕"[②]。方敬在《吴宓日记续编》中出现了二十二年有余,遍布从第1册到第10册诸卷,是贯穿《吴宓日记续编》的重要人物之一。方敬与吴宓交往所跨越的二十余年漫长时光,几乎伴随着吴宓在共和国时代"第三个二十八年"悲喜人生的始终。

方敬在《吴宓日记续编》中出现的时间长,频率高。由于方敬在西南师范学院的职务曾多次变动,吴宓对方敬的称呼也多有变化,计有外文系主任方敬、敬、方敬教务长、方公(敬)、方敬教务长(兼副院长)、方院长、方副院长敬、方院长敬、方敬副院长、方公等十余种。从总体上看,方敬出现的频次是惊人的,并有明显的时段特征。"文革"前相对较多,"文革"中明显减少,有的年份只有寥寥数次,有的年份没有相关记载(如1949、1950、1970、1971、1974年)。其中1949—1950年日记已被吴宓托付保管的陈新尼教授在"文革"初期擅自焚毁,编入的只是"日记草稿残片",1970年日记在"文革"中"全部丢失",目前内容系"根据作者所写交代材料、笔记和家信整理"[③],1974年日记于"文革"中"失去"而仅剩一纸书目,《吴宓日记续编》上述四年的日记内容没有涉及方敬,自然可以理解。虽有丢失或因病未记,但相对完整的1971年日记里也没有与方敬交往的记录,说明二人交往也有在特殊年代里几乎中断的情形。

一、交往方式:在同事与朋友之间

吴宓与方敬的交往方式多种多样,主要有偶然遇见、专门访晤、赠送礼

① 吴宓.吴宓日记续编:第1册[M].北京:三联书店,2006:21.
② 吴宓.吴宓日记续编:第10册[M].北京:三联书店,2006:509.
③ 吴宓.吴宓日记续编:第9册[M].北京:三联书店,2006:133.

品、参加会议、宴饮请客、拜年过节、撰写信柬和传达口信等。兹就前四种方式举例简述如次：

(一)偶然遇见

由于同处西南师范学院校园，吴宓与方敬作为同事，经常偶然相遇。仅《吴宓日记续编》记录下来的就可以列出先后 17 次：

(1)"上午 10:00 往晤敬，遇于溪桥。"(1951-05-03，以下列出"年-月-日"格式，均为《吴宓日记续编》中的日记时间)①

(2)"出遇敬于途。敬婉命勿为外二增授课，恐学生力不任云云。宓唯唯，心疑系劣生团员邹万福赴诉。"(1951-05-27)②

(3)"抵校适值会散，多人群出，遇敬。"(1952-06-29)③

(4)"阴，小雨。夕出遇方公(敬)，步谈少顷，询兰病甚悉。"(1955-06-25)④

(5)"宓从良教，拟寻人事科长张莹，而途遇敬，遂即述其事，作为口头检举。"(1955-08-27)⑤

(6)"入校遇敬，告邹开桂准留，但需宓担保，云云。"(1955-10-03)⑥

(7)"邮局遇方敬教务长，立谈久之。"(1955-12-26)⑦

(8)"晚出独步，遇敬偕他客。"(1956-08-04)⑧

(9)"早起，徘徊大门内外，遇敬，谈抚事。"(1957-01-27)⑨

(10)"三四节(10-12)办公楼外遇敬，至教务处闲话，告《住院感想》文，谈济之著作及白屋诗。"(1962-01-25)⑩

---

① 吴宓.吴宓日记续编：第 10 册[M].北京：三联书店，2006：128.
② 吴宓.吴宓日记续编：第 1 册[M].北京：三联书店，2006：142.
③ 吴宓.吴宓日记续编：第 1 册[M].北京：三联书店，2006：376.
④ 吴宓.吴宓日记续编：第 2 册[M].北京：三联书店，2006：207.
⑤ 吴宓.吴宓日记续编：第 2 册[M].北京：三联书店，2006：251.
⑥ 吴宓.吴宓日记续编：第 2 册[M].北京：三联书店，2006：284.
⑦ 吴宓.吴宓日记续编：第 2 册[M].北京：三联书店，2006：337.
⑧ 吴宓.吴宓日记续编：第 2 册[M].北京：三联书店，2006：479.
⑨ 吴宓.吴宓日记续编：第 3 册[M].北京：三联书店，2006：18.
⑩ 吴宓.吴宓日记续编：第 5 册[M].北京：三联书店，2006：296.

(11)“于 11:20 亲送交教务处成绩股收。遇敬,拟同来宓舍,旋以已近午饭而止。”(1962-01-29)①

(12)“上午 8-12 偕徐仲林至文史图书馆(遇敬),指示其陈列之各种参考书。”(1962-08-08)②

(13)“8:30 出,新大礼堂遇敬等(接见新生)……”(1962-09-04)③

(14)“正午,回舍,途遇敬,握手为礼。”(1965-06-09)④

(15)“遇方敬,彼此笑颔,未及握手。”(1966-06-20)⑤

(16)“午在食堂遇方敬,宓与交言。”(1972-07-01)⑥

(17)下午 3-4 出,先至中文系察知无学习……遇李一丁、方敬!”(1972-11-24)⑦

这 17 次偶遇情形各不相同。从地点看,有遇于溪桥的,遇于途中的,也有遇于邮局的;有时候在大门内外,有时候在办公楼外,有时候在新大礼堂;或在教务处,或在文史图书馆,或在食堂。从时间看,从早起到 8:30 到上午 10:00,从三四节(10—12)到 11:20 到近午,从正午到下午再到傍晚,直至晚上,全天除睡眠外的全部时段都有与方敬的偶遇。从偶遇情形看,有步谈少顷者,有立谈久之者,有至教务处闲话者;有宓与交言的,有仅握手为礼的,有未及握手的。偶遇后相处时间有长有短,最短的连握手都来不及,稍长者可以握手为礼,再长者才可以彼此谈话,且有少顷与久之之别;而谈话的情形既可以是边走边谈,也可以是站着谈,还可以是换个地方谈。“遇”在不期,“偶遇”更在不期,抬头不见低头见,随时随地皆有相遇可能。不难看出,吴宓与方敬作为同事交往,既频繁又平等,既随意又自如。

---

① 吴宓.吴宓日记续编:第 5 册[M].北京:三联书店,2006:298-299.
② 吴宓.吴宓日记续编:第 5 册[M].北京:三联书店,2006:394.
③ 吴宓.吴宓日记续编:第 5 册[M].北京:三联书店,2006:417.
④ 吴宓.吴宓日记续编:第 7 册[M].北京:三联书店,2006:147.
⑤ 吴宓.吴宓日记续编:第 7 册[M].北京:三联书店,2006:462.
⑥ 吴宓.吴宓日记续编:第 10 册[M].北京:三联书店,2006:137.
⑦ 吴宓.吴宓日记续编:第 10 册[M].北京:三联书店,2006:236.

（二）专门访晤

在偶然遇见之外，吴宓和方敬之间有目的的彼此互访次数就更多了。据不完全统计，方敬访问吴宓的次数有20次（不含拜年）。其中1951年7次，分别为4月1、25日，5月11、17、28日，10月7、15日；相关表述依次为"敬匆匆来过"①，"今日上午宓邀敬来"②，"晚8:00敬主系会，见门粘宓请假条，来探病"③，"敬、藩来探病"④，"汪彭庚来，旋偕敬同来……4:00敬再来"⑤，"已而敬来，谈系务"⑥，"晚敬来"⑦。其后，1952年1次（11月2日），1954年2次（6月20日、12月20日），1955年2次（1月13日、12月29日），1956年2次（1月13日、12月18日），1957年1次（9月11日），1961年1次（9月30日），1962年3次（5月10日、21日，8月31日），1964年1次（3月26日）。限于篇幅，相关内容及卷册页码不再列出。从访问频率可以看出，1951年的方敬特别看重吴宓。1964年以后，现存吴宓日记中就没再看到方敬登门的记录了。

相比之下，吴宓访问方敬的次数还要少一些，仅有12处（不含拜年），分别为：

（1）"宓访前日归自京之敬于其宅。"（1951-09-30）⑧

（2）"午饭后晤澄，遵即访敬于其家，自陈诗案，求指示。"（1952-01-09）⑨

（3）"晚饭后……宓走访敬。"（1955-09-09）⑩

---

① 吴宓.吴宓日记续编：第1册[M].北京：三联书店，2006:103.
② 吴宓.吴宓日记续编：第1册[M].北京：三联书店，2006:120.
③ 吴宓.吴宓日记续编：第1册[M].北京：三联书店，2006:134.
④ 吴宓.吴宓日记续编：第1册[M].北京：三联书店，2006:137.
⑤ 吴宓.吴宓日记续编：第1册[M].北京：三联书店，2006:142.
⑥ 吴宓.吴宓日记续编：第1册[M].北京：三联书店，2006:224.
⑦ 吴宓.吴宓日记续编：第1册[M].北京：三联书店，2006:228.
⑧ 吴宓.吴宓日记续编：第1册[M].北京：三联书店，2006:220.
⑨ 吴宓.吴宓日记续编：第1册[M].北京：三联书店，2006:275.
⑩ 吴宓.吴宓日记续编：第2册[M].北京：三联书店，2006:263.

(4)"晚 8:00 至 10:30 访敬于其家,进新都糕及软糖。"(1956-06-09)①

(5)"晚访敬,而澄亦至。"(1956-11-24)②

(6)"上午 9:00 谒方敬教务长,商改宓四月二十三日为《院刊》所撰文。"(1957-04-29)③

(7)"8:30-10:00 和平村十四舍楼上访敬。"(1958-03-29)④

(8)"晚 7-9 访敬,先见敬夫人何频伽,谈。敬旋归自重庆。"(1960-01-16)⑤

(9)"晚饭后,往谒敬(先遇夫人何频伽于宅门外),与敬谈约一小时。"(1961-07-20)⑥

(10)"9:30-10:30 访敬,谈中文系进修生退出《文言文选读》课事,盖敬已先默认之矣。"(1961-10-08)⑦

(11)"于是 9:30 偕骏至教务处谒方敬教务长,请求决示。"(1962-08-04)⑧

(12)"谒敬,谈(1)外出讲学,待陕师大改期。"(1964-01-10)⑨

吴宓这 12 次访问的频率分布比较均衡,除 1956、1961 年为 2 次外,其他八年均是 1 次。这种均衡说明吴宓对方敬的情感比较稳定,态度是诚恳的。

(三)赠送礼品

赠送礼品也是人际交往的一种常见方式,《吴宓日记续编》记载了几处吴宓与方敬以这种方式进行的交往。方敬赠送礼物给吴宓主要集中在 50 年代,共计 3 次,分别为:

---

① 吴宓.吴宓日记续编:第 2 册[M].北京:三联书店,2006:445.
② 吴宓.吴宓日记续编:第 2 册[M].北京:三联书店,2006:563.
③ 吴宓.吴宓日记续编:第 3 册[M].北京:三联书店,2006:70.
④ 吴宓.吴宓日记续编:第 3 册[M].北京:三联书店,2006:257.
⑤ 吴宓.吴宓日记续编:第 4 册[M].北京:三联书店,2006:278.
⑥ 吴宓.吴宓日记续编:第 5 册[M].北京:三联书店,2006:120.
⑦ 吴宓.吴宓日记续编:第 5 册[M].北京:三联书店,2006:199-200.
⑧ 吴宓.吴宓日记续编:第 5 册[M].北京:三联书店,2006:390.
⑨ 吴宓.吴宓日记续编:第 6 册[M].北京:三联书店,2006:134.

(1)“会散后,敬赠城中带来厚糖面饼一,以充晚、早餐。”(1951-07-13)[①]

(2)“敬赠宓英文《联共党史》(简编)一部。”(1951-10-07)[②]

(3)“敬赠宓杭州带回之邵芝岩制小紫毫笔一枝。”(1956-11-24)[③]

有食品、文具,也有《联共党史》。

吴宓赠送礼物给方敬则集中在60年代,1962年有3次:

(1)“作短函,以《吴宓诗集》一部送赠方敬教务长。”(1962-02-12)[④]

(2)“另作私函,以鼠啮之《法文小字典》赠敬。”(1962-09-03)[⑤]

(3)“宓以在德国所购之《英法德文小字典》一册奉赠敬,敬收谢。”(1962-09-10)[⑥]

除了书籍还是书籍,送了字典再送字典,相对较为单一。

关于吴宓赠送方敬的三件礼物,有几个问题值得讨论。一是吴宓与方敬相交多年,《吴宓诗集》是吴宓唯一公开出版的诗集,仅1959年以来,吴宓就先后赠送诗集给同事赵荣璇,表嫂岳峻明,诗友潘伯鹰、高梦兰,市政协副秘书长方镇华等,1959年7月30日捐赠给学校图书馆的书中也有“《吴宓诗集》二部”,为什么迟至1962年2月12日才送给方敬呢?是疏忽大意还是有意为之?如果是有意为之,则更要追问为什么以前不送而现在送了?促成态度转变的原因是什么?二是所送鼠啮之《法文小字典》在次日日记中还注明“在美国时所购”,且改为“呈交敬批阅”[⑦]。到底是赠送还是借阅?为什么又改口不言“赠”了呢?是因为品相问题还是有其他考虑?三是奉赠《英法德文小字典》后的“敬收谢”有别于《吴宓诗集》送赠后的“即得函复”与《法文小字典》交付后的没有反应记录,是方敬仅对《英法德文小字典》称谢

① 吴宓.吴宓日记续编:第1册[M].北京:三联书店,2006:172.
② 吴宓.吴宓日记续编:第1册[M].北京:三联书店,2006:224.
③ 吴宓.吴宓日记续编:第2册[M].北京:三联书店,2006:563.
④ 吴宓.吴宓日记续编:第5册[M].北京:三联书店,2006:312.
⑤ 吴宓.吴宓日记续编:第5册[M].北京:三联书店,2006:416.
⑥ 吴宓.吴宓日记续编:第5册[M].北京:三联书店,2006:423.
⑦ 吴宓.吴宓日记续编:第5册[M].北京:三联书店,2006:417.

呢，还是都有称谢而吴宓前两处漏记或忽略了？吴宓与方敬交游中的这些疑点，都还有待进一步考释和破译。

（四）参加会议

会议是人们聚集起来开展讨论和交流的社会活动，“自上而下的制度化开会仪式是中国特有的政治运转模式”①。参加各种会议是吴宓社会生活的重要内容，其中不少会议都有方敬出席、讲话、总结，会议也就成了吴宓与方敬交往的重要平台之一，二人不时在会前、会中和会后就某些问题交换意见。相关会议五花八门，既有省级、市级、校级、系级和教研组的会议，也有工作会、学习会、座谈会、报告会、行政会、学术会、检查会、辩论会。吴宓作为院务委员和一线教师，参加校内级别最高的院务委员会和基层的教研组会议，都在情理之中。任学校领导后的方敬仍经常出现在基层会议中，显示了方敬工作上的兢兢业业和深入细致。举一个具体例子：1965 年 2 月 5 日，“下午 2-6 上班，古典文学教研组会议，议开学二月十一日前（一）备课（二）助阅函授生考卷二事。而方敬副院长及工作组尹院长，陈、吴、范同志悉监临……最后由方院长作总结，甚详明”，“散会后，宓与方院长同出，至楼门内，复强方公伫立，毕宓所言，略谓……方公答曰……遂别去”。可见方敬参加最基层的教研组会议并非一般空谈，而是有专门的准备，有详明的总结，让在座的参会人员如吴宓等有多方面的收获，觉得“方公所言极确，宓甚服”。对于吴宓而言，这样的会议还为会后和方副院长交流搭建了良好平台，甚至“强方公伫立”，继续倾述“故老教师如宓等者，今后断不宜授课，但仍可以知识及学术之材料、解释供给前进之青年教师，譬如在延安时，设兵工厂聘用英美籍之工程师、技术人才，又何不可？前两年进修班之办法殊善，惟宓授课不免多疏误耳”。更有意思的是，吴宓随后还在日记中加了一段按语：“按，会散时，方公已甚倦，且有他事，宓乃强与谈关于宓后来之事，且宓言极不合当前形势及政策。宓之痴愚及错误甚矣，于是大悔恨。”②既体

① 王本朝.中国当代文学制度研究（1949—1976）[M].北京：新星出版社，2007：39.

② 吴宓.吴宓日记续编：第 7 册[M].北京：三联书店，2006：40-41.

谅方敬，又反思自己，"强与谈"与"大悔恨"之间看似矛盾，实则体现了吴宓对方敬的真情。

二、交往内容：政治的与个人的

方敬是中国现代文学史上颇有影响的诗人。他和"汉园三诗人"关系密切，是何其芳的妹夫，有诗集《雨景》《声音》《受难者的短曲》《行吟的歌》《拾穗集》《飞鸟的影子》等。他与何其芳、卞之琳、朱光潜等一起创办《工作》半月刊，主持《工作》杂志社，主编《大刚报》文艺副刊《阵地》等，也是《诗创造》《诗》《创作月刊》等刊物的重要作者，被视为"九叶诗派"的外围诗人①，或被直接归入"九叶派"②。1945 年，李广田撰长文《诗人的声音——论方敬的《雨景》和《声音》》③。1948 年陈敬容刊文《和方敬谈诗》并"为新诗前途祝福"④。钱光培讨论"中国新诗史上的方敬"时认为，他"以丰厚而扎实的创作成果展示了 20 世纪中国的现代诗所达到的高度"⑤。方敬还有散文集《风尘集》《记忆与忘却》、小说集《保护色》及翻译作品集多种问世。当然，方敬还以其长期的教书育人生涯和丰富的教育管理实践培养了不少人才，是学者型的领导，也是文学家本色的教育家。方敬既是吴宓的老朋友，是同行，是知己；也是吴宓的直接领导，是教学的管理者，是政治的指导者。方敬的特殊身份决定了吴宓与他的交往内容非常丰富，既有政治话题，也有个人事务。兹择其值得重视的三个方面略作讨论。

（一）寻求政治指导

对于自己与方敬的私交，吴宓很早就有了定位。1951 年 4 月 25 日，吴

---

① 蒋登科.九叶诗派的合璧艺术[M].重庆：西南师范大学出版社，2002：65.

② 子午.中国当代流派诗选[M].北京：中国文联出版社，2011.

③ 李广田.诗人的声音——论方敬的《雨景》和《声音》[J].诗文学，1945(1)：13-16.

④ 陈敬容.和方敬谈诗[J].诗创造，1948(12)：32-33.

⑤ 钱光培.中国新诗史上的方敬[J].当代文坛，1994(4)：34-37.

宓在从方敬处得知重庆市文联会已内定聘自己为古代文学门的五名代表之一后，专门邀请方敬来家里商量，准备将席位让给友人，而“敬谓当局思考周密，最后决定如此，非忽略诸君，宓可勿辞”。随后吴宓表示“从之”，而且说“论私交，宓愿为敬之专门顾问，祈敬为宓之政治指导”①。事实上，以后的吴宓也一直把方敬视为值得信赖的政治指导，最典型的当数1951年底至1952年初“土改诗案”中的政治指导。

1951年12月6日，吴宓得知自己的“《国庆》诗、《赠兰芳诗》四首”被西南军政委员会密查，十分忧惧。1952年1月8日，在西师教师学习委员会成立会上，又被文教部新派来学校主持思想改造的董学隆“举西师某教授反对土改之诗句‘易主田庐血染红’加以责斥”，虽“未明揭宓姓名”，吴宓已“甚惊忧”②。他次日上午就“撰《易主田庐血染红》诗案坦白文”，且在午饭后庚即“访敬于其家，自陈诗案，求指示”。方敬一方面认为“诗案非政治行动，乃思想问题，不必作专案坦白，只宜检查宓自己之思想。将来在改造学习小组中，暴露宓所具之封建思想，届时可举宓所作诸诗为例证、为材料，即藉此坦白可矣”，又“诵宓《送兰芳土改》诗，谓文教大会小组中研究此诗，指‘僧诵佛名行杀戮’句，疑宓讥刺人民政府名为宽仁而实嗜杀行暴云云”，在吴宓“急为之解”后说：“政府本尊重而礼待宓，敬更深知宓平生不参加政治，决无行动嫌疑。惟宓思想未纯，又素重感情，所谓温情主义者，难免不良之人，如□□□等，乘机以诗文或他事与宓接近，而别有所图，宓恐堕其术中，为所利用，是宜慎防云云。”③方敬这几句话，既有明确判断，言其不必作专案坦白；又进一步深入，疑吴宓讥刺人民政府名为宽仁而实嗜杀行暴；还有心理安慰，深知吴宓平生不参加政治，决无行动嫌疑；更有示警预防，吴宓恐堕其术中，为所利用，是宜慎防。方敬的这次指导不失为一次成功的政治指导，只是不知吴宓领会了多少。十余天后，1952年1月21日，方敬在有院务委员、党、团和各民主团体成员参加的座谈会上有所自责，发言中“曾两提宓名

---

① 吴宓.吴宓日记续编：第1册[M].北京：三联书店，2006：120.
② 吴宓.吴宓日记续编：第1册[M].北京：三联书店，2006：275.
③ 吴宓.吴宓日记续编：第1册[M].北京：三联书店，2006：275-276.

(一)敬与宓以情相结,而宓有封建思想,曾犯错误(指诗案)。敬未能事先觉察纠正,是敬之失”,吴宓随即理解方敬“未明指宓之诗案,故宓亦无须即坦白”,明白“敬对宓仍有回护周旋之意,而讦宓于敬之小人恐已不止一二人也”[①]。方敬发言中“以情相结”的自述与“未能事先觉察纠正”自责,既显示了对吴宓的情感与态度,又完成了对组织的交代与表态。感情丰富如吴宓者,在明白其“回护周旋之意”后,内心的情感震动与波澜可想而知。十余天后,1952 年 2 月 7 日下午,在系组分别检讨(续三反运动)的三组学习会上,在方敬自陈自责并接受众人评断之时,吴宓“感情所激,不能自忍,遂发言,谓宓实累及敬。遂自陈解放以来,当前有三途(一)改造(二)分别内外而奉行公事(三)就死。自譬如马,乐得御者如敬,而畏新来御者如董学隆等人。去夏颇觉坦适愉快,冬则诗案起,当为敬之所不及料。宓一切无所隐讳,生死等观,听命而已”[②]。吴宓这段发言,不仅承认自己连累了方敬,而且自降身份,把自己比为马,把方敬比为御马之人,以得到方敬这样的御马者为乐。这就鲜明而形象地表明了吴宓对自己与方敬关系的认知,以及对方敬的领导与指导的倚重。至于吴宓作为方敬“专门顾问”的一面,《吴宓日记续编》也有不少值得注意的记载,且容另文讨论。

(二)谈论文化名流

方敬是诗人,是中国现代文学的亲历者和见证人,吴宓在与方敬交往的过程中不时谈论同时代的文学界名人与掌故,共话诗人与诗歌。这些内容既是吴宓与方敬交游的见证,也是了解相关人士及其活动或评价的线索,丰富了《吴宓日记续编》的价值与内涵。

1956 年 6 月 9 日,“次敬述在京所见所闻诸友生如冯友兰、冯至、钱锺书、李赋宁等之情况”[③]。方敬交游圈颇广,到北京参加一次会议,就可以据所见所闻带回一批文化人的最新消息,其中和吴宓的友生圈形成交集并被

---

① 吴宓.吴宓日记续编:第 1 册[M].北京:三联书店,2006:283-284.
② 吴宓.吴宓日记续编:第 1 册[M].北京:三联书店,2006:293.
③ 吴宓.吴宓日记续编:第 2 册[M].北京:三联书店,2006:445.

吴宓记录下来的就有冯友兰、冯至、钱锺书、李赋宁等。这种共同的朋友和共享的交际圈,也是吴宓和方敬能够长期维持良好私人关系的重要因素。如果说口耳相传的信息传播是当年偏居西南的吴宓了解全国友生消息的重要方式,那么方敬这样的友人就是相关消息传递的重要渠道。1957 年 4 月 19 日,“8—11 赴袁炳南宅茗叙……客为方敬、叶麐。多谈述近世新派文人如梁宗岱、巴金(李芾甘)、田汉等之生平性行,及卞之琳近爱文怀沙之妻,伊倾心归卞,幸得离合如意,卞已与伊结婚,甚圆满,云云”①,这即是一处文人圈内传播情事掌故的例子。虽没有记录下来具体的“梁宗岱、巴金(李芾甘)、田汉等之生平性行”,但可推知大抵多少会与甘少苏、萧珊、安娥等女性相关。具体记录下来的卞之琳与青林的情事和婚事,是新中国成立后少有的逸闻趣事。材料显示卞之琳结婚时间是 1955 年 10 月,时隔年余,才成为远在北碚的文人圈的谈资。特别是透露“近爱文怀沙之妻”“伊倾心归卞”“幸得离合如意”三部曲,远比年表式的简单著录来得精彩,可供研究者参考。让读者有些不满足的是,吴宓本人或方敬对这些文人情事的态度如何,日记没有记载。好在一月过后的 1957 年 5 月 23 日,又有一次类似的文人雅集,吴宓记录了自己与方敬的态度。“晚 8—10 访王瑜、欧夫妇于合作村十三舍新居,敬适在,阎童亦来……敬述胡适讲学办事谈话之诸多轶事。而断定适为骄傲自满、极富于虚荣心之人。宓早拟适乃 Burke 评卢梭为‘虚荣之哲学家’一流。敬又述叶公超之才华及其上课时随意挥洒、极不负责之态度。”②友人间以谈论共同关注的文化名流为乐,得知方敬关于胡适“骄傲自满”与“极富于虚荣心”之评论,恰好暗合自己早年就把胡适归入“虚荣之哲学家”一类的观点,自然会产生共鸣,产生知己感与归属感。而对当年同为清华大学外文系名教授的叶公超“上课时随意挥洒、极不负责之态度”的回忆与批评,也即是对一直秉持严谨认真上课态度的吴宓的肯定和支持,想必也能间接带给吴宓一定的成就感和满足感。这样的有共同圈子且能随性漫谈个人话题的知己朋友,谁能不珍视、倚重并交往下去呢?

① 吴宓.吴宓日记续编:第 3 册[M].北京:三联书店,2006:55-56.
② 吴宓.吴宓日记续编:第 3 册[M].北京:三联书店,2006:91.

（三）咨询其他意见

从《吴宓日记续编》记录的吴宓与方敬的交往看，方敬对吴宓的指导或吴宓寻求方敬指导的范围相当广泛。吴宓不仅在“土改诗案”或“自我检查”面前会请求方敬的指示，而且在年度科研题目、具体研究计划与进修生培养，乃至友生及自己的人事安排、个人情感与婚恋，甚至文章修改处理等方面也会主动向方敬报告，咨询方敬的意见。

1959年1月2日上午，吴宓到和平村新居给方敬拜年，并“以科学研究及著作，宓今年应择何类题目，求敬指教”。方敬不客气地从四个方面进行了答复指导：“首以教学职务为重，应先编完《西欧及东方各国现代进步文学》讲义，须赶七月一日以前全竣。”“其次，应精译英国古典文学之诗文名篇如宓昔译萨克雷之《名利场》，以及傅东华译弥尔顿之《失乐园》。足以表现宓之学问及才力者。或作英国文学研究论文。若夫宓欲为《译文》月刊今改名《世界文学》译稿，则可不必，因（1）无取乎由希腊、拉丁或德、法等文之英文译本中转译，应由原文直译。（2）现代各国之进步文学，其新书新报，在京各有人消息灵通，专事搜罗，资料一入彼等之手，迅即译出。宓远在西南，断难与之竞驰，且亦不合宓之地位身份。”“第三，宓有意作自传或小说或见闻杂记，甚好，宜先作短篇，由此入手。”“第四，作旧诗歌颂新时代之新事物，此在宓不费力，随时可作。”咨询者或曰求指导者吴宓的态度也非常明确：“敬所劝告者，皆极是，当从其言。”[①]客观地说，方敬所讲的四点，显示了丰富的学养、开阔的视野与精到的见识，既重点突出，又循序渐进，还量体裁衣。尤其是上述第二项表现了四个突出特点。第一，“精译英国古典文学之诗文名篇”与“或作英国文学研究论文”，的确是“足以表现宓之学问及才力”的两大途径，既能发挥吴宓多年留学期间积淀下来的深厚英国文学修养及研究专长，又能切合当时翻译界与研究界的现实需要。第二，“足以表现宓之学问及才力”的选择与评价标准，既为吴宓个人考虑，这样才能继续得到学校的优待与尊崇；也为学校发展打算，这样才能借助吴宓译作的力量扩大学校的声誉

---

① 吴宓.吴宓日记续编：第4册[M].北京：三联书店，2006：4.

与影响。第三,对应作之事明确支持,也对不必之事直接反对,有所为有所不为,观点鲜明,绝不骑墙。第四,反对吴宓为《世界文学》译稿,列出了三点理由:一为译本选择的原则与翻译的方法,从理论着眼;二是新书报翻译的北京之优长与西南之局限,从实际出发;三是吴宓自己在圈内显赫的地位和崇高的身份,从自身考察。上述各点,可谓全面深入,滴水不漏。

其他咨询的例子还有很多,如:(1)"4:00 敬再来,宓请商(一)驹(二)抚(三)荃事。敬具恳切示答,甚慰。"(1951-05-28)①(2)"上午 9:00 谒方敬教务长,商改宓四月二十三日为《院刊》所撰文,改题为《知识分子之安排与使用》,删去篇首自叙 1949→1952→1955→1957 心情变异之一大段,余仍旧。敬对宓甚关切,如此删改,实较妥善也。"(1957-04-29)②(3)吴宓到方敬家里访问,"语以吴芳吉研究之(甲)(乙)两种计划,求其指示"(1960-01-16)③,方敬毫不隐讳地表达了自己的主张。(4)吴宓在为江家骏拟的三种学习计划的取舍中久决不下,"9:30 偕骏至教务处谒方敬教务长,请求决示。敬确定为宜用(三),他年再徐进至(二)及(一)",吴宓表示"自当遵从"(1962-08-04)④。

三、交往效果:现实的与精神的

由于方敬"文革"前在西南师范学院有着举足轻重的地位和影响,吴宓与方敬的交往常有立竿见影的效果。这在前述交往中已可见一斑,比如谈论文化名流时的慰藉与满足,比如求得政治指导时的"欣愿遵行"与指导后的"如释重负",比如咨询方敬意见后的"当从其言"与"自当遵从"等。在现代人际关系学的"社会交换理论"中,"成功命题"即是"对于人们进行的所有行动来说,一个人的某种行为得到的报酬越经常,这个人就越愿意从事这

① 吴宓.吴宓日记续编:第 1 册[M].北京:三联书店,2006:142.
② 吴宓.吴宓日记续编:第 3 册[M].北京:三联书店,2006:70.
③ 吴宓.吴宓日记续编:第 4 册[M].北京:三联书店,2006:278.
④ 吴宓.吴宓日记续编:第 5 册[M].北京:三联书店,2006:390.

种行动"[①]。吴宓与方敬的交往经常成功地得到他所期望的回报，获得现实的支持和精神的满足，那么方敬就会对吴宓产生强烈的吸引力，吴宓也就会越发愿意与方敬保持交往，重要的事情均倚重方敬，愿意听从方敬的意见。《吴宓日记续编》中有不少例子体现了这样的交往效果，篇幅宝贵，仅在解决现实困难与精神困扰方面各举一例。

例一：运书解决现实困难。1955 年 12 月 26 日，吴宓与方敬"立谈久之"后，"敬自任代商院长由学校取运宓书六大箱由京至碚，即以酬宓所捐书、由学校代出全部运费云云"[②]；三天后，"敬来，谓王、谢二副院长均深荷宓捐书与学校之意，正筹议详细办法云云"[③]（1955-12-29）；数月后，"图书馆侯文正来告，宓五书箱已运到"[④]（1956-03-23）。在方敬支持下，吴宓运书之事得到圆满解决，吴宓顺利地收到了在北京寄存已久的诸多书籍，学校图书馆也收到了吴宓捐赠的数百册图书。

例二：辟谣顿释精神困扰。1961 年 7 月 22 日，与方敬谈约一小时，得知"院系调整，敬谓绝无其事，尽属谣传，且其谣传已久。张院长赴京，并非为此事，即有小调整，亦不涉及中文系，更不涉及宓，请宓勿忧，云云"，吴宓"多日忧急悲郁之情，为之顿释"[⑤]。一个"为之顿释"，足见与方敬交流得知的学校内部消息对吴宓的宽慰之力与冰释之功，具有直接而显著的效果。

不管是运书这样的现实困难，还是谣传带来的精神困扰，仅凭吴宓之力似乎难以克服。在方敬也许并不费力的帮助下，均得到了直接有效的解决。与方敬的交往越是经常得到"回报"，吴宓就越愿意保持这种交往。吴宓与方敬的交往显示了他令人感佩的性情与人格，不管方敬是春风得意、步步高升还是受批挨斗、墙倒众人推，吴宓对方敬一直都是怀有尊重之情。1966 年 8 月 1 日，"工作队林部长对全校播讲《'文化大革命'运动在西师》，略谓两

① [美]玛格丽特·波洛玛.当代社会学理论[M].孙立平，译.北京：华夏出版社，1989：47.

② 吴宓.吴宓日记续编：第 2 册[M].北京：三联书店，2006：337.

③ 吴宓.吴宓日记续编：第 2 册[M].北京：三联书店，2006：340.

④ 吴宓.吴宓日记续编：第 2 册[M].北京：三联书店，2006：407.

⑤ 吴宓.吴宓日记续编：第 5 册[M].北京：三联书店，2006：120.

月（五、六）中已揭发出副院长王逐萍、方敬黑帮之资产阶级修正主义路线"，晚间"古典文学组'文化大革命运动'学习会，讨论林部长报告，批判王逐萍，批判方敬"，吴宓仅"发言一次，敷衍而已"，在日记中说"今知运动转入批判斗争阶段，宓不胜忧惧。众对王逐萍及方敬皆'墙倒众人推'，纷纷从井下石。其实西师领导人中，能知晓教育、学校及学术、课程、业务为何事者，仅一方敬而已。宓以方敬为西师惟一功臣，亦宓之知己，今见其覆亡，不敢效蔡邕之哭董卓矣"。[①] 吴宓始终以"仅一方敬""惟一功臣""知己"评价方敬，足见其刚直不阿的真性情与不趋时流的高尚人格。吴宓以"不敢效蔡邕之哭董卓矣"比喻方敬厚遇自己，而自责不敢在方敬"覆亡"之际为之恸哭，可以看出其严格的道德自律与剔骨见髓的自我批判精神。

在私人日记中能出现这样的公允评价固然可贵，更加难能可贵的是吴宓还在次日晚间的工会组织生活会上公开发言："（一）西师领导人中，惟敬是文化人、知识分子，曾在大学与教育界，懂学问与业务，（二）进修班，以及研究生，提高业务等办法，在当时似由中央教育部发出指示，全国一致（恐非敬个人主张）。"[②]吴宓的公开发言虽被批评为美化方敬，为方敬辩护，无法改变甚至反而会进一步招致组员对方敬的攻诋，且吴宓自己也"诚悔多言之失矣"，但突出显示了吴宓不畏人言与重义尚德的风采。之后，吴宓继续为"敬日食甚少""敬血压甚高（在梁平）"而"哀哉"，关心并记录方敬作劳改队队长"对排队、呼口令之事不熟习，一群'红卫兵小将'立即当众痛殴敬甚重"[③]的惨状（1967-08-04），以及因妻子报告方敬曾被红卫兵小将抢去钱物而遭报复，"在风雨操场劳动时，暴童三名持钢刀至，责敬漏泄秘事，罪当死，即用刀砍敬，中左肩后，伤口长及寸"[④]的惨剧（1967-08-24）。在组织要求"写交'忠诚的干部'"的时候，吴宓仍"举（一）方敬（二）总务处邝科长（1967 六七月武斗期中，奋力维持员工二食堂不断开伙，供给员工膳食）二人为西师之

① 吴宓.吴宓日记续编：第 7 册[M].北京：三联书店，2006：503.
② 吴宓.吴宓日记续编：第 7 册[M].北京：三联书店，2006：504.
③ 吴宓.吴宓日记续编：第 8 册[M].北京：三联书店，2006：206.
④ 吴宓.吴宓日记续编：第 8 册[M].北京：三联书店，2006：228.

‘忠诚的干部’”(1969-02-10)[①]。

当然,吴宓与方敬的交往还有其复杂之处,偶有并不和谐的情形。有时感到尴尬:“敬总结以宓与许文斗(劣生)相提并论,亦加称赞,诚令宓啼笑皆非矣。”(1952-06-23)[②]偶尔也不乏批评:“敬演讲,甚冗而复。”(1952-09-01)[③]有时有所保留:“欲以心事告敬,而未敢。”(1953-04-18)[④]偶尔私下辩驳:“上午8—9委来,详述其兄澄之疯疾情形……澄承重力大,步履极健,能饱餐;敬以此疑之,谓其病全是假装,佯狂以避供招。然昔雪等之疯固亦如此。”(1957-09-29)[⑤]有时语见机锋:“晡夕3—6大礼堂(俗名新饭厅)赴全校大会,聆方敬副院长以其缓慢、冗长、虚浮之清谈式语调,首先批判林彪及其党徒……方敬慨叹彼多占房屋者之不合与自私,其实由学校行政分派前往劝告,命其腾出,其事固易解决也。”(1973-09-06)[⑥]也许是正因为其复杂,才显示出吴宓日记的真实,才折射出吴宓为人的真性情,才值得进一步研究与解读。

行文至此,不得不回答这样一个问题,那就是为什么吴宓与方敬走得这么近,有着频繁而相对密切的交往?在笔者看来,应考虑以下三方面的因素。

一是方敬懂教育,有学识,有着不同于1950—1960年代工农出身的部队文化干部转入高校做领导的文人特点。吴宓在日记中先后提到的西南师范学院校领导还有谢立惠、姚大非、张永青、王逐萍、孙泱、郭英、李哲思、徐方庭等,从吴宓所记内容看,应该说他们对吴宓还是不乏尊重的,也偶有拜访、晤谈、“附乘”小汽车之举,并且在宽限假期、关照入西南医院接受治疗等方面给予特殊的照顾,甚至吴宓还记下了与张、谢、王三院长乘小汽车入城参加会议,晕车,下车呕吐,而“三院长陪宓步行一段后,乘车前行。王院长以

① 吴宓.吴宓日记续编:第9册[M].北京:三联书店,2006:50.
② 吴宓.吴宓日记续编:第1册[M].北京:三联书店,2006:373.
③ 吴宓.吴宓日记续编:第1册[M].北京:三联书店,2006:409.
④ 吴宓.吴宓日记续编:第1册[M].北京:三联书店,2006:519.
⑤ 吴宓.吴宓日记续编:第3册[M].北京:三联书店,2006:184.
⑥ 吴宓.吴宓日记续编:第10册[M].北京:三联书店,2006:472.

司机旁之前座让宓,得在窗口迎风呼吸”[①]的动人场景。但吴宓与他们的交往始终不像与方敬这般亲近,很少流露情感,也几乎没有个人评价。倒是记录下了谈话中同事对他们的批评,如“本校当局之列党籍者,如张院长,军级如王、姚副院长……惟苦于无学问,甚乏学校行政之知识与经验。故虽欲图治,行事多左。又乏知人之明,故用人每不当……至于本校当局之非党员者,如谢立惠副(原正)院长、李源澄副教务长,固屈己徇人,毫无建树。即方敬教务长虽系党员而资历较浅,前数年实为西师全校之主,兼党、政、学之领导于一身者”[②];如“述本校张院长厚实而有定识;王爽快而明决,姚急躁而热情,但皆犯错误,今实权操之张院长一人,身兼党与政,故校事多积压而纷乱云云”[③]。吴宓在日记中记下这些批评意见,而又没有表示反对,应当可视为一定程度的认可。和这些领导比起来,方敬更富有学识,更学院派,更知识分子,不仅是表面上的出于礼仪的尊重老者贤者,而且是尊重知识分子的人格、道德和情怀。正是在这样的背景下,吴宓认同了方敬的特殊身份,喜欢他的个人气质,愿意引为知己。

二是吴宓在与方敬的交往中也得到了相应的尊重和理解,非常愿意与方敬来往。方敬50年代担任西南师范学院外语系主任,后作学校教务处长,直至学校副院长,一直是吴宓的领导。有意思的是,吴宓一生几乎都在大学里,他喜交朋友,但却很少与学校领导成为朋友。何况1949年以后的大学被列入行政单位序列,已完全行政化和政治化了,这也是吴宓在共和国时代的生存环境,运动不断。吴宓与方敬的交往,让吴宓有了深入了解和进一步熟悉共和国初期大学特殊环境的桥梁,让他释了惑解了疑,得到了尊严,在某种程度上还获得了政治的依靠和进步的信心。

三是方敬也愿意与吴宓交往。吴宓日记之外,尚未发现方敬谈论吴宓的佐证。在已出版的《方敬选集》和方敬的其他文集里面,看不到有关吴宓的只言片语。也许是这些方敬著述出版时间较早,也许是方敬本身就没有

① 吴宓.吴宓日记续编:第3册[M].北京:三联书店,2006:16.
② 吴宓.吴宓日记续编:第2册[M].北京:三联书店,2006:519-520.
③ 吴宓.吴宓日记续编:第3册[M].北京:三联书店,2006:84.

记录过吴宓，这都是可以理解的遗憾。但从吴宓日记可以看到，方敬也不乏主动找吴宓交流的时候，而且在与吴宓的交往中并无高高在上的姿态，没有不耐烦的心态，更没有“左”的做派，是乐意吴宓的接近或亲近的。

方敬对吴宓的关爱还可以在一些当事人的回忆中得到印证：比如吴宓的邻居彭维金回忆“方敬先生虽是院领导，却以‘知识分子的朋友’著称。50年代，方敬同志在一次会上说：‘吴宓等教授的猫上了房顶，你们（指后勤、教务职工）也要想法给他们捉下来！’这当然是诗人的形象说法，亦可见他对名教授的重视态度”①。吴宓的学生赵庆祥回忆称吴宓与方敬“虽然彼此在政治观点和学术见解上不尽相同，但互相尊重，关系融洽……公正地说，历史系在反右第二阶段逼吴宓老师交反动诗词的事，当时的方教务长为保护吴宓老师是作了工作的，在关节上替吴宓老师疏通了，缓解了当时的紧张关系”②。吴宓更亲密的学生江家骏在回忆中强调“对于雨师，方敬同志对他的关怀照顾也是很多的”③，还提供了方敬在病床上仍语重心长地谈到吴宓并突出其进步性的细节等。总之，吴宓与方敬的交往在不同角度会有不同解释。从吴宓的角度看，既是社会环境使然，也是个人情趣相投和精神寄托，甚至不无吴宓的生存策略；从方敬的角度看，既源于其诗人气质和文人习性，源于其理解尊重资深学者和文人的道德风范，又有共产党知识分子政策的推力。

《吴宓日记续编》是一座富矿。吴学昭女士在《吴宓日记续编》前言中认为：“父亲用自己的日记见证了历史，历史也通过日记确证了父亲及一代知识分子，在他们的心路历程留下浓重的痕迹，留供后人研究，也许，这就是《吴宓日记》价值所在。”④刘梦溪说：“《雨僧日记》实际上是一部内容丰富的日记体中国现代学术史叙录，也是一部现代学人的文化痛史，其史料价值和

① 彭维金.我的邻居吴宓先生[G]//王泉根.多维视野中的吴宓.重庆：重庆出版社，2001：103.

② 赵庆祥.“文革”与“反右”中的吴宓[G]//王泉根.多维视野中的吴宓.重庆：重庆出版社，2001：150.

③ 江家骏.怀念恩师吴宓（雨僧）先生[G]//黄世坦.回忆吴宓先生.西安：陕西人民出版社，1990：146.

④ 吴宓.吴宓日记续编：第1册[M].北京：三联书店，2006：6.

学术价值,均不可低估。"[①]《吴宓日记续编》所载吴宓与方敬的交往,不仅是了解、还原和研究二人在共和国时代的文人心态、生活情状、精神气度与思想风貌的重要史料,也对我们认识和反思那个时代的知识分子、文化教育与社会生活,总结历史经验并促进文化繁荣具有不可低估的意义。那个时代的知识分子,许多人对党的政策是衷心服膺的,正如有学者在谈到建国初期还珠楼主武侠小说创作的转向时所说,那"是新中国成立初期文艺管理工作方式及效果的生动呈现"[②]。对于中国共产党人与知识分子关系的继续讨论,以及类似吴宓与方敬这样的学人交往之深入考察,还大有可为。

(本文选自《西南大学学报》[社会科学版],2016年第4期)

---

① 刘梦溪.王国维、陈寅恪与吴宓[J].中国文化,013(2):149-163.

② 蔡爱国.还珠楼主"从新写起"与新中国成立前后的武侠转向[J].西南大学学报(社会科学版),2016(2):122-129.

吴宓的“土改诗案”

刘志华

吴宓是中国“儒家人文主义”①的代表,终身持守悲天悯人的道德情怀;他发蒙私塾,游学美欧,历经晚清、民国和共和国时代,有着丰富的人生感怀与文化体验。新中国成立后,吴宓依然坚持从文化、人性、道德的眼光考量社会问题,直言政策得失,在诗歌和日记中表达一个爱国知识分子对社会政治的诊断和对国是民瘼的忧戚。他对现实的诗性批判,眼光独到,为我们反思历史与思考现实提供了新的角度与思路。吴宓因在诗歌中放言“土改”而遭受政治责难,从他的辩释中,我们可以管窥一代知识分子在面对时代的政治风云时复杂而矛盾的思想,以及其思想中所蕴含的人性的光辉。

一

中国有诗歌纪史的传统,吴宓赞同“诗为社会之小影,诗人莫不心在斯民”②的观点。新中国成立后,作为大学教授的吴宓对参政议政虽多有不情愿,但在诗中并不讳言对政治时事的看法。吴宓多从一个人文主义者的角度,从道德和文化的层面去看社会问题,且具悲天悯人之情怀,故对新中国

① 苏敏.层层改变递嬗而为新——谈吴宓的文化价值取向[J].红岩,1998(6):133-138.

② 吴宓.吴宓诗话·余生随笔(31)[M].北京:商务印书馆,2007:41.

成立后的一些严酷的政治运动颇有异议。对新中国成立后的农村土地改革,分配地主财产,甚至"土改"中还对一些地主及家属处以极刑,吴宓就不表认同。吴宓不赞同以阶级分敌我,判生死①,不赞成农民分地主的浮财。吴宓曾在逛街时看到一个壮年男子穿着从地主那里分来的绢绸红裤衣衫,极为反感。在他看来,服饰礼仪是秩序的象征,更是斯文和体面,穿衣不当本应感到羞耻,然而这些人反倒招摇过市,并无廉耻之心。吴宓从民众胡乱穿衣这些细小的生活琐事,观察到的是暗藏其中的社会乱象征兆。这一天吴宓忧愤地写下了《读〈汉书·王莽传〉》一诗:"昂躯健步裹花香,飘拂罗襦锦绣裳。千古'翻身'原一例,赤眉喜作妇人装。"②吴宓以此见微知著,以史鉴今,强调社会秩序的重要。认为即便是在革命主导的年代,基本的礼法道统依然需要维持,假如礼崩乐坏,人就会随欲而行,造成社会失范,最终酿成更大的社会恶果。此言如谶,后来世事的发展也应验了智者的担心并非多余。

解放初期,由于新政权刚刚建立,加之国内外严峻的政治形势,基层政权在处理一些问题上存在着一些简单、过激的情况。吴宓了解到身边一些朋友的家人在"镇反"中被枪决,认为运动中有"从我者生,逆我者死"的残忍;有感"盖数月,或期年以来,中国人之一般习性,已变为残酷不仁,而不自觉知。甚矣,移风易俗之易,而收功见效之速也!"③而政治运动在思想上,往往以强迫改造为主,态度严厉,方法机械,不行宽恕之道,使得社会戾气横行,尤其是"世界古今之大,历史文化之深广,以及人性之繁复变幻,则不问焉"④。吴宓看到政治运动导致一些名实混淆,其间往往还夹杂着个人私欲,容易把不同于自己的东西都视为异端而加以剪除,使得中国旧有的伦常关系、社会组织连同经济基础都一同受到革除。完全依赖政府通过行政和政治手段去解决一切问题,有可能使社会失去自我调适能力。对此,吴宓忧心忡忡。在重读《金瓶梅》和《石头记》时,念及人的善行恶念与社会盛衰之关

① 吴宓.吴宓日记续编:第4册[M].北京:三联书店,2006:438.
② 吴宓.吴宓日记续编:第1册[M].北京:三联书店,2006:161.
③ 吴宓.吴宓日记续编:第1册[M].北京:三联书店,2006:97.
④ 吴宓.吴宓日记续编:第1册[M].北京:三联书店,2006:171.

系，常常是涕泪不止。这不是吴宓过于多愁善感，而是出于他对传统社会自我修复能力与礼俗对人性控制的体会。然而，这一切，都在革命的风潮和政治的高压下逐渐被扫荡殆尽，人成了除政治之外无其他约束的存在，吴宓认为这样做是极其危险的。

在吴宓看来，人性需要各种力量去加以规训，即所谓的礼失求诸野，单纯的政治手段不可能解决一切有关人的问题。如果个体的道德自我不能控制自身人性中恶的因素，那么人性中的恶就有可能侵蚀主体而使其蜕变为恶的存在，这时，政治的规训也会失去应有的效力。如果社会一旦提供了释放人性恶的环境，那么人性中的恶就可能成为一种社会的普遍存在，进而演化为严重的社会问题。吴宓的追问使我们意识到，善与恶的界限并不一定全部存在于阶级与阶级之间——而是在每一个人的心中，人性的自律是必要的。求富求强的目标，也有可能导致精神的荒芜与心智的畸形。吴宓对社会的观察和批评是有一定道理的，但他过于强调道德和习俗的重要，没有顾忌当时复杂的社会场景，尤其是采取极端手段巩固政权的迫不得已。在敌对势力还大量存在，随时都有可能颠覆一个新生人民政权的时候，对之行宽恕仁义，势必带来更大的社会混乱与动荡，这是吴宓所没有注意到的。

吴宓听学生讲在涪陵参加“土改”的情况，听说一些良善清贫的地主曾经施惠于民，农民也想对他们宽大处理，但部分干部却主张严厉处置，有的因此受到铲灭，甚至还将从地主那里收来的中西书籍故意毁坏①。还听说“土改”如何严厉残酷，不问罪刑轻重，而只管财产多少，还动用刑具逼供，导致惨祸不断②。吴宓从学生那里了解到的“土改”情况，加上本人的家庭出身，以及对恋人邹兰芳身世的同情，故对“土改”运动产生了抵触情绪。所以，后来邹兰芳要到四川参加“土改”，吴宓多方劝阻。最后邹兰芳还是随众下乡参加由学校统一组织的“土改”运动。在1951年10月15日，18日和31日，吴宓写了《赠兰芳诗》四首。11月3日，以《赠兰芳土改诗》为题给友人修改，并寄给朋友欣赏。12月6日，吴宓寄给胡蘋秋的信因被怀疑搞反动政

① 吴宓.吴宓日记续编：第1册[M].北京：三联书店，2006：205-206.
② 吴宓.吴宓日记续编：第1册[M].北京：三联书店，2006：223.

治组织活动，被西南军政委员会搜得，其中就有《国庆》《送重庆大学女生邹兰芳赴川西参加土改》诗，后来吴宓将这件事称为“土改诗案”。

吴宓的《国庆》一诗，最先作于 1951 年 5 月 1 日，当天吴宓在日记中记载：“未晓即起，晨 4:30 早午合餐。是日为五一劳动节大游行之期，全校晓夜筹备。……今晨 7:00 排队出发，倾城盈路，游行队踵接拥塞。其秧歌队、腰鼓队彩衣秀服，五光十色，夸多斗靡，盛况不可形容。约 9:00 行抵南开广场……11:00 大会开始，张文澄等演说，仍反复申说‘抗美援朝，镇压反革命’之旨。”“今日游行时作二诗，合成一首。”①但日记原稿下文空缺，根据《吴宓诗集》中的注释，其原标题为《五一国际劳动节庆祝会》②，全诗为“劳动节期万国同，今来况更贵农工。重描新式葫芦样，共庆中华解放功。挥击镰锤平宇宙，飞翔鸽鸟耀兵戎。谁怜禹域穷乡遍，易主田庐血染红。”后在 10 月 1 日对其进行了修改，把一二句改为“列队场锦绣丛，旗牌歌舞乱秋风”，把标题改为《第二国庆节》，即吴宓日记中所说的《国庆》一诗。诗中的最后一句“易主田庐血染红”，后来成了吴宓反对“土改”的重要证据。

《送重庆大学女生邹兰芳赴川西参加土改》诗，共四首③。第一首主要写邹兰芳“沧桑万恨集微生”的悲苦，和“美宅丰田齐籍没，锦衣玉食易饥贫”的身世变幻，也写到其父亲的死，以及当时“土改”中地主以交钱财免罪退押的情况。第二首是对邹兰芳“生长繁华是孽因，艰难未识性慈仁”的同情，其中有“强持新法为人说，身是韩黎苦颂秦”的类比，在当时的政治环境下，很难被政策所认同。第三首中“荆榛暴狼遍蜀西”，看似说川西的自然环境，但也有含沙射影批判“土改”的意思；而“覆巢地主除应尽，得意农民上有梯”的说法，虽有事实的存在，但也有以偏概全的嫌疑，很难被工农所接受。第四首主要写自己与邹兰芳的感情纠葛。其中“风流彤史照前蹊，一样情深命不齐”，吴宓认为自己与邹兰芳很难有好结果，所以只能羡慕司马相如和卓文君的爱情，以及梁鸿孟光举案齐眉的故事，于是有下面的“却羡当垆文凤侣，

① 吴宓.吴宓日记续编：第 1 册[M].北京：三联书店，2006：127.

② 吴宓.吴宓诗集 · 五一国际劳动节庆祝会[M].北京：商务印书馆，2004：461.

③ 吴宓.吴宓诗集 · 送重庆大学女生邹兰芳赴川西参加土改[M].北京：商务印书馆，2004：465-466.

难为赁庑伯鸾妻”。从诗作看,主要是悲哀邹兰芳的身世,基本上是事实加上自己的感慨,也涉及对邹兰芳家人的同情,流露出不赞同“土改”中“除恶务尽是今仁”①的做法。在当时的政治环境中,加之吴宓的身份,有些话确实不足与外人道。吴宓知道自己的诗作被截后极为紧张恐惧。加之在中文系参加邵祖平检讨侮辱鲁迅的大会上,批评者认为邵祖平的反动思想出自封建堡垒《学衡》,而自己就是该杂志的主编,更是有大祸临头之感。幸好有系主任方敬从中斡旋,说要将政治反革命和教育界中的顽固思想分开,前者严惩,后者改造,而吴宓只是属于后者。因有方敬的圆场和开脱,吴宓才略感宽慰②。

二

对写给邹兰芳的“土改”诗,吴宓有自己的说辞和辩解。他说自己的诗“乃情感之发泄”,并非全面以理智评论“土改”与“镇压反革命”二大政策,解释说自己“虽具惋痛之情,并非不明白政策,非不赞成土改”,还说“自己理智与意志决定如此做,而感情上却有过不去处,故必须发泄而吟成诗篇”。而且,“至《赠兰诗》四首,则全本于个人友情,为兰作小传,述心情,中间不得不叙其父兄之诛死与兰之往土改,皆因兰而及之,非专论镇压反革命与土改二大事而谓其不当也”;“至宓之不应保存小资产阶级思想,不应作此诗,更不应写寄友人,则宓已知罪,愿受惩罚矣”③。解释也合情合理,但在强调阶级斗争至上和政治立场站队的时代,吴宓对“土改”的指责,对地主及家人的同情,很容易授人以政治立场有问题的把柄。

“诗案”弄得吴宓多日惶恐苦恼,友朋再三宽慰才略解其忧。但后来得知革命大学以他的诗为例对错误思想进行不点名批评,又加重了吴宓的心理负担。友人都劝吴宓“更勿作诗”,劝他“力自警惕”,以免因为自己昔日的

① 吴宓.吴宓日记续编:第1册[M].北京:三联书店,2006:87.
② 吴宓.吴宓日记续编:第1册[M].北京:三联书店,2006:251.
③ 吴宓.吴宓日记续编:第1册[M].北京:三联书店,2006:253.

声名和现在的思想而招来祸端。然而吴宓却强调："宓不死而有情，即不能不作诗。但当勿再示人。"[①]也正是在这样的情况下，促使吴宓在1951年11月前后写了五首《感事》诗。他在日记中说：一、二首诗，是总序近年来"国世大变"及他这类人的"心情境遇"[②]。还注释说第一首："前半，述1950年五月以前，宓在北碚蛰居，无多烦扰，犹能读书作诗甚多。……五六两句，述1950年九月至1951年六月，宓在西南师院经历各种运动与学习，究问逼勒日紧，动魄惊心。而各地戚友以'土改'破产殒命者，尤堪悲悼。"[③]这可以看成是吴宓对为何写"土改诗"的另一种说辞。

后来，在学院教师学习委员会成立大会上，系主任方敬传达全国文教会精神，说吴宓的反对"土改"诗被上级作了不点名批评，吴宓的反应是"甚惊扰"[④]。想自己很难过关，于是1952年1月9日上午开始写《易主田庐血染红》为题的诗案坦白检讨材料，还向方敬请教应对之策。吴宓认为自己"仍必需读旧书，且必需作诗抒情，但决不可示人或寄出；非然者宓即郁苦不能生活"[⑤]。在这之后，还有人"力事诋毁，且主张搜查宓之书物、信函及著作"[⑥]，更使吴宓感到世道艰险，人心叵测，政治把一切事情都可能小题大做，上纲上线，这也使吴宓以后对诗作、日记和言语更为谨慎，诗歌在表达上更为隐晦曲折，用典迭出，要仔细才能参出其中的微言大义。

吴宓把这件事称为"土改诗案"，虽不免惶恐，但却以"诗案"自名，与历史上的其他类似事件类比，这其实是他有意以此表明自己的知识分子身份和立场。从后来的反应看，吴宓对自己的所谓"土改诗案"虽有忧惧，但也并不隐讳。他多次向领导、友人及当事人谈及写作经过。邹兰芳回来后，吴宓特将"诗案"详情告知，专门为她誊写了《赠兰芳土改》诗笺。在1955年的"肃反"运动中，甚至在"文化大革命"中都还多次向人提及"土改诗案"一

---

① 吴宓.吴宓日记续编：第1册[M].北京：三联书店，2006：260.
② 吴宓.吴宓日记续编：第1册[M].北京：三联书店，2006：267.
③ 吴宓.吴宓日记续编：第1册[M].北京：三联书店，2006：268.
④ 吴宓.吴宓日记续编：第1册[M].北京：三联书店，2006：275.
⑤ 吴宓.吴宓日记续编：第1册[M].北京：三联书店，2006：275-276.
⑥ 吴宓.吴宓日记续编：第1册[M].北京：三联书店，2006：282.

事。面对当时对知识分子的不信任和严密的文网,吴宓感觉生活在类似文字狱的时代,借苏东坡乌台诗案以自况,大有诗尽人绝之意,即他《无诗》中的“身劳意苦更无诗,已近诗人命尽时”①。吴宓一面有大祸临头的恐惧,一面又向他人津津乐道。究其心理,一是需要向别人解释诗作的含义,害怕被别人误解误传;二是想向他人倾吐为快,以缓解初来重庆时的孤寂;三是通过自己对时局的看法,说明自己并非完全错误,在寻求他人认同的同时也想获得自我的肯定。在吴宓看来,作诗是一个知识分子的本分,也是自己诗才的体现。他既想作诗,也想让别人知道自己还能作诗,但又恐于环境,害怕因文获咎,所以要向别人再三解释。

由“诗案”也可看出吴宓对政治看法的单纯,难免有些幼稚。他对“土改”的了解,主要限于自己身边学生的讲述,尤其是对邹兰芳一家的同情,这就免不了他对“土改”有情绪化的看法,正如他所解释的,“自己理智与意志决定如此做,而感情上却有过不去处,故必须发泄而吟成诗篇”②。虽然吴宓对“土改”的看法因信息所限,加之一贯的仁慈善良和人文主义主张,对其存在偏见,但从前后的反应,也可见出一个怀着良知的知识分子在特定时代的敢于直言犯谏,以及对政治、人事理解的独特角度。同时也显示了当时的知识分子,既害怕别人知道自己的真实想法,害怕思想落伍被斥为反动,同时又害怕别人不知道自己的看法而将自己彻底遗忘的两难处境。在不愿介入政治,但又不可能从事自己的学术事业的时候,作为一个知识分子,除了写作的言说,还有什么能够用来证明自己的存在和价值呢!

三

吴宓对时政的看法,给我们留下了一些启示。中国旧的乡村秩序是以宗族、学识、财产、声望为根基的,但这一切都在新中国成立后的“土改”中被以“阶级”和革命的名义所颠覆。那些过去主导乡村社会的地主富农们,在

---

① 吴宓.吴宓诗集·无诗[M].北京:商务印书馆,2004:499.

② 吴宓.吴宓日记续编:第1册[M].北京:三联书店,2006:253.

"土改"中成了被批斗、控诉、管制、镇压的对象。这不仅摧毁了原来乡村的精英社会与经济基础,更通过授予不同阶级政治权力的方式对社会秩序进行了重新架构。基于此,吴宓认为"不任贫富亲疏实行互助,各安其所,而强持平等,肆行报复,其害如此!"[①]其实,就是贫民自身,对这种乡村秩序的剧烈改变以及其中的合理性也是存疑的。"土改"时,农民诗人王老九分到了地主家的一只樟木箱。王老九常对着它发呆,他知道光靠自己是不可能得到这只漂亮的箱子的。于是就有了他在一首诗中的困惑与追问:箱子箱子,你又没长腿,怎么会跑到我家里?后来他找到了答案:"想想这道理,全凭毛主席。"[②]这是梁小斌讲的一个小故事,反映的是当时有一定思想的农民的一种较为普遍的看法。朱学勤在分析法国革命时指出,革命中阶级的道德理想一旦与行政权力相结合,并企图在一夜之间除旧布新,它最终就有可能以暴力的方式,用一种思想来摧毁和取代其他一切思想,这时就往往会出现以"革命"为口实的杀戮、疯狂、血腥的所谓"美德与恐怖相结合的道德专政"[③]。在我们新中国成立前后的"土改"运动中,是否也有过类似的情形,过后的反思还是有必要的。

尤其是,"土改"运动,在重组乡村经济关系的同时,也很大程度上摧毁了乡村自身在传统中形成的乡村伦理,改变了农民的情感态度和行为观念。而且,这种观念是以政策导向的方式推向民众的,既缺乏个体的理性反思,也较少针对实际情况的制度性设计。占有别人财物,这在过去是任何社会阶层,即便是穷人自己,都不能容忍的事情,现在却被政策合法化了。而且成了贫雇农享有的一种政治权利,成了一种革命行动。反过来,拥有财产反倒成了一种原罪,拥有财产的人成了社会的对立面,甚至成为专政的对象,而且不管其拥有财产的过程,是无义的强取豪夺还是合法的持家敛财。"土改"在中国现代革命中占有重要的地位,一些做法在具体的历史情境下具有合理性,其直接的后果是建立起新的社会主义的生产关系。但我们有必要

---

① 吴宓.吴宓日记续编:第1册[M].北京:三联书店,2006:79.

② 梁小斌.翻皮球·成俑经历[M].南京:江苏人民出版社,2013:12.

③ 朱学勤.道德理想国的覆灭——从卢梭到罗伯斯庇尔[M].上海:上海三联书店,1994:39.

意识到,这在很大程度上延续的还是中国历史的俗例,即革命和造反就是对财产的重新分配。但在财产的争夺过程中,势必也会造成生产力的破坏,也可能助长社会的仇富心理,尤其是助长个体心中的私欲与仇恨。现代政治,应该对之有反省与超越。1789 年 4 月 30 日,华盛顿在美国的临时首都纽约发表总统就职演说,对于政府职责,他说:"根据自然界的法理和发展趋势,在美德与幸福之间、责任与利益之间、恪守诚实宽厚的政策与获得社会繁荣幸福的硕果之间,有着密不可分的统一。"①字里行间透露的是权力者的谦卑,是对神圣造物主及民众公权力的敬畏,以及对人的尊重。别人的一些看法,或许有助于我们对自己的历史来一番重新的打量。

吴宓作为一个人文主义知识分子,他对"土改"的看法也代表了他对新中国成立后一些政策的基本观点与思考角度。作为一个爱国知识分子,他对一些政策的反对和批评,其基点不是政治层面的,他更多是通过人性与文化的角度去对各种政策加以参验。在当时,有可能被视为缺乏政治立场的死脑筋,甚至还有被视为反动而招祸的危险,但他的悲天悯人之心,对人的同情,尤其是对传统道德、俚俗与文化对社会治理的作用的确信,无疑为我们思考社会打开了政治之外的视阈,也提示文学政治手段的非全能。吴宓不阿谀曲从,对解放后一些政策的评判,是一个知识分子对良知的坚守,也是一代知识分子守护美好人伦与道德的宏阔内心境界的体现。他启示人们,一个繁荣的社会,是精英与平民的互动,是文化、道德、风教、政治等多种手段合力促成的结果,好的社会制度一定也需要良善道德及健全社会肌理的配合。

(本文选自《重庆与世界》[学术版],2014 年第 10 期)

① 乔治·华盛顿.就职演说(1789 年 4 月 30 日)[M]// 赵剑利、卢敏.世界著名演讲词.北京:中国社会出版社,2004:171.

吴宓的写实小说论

蒋进国　张　毅

引　言

在"五四"文学革命的倡导声中,伴随现代白话小说的兴起,中国现代小说理论也同时产生和发展。在中国小说理论现代化进程中,众多现代小说理论家的批评实践不仅构成了小说理论体系的核心,同时成为20世纪文学理论批评史的主体部分。目前,主流的理论批评家的理论成果已经得到充分的爬梳和厘定,诸如20世纪20年代的胡适、鲁迅、郁达夫,30年代的茅盾、老舍、巴金以及之后的周扬、胡风,等等。擅长古体诗的吴宓,远离新文学的中心,被贴上文化保守主义标签,在当时的文化历史语境和之后的长时间里一直处于被冷落和批判的境地,他的小说理论和批评活动不仅在当时如鸿毛落水,而且之后也常常以反对派角色作为现代白话小说理论的陪衬,甚至吴宓的研究者对其小说理论和批评实践也没有给予充分的关注。

吴宓不是小说家和理论家,但他纵论古今中外的小说作品和小说家,兼论小说技巧及原理,褒贬取舍,显示出充分的自信。自1922年10月吴宓在《中华新报》上发表了题为《论写实小说之流弊》一文起,在其他评论里多次出现"写实小说"概念。厘清吴宓"写实"概念的源流、含义及标准等一系列问题,会梳理出吴宓小说观的关键脉络,从而以新的角度审视新文学写实小说理论的产生和发展进程。

一、"写实"探源

中国20世纪主流的小说理论有两种模式,一种是写实小说理论模式,一种是抒情小说理论模式,他们产生于"五四"时期。由于左翼文化的深刻影响和马克思主义文艺理论的熏陶,文学研究会及"左联"中相当多的作家和理论家从19世纪法国自然主义、俄国现实主义中汲取营养,使得写实小说一直关注小说与现实生活的关系,关注小说的社会历史功能。吴宓的"写实小说"概念来自19世纪英国批判现实主义小说思潮,与以上的文化渊源相差甚远。萨克雷的《名利场》以及萨克雷对18世纪英国幽默讽刺剧作家和小说家菲尔丁的评论《英国18世纪幽默作家》与吴宓产生了强烈共鸣。现实主义小说思潮在英、法、俄等国各有不同的流变,对19世纪批判现实主义的高度认同使吴宓一方面构成独特的批判视角,另一方面对新文学现代白话小说产生了遮蔽和误读。

众所周知,萨克雷私淑菲尔丁,菲尔丁的《汤姆·琼斯》继承和发扬了英国幽默讽刺文学的传统,被视为英国小说发展史上的里程碑。菲尔丁在《汤姆·琼斯》和《约瑟夫·安德鲁斯》等小说各卷首插入评论,不厌其烦地强调作品的真实性,提出写实主义创作主张。"我们的职责在于把事情如实地写出,然后由明智而渊博的读者拿我们所叙述的去跟自然那本书核对——我们这部作品的每一段都是从自然那部巨著上抄录下来的,尽管我们没处处注明所根据的确切页码。"①萨克雷在长篇小说《潘登尼斯》的序言里慨叹说:"自从《弃儿汤姆·琼斯的历史》的作者入了土,还没有任何一个小说家被允许如实地去描绘一个人物。"②菲尔丁在小说创作实践和理论方面对英国小说传统的始创性建树,为19世纪英国批判现实主义小说奠定了基础。萨克雷继承和发展了菲尔丁的批判写实技巧,他的小说力求客观,不以本人的喜

---

① [英]亨利·菲尔丁.弃儿汤姆·琼斯的历史[M].萧乾,李从弼,译.北京:人民文学出版社,1984:406.

② [英]威·梅·萨克雷.潘登尼斯[M].项星耀,译.上海:上海译文出版社,1985.

好而对人物、对事实有所遮饰和歪曲,其代表作《名利场》真实描绘了英国上流社会没落贵族和资产阶级暴发户等各色人物的丑恶嘴脸,其尖锐泼辣的讽刺风格更为精彩。

吴宓对此极为推崇,他多次以菲尔丁、萨克雷的这些作品以及作品里的人物形象作为主要素材,论证文学与人生、小说与人生的关系。吴宓认为:“可以清楚地、明白无误地看出真实与虚伪、诚恳与虚假、伪装、冒充的区别……小说能将此区别清楚地显示出来,认为读者(随着作者)能知悉一切情节,及人物之思想感情,从而使每一(男、女)读者自己理解书中所有事件与人物的真实性质。这就是菲尔丁与萨克雷的‘真实’‘自然’‘现实主义’的意义”①。吴宓极少使用“现实主义”的概念,他的“写实”与国内主流写实小说的内涵也不相同。

二、“写实”的内涵

1902年,梁启超就开始谈论“写实小说”②了,但未对此概念的具体内涵进行界定,十二年后吕思勉才认真地给“写实主义”下定义③。遗憾的是,新小说家们对刚刚从西方传入的“写实”概念有明显的误解,把“写实”理解为“实写”④,这种概念的误解和含混长时间地延续下来。提出“建设新鲜的立诚的写实文学”的是陈独秀⑤,钱玄同也认为外国小说胜过中国小说的地方就在于“绘影绘声,惟妙惟肖”,用“很透辟的眼光去观察社会,用小说笔墨去暴露它的真相”⑥。小说的社会政治价值和精神启蒙价值是最为主要的标准,要对社会真相做出真实的反映,从而引起人们的重视,达到拯救社会的

---

① 吴宓.文学与人生[M].王岷源,译.北京:清华大学出版社,1993:33.

② 饮冰.论小说与群治之关系[G]//陈平原.二十世纪中国小说理论资料(一).北京:北京大学出版社,1997:33.

③ 成之.小说丛话[G]//陈平原.二十世纪中国小说理论资料(一).北京:北京大学出版社,1997:412.

④ 陈平原.20世纪中国小说史[M].北京:北京大学出版社,1989:248.

⑤ 陈独秀.文学革命论[N].新青年,第2卷6号,1917(02).

⑥ 钱玄同.钱玄同信[N].新青年,第3卷6号,1917(08).

目的。“我作小说的目的,是要想感化社会,所以极力描写那些旧社会旧家庭的不良现状,好叫人看了有所警觉,方能想去改良”①,冰心的自述可以代表许多作家及理论家的心态。忠实于社会现实生活、追求客观和细腻的描写、强调创作的功利目的成为写实小说理论的基础。这种写实小说理论是一种带有启蒙色彩的功利小说观,是从创作主体的意愿出发指射向读者群的顺向思维模式。在“写实小说”概念上,吴宓与以上小说理论家有着思维方法和目的等诸多不同之处。作为一个小说鉴赏者,一个有志成为小说家却没有一篇完整的小说作品的诗人,他更多的是从一个单纯的读者的接受层面出发进入一个小说文本,由此提出个人的写实小说主张。前者是作者希望读者读出什么,强调创作出发的顺向的“写实”;后者是读者希望作者写出什么,强调接受出发的逆向的“写实”,这是小说文本传播截然相反的过程。

作为一名接受者,吴宓对 19 世纪英国批判现实主义小说思潮也有取舍,标准就是他自己与当时中国社会现实相脱离的人生观和道德理想,所以他的小说观具有个人理想主义倾向,持论稍有偏颇。实际上,菲尔丁与萨克雷的“写实”手法不但包括小说的主题层面,还有艺术层面,而吴宓强调的是前者。菲尔丁与萨克雷对真、善、爱、正义这些人类终极价值的追求与吴宓的人生观和道德理想不谋而合,他赋予了文学对个人、社会和世界以厚重的文明教化功用:“涵养心性”“培植道德”“通晓人情”“谙悉世事”“表现国民性”“增长爱国心”“确定政策”“转移风俗”“造成大同之世界”“促进真正之文明”。这是一种典型的带有古典传统色彩的文学观,在当时对“文以载道”大加讨伐的时代被视为“守旧”,即便今天看来文学也难以担此全部重任。

不过,这并不是吴宓的小说观的全貌,他认为小说是一门艺术,不同于历史,肯定小说本身的独立地位和价值,这与“五四”时期的理论家和小说家的共识是一致的。吴宓从来不把文学看成是生活的消遣,而把文学当作人生的表现。早在东南大学英文系任教时,吴宓就将美国批评家哈米顿所著

① 冰心.我做小说,何曾悲观呢[N].晨报,第 7 版,1919-11-11.

的《小说的素材与方法》[①]这本当时在美国十分通行的理论著作作为课本使用。他把书里“Fiction is life distilled”这句话引申为“文学是人生的精髓”，“小说是固体化的人生”，并对“文学与人生”“小说与人生”的框架进行阐发，最终形成《文学与人生》课程体系。值得注意的是，文学研究会提出并大加提倡的写实主义小说观恰恰也是“为人生”，“文学应该反映社会的现象，表现并且讨论一些有关人生一般的问题”[②]，文学是“人生的镜子”[③]。但是文学研究会深受俄国现实主义思潮的影响，突出文学的阶级观和社会功利性，反对“消闲”文学和师古载道，关心民生疾苦，主张小说服务于现实人生，描写中国的平民生活现实。“为人生”就是为了反抗黑暗的社会，“这实际上也妨碍了他们对欧洲现实主义包括俄国现实主义从精神到方法的深入理解与整体把握”[④]。吴宓提倡的“人生”是超阶级超国别的普泛人生，一种健全纯正的理想生活状态，与当时激流涌动的社会现实少有瓜葛。同样“写实”“为人生”，表面上如出一辙，言说者的目的相差甚远。

三、“写实”的标准

吴宓想从文学里找寻乱世立身的理想城邦，他坦言：“吾信有各种‘绝对（又曰纯正）观念’（Absolute or Pure Ideals）之存在……故虽处今百家争鸣、狂潮激荡之时，而犹信吾可黾勉求得一纯正健全之人生观；故虽在横流之中，而犹可得一立足点；故虽当抑郁懊丧之极，而精神上犹有一线之希望。”[⑤]他的心中有一个“理想国”，尽管处境尴尬，依然自我超脱，颇为自信。

借用梅纳迪为《汤姆·琼斯》作序的内容，吴宓为一本优秀小说开具了六个条件：“（一）宗旨正大；（二）范围宽广；（三）结构严谨；（四）事实繁多；

---

① ［美］汉密尔顿.小说法程［M］.华林馨，译.北京：商务印书馆，1924.
② 茅盾.中国新文学大系·小说一集导言［M］.上海：良友图书公司，1935.
③ 文学研究会.丛书缘起［N］.觉悟，1921-05-25.
④ 温儒敏.新文学现实主义的流变［M］.北京：北京大学出版社，2007.
⑤ 徐葆耕.会通派如是说——吴宓集［M］.上海：上海文艺出版社，1998：90.

(五)情景逼真;(六)人物生动。"[①]吴宓把"宗旨正大"排在首位,而且每提及此点,都兴致盎然。20 世纪 20 年代初,吴宓首次用这个标准来阐释《红楼梦》,他将小说主旨分为四个层次:"(一)个人本身之得失;(二)人在社会中之成败;(三)国家团体之盛衰;(四)千古势运之升降。"[②]"宗旨正大"部分占全文三分之二的篇幅,其余几项相对简略得多。无独有偶,他在《文学与人生》里列出这六个条件之后,把"宗旨正大"发挥为三个层次:"(一)人生严肃性的意识;(二)真理;(三)理想的赏罚",其他五条只字未提。他曾这样批评《礼拜六》《紫罗兰》等通俗杂志:"所写皆淫荡猥亵之意,游冶欢宴之乐……至若描写爱情挫折失败,则又抑郁其思,凄婉其声,缠丽其词,悲丧其旨。使青年读之颓惰萎靡,而少奋发刚健之精神。"[③]可以肯定,吴宓判断"写实小说"的最重要的标准是作品主旨所达到的层次。

吴宓把自己的人生观和道德理想注入文学追求中,对"写实小说"的主旨提出了诸如真、善、爱等标准。首先,"爱由心生""好善恶恶"。菲尔丁曾谈到他写《汤姆·琼斯》的三个意图:一是"试图以一个更强大的动力来促使人们向往道德";二是为了表现"那些不义的攫取本身往往一文不值,而所采取的手段不仅卑鄙龌龊,并且极不可靠,总是岌岌难保";三是"竭力劝导人们,除非由于轻举妄动,美德和率真是损害不了的"吴宓与菲尔丁、萨克雷在小说主旨上取得契合,就在于此。他深受白璧德的影响,坚持人性二元,亦善亦恶,以礼助善,以理制恶;小说要导人向善,不可使人颓废萎靡,展现"真诚的爱"[④],不在于除恶扶良,而在于发扬读者的同情心。小说家"只是忠实的叙述、描写,使读者(要是他头脑正常)自然会对善良的受苦的人物同情,而对坏的所谓成功的人物加以谴责和憎恨"[⑤];悲天悯人、慈善为怀的人会英勇无畏、宽厚谦和,这样的人生正是吴宓所追求的目标之一。其次,"崇真去伪"。吴宓就萨克雷对菲尔丁和英国幽默作家的评论专门写了一篇札记,对

① 吴宓.文学与人生[M].王岷源,译.北京:清华大学出版社,1993:27-28.
② 徐葆耕.会通派如是说——吴宓集[M].上海:上海文艺出版社,1998:277.
③ 温儒敏.新文学现实主义的流变[M].北京:北京大学出版社,2007:286.
④ 吴宓.文学与人生[M].1993:34.
⑤ 吴宓.文学与人生[M].1993:35.

“真”进行多次注解：“要是真理不总是令人愉快的；至少真理是最好的。”①“‘真理和谎言总是彼此进行斗争的。’重要的是看看幽默作家站在哪一边笑或讥笑（支持或反对正义与真理）。”②真，即正义、真理、真诚；伪，即虚荣、矫情、伪善。“伪善，更为违背自然”③，虚荣是小过，伪善为大恶，这与吴宓为人处世的原则不谋而合。

除了借用西方小说原理，吴宓还用“实境”“幻境”和“真境”这三种人生境界类比小说创作构思达到的三个层次。他在1922年《论写实小说之流弊》一文中首次提出小说“三境说”，把既没有道德作用又没有体现人生观的“人生之片影”“风景照片”称为“实境”，反对“径直抄袭其一己之经历见闻，丝毫不改”的“写实”手法，强调“小说须写由真境蜕化而出之幻境，以幻写真，而不可描摹未经剪裁渲染之实境”④。在20世纪40年代发表的《石头记评赞》里，吴宓从小说家创作的三个步骤：“（一）经验的观察；（二）哲理的了解；（三）艺术的创造”，依次推演出相应的三个世界：世俗人的“实际经验世界”、哲学家的“理想世界”、艺术家的“艺术所创造之世界”⑤。总之，小说家用世界的原理和通则（真境）对现实生活中的经验（实境）进行加工渲染，创作出虚构的艺术世界（幻境），但小说家的最终目的不是创造出“幻境”，而是通过“幻境”表现“实境”，表现正义和真理。

四、“写实”的批判

吴宓的写实小说理论主要体现在他的小说评论中。1925年，吴宓在《学衡》第39期评论杨振声的长篇小说《玉君》中说：“此书作者敢为长篇，注重

① 吴宓.文学与人生[M].1993：28.

② 吴宓.文学与人生[M].1993：45.

③ 吴宓.文学与人生[M].1993：55.

④ 严家炎.二十世纪中国小说理论资料（二）[G].北京：北京大学出版社，1997：287－289.

⑤ 徐葆耕.会通派如是说——吴宓集[M].上海：上海文艺出版社，1998：300.

理想,以轻描淡写之笔,表平正真挚之情。"①在 1933 年 4 月 10 号的《大公报·文学副刊》上,他称赞《子夜》为"近顷小说中之最佳之作也",他首先对其思想内容给予好评,认为小说大规模表现了 20 世纪二三十年代中国的社会现象,然后评论《子夜》的结构"不时穿插激射,具见曲而能直,复而能简之匠心";人物"典型性与个性皆极轩赫,而环境之配置亦殊入妙";语言"笔势具如火如荼之美,酣恣喷微,不可控博,而细微处复能委婉多姿,殊为难能可贵"。这样的见解,还是颇为中肯的。

20 世纪 20 年代,新文学阵营对盛行的黑幕小说以及鸳鸯蝴蝶派展开过多次论争,领头人鲁迅撰文说:"在小说之良者,提倡道德,辅助文艺,悉属有益于教育……若乃意旨不正,体例不纯,暴扬社会之劣点,诱导国民之恶性,流弊所至,殊难测想。"②由于黑幕小说直接挑战吴宓的小说观,他也加入了批判者的行列:"刻薄尖毒、严酷冷峭。读之但觉一片魍魉鬼蜮世界,机械变诈虚伪油滑,无一好人,无一善行。吾惟将逃世以求死耳。"③在这一点上,鲁迅、吴宓二人的见解颇为一致。不过吴宓的文章却招来茅盾的尖锐反驳,原来吴宓"把黑幕小说、礼拜六小说一下子都投入到新文学的'汤锅'里,指桑骂槐地痛斥'写实小说'"④,他将工人阶级题材的短篇小说与黑幕小说混为一谈,说这些描写劳工贫民生活的小说:"愁惨黑暗,抑郁激愤,若将推翻社会中一切制度而为快者。"⑤茅盾批评吴宓并没有把那些小杂志里的作品细细看过,为了反对写实派才找了许多"流弊"⑥。

另外,对由茅盾领衔的"自然主义"潮流,吴宓则不以为然,他借用法朗士的评论对左拉进行旁敲侧击,认为左拉一类的"极端写实派"仅仅停留在"实境"的层面。作为俄国现实主义的经典作品《复活》和《安娜·卡列尼娜》,吴宓在肯定其描写之功后颇有微词:"读者以人例己,亦将黯然自悲,颓

① 严家炎.二十世纪中国小说理论资料(二)[G].北京:北京大学出版社,1997:391.
② 严家炎.二十世纪中国小说理论资料(二)[G].1997:59.
③ 严家炎.二十世纪中国小说理论资料(二)[G].1997:285.
④ 谢昭新.中国现代小说理论史[M].合肥:安徽大学出版社,2003.
⑤ 严家炎.二十世纪中国小说理论资料(二)[G].1997:285.
⑥ 冰.写实小说之流弊[J].文学旬刊,1922(54).

然自放而已。”[①]由于赋予小说神圣的道德使命，吴宓不能在19世纪法国自然主义、俄国现实主义小说里看到真、善和爱，无法将这些小说同菲尔丁、萨克雷的批判现实主义归为一类，认为是劣下的“写实小说”。对于“自然主义”“现实主义”、黑幕小说及鸳鸯蝴蝶派，吴宓都用“写实”这个词囊括，概念模糊，过于笼统和宽泛，招致反驳是不可避免的。或许吴宓认为“写实小说”的“流弊”正是现实主义的“流变”。

至此，必须进一步澄清，由来已久认为吴宓反对“五四”新文化运动提倡的写实小说的观点是片面的，新文学小说家们和吴宓都没有对各自的现实主义源流进行整体的把握，他们继承的衣钵决定了在“写实小说”问题上难以弥合的分歧，“这里表现出更进一层的小说观念上的差异”[②]。20世纪20年代末到40年代是中国小说理论的发展阶段，吴宓是这一进程参与者之一，他的写实小说理论及其批评实践在现代小说理论史和批评史上具有宝贵的史料价值，但其概念含混、持论偏颇、文学观僵化等局限性也是明显的。从菲尔丁、萨克雷到吴宓，从《名利场》《汤姆·琼斯》到《红楼梦》，从小说到人生，吴宓执着而又尴尬的“写实小说”论给我们留下许多的思考。

（本文选自《西安石油大学学报》[社会科学版]，2008年第3期）

---

① 严家炎.二十世纪中国小说理论资料(二)[G].1997:289.

② 张弘.吴宓:理想的使者[M].北京:文津出版社,2005.

《吴宓留美笔记》的内容与价值

占如默　张忠梅

引　言

吴宓是我国比较文学、外国文学学科奠基人、文学批评家和红学家。1950年,吴宓开始在西南师范学院任教,度过了他人生中第三个二十八年。2016年,为庆祝西南大学组建10周年暨办学110周年,西南大学建成吴宓旧居陈列室,以纪念大师吴宓。吴宓旧居陈列室有一“镇馆之宝”——七册《吴宓留美笔记》(后文简称《笔记》),系2016年4月14日由西南大学外国语学院江家骏教授(吴宓生前的学生、进修研究生、同事和助手)捐赠的。当时相关报道即指出:“‘这是吴宓读书笔记首次面世。’……此前对于吴宓的研究主要来源于《吴宓日记》,这七册笔记为研究提供了很好的佐证,也反映了当时比较文学在美国的发展情况,因此具有极高的学术价值和史料价值。”①《笔记》向不为世人所知,自消息披露以后,瞬间引发了学界同人的兴趣、期待与猜测,可惜目前条件尚不成熟,无法影印出版,以满足各方的要求。由于工作的关系,笔者第一时间就接触到了这部珍贵的吴宓手稿,并进行了初步的学习与研究。下面介绍《笔记》的装帧概况和主要内容,并简析

① 西南大学建成国内首个吴宓旧居陈列室[OL].重庆日报网,2016-4-14.http://www.cqrb.cn/content/2016-04/14/content_59185.html.

其价值,不当之处,敬请专家学者批评指正。

一、《笔记》概况

(一)《笔记》"装钉"情况

《笔记》共七册,有文字者共计2029页,分为手稿和打印稿两种形态。第一册为吴宓留美期间最初就读弗吉尼亚大学笔记(有文字者计328页),第二至第七册为吴宓就读哈佛大学笔记,其中第二至六册为攻读学士学位笔记(有文字者分别为156页、92页、259页、191页、388页),第七册为攻读硕士学位笔记(有文字者计707页)。这七册《笔记》,第一册长27.2厘米,宽20.1厘米,其他六册均长27.8厘米,宽21.4厘米。各册厚度不一:第一册厚3.3厘米(均含封面),第二册厚1.5厘米,第三册厚1.1厘米,第四册厚2.2厘米,第五册厚1.9厘米,第六册厚3厘米,第七册厚5.8厘米。

(二)《笔记》封皮与书脊

吴宓是一位编辑家,他把七册《笔记》精心装订得像七本精装书一样,体现出他对这七册《笔记》相当重视。《笔记》经过了吴宓的精心整理,在《吴宓日记》(后文简称《日记》)中有多处"装钉"记录:

> (1919)五月三十日至六月七日:"六月七日考事竣。作函致中国友人,并装钉年来所钞之讲义录等。"①
>
> (1919)八月一日:"日记以外宓现兼作下列之诸件:(一)鸿爪集 Souvenir Book……(二)讲义录,各科手钞之讲义,汇钉成册,分类编纂。"②
>
> (1920)六月十八日:"在室中编理一年中讲义录,备装钉成册。"③

---

① 吴宓.吴宓日记:第2册[M].北京:三联书店,1998:30.

② 吴宓.吴宓日记:第2册[M].北京:三联书店,1998:48-49.

③ 吴宓.吴宓日记:第2册[M].北京:三联书店,1998:167.

七册《笔记》均为硬壳封面、封底精装而成，第一册为蓝灰色封皮手工缝线精装，第二至第七册为绛红色封皮手工缝线精装。关于《笔记》的整理、汇编情况，在《吴宓自编年谱》（后文简称《年谱》）中有如下记载：

此一学年（笔者注：指 1917—1918）中，宓各门课程之［1］上课听讲《记录》，［2］读课本、参考书之《笔记》，［3］所作缴上，记分，发还之论文、英文作文、练习课，皆编定成一巨册，甚厚。题曰 Virginia Lecture Series〔讲义汇编〕。封皮蓝灰色，用勿吉尼亚大学之校色。今存①.

以上，本学年（笔者注：指 1920—1921）宓共选读六门课程。其中二门为一学期课程，故实际等于全学年选读五门课程也。此六门课程之听讲笔记、读书笔记，及宓所撰作、缴入之论文及报告。再加俞、汤两君 1920 八月为宓讲授之（i）《西洋哲学史大纲》（ii）《印度哲学及佛教》，此两门之概略及应读书目。更加宓课外所读书笔记及本学年中（实 1921 春）所作文章。以上宓总编订成一甚厚且重之巨册。封皮用哈佛大学之校色，绛色。题曰 Harvard Lecture Series VOL.V（1920—21）。今存②.

七册《笔记》书脊题有就读某某大学讲义汇编或修读某某课程（均为印刷字体），如第一册书脊题 VIRGINIA LECTURE SERIES（1917—18），第二册书脊题 PSYCHOLOGY Sl、FRENCH SI、ECONOMICS S7、HISTORY S12、HISTORY S14（书内有单页标 Harvard Summer School Lecture Series 1918—1919），第三册书脊题 ENGLISH 29，第四册书脊题 ENGLISH 29 & COMP. LIT.22，第五册书脊题 ENGLISH 24.COMP. LIT. 32、ENGLISH 55（第三、四、五册内均有题 Harvard Lecture Series 1918—19 之扉页），第六册书脊标 FRENCH 17、COMP. LIT11、COMP. LIT.12、FRENCH 6、GERMAN 25a（书内有单页题 Harvard Lecture Series 1919—20），第七册书脊题 HARVARD

① 吴宓.吴宓自编年谱：1894—1925［M］.北京：三联书店，1995：167.

② 吴宓.吴宓自编年谱：1894—1925［M］.1995：208.

LECTURE SERIES—VOL.V 1920—21(书内有单页题 Harvard Lecture Series 1920—21)。

(三)《笔记》用纸及文字形态

七册《笔记》的纸张分两种,每册中课程讲义录及读书笔记等是吴宓亲笔记录在一种当时美国高校常用的两孔、红色竖线、蓝色横线的美式拍纸本纸上,每册中课程论文、作文等主要是用英文打字机打印蓝色印刷字体于普通的白色打印纸上。1919 年 9 月前,吴宓未自购打字机,相关文稿主要在其朋友处打印,如《日记》(1918)“九月二十四日”条记:“晚,尹君寰来,授予等以‘墨水印字机’mimeograph 之用法,颇详尽。”[①]又《日记》(1918)“九月二十九日”条记:“晨,访潘锡侯(名承圻),在其处 typewrite。”[②]可能因为不便,1919 年 9 月,吴宓自购了 Rem-ington 英文打字机一架,其《日记》(1919)“九月二十六日”条记:“近购英文打字机一架,值五十元,而有不妥处。故于是日凌晨,携至杨孟纪处,托其代往调换焉。”[③]《年谱》中亦记载其师白璧德规定吴宓所缴入之论文必须打印:“并规定:须用打字 type-written,笔写者不收。宓此时已学会打字,惟颇缓慢。并已购得 Remington 打字机一具。”[④]

其后,《日记》及《年谱》中常有打印论文的记载,如《日记》(1920)“三月三十一日”条记:“巴师之课,须作长篇论文,限四月一日缴入。宓虽已久事读书搜材,准备两月,然尚未动笔。自今日起,乃实行撰稿,题为 Rousseau & Robespierre(《卢梭与罗伯斯比尔》),长八九千字。至四月九日,全篇作成,复以打字机印之,凡三十四页。卒于四月十四日,始获缴卷。”[⑤]《日记》(1921)“正月七日”条记:“宓又赶以打字机誊清报告。”[⑥]《年谱》“1919 民国八年岁次己未宓二十六岁”(后文如无特别需要,仅标某某年)条记载:“判决

① 吴宓.吴宓日记:第 2 册[M].1998:15.
② 吴宓.吴宓日记:第 2 册[M].1998:16.
③ 吴宓.吴宓日记:第 2 册[M].1998:77.
④ 吴宓.吴宓自编年谱:1894—1925[M].1995:178-179.
⑤ 吴宓.吴宓日记:第 2 册[M].1998:145.
⑥ 吴宓.吴宓日记:第 2 册[M].1998:208.

案及经过情形、账目要点,均用英文撰写,打印多份,分寄各地中国学生会。"①

七册《笔记》文字大部分为英文,有少部分汉字及法文,字体主要为手写体,也有少量印刷体。

(四)《笔记》目录页

七册笔记均有扉页,扉页后面紧接目录索引页(均为蓝色字体打印稿),各册目录页及内容页详下(按照原版式排列,字母大小写及引号标注等亦依原稿):

(第一册)

Virginia Lecture Series(1917—8)

Economics Bl:Principles of Economics Prof. Thomas Walker Page

History B2:Modern History Prof. Richard Heath Dabney

Philosophy Bl:Logic Professors Albert Lefevre & Albert George Adam Balz

English Literature Al:Prof. Herman Patrick Johnson

Mi Wu(为红色印章,居中排列)

(第二册)(因限于篇幅,具体内容省略)

Harvard Summer School Lecture Series(1918—1919)

(第三册)(略)

Harvard Lecture Series(1918—19)

(第四册)(同前)

Harvard Lecture Series(1918—19)

(第五册)(同前)

Harvard Lecture Series(1918—19)

---

① 吴宓.吴宓自编年谱:1894—1925[M].1995:200.

(第六册)(同前)

Harvard Lecture Series(1919—20)

(第七册)

Harvard Lecture Series(1920—21)

Mi Wu

(注:单独成一页,盖因书脊所题是课程名称)

(第七册)

Harvard Lecture Series (1920-21)

History S4:Greek and Roman History from the first expansion of Greece to the breaking up of the Roman Empire.

Prof. William Scott Ferguson.

History 7:The Renaissance and the Reformation.

Prof. Roger Bigelow Herriman & Prot George Harold Edgell.

History 41b:Intellectual History of Europe,500—1500.

Prof. Charles Homer Haskins

Government 6:History of Political Theory.

Prof. Charles Howard Mcllwain.

Comp.Lit.19a:The Forms of the Drama.

Prof. George Pierce Baker.

English 14:The Drama in England from 1590 to 1642.

Prof. George Pierce Baker.

English 32: English Literature, exclusive of the Drama, from the beginning of the 16th Century until the Restoration.

Prof. John Livingston Lowes.

Private Lectures (1):Outlines of the History of Philosophy.

Mr. David Yule.

Private Lectures (2):Indian Philosophy and Religion.

Mr. Yung-Tung Tang.
Miscellaneous Reading Notes(1918-21)
Miscellaneous Writings

二、《笔记》主要内容概览

《日记》(1919)"八月一日"条记:"日记以外宓现兼作下列之诸件……(二)讲义录,各科手钞之讲义,汇订成册,分类编纂。(三)读书笔记,凡课外所读之书,皆记其书名、卷数及读此书起讫年月日,又撮录书中要旨。此册中所记之书,皆审择再三,而后始读之者。故多最精最善之籍,如巴师所著书,及'Shelburne Essays'是也。"①由此可知,《笔记》主要有讲义录、读书笔记等组成。《笔记》的主要内容可以通过其内容索引页、篇章页、课程信息页等作初步了解。

(一)《笔记》内容索引页

七册笔记目录页后面还有内容索引页(为蓝色字体打印稿),各册内容索引页内容详下(按照原版式排列,字母大小写及引号标注等亦依原稿):

(第一册)

Content

Economics Bl:
  Lecture Notes
  Reference Reading Notes
History B2:
  Lecture Notes

① 吴宓.吴宓日记:第2册[M].1998:48-49.

Lists of Dates to be Memorized

Lecture Notes

Philosophy Bl:

Lecture Notes (原索引缺,正文有)

(1) On Logic

(2) On Epistemology Essay on Epistemology

English Literature Al:

Lecture Notes

Parallel Reading Notes

Themes:

1 My First Impressions of America

2 Comments on "Panem et Circenses"

3 Comments on "Idols"

4 The Old Chinese Story of Genesis

5 The Love Story of a Chinese Revolutionist

6 Impressive Moments of An Ocean Voyage Across the Pacific

7 A Piece of Chinese Sculpture

8 How and Why I Have Failed in my English

9 An Old Chinese Folk Tale of Filial Piety

10 Some Reflections on the Study of the English Language

11 A BRIEF …… RESOLVED: that co-education rather than co-ordination should be introduced into the University of Virginia

(第二册)(因限于篇幅,具体内容省略,相关信息详后表2、3、4)

(第三册)(同前)

(第四册)(同前)

(第五册)(同前)

(第六册)(同前)

(第七册)

Contents

History S4: Greek and Roman History from the first expansion of Greece to the breaking up of the Roman Empire.

List of Texts and Books Prescribed for Reading.

Lecture Notes

Reading Notes

History 7: The Renaissance and the Reformation.

Lecture Notes

Reading Notes

Reports: (1) "The political Theories of Marsiglio of Padua"

(2) "Louis XI in History and Literature."

(3) "Discuss the Merits and Demerits of Lord Bacon's HISTORY OF THE REIGN OF KING HENRY Ⅶ."

(4) "Estimate to the Qualities of Machiavelli as an Historian by comparing the HISTORY OF FLORENCE with the Works of Guicciardini, Jovius and other Contemporary Historians you Please"

(5) "A Critical Estimate of Sir Thomas More's UTOPIA"

History 41b: Intellectual History of Europe: 500—1500.

Lecture Notes.

Reading Notes.

Thesis: (1) "Bartolus of Sassoferrato."

Government 6: History of Political Theory.

Lecture Notes.

Reading Notes.

Thesis: (1) "The Political Thought of Confucius and Mencius as compared with Plato and Aristotle."

Comp. Lit.19a: The Forms of the Drama.

Lecture Notes.

Reading Notes.

English 14: The Drama in England from 1590 to 1642.

Lecture Notes.

Reading Notes.

Report: (1) "A Comparison between Shakespeare's HENRY VI Part II and the Original FIRST PART OF THE CONTENTION BETWEEN THE HOUSES OF YORK AND LANCASTER"

English 32: English Literature, exclusive of the Drama, from the beginning of the 16th Century until the Restoration.

Lecture Notes.

Reading Notes.

Private Lectures (1) Outlines of the History of Philosophy.

Lecture Notes.

Reading Notes.

Private Lectures (2): Indian Philosophy and Religion.

Lecture Notes.

Reading Notes.

Miscellaneous Reading Notes. (1818—1921).

Miscellaneous Writings:

(1) "Old and New" (Published in "The Chinese Students' Monthly" VoL XVI, No.3, January 1921: title changed to OLD AND NEW IN CHINA, with a little alteration in the opening paragraph.)

(2) "Chips of Jade" (Published in "The Chinese Students' Monthly", Vol. XVI, No.5, March, 1921.)

(3) "The Dream of the Red Chamber" (Partly published in the

"Boston Sunday Post", Feb.27th, 1921; for the China Famine Relief Entertainment, held in Boston the next day.)

(二)篇章页与课程信息

七册《笔记》在每门课程笔记前均设篇章页,篇章页注明课程类别及编号课程名称、授课教师名等,如第七册的第一个篇章页为:

History S4

Greek and Roman History from the first Expansion of Greece to the breaking up of the Roman Empire.

Prof. William Scott Ferguson.

(三)正文各部分标注

1.课本书目与参考书目标注

在篇章页之后,每门课程笔记正式记录之前,还另起一页标明课程信息、课程教科书目和参考阅读书目(大部分红色字体打印稿,个别为黑色手写体),如第七册第一门课程信息打印在本页天头位置:

History S4—Greek and Roman History from the first
Expansion of Greece to the breaking up of the Roman Empire.
Prof. William Scott Ferguson.

在课程信息之下,还记录了本课程的课本目录(TEXT-BOOKS)(大部分为蓝色字体打印稿)。

TEXT-BOOKS:

(one of the following)

1.Breasted “Ancient History”

2.Botsford “Ancient World”

3.Goodspeed “Ancient Times”

4.Westermann “The Story of Ancient Nations”

紧接着记录了参考书目(名称不一,如 PRESCRIBED READING,List of Texts and Assignments,List of Texts and Required Reading 等,大部分为蓝色字体打印稿),如第七册第一门课程参考阅读书目如下:

PRESCRIBED READING:

Alfred E. Zimmern “Greek Commonwealth”

W. S. Ferguson “Greek Imperialism”

W. Warde Fowler “Social Life at Rome in the Age of Cicero”

Samue Dill “Roman Society from Neroto Marcus Aurelius”

2.课程笔记与读书笔记标注等

书目下即为笔记正文,正文不同部分各有标注,如讲义录(Lecture Notes)(大部分为红色打印稿,个别为手写稿)后即吴宓手录的本门课程讲义(手稿),读书笔记(Reading Notes)(大部分为红色打印稿,个别为手写稿)后即吴宓阅读相关书籍作的笔记,其他还有论文(Thesis 或 Theses)、报告(Reports)、作文(Themes)、杂著(Miscellaneous Writings)等。

三、《笔记》主要内容抽绎

通过前引《笔记》内容索引页,已可大概了解其主要内容,下面再分类细绎如下。

(一)讲义录(Lecture Notes)

《笔记》完整保存了吴宓记录的 27 门课程的笔记手稿。第一册记录了

"经济学 B1:经济学原理","历史 B2:近代史","哲学 B1:逻辑学(笔者注:内容索引页没有 Lecture Notes 标注,此据正文补)","英国文学 A1"等四门课程笔记,第二册记录了"心理学 S1:普通心理学""法语 S1:补习法文(没有 Lecture Notes 标注)""经济学 S7bl:社会重建方案,包括各类社会主义、布尔什维主义、共产主义、无政府主义及单税制、历史 S12:英国近世史(1688 年至今)""历史 S14:法国近世史(1498 年起)"等五门课程笔记,第三册记录了"英语 29:英国小说(从理查生到司各特)"课程笔记,第四册记录了"比较文学 9:卢梭及其影响""比较文学 22:16 世纪以来文学批评"两门课程笔记,第五册记录了"英语 24:浪漫主义时期诗人研究""比较文学 32:抒情诗""英语 55:丁尼生"三门课程笔记,第六册记录了"法语 17:法国文学批评""比较文学 11:19 世纪浪漫主义运动" "法语 6:法国文学概述""比较文学 12:18、19 世纪各体小说""德语 25a:德国文学史大纲"等五门课程笔记,第七册记录了"历史 S4:希腊、罗马史(自希腊第一次扩张至罗马帝国的瓦解)""历史 7:文艺复兴及宗教改革、历史 41b:欧洲思想史(500—1500)""政府 6:政治学说史、比较文学 19a:各体戏剧""英语 14;英国戏剧(1590—1642)""英语 32:英国文学,十六世纪初年至王朝复辟时代,即 1500—1660 之英国文学(不包括戏剧)"等七门课程笔记。其中"补习法文(Review Exercises)"实为法语 S1 课程笔记,有 30 页。仅 Prof. Babbitt 教授的"法语 1"课程无笔记,该课程正式名称当为"法语 1(法语口语)",故无讲义录,且据吴宓回忆,本门课程为临时代课①。此外,1920 年暑假,吴宓还请同学俞大维为单独讲授"西洋哲学史大纲" (Private Lectures(1):Outlines of the History of Philosophy)和请汤用彤讲授"印度哲学及佛教"(Private Lectures(2):Indian Philosophy and Religion),吴宓也做了详细笔记。

(二)读书笔记(Reading Notes)

课程的笔记还记录 22 门课程的读书笔记,吴宓分为四类:与课程相关的

① 《年谱》中有如下记载:"(五)本学年,宓选修 French I(第一年法文)大学程度课,成绩'及格'。其上学期,因欧洲大战未完,哈佛大学教师缺乏,白璧德师亦被调来授《第一年法文》。"//吴宓.吴宓自编年谱:1894—1925[M].1995:181.

读书笔记(Reading Notes)19 种;参考阅读笔记(Reference Reading Notes)1 种为“经济学 Bl(Economics Bl:Principles of Economics)”课程笔记,有 25 页;平行阅读笔记(Parallel Reading Notes)1 种为“英国文学 Al(English Literature Al)”课程读书笔记,笔记正文中题为“Notes on Parallel Reading”,有 13 页杂读笔记(Miscellaneous Reading Notes)1 种为 1918—1921 年间所读各种书笔记,所读书籍有《伟大战争的元素》(*Element of the Great War*)、《克里斯汀》(*Christine*)、《阿姆斯的一个学生:第二系列》(*A Student in Arms*, *Second Series*)等 10 余种,共有 104 页。

(三)论文(Thesis)或(Theses)

《笔记》收录了吴宓撰写的课程论文,又可分为两种,一种是一门独有或两门课程合有的论文(Thesis),可称为课程大论文(还有一种是某门课程的多篇论文 Theses),可称为课程小论文。《笔记》收录了吴宓写作的五篇课程大论文,分别是:

1.“英国小说(The English Novel)”课程论文:菲尔丁的小说理论在《汤姆·琼斯》中的运用(“Fielding's Theory of Fiction as Applied in TOM JONES”)。该文完成并上缴于 1918 年 12 月 6 日,为长达 18 页手稿。古斯塔夫斯·霍华德·迈尼亚迪(Dr. Gustavus Howards Maynadier)博士批语:“是关于《汤姆·琼斯》的深入研究:若考察足够细致,可评 A 等”(Very good intensive study of *Tom Jones*; not incompatible with an A if your examination warrants it.)。《年谱》“1918”年条记载:“且宓十二月六日缴上之论文,题为‘Fielding's Theory of Fiction as Applied in TOM JOHES’者,已甚蒙先生嘉许,批给 A 等,则更无忧矣。”①

2.“比较文学 9”和“比较文学 22”两门课程论文:记卢梭的弟子——雪莱(Thesis for both Comp. Lit.9 and Comp. Lit.22: “Shelley as the Disciple of Rousseau”),完成并上缴于 1919 年 4 月,为长达 22 页的打印稿,没有批语及成绩评定。《年谱》“1918”年条记:“宓本学年选修之课程如下:(一)Comp.

① 吴宓.吴宓自编年谱:1894—1925[M].1995:179.

Lit 比较文学 9:Rousseau and His Influence 卢梭及其影响,白壁德先生讲授。(二)Comp. Lit.22:Literary Criticism Since the Sixteenth Century《近世文学批评》,白壁德先生讲授。——以上二门课程,须合撰论文一篇缴入,(1919 四月宓缴入。规定:五月一日以前缴入)并规定:须用打字 type-written,笔写者不收……宓所撰者,题为 Shelley as the Disciple of Rousseau(论雪莱之生活及思想,所受卢梭之影响甚大)、蒙白璧德师亲笔批改发还。论文选题,与下(四)课程(笔者注:指四上学期 English 24: Studies in the Poets of the Romantic Period《英国浪漫诗人研究》)有关。"①

3."比较文学 11"和"比较文学 17"两门课程论文:卢梭和罗伯斯庇尔(Thesis for Comp. Lit. H and French 17:Rousseau and Robespierre),完成并上缴于 1920 年 4 月 14 日,为长达 34 页的打印稿,成绩评为 A 等。《年谱》"1919"记:"本学年(1919—1920),宓选修课程共五门,如下:(一)Comp. Lit. il: The Romantic Movement in the Nineteenth Century《十九世纪浪漫主义运动》,白璧德师讲授。(二)French 17:Literary Criticism in France《法国文学批评》,亦白璧德师讲授。……宓合以上(一)(二)两课程,撰作论文一篇,题曰:Rousseau and Robespierre《卢梭与罗拔士比》,即是:卢梭对罗拔士比之影响。1920 四月十四日缴入。白师批改,给予 A 等成绩。"②

4."历史 41b:欧洲思想史 500—1500(History 41b:Intellectual History of Europe:500—1500)"课程论文:萨索菲拉托的巴托勒斯(Bartolus of Sassoferrato),完成并上缴于 1921 年 4 月 12 日,为长达 26 页的打印稿,成绩评为 B^+ 等。本门课程由研究生院院长哈斯金斯亲自讲授,哈斯金斯教授批语:"Too extensive a statement of the theories with too little of their influence."("理论陈述旁征博引,但关于影响的论述不足。")这符合《年谱》"1920"年条记:"(二)下学期只 History 41b:Intellectual History of Europe:500—1500《纪元五百年至一千五百年之欧洲学术史》,由 Charles Homer Haskins 教授历史系主任,兼研究生院院长,讲授。宓遵令撰作论文一篇,题曰 Bartolus of

① 吴宓.吴宓自编年谱:1894—1925[M].1995:178-179.

② 吴宓.吴宓自编年谱:1894—1925[M].1995:196-197.

Sassoferrato《意大利人巴图鲁斯(1314—1357)之政治学说》,1921 四月十二日缴上。批云:'论述巴氏学说太广,而论述其影响则太少'给予 B^+ 等。"[①]但令人费解的是,朱鲜峰、肖朗在《哈佛大学与近代留美学生的人文求索——以梅光迪、吴宓为个案》中却说吴宓自记撰写的课程论文为《意大利人巴图鲁斯(1314—1357)之政治学说》,且成绩评定为 B-等[②]。这显然与《笔记》及《年谱》中的记录是矛盾的,当以《笔记》及《年谱》所记为是。

5."政府 6:政治学说史 Government 6:History of Political Theory)"课程论文:孔子、孟子之政治思想与柏拉图、亚里士多德比较论(The Political Thought of Confucius and Mencius as Compared with Plato and Aristotle),完成并上缴于 1921 年 4 月 22 日,为长达 48 页的打印稿,成绩评为 A 等。吴宓在论文正文之前,用较长篇幅叙述了撰写此文的缘起,后才阐发孔子与孟子的政治思想。正文分为 7 个小节,其标题如下:(1)历史背景;(2)伦理基础;(3)经济学说;(4)理想的国家;(5)民主与诛戮暴君;(6)战争与和平;(7)实践方案。查尔斯·霍华德·麦克爱文教授给的批语是:"I hope you will some day go on with the study you suggest on page VI."("希望将来你能继续展开在第 6 页所提出的研究。")与《年谱》中记载相符,《年谱》"1920"年条记:"(三)Government 6:History of Political Theory《欧洲政治学说史》,由 Charles Howard Mcllwain 教授讲授。宓遵令撰作论文一篇,长达 40 页。题曰 The Political Thought of Confucius and Mencius as Compared with Plato and Aristotle《孔子、孟子之政治思想,与柏拉图及亚里士多德比较论》,1921 四月二十二日缴上。承 Mcllwain 教授亲笔批云:'予甚望,有一日,汝能完成汝在此篇第 VI 页所提出之研究。'即以孔子、孟子之全部思想、学说,与柏氏、亚氏之全部思想、学说,作比较研究。并给予 A 等。"[③]《年谱》所云"长达 40 页"实为 48 页,当不包括正文前的缘起部分。

吴宓选修了"比较文学 12:18、19 世纪各体小说(Comp. Lit.12: Types of

① 吴宓.吴宓自编年谱:1894—1925[M].1995:207.

② 朱鲜峰,肖朗.哈佛大学与近代留美学生的人文求索——以梅光迪、吴宓为个案[J].天津师范大学学报(社会科学版),2017(2).

③ 吴宓.吴宓自编年谱:1894—1925[M].1995:207.

Fiction in the Eighteenth and Nineteenth Centuries)"课程,共为本门课程写了三篇小论文,分别是:

(1)菲尔丁之文学理论("Fielding as a Literary Theorist"),完成并上缴于1919年11月23日,为12页打印稿,成绩评为A等,勃里斯·珀瑞(Bliss Perry)教授批语:"Through and careful work."

(2)评乔治·艾略特《米马区》("Criticism of George Eli of George Eliot's NIDDLEMARCH")完成并上缴于1920年3月13日,为10页打印稿,成绩评为A等,批语:"good."

(3)评托尔斯泰《安娜·卡列尼娜》(Criticism of Tolstoi's ANNA KARENINTA),完成并上缴于1920年11月16日,为9页打印稿,成绩评为B+等,批语:"Bright and vigorous in statement; but to be more restrained in your judgements."

关于这三篇论文,《年谱》"1919"年条记"(三)Comp. Lit.12:Types of Fiction in the Eighteenth and Nineteenth Centuries《十八及十九世纪之各体小说》,主讲者Bliss Perry教授,宓撰作论文三篇:(1)Fielding as a Literary Theorist费尔丁之文学理论》,1919十一月二十三日缴入,批云:'详尽,及用心作成'。给予A等成绩。(2)Criticism of George Eliot's NIDDLEMARCH《评乔治·伊略脱英国女小说家之小说〈米马区〉》,1920三月十三日缴入,批曰:'好',给予A等成绩。(3)Criticism of Tolstoi's ANNA KARENINTA《评托尔斯泰之小说〈安娜·卡列尼娜〉》,1920四月十六日缴入,批云:'立论聪明而有力量,但评判殊嫌过刻。注:宓不甚同情安娜而殊为其夫抱屈。后宜切戒'给予B+成绩。"①

(四)课程作文(Themes)

吴宓在弗吉尼亚大学选修了英国文学Al(English Literature Al)课程,作有课程作文(Themes)11篇,完成并上缴于1918年10月5日至1918年2月25日间,成绩非常好(详表1):

---

① 吴宓.吴宓自编年谱:1894—1925[M].1995:197.

第一、二、四、五、七篇作文还有批语，其他篇无批语。其中第二、四篇批语为“Very Good”，第一篇批语：“A forceful paper—very well written; but you will not required to write so much.”（这篇文章论述有力，文笔清晰，但其实没必要长篇大论。）第五篇批语：“Hand this in with the next installment.”（请将这个与下一部分一起上交。）第七篇批语：“You’re your error carefully, see seveptine.”（注意你的错误，如“seveptine”。）

（五）随笔（Essay）

此外，吴宓还有一篇认识论随笔（Essay on Epistemology），附在其修读的“哲学 Bl：逻辑学”课程之后。弗吉尼亚大学“哲学 B1”课程分两部分：逻辑学（On Logic）和认识论（On Epistemology）。认识论随笔（Essay on Epistemology）当是与“认识论（On Epistemology）”课程相关的文章。本文完成并上缴于 1918 年 3 月 20 日，为长达 15 页的手稿，成绩为 95 分，95 分着重加圈，下方还附波浪下划线的“Pledge”字样（具体评者未详）。批语写在印刷公司信纸笔记本上，背面印有广告“BLAIR’S MAIL Legal Cap-White Wove, Superior Writing Paper.No.529.”《年谱》“1917”年条记：“本学年（笔者注：指 1917—1918），宓学课成绩甚优。如（四）《哲学》之‘Epistemology’论文，得 95 分。”①所记“Epistemology”论文得分与《笔记》正相符。

（六）课程报告（Reports）

《笔记》收录了吴宓 4 门课程的课程报告，共计 10 篇：

1.“英语 24：英国浪漫诗人研究（English 24: Studies in the Poets of the Romantic Period）”课程报告，报告共 2 篇：（1）Shelley’s Views of Poetic Art（《雪莱关于诗之艺术之见解》），完成并上缴于 1918 年 11 月 4 日，为 16 页手稿，约翰·利文斯通·洛斯（John Livingston Lowes）教授评定成绩为 B^+ 等；（2）The Sources of Shelley’s Poetic Inspiration（《雪莱诗歌中灵感之源》），完成并上缴于 1918 年 12 月 1 日，为 26 页手稿，成绩评为 B^+ 等。

---

① 吴宓.吴宓自编年谱：1894—1925［M］.1995：167.

2.“英语 55：丁尼生（English 55：Tennyson）”课程报告，报告共 2 篇：(1) Criticism of LOCKSLEY HALL（《评〈洛克斯勒堂〉诗》）完成并上缴于 1919 年 5 月 1 日，为 8 页打印稿，成绩评为 B^+ 等，布利斯·佩里（Prof.Bliss Perry）教授批语为：“分析细致入微”（very careful analysis and details），(2) Criticism of IDYLLS OF THE KING（《评〈咏赞亚瑟王之歌曲〉》），完成并上缴于 1919 年 5 月 27 日，为 7 页打印稿，成绩评为 B 等。

3.“历史 7：文艺复兴及宗教改革（History 7：The Renaissance and the Reformation）”课程报告，报告共 5 篇：(1)“The Political Theories of Marsiglio of Padua”（《巴都亚人马西辽之政治学说》），完成并上缴于 1920 年 11 月 1 日，为 11 页打印稿，乔治·哈罗德·埃德盖尔（George Harold Edgell）评定成绩为 B^+ 等，批语：“Possibly a little too much summary of other people's work & not enough of your own ideas.”（“广引录各家之说似太多，而自抒其所见则太少。”）(2)“Louis XI in History and Literature”（《历史与文学中所记叙之法兰西国王路易十一世》），完成并上缴于 1920 年 12 月 8 日，为 11 页打印稿，成绩评为 B^+ 等，批语：“You might have mentioned Delairgue's play which is most important; however the rest of your material is so good that this omission may be pardoned.”（“Delairgue 氏之戏剧，为最重要之材料，汝未叙及。然汝文中所叙述者已甚丰美，则此一缺失可宽恕矣。”）(3)“Discuss the Merits and Demerits of Lord Bacon's HISTORY OF THE REIGN OF KING HENRY Ⅶ”（《评论培根所作〈英王亨利七世在位时之英国史〉一书之短长》），完成并上缴于 1921 年 1 月 17 日，为 11 页打印稿，成绩评为 B^+ 等，在成绩“B^+”下有批语：“What have you to say of the accuracy of Bacon's The Impression; i.e. is his larger thesis correct? This is important. You merely views it from the point of view of literary production and accuracy of detail.”（“培根对此时期英国之总的印象是否正确？即是，其全书之主旨，是否正确？此甚重要，汝未言及。汝仅由文学撰作之观点，评论此书，并指出其若干细节之正误。实不足。”）而在成绩“B+”左侧又有批语：“How about it as a contribution to biography?”（“培根此书，作为传记读，当有何贡献？”）(4)“Estimate to the Qualities of Machiavellias an Historian by Comparing the HISTORY OF FLORENCE with the Works of

Guicciardini, Jovius, and Other Contemporary Historians You Please."("马基雅维利所撰之《斐冷翠国史》的品质如何?试将佛罗伦萨的历史与古契狄尼、约维乌斯和其他同时代史家之所作比较论之"),完成并上缴于 1921 年 3 月 15 日,为 13 页打印稿,成绩评为 B 等,批语:"Excellent as far as you go; need further reference to contemporary historians other than Guicciardini, e.g. Polydore Vergil, Jouvice, Hall etc.."("亦自甚好。但其同时代之史家,除圭卡底尼外,尚有波里多·维吉尔、岳维斯、霍尔等,应皆比较论及。")(5)"A Critical Estimate of Sir Thomas Mort's UTOPIA"(《评托马斯·穆尔所作〈乌托邦〉一书》),完成并上缴于 1920 年 5 月 3 日,为 12 页打印稿,成绩评为 A 等,批语:"An able paper."("有才能之作。")

4."英语 14:英国戏剧(1590—1642)(English 14: 'The Drama in England from 1590 to 1642')"课程报告:"A Comparison between Shakespeare's HENRY VI Part II and the Original FIRST PART OF THE CONTENTION BETWEET THE HOUSES OF YORK AND LANCASTER"(《莎士比亚改编成之剧本〈亨利六世〉第二部分,与所据之原剧本〈约克王家与兰卡斯塔王家之斗争〉比较》),完成并上缴于 1920 年 12 月 20 日,为 6 页打印稿,成绩评为 A 等,乔治·皮尔斯·贝克(George Pierce Baker)教授批语:"Excellent of its kind."("出众之佳作。")

表 1 吴宓修读弗吉尼亚大学"英国文学 A1"课程作文登记表(第一册)

序号	课程作文名称	成绩	完成上缴时间
1	My First Impressions of America	A	1917,10.5
2	Comments on "Panem et Circenses"	A	1917.1049
3	Comments on "Idols"	B^+	1917.10.26
4	The Old Chinese Story of Genesis	B+	1917.11.2
5	The Love Story of a Chinese Revolutionist	B+	1917.11.9
6	Impressive Moments of An Ocean Voyage Across the Pacific	A	1917.11.16
7	A Piece of Chinese Sculpture	B^+	1917.11.21
8	How and Why I Have Failed in my English	A	1918.10

续表

序号	课程作文名称	成绩	完成上缴时间
9	An Old Chinese Folk Tale of Filial Piety	A	1918.1.17
10	Some Reflections on the Study of the English Language	B+	1918.2.22
11	A BRIEF—RESOLVED: that co - education rather than co-ordination should be introduced into the University of Virginia	c+	1918.2.25

(七)杂著(Miscellaneous Writings)

第七册最后收录了吴宓的三篇杂文(Miscellaneous Writings),即:

1.Old and New(Published in "The Chinese Students' Monthly", Vol.XVI, No.3, January 1921: title changed to OLD AND NEW IN CHINA, with a little alteration in the opening paragraph.)《新与旧》(发表于《中国留美学生月报》1921年1月第16卷第3号,更名为《中国的旧与新》,首段稍有修改。)本文写作受到授课的法国文学教授葛兰坚的影响,文章标题有小注说:"《新与旧:杂文》,葛兰坚著,哈佛大学法国文学教授。哈佛大学出版社,1920年。"(OLD AND NEW: SUNDRY PAPERS. By C. H. Grandgent, Professor of Romance Language in Harvard University. Harvard University Press, 1920.)此与《日记》及《年谱》所记相符合。《日记》(1920)"十月十三日至十六日"条记:

> 十五日午起,作英文一篇,Old and New (following Prof. C. H. Grandgent's Book of that name),先是何君杰函约任《留美学生月报》Literary Edito,宓辞之,而荐顾、张二君以自代。后何君敦请顾君任此门,而宓仍为编辑之一人,故作此文以应之。文长二十四页,作之二日夜而毕;复以二日夜之力,打印之。此数日中,专为此役,夜间仅睡五六小时,而寝后尚不能寐。宓所作文极不佳,然作文之劳之苦,欲休息一刻

而不能，此等苦处，非局外所得知也。[1]

又《日记》（1921）"正月十七日至二月一日"条记：

宓所作 Old and New 一文，几经艰难挫阻，始得于本年正月之《留美学生月报》中登出。其首段经何君杰才改易，并易题为"Old & New in China"；外此又增减数字，幸均无失。惟印刷人不慎，错字过多，为可憾耳。[2]

吴宓作《旧与新》之所以会沿用 C. H. 葛兰坚教授所著书名，缘于吴宓对葛兰坚教授非常钦佩，认为其人有悲天悯人之心、匡时救弊之志，人品学问堪比白璧德。其《年谱》"1920"年条中按语云：

按，葛兰坚先生之论文集题曰《旧与新》Old and New：Sundry Papers 今年秋出版。宓据之，以撰《中国之旧与新》Old and New in China 登载（英文）《中国留美学生月报》，宓已聆先生讲授《法国文学史》课程一年，后又奉函，并至其家进谒。《学衡》各期中，有宓选译葛兰坚先生论文集及论文续集之文，数篇。盖哈佛大学之教授中，白璧德师以外，宓所尊敬、钦佩者，实惟葛兰坚先生皆有悲天悯人之心、匡时救弊之志者也。[3]

2.Chips of Jade（Published in"The Chinese Students' Monthly"，Vol XVI，No，5，March.l921.）《评〈碎玉集〉》（发表于 1921 年 3 月出版的《中国留美学生月报》第 16 卷第 5 号）文章标题有小注说："《碎玉集：英文韵律体译中国谣谚》，亚瑟·惠特曼著，纽约达顿出版公司，1920 年"（CHIPS OF JADE：BE-

① 吴宓.吴宓日记：第 2 册［M］.1998：185.
② 吴宓.吴宓日记：第 2 册［M］.1998：212.
③ 吴宓.吴宓自编年谱：1894—1925［M］.1995：203-204.

ING CHINESE PROVERBS RHYMED IN ENGLISH, By Arthur Guiterman. E.P. Dutton & Company, NewYork. 1920.) "Chips of Jade"为亚瑟·吉特曼著, 1920年出版之《碎玉集》。吴宓作《评〈碎玉集〉》在《日记》中有记载,《日记》(1920)"十一月十五日至二十日"条记:"十八日至二十日,作 Book Review 一篇, Chips of Jade (By Arthur Guiterman, 1920) 应何杰才君之嘱,为'Far Eastern Republic' (San Francisco) 用也。以二日夜之力完成之。二十日午,寄出。"①

3. The Dream of the Red Chamber (Partly published in the Boston Sunday Post, Feb. 27th, 1921: for the China Famine Relief Entertainment: held in Boston the next day) (《述〈红楼梦〉全书之大旨及故事纲要》(部分刊于《波士顿星期邮报》, 1921 年 2 月 27 日号:中国饥荒赈灾义演:明天在波士顿举行。) 本文有重要文献价值(详见后文)。

这几篇文章,均得以发表。《年谱》"1920"年条中吴宓自谓:"本学年(1920—1921)中……宓之时间、精力,主要用以操作汉文、英文文章,作成即刊布。"②后又云:

> 宓所撰作之文章如下:(一)英文诗话——1920 初秋作成。刊登于 1921 秋出版之《留美学生季刊》七卷三号。该刊由商务印书馆在上海印刷,发行。(二)"Old and New in China"《中国之旧与新》——1920 秋作成。刊登于 1921 一月在美国纽约出版之《中国留美学生月报》(The Chinese Students' Monthly), Vol. XVI, No.3 (三) Chips of Jade: a Review《评〈碎玉集〉》美国人 Arthur Guiterman 用英文有韵律诗体译中国之谣谚,成一集, 1920 在美国出版 1920 冬作成。由《月报》总编辑何杰才命宓作评。刊登于 1921 三月之(英文)《中国留美学生月报》Vol. XVI, No.5。③

---

① 吴宓. 吴宓日记:第 2 册[M]. 1998: 193.

② 吴宓. 吴宓自编年谱: 1894—1925[M]. 1995: 209-210.

③ 吴宓. 吴宓自编年谱: 1894—1925[M]. 1995: 210.

(八)课程学习资料

1.学习主题(Topics for study)

“比较文学32:抒情诗(Comp. Lit.32:Lyric Poetry)”和“英语55:丁尼生(English 55:Tennyson)”。两门课程还粘贴有课程学习下发的学习主题(Topics for study)纸片。“比较文学32:抒情诗”课程的学习主题如下:

1918—19

HARVARD UNIVERSITY

COMPARATIVE LITERATURE 32

I.Comment upon the following definition of poetry: “Absolute poetry is the concrete and artistic expression of the human mind in emotional and rhythmical language.”

Ⅱ.What is meant by the “communal” element in poetry?

Ⅱ.What is meant by the “transforming imagination”?

4.Explain briefly the relation of rhythm to metre.

5. What tendencies in contemporary lyric poetry are of most interest to you?

Written Test. March 20,1919.

2.话题梗概(Outlines of Topics)

笔记第二册还装订收录了“经济学S7bl:社会重建方案,包括社会主义、布尔什维主义、共产主义、无政府主义及单税制(Economics S7bl:Programs of Social Reconstruction,including Socialism in its various forms, Bolshevism, Communism, Anarchism, and the Single Tax.)”课程下发的话题梗概(Outlines of Topics),为黑色字体打印稿,共有六周六个梗概,计有6页。下举一例:

Economics S7b

Programs of Social Reconstruction

First Week.

Reading. Ely and Skelton

(Outline I.See below.)

1.Various Programs Compared.

2.The Ins and the Outs (Outline Ⅱ.See below.)

3.Kinds of Socialism (Outline Ⅲ.See below.)

4.Kinds of Property (Outline Ⅳ. See below.)

5.Competition (Outline Ⅴ. See below.)

Forms of conflict.P.37. Carver's Principles of Political Economy.

See P.4

(九)其他杂项

1.实验笔记(Experiment Notes):内容不到半页,主要为心理学(Psychology S1)课程的实验数据。

2.要记住的日期列表(Lists of Dates to be Memorized):在笔记中分两部分,其一为近代史要记住的日期(Dates to be Memorized for Modern History),共有4页,按年分条记录了1815—1908年间重要历史事件,其二为历史课程期末考试要记住的日期(Dates to be Memorized for Final Exam,History B2),按年分条记录了1827—1914年间重要历史事件,也有4页。

3.地图(Maps):虽在目录有此,但笔记中未见具体标注,不过,《笔记》正文附有很多吴宓手绘地图。

四、《笔记》的主要价值

《笔记》作为一部内容如此丰富的课程笔记集,具有重要的史料和文献价值,对于研究吴宓本人思想亦有重要的价值。

(一)《笔记》具有重要的史料价值

1917 年夏,吴宓由清华学校选派赴美留学,先入弗吉尼亚大学攻读文学。1918 年 7 月,吴宓参加哈佛大学暑期学校的学习,旋即转入该校。吴宓在哈佛大学先后获得学士学位及硕士学位。对于吴宓留美在哈佛大学修读课程的相关情况,朱鲜峰、肖朗《哈佛大学与近代留美学生的人文求索——以梅光迪、吴宓为个案》①已经作了探讨,但《笔记》为我们直观提供了更多吴宓修读相关课程的信息,如修课学年、课程时间、课程名称、课程主讲教师、课程成绩等(详后表 2、3、4):

第一,朱鲜峰、肖朗在国家留学基金管理委员会、美国"国家人文学会"及哈佛大学档案馆的协助下及在华东师范大学杨扬教授、首都师范大学林伟博士的帮助下,查阅了现藏于哈佛大学图书馆、哈佛大学档案馆的相关资料,虽然基本完备,但仍有遗漏。如漏掉了约翰·利文斯通·洛斯教授(Prof. John Livingston Lowes)讲授的英语 32:16 世纪初年至王朝复辟时代,即 1500—1660 之英国文学(不包括戏剧)(English 32: English Literature, exclusive of the Drama, from the beginning of the 16th Century until the Restoration)。本课程在《笔记》中也只有课程讲义录与读书笔记,没有课程论文等,故无课程成绩。估计吴宓选修了这门课,但没有要成绩或未参加考试,所以,哈佛大学相关档案资料没有本课程的记载。本门课程在《年谱》"1920"年条中亦有记载:"(六)English 32:English Literature, exclusive of the Drama, from the beginning of the 16th Century until the Restoration《十六世纪初年至复辟时代,即 1500—1660 之英国文学,惟戏剧除去不讲》。由 John Livingston Lowes 教授讲授。"②

另朱鲜峰、肖朗二人在其论文列表中提到吴宓选修了"法语 1:法国散文与诗歌法语口语"课程,课程成绩为 B,授课者为白璧德教授,备注

① 朱鲜峰,肖朗.哈佛大学与近代留美学生的人文求索——以梅光迪、吴宓为个案[J].天津师范大学学报(社会科学版)2017(2).

② 吴宓.吴宓自编年谱:1894—1925[M].1995:208.

"PASSED"。但这门课程在《笔记》中没有,且与《吴宓日记》中课程名称不同。据《日记》(1918)"九月二十四日"条记:"予今兹所取,多文学,力取高深,实亦非难,但将来恐甚忙碌耳。各课开列如下:……(5) French Prose and Poetry(French I Dr. Hawkins)。《法国散文与诗歌》(法文1.郝金博士)。"① 《年谱》"1918"年条记:"(五)本学年,宓选修 French I(第一年法文)大学程度课,成绩'及格'。其上学期,因欧洲大战未完,哈佛大学教师缺乏,白璧德师亦被调来授《第一年法文》。宓所上之一班,适拨归师讲授,宓甚惶愧!"② 显然,朱鲜峰、肖朗二人从档案中查到的课程名"法语1:法国散文与诗歌法语口语"是有问题的。综合《日记》及《年谱》的记载,本门课程名称当为"French 1:Spoken French"(法语1:法语口语)或"French 1:The first year of French"(法语1:法语口语或法语1:第一年法文)。结合哈佛档案记录及《年谱》记载,课程名称或许宜为"French 1:Spoken French"(法语1:法语口语)。

第二,朱鲜峰、肖朗二人只搜集到了哈佛大学方面的资料,因限于资料搜集限制,对于吴宓在弗吉尼亚大学课程学习成绩阙如。《笔记》正好可以弥补吴宓在弗吉尼亚大学课程修读的情况。现根据《笔记》所记,列表如下(表2):

《笔记》还可补正《年谱》所记失实之处。据《年谱》"1917"年条记:"本学年,宓学课成绩甚优。如(四)《哲学》之'Epistemology'论文,得95分。(一)(二)(三)(四)。"③④《笔记》中"哲学B1"课程实际有两部分("Logic"(逻辑学)和"Epistemology"(认识论)构成,盖缘于本课程由两人讲授,《年谱》"1917"年条记:"《哲学》Philosophy Bl:'Logic'(逻辑学),由教授 Albert Leffevre 主讲,而副教授 Albert George Adam Balz 补助之。前者(年老)纵横

① 吴宓.吴宓日记:第2册[M].1998:15.

② 吴宓.吴宓自编年谱:1894—1925[M].1995:181.

③ 吴宓.吴宓自编年谱:1894—1925[M].1995:167.

④ 指(一)《英国文学》English Literature Al,《哲学》;(二)《经济学》Economics Bl:"Principles of Economics";(三)《近世史》History B2:"Modern History";(四)《哲学》Philosophy Bl:"Logic"(逻辑学)之上下学期考试及(一)之英文作文(Theme)每篇皆得A,至少亦得 B^+。——笔者注。

挥洒自如。后者(年少)恪守规矩而已。"[①]《年谱》中仅记"《哲学》Philosophy Bl:'Logic'(逻辑学)"是不够准确的。不过,《年谱》所记"Epistemology"论文得分正与《笔记》正相符合。《年谱》所记"(一)(二)(三)(四)之上下学期考试及(一)之英文作文(Theme)每篇皆得A,至少亦得B^+"可补《笔记》中历史B2:近世史、经济学B1:经济学原理、哲学B1:逻辑学三门课程无卷面成绩之缺。不过,并非如《年谱》中所记"每篇皆得A,至少亦得B^+",从《笔记》中可知,英文作文(Theme)中"A BRIEF—RESOLVED: that co-education rather than co-ordination should be introduced into the University of Virginia"一篇成绩为C^+。

表2 吴宓修读弗吉尼亚大学期间选课列表(第1册)

学年	课程(英文)	课程(中文翻译)	授课教师	成绩	备注
1917—1918	Economics Bl: Principles of Economics	经济学Bl:经济学原理	Prof. Thomas Walker page 托马斯·沃克·佩奇	无	
1917—1918	History B2:Modem History	历史B2:近世史	Prof. Richard Heath Dabney 李察·希思·达布里	无	
1917—1918	Philosophy Bl: Logic	哲学B1:逻辑学	Prof. Albert Leffevre & Albert George Adam Balz 艾伯特·列夫维尔和艾伯特·乔治·亚当巴兹	无	
May20, 1918	Essay on Epistemology	认识论随笔	无说明	95	有加波浪线之"Pledge"批语
1917—1918	English Literature Al	英国文学A1	Prof. Herman Patrick Johnson 赫尔曼·帕特里克·约翰逊	11篇作文成绩:5个A,5个B^+,1个C^+	

① 吴宓.吴宓自编年谱:1894—1925[M].1995:167.

表3　吴宓修读哈佛大学学士学位期间选课列表(第2~6册)

学年	课程(英文)	课程(中文翻译)	授课教师	档案成绩	卷面成绩
1918 暑假	Psychology Sl: General Psychology	心理学 SI:普通心理学	Dr. Robert Chenault Givler 罗伯特·陈纳德·吉弗勒	A	无
1918 暑假	French Sl:Review Exercises	法语 S1:补习法文	Mr. Eugene L Raich 尤金·拉奇	C	无
1918—1919	French I:Spoken French (笔者注:《笔记》中无此课程,此据《日记》与《年谱》补)	法语 1:法国散文与诗歌(原定) 法语口语(改)	Dr. Hawkins 郝金博士(原定) Prof. Irving Babbitt 欧文·白璧德(改)	B(备注"PASSED")	无
1919 暑假	Economics S7b1: Programs of Social Recon-struction, Including Socialism in Its Various Forms Bolshevism, Communism, Anarchism, and the Single Tax	经济学 S7bl:社会重建方案,包括社会主义、布尔什维主义、共产主义、无政府主义及单税制	Prof. Thomas N.Carver 托马斯·尼克松·卡佛教授	B	无
1919 暑假	History S12: English History from 1688 to the Present Times	历史 S12:英国近世史(16年至今)	Prof. Charles H. Mcllwain 查尔斯·霍华德·麦克爱文	C	无
1919 暑假	History S14: History of France since 1498	历史 S14:法国近世史(1498年起)	Prof. Frank M. Anderson 弗兰克·M.安德逊教授	B	无
1918—1919	English 29:The English Novel	英语 29:英国小说(从理查生到司各特)	Dr. Gustavus Howards Maynadier 古斯塔夫斯·霍华德·梅那迪博士	B	无
1918—1919	Comp. Lit. 9: Rousseau and His Influence	比较文学 9:卢梭及其影响	Prof. Irving Babbitt 欧文·白璧德	A	无
1918—1919	Comp. Lit. 22: Literary Criticism Since the Sixteenth Century	比较文学 22:16世纪至今的文学批评	Prof. Irving Babbitt 欧文·白璧德	B	无

续表

学年	课程(英文)	课程(中文翻译)	授课教师	档案成绩	卷面成绩
1918—1919	English 24:Studies in the Poets of the Romantic Period	英语 24:浪漫主义时期诗人研究	Prof. John Livingston Lowes 约翰·利文斯通·洛斯	A	两个报告成绩为 B+
1918—1919	Comp. Lit. 32:Lyric Poetry	比较文学 32:抒情诗	Prof. Bliss Perry 勃里斯·珀瑞	B	无
1918—1919	English 55:Tennyson	英语 55:丁尼生	Prof. Bliss Perry 布利斯·佩里	B	两个报告成绩一 B、一无
1919—1920	French 17:Literary Criticism in France	法语 17:法国文学批评	Prof. Irving Babbitt 欧文·白璧德	A	无
1919—1920	Comp. Lit. 11: The Romantic Movement in the Nineteenth Century	比较文学 11:19 世纪浪漫主义运动	Prof. Irving Babbitt 欧文·白璧德	A	无
1919—1920	Comp. Lit. 12: Types of Fiction in the Eighteenth and Nineteenth Centuries	比较文学 12:18、19 世纪各体小说	Prof. Bliss Perry 勃里斯·珀瑞	A	三篇论文成绩为 2A 和 1B+
1919—1920	French 6: General View of French Literature	法语 6:法国文学概述	Prof. Charles Hall Grandgent 查尔斯·霍尔·葛兰坚	A	无
1919—1920	German 25a: History of German Literature in Outline	德语 25a:德国文学史大纲	Prof. William Guild Howard 威廉·格尔德·霍华德	A	无

第三,朱鲜峰、肖朗二人关于吴宓修读课程的资料来自哈佛大学图书馆和档案馆,且部分课程名称及授课教师信息来源于网站①。通过比对,课程名称和编号等信息基本一致,授课教师姓名简略较多,《笔记》中多记全名。更值得提出的是,吴宓相关课程论文卷面成绩与档案中课程最终成绩不一

① 如 Harvard University: Harvard University Catalogue(1919—20),https://hdl.handle.net/2027/hvd.32044107295115,2016-4-20.

致(详表3①),出现此种现象当缘于档案资料中课程最终成绩可能还包括卷面成绩之外的其他组成部分,需作进一步探究。《笔记》为我们直观提供了部分课程卷面成绩,而且有的还有教师批语(详前),有的课程卷面会有多个成绩(但档案中只有一个成绩),这些都是很重要的史料。

此外,朱鲜峰、肖朗论文中显示 George Harold Edgell 为助理教授"Asst. Prof.",但在《笔记》中为"Prof."(教授)。当以《笔记》中所记"Prof."(教授)为确,为吴宓等研究生上课的,当不会是助理教授。此亦为《年谱》"1920"年条记载所证:"本学年(1920—1921)宓选修之课程如下:(一) History 7:The Renaissance and the Reformation《文艺复兴及宗教改革史》(即1250—1550之欧洲史)由历史系 Roger Bigelow Merriman 教授与美术系 George Harold Edgell 教授联合讲授。上课时,一位登台讲授,而另一位在座中听讲。"②

第四,《笔记》中关于吴宓选修课程的相关信息可补《日记》之缺。《日记》中虽有吴宓选修课程及分数的记载,如《日记》(1919)"九月十二日"条记:"至民国七年至八年(1918—1919),宓之学业成绩表,照抄如下……各科分数均得列 A、B 等,故宓名顷已列入'学绩优异题名录' Rank List(1918—1919)矣。"③如又《日记》(1919)"九月二十三日"条记:"午前,询悉宓本年夏校所习三科考试成绩,如下……若以此三科并入计算,则宓现习五科,至明年正二月间、第一学期完时,即可毕业矣。"④《日记》(1920)"正月二十二日"条记:"学期大考在服是日起,即停课。宓上年功课成绩,得列名于 Roll of Honor(光荣榜)之 B 等。"⑤对照《笔记》,《吴宓日记》中相关课程成绩记载与《笔记》是相符合的。但《日记》的记载不够全面、系统。如吴宓修读哈佛大学硕士学位课程,《日记》(1920)"七月二日至八月三十一日"条记载:"夏校七月六日开学,报名注册,次晨上课。宓仅上《上古史》一科 History S4—

① 本表3与下表4的制作,档案成绩及部分课程参考了朱鲜峰、肖朗《哈佛大学与近代留美学生的人文求索——以梅光迪、吴宓为个案》,特致谢忱。

② 吴宓.吴宓自编年谱:1894—1925[M].1995:206-207.

③ 吴宓.吴宓日记:第2册[M].1998:71.

④ 吴宓.吴宓日记:第2册[M].1998:77.

⑤ 吴宓.吴宓日记:第2册[M].1998:129.

Greek & Roman History form the First Expansion of Greece to the Breaking up of Roman Empire(历史 S4:《希腊和罗马史从希腊第一次扩张到罗马帝国的瓦解》)。教员 Prof. W. S. Fergusod(W.S.弗格森教授)。先生,绩学醇儒,人极和蔼。课堂中学生约二十人,男女老人均备。"①

《年谱》条中的记载也比较简略,《年谱》"1919"年条记:

本年暑假,宓仍在哈佛大学暑期学校(Summer School)肄业。第一期七月初至八月初。宓选修两门课程:(一)Economics S7bl:Programs of Social Reconstruction,including Socialism in its various forms,Bolshevism,Communism,Anarchism,and the Single Tax《对社会主义、苏联过激党、共产主义、无政府主义、单税制之评论》,主讲者 Thomas Nixon Carver 教授。对以上各派,皆攻击、批评。尤斥责苏联之共产主义。(而此各派,此时在中国方始提出,而盛极一时)(二)History S12:English History from 1688 to the Present Times《英国近世史》,主讲者 Charles H. Mcllwain 教授。第二期八月初至九月初。宓选修一门课程:History S14:History of France since 1498《法国近世史》,主讲者 Frank.M.Anderson 教授。宓各门课程考试均"及格"。②

表 4　吴宓修读哈佛大学硕士学位期间选课列表(第 7 册)

学年	课程(英文)	课程(中文翻译)	授课教授	档案成绩	卷面成绩
1920 暑假	History S4: Greek and Roman History from the First Expansion of Greece to the Breaking up of the Roman Empire	历史 S4:希腊和罗马史(从希腊第一次扩张到罗马帝国的瓦解)	Prof. William Scott Ferguson 威廉·史葛·弗格森	B^+	无

① 吴宓.吴宓日记:第 2 册[M].1998:176.

② 吴宓.吴宓自编年谱:1894—1925[M].1995:192-193.

续表

学年	课程(英文)	课程(中文翻译)	授课教授	档案成绩	卷面成绩
1920—1921	History7: The Renaissance and the Reformation	历史 7:文艺复兴及宗教改革	Prof. Roger Bigelow Merriman & Prof. George Harold Edgell 乔治·哈罗德·埃德盖尔	C+	5 篇报告成绩为 1A、3B+、1B
1920—1921	History 41b: Intellectual History of Europe, 500—1500	历史 41b:欧洲思想史(500—1500)	Prof. Charles Homer Haskins 查尔斯·霍默·哈斯金斯	B-	卷面成绩 B+
1920—1921	Government 6: History of Political Theory	政府 6:政治学说史	Prof. Charles Howard Mcllwain 查尔斯·霍华德·麦克爱文	A-	A
1920—1921	Comp. Lit. 19a: The Forms of the Drama	比较文学 1%:各体戏剧	Prof. George Pierce Baker 乔治·皮尔斯·贝克	B	
1920—1921	English 14: The Drama England from 1590 to 1642	英语 14:英国戏剧(1590—1642)	Prof. George Pierce Baker 乔治·皮尔斯·贝克	B+	无
1920—1921	English 32: English Literature, Exclusive of the Drama, from the Beginning of the 16th Century Until the Restoration	英语 32:16 世纪初年至王朝复辟时代,即 1500—1660 之英国文学(不包括戏剧)	Prof. John Livingston Lowes 约翰·利文斯通·洛斯	缺漏	无

又《年谱》"1920"年条记:

本年仍在哈佛大学暑期学校(Summer School)肄业,选修一门课程:(一) History S4: Greek and Roman History from the first expansion of Greece to the breaking up of the Roman Empire.《希腊、罗马史(自希腊第一次扩张至罗马王朝的瓦解)》。主讲者 William Scott Ferguson 教授。白璧德师甚称道其为君子学者。考试"及格"。又,此暑假中,俞大维君

为宓单独讲授《西洋哲学史大纲》。[1]

而从《笔记》中,可以得到吴宓修读哈佛大学硕士学位课程的详细信息(详见表4)。尤其是前述约翰·利文斯通·洛斯教授(Prof. John Livingston Lowes)讲授的英语32课程,哈佛大学档案中都没有记录相关信息。

(二)《笔记》具有重要的文献价值

《笔记》中含有以前未曾披露的珍贵资料,可为学界的相关研究提供一定的文献参考,如"Dreams of the Red-Chamber"(吴宓在其《年谱》中译作(《述〈红楼梦〉全书之大旨及故事纲要》)一文,即为首次披露于世。众所周知,吴宓对小说《红楼梦》情有独钟,不仅很早就阅读了《红楼梦》,烂熟于心,而且较早用比较文学视野研究《红楼梦》。其相关著述虽已经成为近年红学界研究热点,但正如研究者所论"绝大部分以'吴宓与《红楼梦》'为研究对象的文著,都从他留学回国后谈起,至于在美求学那段时间,大都一带而过或者语焉不详"[2]。其原因在于"缺少相关史料"。吴宓留美期间关于《红楼梦》的论述材料,除了其1920年发表在《民心周刊》的《〈红楼梦〉新谈》外,尚有《年谱》中记载的"Dreams of the Red-Chamber"(《述〈红楼梦〉全书之大旨及故事纲要》)一文:

> 宓所撰作之文章如下:(四)"Dreams of the Red-Chamber"(述《红楼梦》全书之大旨及故事纲要)——盖1921二月二十八日,波城之中国留学生,举行晚会,备有茶点及音乐,专为招待波城之富豪、巨商,及将前往中国商议财政之要员。具体目的,在为中华民国九年之华北水灾募捐、筹赈,欲得其助力也。中国女留学生所筹备之晚会节目,其一为《红楼梦》哑剧(Pantomime),用中国人之服装、动作,表演《红楼梦》之故事纲要。剧中男子如贾政、宝玉等,亦全由女生扮演。此晚会之英文节

① 吴宓.吴宓自编年谱:1894—1925[M].1995:205.
② 马红军.吴宓留美期间译介〈红楼梦〉考述[J].红楼梦学刊,2017(1).

目单及哑剧之英文说明书，特派宓撰成、付印。犹恐不足，更于晚会前数日，派宓持介绍函及宓自有之《增评补图石头记》一部，二册，至《波士顿星期邮报》(*Boston Sunday Post*)社，与社员某谈商，助吾人宣传。某聆宓口说而笔记之。最后某要求宓选《石头记》书中"最热烈的爱情场面"(a love scene)，逐字逐句直译出原文，而彼写录。宓只得以晴雯临终，宝玉往访一段应之。以上均在1921二月二十七日(星期日)该报中登出。①

又因1921年2月13日—7月17日共32页《日记》在"文化大革命"被抄后丢失，故再无更多的关于"Dreams of the Red-Chamber"的相关记载。因"缺少相关史料"，在《吴宓著(译)作年表》②和《吴宓评传》等著述中，均著录为："《述〈红楼梦〉全书之大旨及故事纲要》(英文)，刊于《波士顿星期邮报》，1921年2月27日号。"③著录未提供进一步的介绍和说明，读者无法了解具体内容。而且，这条著录本身亦有问题：吴宓虽作有《述〈红楼梦〉全书之大旨及故事纲要》(英文)一文，但并未"刊于《波士顿星期邮报》，1921年2月27日号"，所刊是另外一译文——CHINESE LOVE-PLAY IN ENGLISH FOR POST(《英文版中国爱情剧在〈邮报〉上演》)，这篇译文的详细内容可参看马红军《吴宓留美期间译介〈红楼梦〉考述》④一文。2016年4月，光明网刊发题为《吴宓留美期间珍贵手稿首次面世》的新闻，新闻报道中提到手稿中包括"当年发表在波士顿邮报上的红学研究文章"。⑤ 马红军受此启发，认为"既然刊载文章的报刊名称及具体年月时间都非常详细具体，只要找到这份报纸，就会解开所有谜团。"⑥他经过努力，终于找到1921年2月27日

① 吴宓.吴宓自编年谱：1894—1925[M].1995：210.

② 吴宓著(译)作年表[J].文教资料，2000(3).据傅宏星介绍及《文教资料》2000年第4期声明，该文作者为傅宏星。

③ 傅宏星.吴宓评传[M].武汉：华中师范大学出版社，2008：385.

④ 马红军.吴宓留美期间译介〈红楼梦〉考述[J].红楼梦学刊，2007(1).

⑤ 吴宓留美期间珍贵手稿首次面世.光明网重庆频道(重庆要闻)，2016-4-14.http://cq.gmw.cn/2016-04/14/content_19711563.htm，2016.10.10.

⑥ 马红军.吴宓留美期间译介〈红楼梦〉考述[J].红楼梦学刊，2007(1).

的《波士顿邮报周刊》[1]第40版配有大幅舞台剧照的标题为“英文版中国爱情剧在《邮报》上演”(Chinese Love-Play in English for Post)的文章[2]。并在此基础上,考述吴宓《红楼梦》译介情况。殊不知,吴宓发表在《波士顿邮报》上的红学研究文章,其内容并非其“Dreams of the Red-Chamber”(述《红楼梦》全书之大旨及故事纲要)原文全文。《笔记》中很明确地说是“部分刊于《波士顿星期邮报》,1921年2月27日号,中国饥荒赈灾义演:明天在波士顿举行”。(Partly published in the“Boston Sunday Post”,Feb. 27th,1921:for the China Famine Relief Entertainment: held in Boston the next day.)《笔记》第七册最后刚好收有“Dreams of the Red-Chamber”全文打印稿,正可以让我们一睹吴先生这篇红学文章的具体内容。拿《笔记》中的这篇“Dreams of the Red-Chamber”和发表在《波士顿邮报周刊》的题为“Chinese Love-Play in English for Post”报道对读,二者内容有很大不同,尚需另撰文考述。

吴宓“红学”论著多有散佚,其曾手订《红楼梦研究集》《红楼梦演讲节略》两部稿本,可惜目前下落不明,让人们颇觉遗憾。今《笔记》中保存有他早期的红学文献资料(除此专文外,尚有其他零星的红学资料记录),其文献价值不言而喻。

(三)《笔记》具有重要的思想文化价值

众所周知,吴宓受其老师欧文·白璧德(Irving Babbitt)新人文主义思想的影响,推崇中国优秀传统文化,积极倡导“昌明国粹,融化新知”[3]极力寻求中西文化的融合与调和,对后世影响深远。吴宓之所以走上会通中西之路,留学美国的这五年的经历肯定对其产生了重要影响。但留学美国的经历,对吴宓思想的形成与发展,具体在哪些方面产生了影响?产生了多大的影响?限于资料缺乏,还不能全面地做出解答。《笔记》保存了吴宓留学弗吉

① Boston Sunday Post 每逢周日出版,马红军认为译为《波士顿星期日邮报》《波士顿周日邮报》或者《波士顿邮报周刊》可能更为妥当。

② Chinese Love-Play in English for Post[N]. Boston Sunday Post, February 27,1921, p.40.

③ 佚名.〈学衡〉杂志简章[J].学衡,1922(1).

尼亚大学和哈佛大学期间课程学习方面的全套一手资料,如能深入解读《笔记》中吴宓听课讲义、读书笔记、撰述论文等材料,对直观地揭示吴宓的学术志趣与思想历程一定大有裨益。故《笔记》的思想文化方面的价值亦应引起高度重视,值得深入探究。

(四)《笔记》具有重要的教育价值

《笔记》虽只是吴宓早年留学的课程笔记,但吴宓以英文记录下所学的课程讲义、读书笔记,收集编入其课程论文、报告、作文打印稿(做了详细的校改),反映了吴宓一丝不苟的求学态度和严谨认真的治学态度。吴宓一生坚持传承中国优秀传统文化,能在比较文学、翻译学、教育学、红学等多个领域取得辉煌的学术成就,与他的这种执着认真精神是分不开的。《笔记》中的英文手稿,吴宓的记录内容详尽、层次分明、文字准确、批注详细、图表简明,《笔记》中的打印稿,无论是正文还是注释,都经过了吴宓的认真校改,全部两千余页笔记,真可谓是笔记中的上乘之作,即使是今天我们再来赏读,亦禁不住感慨不已。吴宓做笔记的执着认真、始终如一的精神,对于正在求学的学子和治学的学者,都是具有教育、启示意义的。

结　语

以上介绍了《吴宓留美笔记》的基本概况,阐述了其主要内容,并对其潜在价值作了初步探讨。《吴宓留美笔记》的结撰凝聚了吴宓的心血,其能完整保存下来,也确属不易,真心感谢吴宓及所有有心人。吴宓留给我们这么珍贵的资料,需要我们深入解读它,真正利用好这份资料,以更好地纪念他。希望有朝一日,能把这份材料分享给学界诸同仁。今年恰当吴宓逝世四十周年,特撰此文以作纪念。

(本文选自《现代中文学刊》,2018 年第 5 期)

吴宓高等教育思想探析

杨　锐

吴宓，又名玉衡、陀曼，字雨僧，陕西泾阳人。他被称为著名学者、诗人、红学专家、比较文学开拓者。然而他一生真正长期从事的却是教育，教育是吴宓一生最根本的职业，他是名副其实的教育家。本文拟对吴宓的高等教育思想做出梳理与介绍。在当今科技日新月异、实用主义教育思想盛行的时代，吴宓从关注人的需要出发的教育思想可以作为今日教育工作者的提醒。

一、人文主义教育思想

生在关中地带的吴宓，从小受到正统儒家思想的熏陶，对儒家思想甚是推崇。少年时期留学美国，师从于美国新人文主义者白璧德。白璧德反对人道主义和发端于文艺复兴时期的人本主义，认为此种人本主义导致了卢梭的物本主义和自然主义。因此，提出了“新人文主义”，主张重建“人事之律”。吴宓继承和发展了其师白璧德的新人文主义。他认为近代以来，随着科学的日益发达，物本主义昌盛，人们越来越关注“自然之律”，追求物质利益，重视物质享受。教育的价值取向也日渐趋向功利主义，以单纯的物质需求为导向，学校过度注重职业知识和谋生技能的传授，忽略了健全人格的造就。因此，吴宓将新人文主义作为救世之道的唯一良方，在《论事之标准》一文中，他说：“今日救时之道，端在不用宗教，而以人文主义救科学与自然主义之流弊也。吾对于社会、政治、宗教、教育诸问题之意见,无不由此一标准推衍而得。"①

吴宓认为,教育是有关人的灵魂的事业。大学教育的目的,便是培养学生的人文精神。吴宓对人文教育的解释为:"教人以所以为人之道,与纯教物质之律者相对而言。"②人类的生活包括物质的和精神的多方面,教育要使受教育者适应诸多方面生活的潜能都能得到均衡的发展,从而实现美满的人生,即教育的功能归结为二:一是养成学习处事的能力;二是养成修身的旨趣与习惯。二者并重,缺一不可。教育应关注人的全面发展,关注人的精神和道德的需要,教育的目的是使受教育者了解物质的和人生社会的世界,参与并享受思想和感情的世界。换句话说,就是教育要以人为本,促成人格的完善,达成人性的全面发展。在吴宓看来,没有人格的修养和完善,没有人性的全面发展,便谈不上教育。因此吴宓认为人才不仅要具有渊博知识,而且要有高尚的人格。

怎样进行人文教育呢?吴宓通过诗歌等文学作品的美育教育来达到人文主义教育,发展学生人格。他不仅喜欢作诗,而且高度推崇诗歌的价值。他谈道:"盖诗之功用,在造成品德,激发感情,砥砺志节,宏拓怀抱,使读之者,精神根本,实受其益。"③吴宓还开设了《文学与人生》课程,选择反映人生真实生活,"文以载道"的优秀文学作品作为经典读本,挖掘中外传统文化中的教育资源,把它看作建成现代教育的人文精神、实现人格教育的根本。吴宓通过具有一定的认知和教育价值的文学作品,来达到解释真理和教化的功用。文学具有特殊的审美价值和审美效用——"感化之功用"。文学能够"载道"或"布道",文学具有情感性和形象性,它对社会生活通过审美的艺术效果反映出来,其丰富的真理思想寓于情感和形象之中。文学的这种特殊本质使得它凭借真挚的情感、鲜明的形象,以潜移默化的审美享受的形式,作用于欣赏主体即读者的精神世界,通过"感化"而非"教训"的方式来达到

---

① 李赋宁,孙天义,蔡恒.第一届吴宓学术讨论会论文选集[C].西安:陕西人民教育出版社,1992:31.

② 徐葆耕.会通派如是说——吴宓集[M].上海:上海文艺出版社,1998:25.

③ 吕效祖主编.吴宓诗及其诗话[M].西安:陕西人民出版社,1992:192.

塑造个人,改变社会的教育作用。吴宓通过经典的小说来进行道德教育,使学生在愉悦中潜移默化地受到熏陶、启迪和改变。

吴宓通过文学来对个人进行道德教育思想和其教学实践,表明吴宓作为一个注重人的道德的教育者,准确把握了对教育的育人功能,抓住了教育的核心。教育的对象是人,教育的目的是促进人的发展,使人更加幸福的生活。唯具有道德的人,才是真正独立并完全的人。

二、"造就专门人才"的精英教育

吴宓认为大学阶段应该进行精英教育。他在谈到大学的理想时,明确指出:"大学教育是要造就出类拔萃的领袖人才,而非一种普及教育。"①有着哈佛大学学术背景的吴宓,自然会受到哈佛大学古典精英教育办学理念的影响。古典主义的精英教育观,其内涵表现为制定国家化人才标准,为在治理国家和发展学术中充当精英角色做准备。精英的要求有二:一是知识层面的精;二是思想层面的精。吴宓要培养的是既了解自然科学、人文和社会科学又通晓心灵之学的全面发展的通才。国家的领袖人才和学术精英既要有广博的知识人文底蕴,又要有高尚的情操。

在创办和制订清华国学院时,吴宓在《研究院章程》中,明确提出国学院的办学宗旨是"研究高深学问,造就专门人才",培养"以著述为毕生事业者"②。吴宓开宗明义地指出他的精英教育思想。国学研究院是专门为培养研究中国传统文化继承者,为保存中华国粹而设立的。吴宓认识到需要有一批学术精英来从事高深研究,否则优秀的文化便会随着时间流逝而流失。吴宓的大学教育思想重心是培养精英学者,来继承和传扬中国文化。

同时,吴宓在章程中也明确规定,招收的学生必须是已经从大学中顺利毕业了的或是自学成才、对文学有一定基础的学生。这表明吴宓要求的受教育者不是平民大众,而是有基础、有潜力,已经具有相当功底的学习精英。

① 吴宓.大学之起源与理想[N].建国日报,1948-04-21.

② 吴宓.研究院章程[N].清华周刊,1925(352).

根据精英来培养更高深的学术精英。当时全国数万万人中,国学研究院只录取了 30 名学员,2 名备取生;办学四年,只培养了 74 名研究生。人数虽少,但正是吴宓当初创办的国学研究院,为后来的新中国培养了一些如刘盼遂、王力、刘节、高亨、谢国桢、姚名达、陆侃如、徐中舒、姜亮夫等学界名流,为继承和发扬我国传统文化做出了重大贡献,使得我国优秀的传统国学得以保存和发展。吴宓的精英教育理念对我国国学研究保存和国学专家培养做出了卓越贡献。

吴宓在后来对清华外文系的课程制定也秉承了他的精英教育思想,对外国语学院的学生制定了高标准,要求学生“了解西洋文明之精神”,“熟读西方文学之名著,谙悉西方思想之潮流”,“创造今世之中国文学”,“会通东西之精神思想,而互为介绍传布”①。清华外文系在吴宓办学思想指导下,创造了良好的学习条件和氛围,同时也培养出了精通外语、深谙中外文化思想的优秀学者,如钱锺书、季羡林、曹禺、李健吾、李赋宁,等等。

虽然吴宓没有看到高等教育大众化对国民素质的意义,他的大学教育精英化太过于理想化,但不可否认,国家需要领袖人才和学术精英,他的教育思想对高等教育中人才质量下降的现状仍然具有启迪意义。

三、影响与评价

吴宓在中国 20 世纪的教育史上仍然是一个重要的人物。其教育思想带着新人文主义的深刻印记。其教育思想的核心便是在新人文主义的文化观、人生观的基础上,强调人得以安身立命的根本——道德品质。他主张教育不应以知识技能的传授为重,而要以道德人格和高尚精神的养成为主;同时,知识也不应该只限制于接受国外的模式,不应该受专业的限制,要以开放的态度,广博地采纳吸收来自人类所有的思想成果。

当时时代主流是重视技术培养的实用人才的教育理念,而吴宓则力主培养的是具有人文素养的“博雅之士”。在当时,必然掀起大的波澜。然而

① 李继凯,刘瑞春.追忆吴宓[M].北京:社会科学文献出版社,2001:284.

毋庸置疑,他在教育上的贡献仍然功不可没。他主持创办的清华国学研究院,在其人文主义教育思想的指导下,成功地培养了许多杰出人士,为保存中国的传统文化做出了重要贡献。他在清华外文系制定的学习章程,也成功地培养出了杰出的深谙东西文化的外语人才。他的主持外院的办学思路,也被一直被其他外语学院不断继承和发扬。

由于时代背景及个人经历,吴宓的教育思想当然也存在局限性。一个教育思想的合理与否在于它是否和其所在的时代需要相吻合。当时,中国的孱弱就是因为没有先进的科学技术,国人奋起学习外国先进的自然科学技术是符合中国国情的。然而,吴宓的教育思想给当时中国的教育以提醒:在注重实用技术的培训时,不能忘记要同时培养国人的内在素养。否则,只能重蹈国外的覆辙,导致人人只知自然之律而忘记人事之律,阻碍民族和社会的长远健康发展。吴宓在当时能够意识到实用主义教育的弊端,能提出要培养博雅之士的目标,是有前瞻眼光的。他提出的以培养“汇通东西”的“博雅之士”,来提高国民素质的教育思想,充满了哲思和智慧,对于当代我国教育事业的发展,同样具有启迪意义。

(本文选自《文教资料》,2011 年 6 月号下旬刊)

共和国时期吴宓的政治思想

——以《吴宓日记续编》为中心

吕洁宇

一直以来,吴宓的被关注一直都源于他在新文化运动时期的成就,而在共和国时期其成就寥寥,因此他的处境也很少被人提及。随着《吴宓日记续编》的出版,他在共和国时期的遭遇才逐渐被知晓,相对于青年时期的辉煌,吴宓的最后二十八年显得格外黯淡和忧伤。吴宓并非一个政治人物,但他的一生都被国家政治牵引,在文化和政治的纠葛中,他对政治有着自己独特的见解。通过对其政治思想的梳理,我们可以从中看到一个政治边缘人的抗争和坚守。

一、吴宓的政治理想

纵观吴宓的生活经历,我们会发现吴宓在青少年时期所接受的文化熏陶都直接影响了他这一生的政治选择。20世纪初的中国内忧外患,政治已然成为每个知识分子都无法回避的问题。而身处于这个社会大环境中的吴宓很早便从父辈那里获得了"国家"意识的启蒙。吴宓早年生活在一个向资产阶级过渡的旧家族中,吴氏家族是大家望族、书香门第,从故宅大厅里悬挂的木刻楹联"叙天伦之乐事:父子,兄弟,夫妇,朋友;著大学之明法:格物,致知,正心,修身"中便可见吴家深受儒家思想的影响。吴宓自小生活在这种家庭环境中,耳濡目染,所受影响甚深。与此同时,他的嗣父与当时的民族资产阶级革命派有着密切的往来，他也因此很早便接触了维新思想，在他少不更事时，“宓亦屡闻父执先生们谈论国事及世局，终以幼稚，不知注意”[①]。上了私塾之后，除了在课堂上学习四书五经，业余时间则泛读嗣父游日随笔《爱国行记》及《新民丛报》《新小说》月报、《上海白话报》等维新刊物，以至于他说：“宓一生思想，受梁任公先生（启超）及《新民丛报》之影响，最深且钜。”深受维新思想影响和儒家文化熏陶的吴宓在少年时便对国家的贫弱有了深刻的印象，并让他从小便怀抱了救国的理想。而他后来所就学的三原宏道书院是陕西著名书院之一，不仅教授传统学术，并且积极宣传资产阶级民主主义改革思想，这所学校的文化教育让吴宓的文化理想有了最初的雏形，吴宓由此相信传统文化不可一概否定，要在重评传统的基础上吸收西学。1911 年，吴宓考入清华学校，并结识了一批志同道合的好友，由于受到了梁启超“报刊救国”的启发，欲效其《新民丛报》而自编杂志，他在清华期间积极参与了《清华周刊》《清华学报》的编辑活动，并于 1915 年冬与汤用彤等清华丙辰级同学一起成立了天人学会，“会之大旨，除共事牺牲，益国益群而外，则欲融合新旧，撷静立极，造成一种学说，以影响社会，改良群治”[②]。从中我们可以窥见鲜明的维新思想，而这种融合新旧的文化理念也与此后的《学衡》宗旨具有一致性。在清华的学习培养了他通达宽阔的学术视野，也塑造了他献身文化和学术的人生理想，此时，他“文化救国”的理想已经成型，尔后，哈佛的学习是对其思想的强化，也让这一理想有了更多理论的支撑。基于对传统文化的认同和推崇，吴宓在哈佛大学选择了新人文主义的倡导者白璧德为师。在白璧德看来，现代西方世界混淆了物质进步和道德进步，一心营求物质利益，以至于商业精神肆行无惮，帝国主义的衰落不可避免，而改造社会政治的唯一途径便是人文，即用道德主义来改造社会，主张道德自我对自然自我的克制，提倡由道德精英来统治国家，建立起与近代文明相抗衡的文化体系，从而达到真正的文明更新，这些与中国儒家思想有诸多相通之处。新人文主义思想无疑强化了吴宓对儒家思想的认同，同时

① 吴宓.吴宓自编年谱[M].北京：三联书店，1995：39.

② 吴宓.吴宓诗话[M]. 吴学昭整理.北京：商务印书馆，2005：180.

也让他对中国的政治改革有了更清醒的认识，中国的贫弱在于精神的堕落，而“救国经世，尤必以精神之学问（谓形而上之学）为根基”[①]。他将新人文主义作为救国的唯一良方，并欲通过此来实现他的政治理想。

1921年，他毕业回国，此时“新文化运动”的破旧除新已经取得了巨大的成就，看到自己所珍爱的传统文化正被肆意地践踏，他陷入对国家未来深深的焦虑之中：“自从我回国后两年，中国的形势每况愈下。国家正面临一场极为严峻的政治危机，内外交困，对此我无能为力，只是想到国人已经如此堕落了，由历史和传统美德赋予我们的民族品性，在今天的国人身上已经荡然无存，我只能感到悲痛。我相信，除非中国民众的思想和道德品性完全改革（通过奇迹或巨大努力），否则未来之中国无论在政治上抑或是经济上都无望重获新生。”[②]1937年卢沟桥事变之后，日本不费力而坐取华北，他认为中国的失败也与国人的隐忍苟活、屈辱退让有关。“中国之科学技术物质经济固不如人，而中国人之道德精神尤为卑下，此乃致命之伤。非于人之精神及行为，全得改良，决不能望国家民族之不亡。遑言复兴？”[③]民众的道德精神决定了国家的兴亡，同理，一个政党的成功与否也与此有着很大的关系，他对各国政党曾做出对比和评价：“然昔年国民政府上下将吏之奢惰贪私，及美国之愚傲拙侈，实为其覆亡之原因、崩败之征。共产党及苏俄之艰苦奋厉，深心远谋，确有其成功与强大之理由。”[④]在他看来，国家的衰败必然与文化的腐化有关，而它的复兴和一个民族生命力的维系也必须依靠强健的精神文化，因此，不管是早期的救亡图存，还是后来参与到新中国的建设，他都是从文化入手的，对文化传承的执着也贯穿了他这一生。

自从回到祖国之后，他便开始致力于传播新人文主义思想和弘扬传统文化的工作，这一方面出于他对文化的珍爱，而同时也是他救世理想的践行。

《学衡》和《大公报·文学副刊》都在一定程度上承载了他的政治理想，

① 吴宓.吴宓日记：第2册［M］.北京：三联书店，2006：101.
② 吴宓书信集［M］.吴学昭整理、注释、翻译.北京：三联书店，2011：19.
③ 吴宓.吴宓日记：第6册［M］.北京：三联书店，2006：170.
④ 吴宓.吴宓日记续编：第一册［M］.北京：三联书店，2006：119.

《学衡》杂志不仅致力于中国古代文化和古代文学的研究，同时大量引介西方文化和文学，以客观公允的态度来宣扬他所倡导的新文化，针对当时反旧倡新的热潮发出了不同的声音，引起了颇多的关注。但最后这两个刊物都因为某些原因相继停刊，失去了两个舆论阵地的吴宓感到十分沮丧，再加上恋爱生活的重创，他陷入了深深的痛苦之中，“才性志气已全漓灭矣！”此时的他亦知在战火纷飞的环境中，他的主张是不可能得到实现的，“达则兼济天下，穷则独善其身”，此后的他逐渐疏远政治，将心志全放在整理典籍书本之上。内战结束后，硝烟逐渐散去，生活也开始趋于平静，可是抱着保存发扬中国文化理想的吴宓“嫌国立大学只教授学术、指示而不讲道德、精神、理想”[①]，毅然辞掉武大的工作来到成都，并最终滞留于重庆，在抛弃了文化学习的校园里，在无数政治运动的打压之中兢兢业业地撰写讲义，执着于自己的文化理想，将自己的全部精力都投入到了传统文化的研究中。

在吴宓看来，只有强健的文化才能让中国摆脱压迫和贫弱，走向独立。而对于国家的统治，吴宓亦一直秉承着新人文主义的观点，他认为国家若要实现民主自由就必须依靠一个优秀的统治者。他曾在给友人的信中谈到这个观点：“我们所要的是伦理社会和道德的政府，但我们首先要的是对待人类生活的健全和现实的观念。在政治方面，我们的理想是权力的正确行使，并由一群具有智慧及品德的精英分子掌握。”[②]这种精英思想直接影响了他对领导者的认识，而对于领导者应具备的素质，吴宓亦有自己的认识：“智识阶级之主张，本于一自之良心及理性。已是非真伪为归，而不以己身之成败枯荣为意。”[③]即要求领导者必须拥有丰富的学识和高尚的道德，并且他还将此作为评判领导者的重要标准。例如在1941年7月19日的日记中，在与朋友谈及中共相争的问题时，他这样写道：“宓乃侃侃而陈道德及立诚、为公之要，盼蒋公及国民党及全国领袖人物，均能于此加意自勉。”[④]从中可以看出，他认为一个优秀的领导人应该具有儒家所倡导的君子风范。同时，这些精

① 吴宓.吴宓日记续编：第1册[M].北京：三联书店，2006：10.
② 吴宓书信集[M].吴学昭整理、注释、翻译.北京：三联书店，2011：152.
③ 班达论智识阶级之罪恶[J]. 吴宓，译.学衡，1931(74).
④ 吴宓.吴宓日记：第8册[M].北京：三联书店，2006：131.

英领导者必须对他的民众施以仁政，而这其实又回到了他的政治理论起点——文化。在吴宓看来，基督教的仁爱，传统儒家的“民本”等合乎道德伦理的观点都应该在政治决策中表现出来，“我们反对新文化，反对布尔什维主义，反对反基督教运动，反对学生和市民非法暗中策划集会游行，等等。我们认为政府和伟大政治的基础是道义，而所有法律和体制改革的尝试都几乎没有结果”。只有实施仁政，政府才可能保全和巩固它的统治。吴宓的政治理念带有很浓的理想主义的色彩，比如他的精英主义极有可能导向专制集权，但是毫无疑问，他所提倡的“仁政”乃是巩固政权的必需，而他对传统文化的重视在今天仍具有很强的现实意义。

二、吴宓的政治态度

从吴宓的政治理想中我们可以看出，吴宓是以文化的方式进入政治的，即使后来渐渐疏远政治，但他的政治立场却一直贯穿始终，他对政治的评价更多的是从文化精神的角度切入的，他对政治的评判准则都基于文化和道义，政治存在的根本和保障都在于文化的传承。因此，他对一切破坏文化和违背仁义道德的统治都表示不赞同，认为有“不事休养生息，而用民力太过”等弊端，对“废文言，行简字”等也有不同看法。

1949 年，共产党取得解放战争的胜利，为了巩固新生的政权，在全国范围内开展了大量的思想政治运动，而这些运动也让吴宓极其不适应。1951 年的“土改”运动，吴宓感受到了“以阶级为界，以报仇为义。对地主及一切有资产有文化之人，悉欲根绝之，铲除之而后快”的紧张。在镇压反革命运动中，“闻合川、隆昌等邑亦各捕千余人，捕去皆予枪毙”。而学校中亦有学生在教室斗争工人特务，“众怒叱詈，喧乎震天”。随之而来的“五反”运动，吴宓更是目睹了批斗会上的暴力，“十余犯跪地凳或煤渣上，剥其外衣，遮面蒙头，群众威呼，促其坦白至再至三”。而随着运动的不断扩大，打击力度也得以加强，祸及人数也逐渐增多。在“文化大革命”期间，被认定为阶级敌人的“黑五类”不仅要进行繁重的体力劳动，同时还要无条件、无反抗地遭受红卫兵的训斥和殴打，而吴宓亦在“文化大革命”中以“反革命”的罪名被施以专政，遭受了残酷的批斗，并因此落下了终身残疾。除了要忍受身体的暴力，还要承受精神上的冷暴力，忍受各种冷眼和疏远。吴宓在被打倒之后更是遭到了红卫兵甚至孩子们的戏弄和侮辱，而对此，劳改队却规定："儿童们侮辱汝等牛鬼蛇神时所应当，决不许还手抵抗，倘敢打击儿童者重惩。"①因此对于他们的恶意挑衅，吴宓只能避而远之，上下班都选择绕道行走。一个老教授的尊严被践踏至此，内心的痛楚可想而知。

政治运动的轮番来袭严重干扰了人的正常生活，政治学习和各种会议成了吴宓每日工作中的重要组成部分，且时间密度和长度也在逐渐增加，根据日记记载，1951 年平均一天两个小时，1952 年则增加到平均每天 4 个小时，吴宓对此感到苦不堪言："今全国之人，皆忙于开会、学习、运动、调查、审讯、告讦、谈论、批评，而事业停顿，学术废弃，更不必言'其细已甚'与'民不堪命'也！"②即便如此，此时的吴宓仍旧还可以将上课作为一种调剂，偷得些许闲暇，但从 1958 年开始，政治已然成了生活的全部内容，"众皆忙于提意见，写大字报，公务几全停顿，无暇办事"。各种思想汇报、大字报任务让学生和老师每天日夜赶工，"诸人之辛苦奋力，尤以学生为难能，数日不回寝室，在教室中倦则伏案而寐，焦思苦行，不断挥毫书写云"③。根据吴宓日记中的记载，在教育的"大跃进"运动中，迫于任务的压力，他时常要赶写大字报到深夜，而夜晚一点钟复起，再写至五点，疲于应付，终日愁苦忧思，并因此经常失眠。除此之外，迫于"大跃进"不断涨高的粮食产量指标，大量的学生和老师被派往农村参与劳动，而民众更是终日劳作不止，吴宓在日记中记叙了他的所闻："农民五日中，仅食干饭一餐，余皆粥，才以辣椒、泡萝卜为主，生活已极勤苦，每亩产量 800 斤。农民屡言其断不能再增产，而党召开会时，竟定为 1200 斤指标……教师之往农村锻炼者，皆患食不能饱，劳苦不胜。每日未明即起，为农民煮饭，做家事，终日担运掘筑，无午睡，夜间犹需开会至十一时半，故多郁苦。"④可见，全国上下无一不受政治的侵扰。而在"文化

① 吴宓.吴宓日记续编：第 8 册[M].北京：三联书店，2006：34.
② 吴宓.吴宓日记续编：第 8 册[M].北京：三联书店，2006：327.
③ 吴宓.吴宓日记续编：第 3 册[M].北京：三联书店，2006：331.
④ 吴宓.吴宓日记续编：第 3 册[M].北京：三联书店，2006：248.

大革命”中,被关进“牛棚”接受改造的“黑五类”除了参与生产劳动之外,其余时间则必须背诵语录,撰写“交待材料”,“士劳忙不暇用思”,终日为改造所累,不得休息。“亲亲而仁民,仁民而爱物”的儒家仁政思想早已被人们所抛弃了,人民劳忙不闲,深感其苦,遑论个人幸福。

接连不断的政治运动极大地侵占了人的生活空间,而与之相伴的则是政治思想的全面入侵。电影、书本等一切传播媒介都被当作统治舆论的工具,铺天盖地的政治宣传无孔不入,“食桔,唱歌,作秧歌舞及种种文娱游戏。无事不富宣传督促改造投降之意味者”①。政治就像一张巨大的网,控制了任何生命的行为,遮盖了一切自由的思想。此时,思想行为被统一规范为固定的模式,共产党“对国中所有男女老少之生活思想嗜好,处处干涉,事事制定,不许稍有自由,不许暂得静息,专制已极,疲苦难胜”②。在 1954 年“肃反”运动期间,学校开会规定,师生员工一律不准请假,不许出校园,不准会客,不许通信,在行为上予以规范,同时勒令进行思想改造,而改造最主要的方式便是相互之间的检举揭发,不仅个人行为时刻暴露在他人咄咄相逼的目光之中,同时还要忍受牵强而又无理的苛责。吴宓在运动中无数次交代坦白,撰写了大量的思想汇报,这种强制性的思想规范对于追求自由的知识分子来说无疑是最大的折磨。而到“文化大革命”时期,对思想的控制更是达到了极致,任何有违集体意志的个人发声都可能影响到生命的安危,这种全民被迫性的思想改造,无疑会造成思想的僵化,“政令与学校之教育,无非强迫改造,使老少师生、男女民众,悉合于此一陶铸之模型”③。吴宓在日记中记载,有一次他奉命写大字报,由于疏于检查而未将“毛主席”三个字用红笔标出,便因此受到了学生们的谴责,甚至将其罪名上升到了反党、反领袖的高度,其疯狂程度可见一斑。在“文化大革命”中,很多少不更事的少年都是被这种崇拜感和使命感所驱使,落入盲目争斗的游戏。吴宓不禁感叹:“生此时代之中国人,真禽犊之不若,悉为牺牲。”仁政不存,大道将失。深爱

① 吴宓.吴宓日记续编:第 1 册[M].北京:三联书店,2006:22.
② 吴宓.吴宓日记续编:第 1 册[M].北京:三联书店,2006:108.
③ 吴宓.吴宓日记续编:第 1 册[M].北京:三联书店,2006:171.

中国文化的吴宓经历了无数次的政治运动,他在每一次政治变动中都表现得十分忧虑而痛苦,因为对他而言,每一次刀兵相见都会加重对文化的摧残。

在新中国建立前,他对交战双方都持否定态度。他认为此时的国共两党分别依赖美、俄,两党相斗,必然会带来俄、美等国的交战,由此,“赤县古国,遂至末日。况文字已修改,历史不存。教化学术,悉秉承于美、俄,即中国名号犹在。甚至人民安富尊荣,其国魂已丧失,精神已荡灭。”①他亦从文化上对政治做出估算,中国文化“若国亡于日,存5/10;亡于美,存3/10;亡于苏,存1/10”②。随着密度和力度的不断增加,浓郁的政治风气迅速弥漫了整个中国,校园里到处充斥着政治口号,学生趋之若鹜,积极地投入到了运动之中,“校中无人读书。姑不论中西文哲史之学,敢有学生用功英文、数、理、化者,亦将犯‘阻碍进步,破坏团结,反对参军,援助美帝’之嫌疑矣!”③对学校图书馆的流通之书也加以严格筛选,学校教育的缺失让吴宓深感学术被冷落的悲哀。而随之而来的教学改革则导致了文化被政治的同化,首先是尊俄思想的盛行。在学校中,评价教师好坏的标准完全取决于其政治思想的高低,“仅读过二三本汉译之苏联课本及参考书,但合乎马列主义之观点立场,便是好教师,而非博学通识,精度史籍原著以及通悉古今西洋文字语言之人”④。在教学过程中亦必须遵循严格的政治标准,“每一段甚至每一句讲话,每一个名词,深思密造,用马列主义之立场观点,表现出阶级斗争之感情、精神。”⑤吴宓也因其思想的“落后”而备受学生的指责,而教学“重今轻古”的要求更让他感到极其痛苦,无所适从。而让其最不能接受的就是废除繁体字,文字是民族文化的符号,对文字的改变无异是对文化的自残,“汉字亡,则中国文化全亡”。看到自己无比珍视的文化正被肆意地摧残,他不禁悲叹:“数千年文明古国之中华,为正统马列主义(一种信仰,一派学说)之牺

---

① 吴宓.吴宓日记:第9册[M].北京:三联书店,2006:519.

② 吴宓.吴宓日记续编:第7册[M].北京:三联书店,2006:119.

③ 吴宓.吴宓日记续编:第1册[M].北京:三联书店,2006:37.

④ 吴宓.吴宓日记续编:第2册[M].北京:三联书店,2006:228.

⑤ 吴宓.吴宓日记续编:第2册[M].北京:三联书店,2006:151.

牲。只知有党而不知有国,为某阶级之利益而不顾全体民众。若辈志骄气盈,冥行猛进,孤注一掷,恐不免玉石俱焚,中华人民之厄运将何所底乎?”①眼见文化的凋敝,身处其中的他无时无刻不在忍受着煎熬,并对自我的存在产生了深深的破灭感,多次想要以死解脱,“宓自恨生不逢辰,未能如黄师、碧柳及迪生诸友,早于1949年以前逝世,免受此精神之苦”②。

随着传统文化的被摧毁,道德信念如仁爱、恭顺、谦卑等品质亦随之被践踏。在吴宓日记里,无处不透露着他对精神文化凋敝的痛惜和对卑劣人性的批判。他强烈地感受到了政治运动对淳朴民风的破坏力之大:“盖数月,或期年以来,中国人之一般习性,亦变为残酷不忍,而不自觉知。甚矣,移风易俗之易。而收视见效之速也!”③革命斗争思想的鼓吹、对阶级成分的重视,让原本以亲情人伦维系的家庭关系转变成了赤裸裸的阶级对立。在吴宓的日记中,婚礼已无家室男女之感情,只剩下党、政治和斗争,很多青年为了追求“进步”与家庭决裂,弃绝爱情,因为政治而致夫妻反目者更是无数,甚至还出现了弑父的惨剧。失去了文化根基的国家陷入了一片混乱,非理性肆意横行,它们严重伤害了社会的安静和稳定,共和国接连不断的政治运动让吴宓感受到了极大的失望,他所珍爱的文化也因为政治的破坏而枯萎凋零,其内心的怜惜和痛苦可想而知。

三、吴宓的政治立场

随着吴宓政治理想的破灭,心灰意冷的他不再投入政治运动,而转入对文化的追寻。但作为一个深谙儒家思想的人,他却一直保持着对国家政治的关注。在他的日记中,政治时事一直是一项很重要的内容,他几乎对每一次重大的事件都有记载,并且还时常和朋友讨论时事。1949年以后,政治与个人的关系变得更加密切,而吴宓在日记中对政治事件的记载也就变得更

① 吴宓.吴宓日记续编:第5册[M].北京:三联书店,2006:439.
② 吴宓.吴宓日记续编:第2册[M].北京:三联书店,2006:65.
③ 吴宓.吴宓日记续编:第1册[M].北京:三联书店,2006:91.

为详细,在每一次政治学习中,他都会对会议内容和发言做详细的记录,并在会后将其抄录粘存。除此之外,他每天都保持着看报的习惯,哪怕到 1970 年三月份后每月工资只有三十多块钱,但他仍会花 1.3 元订一份《人民日报》。但是我们又不难发现,吴宓虽然关心政治,但同时又与政治保持着距离,他不会主动参与政治甚至会刻意地疏远,他曾多次在日记中表示对政治学习的厌恶:“赴第一小组学习会,心甚不快,勉强发言一次”①,“循例随众,不得不言,既违良心,又不合时宜,殊自愧自恨也。”②这样的叙述在日记中随处可见,并且他会经常以各种理由拒绝参加会议和政治活动。对于这样一个文化名人,当局也曾多次运用各种方法试图规训吴宓的政治身份,但是都被他回绝了。朋友曾求他为《大公报》撰文庆祝建党三十周年,他坚决拒绝了并表示:“若至万不得已时,被逼,宁甘一死耳。”③又一次,《重庆日报》来征文,学校拟定吴宓等三位教授撰文,吴宓在日记中写道:“呜呼,当局焉知吾心,吾宁甘减薪降级调职,而不愿作文登报,此吾特有之苦衷,不敢对人言者。宓自视如无物,然人犹以往昔之虚名而尊我或用我,哀哉名之所累也!”④而当他得知自己的思想改造文章被译成英文,对美国广播宣传而作为招降胡适等之用,他对此事极为不满,“宓今愧若人矣”⑤,不禁在诗中写道:“心死身为赘,名残节已亏。”吴宓不愿意沾染政治,更不愿通过卑躬屈膝来获取名利,他认为一个独立的知识分子一旦附和于政治,就已经丧失了独立和气节。因此,吴宓一生都未曾真正服膺政治,他一直渴望保存自己独立的品格,不为强权所迫、名利所累。

他的这种政治态度与他的文化信仰有关,由于深受儒家文化的影响,他严格恪守“君子不群不党”的道德准则,“吾自抱定宗旨,无论何人,皆可与周旋共事,然吾决不能为一党派或一潮流所溺附、所牵绊。彼一党之人,其得

---

① 吴宓.吴宓日记续编:第 1 册[M].北京:三联书店,2006:24.
② 吴宓.吴宓日记续编:第 1 册[M].北京:三联书店,2006:25.
③ 吴宓.吴宓日记续编:第 1 册[M].北京:三联书店,2006:164.
④ 吴宓.吴宓日记续编:第 2 册[M].北京:三联书店,2006:62.
⑤ 吴宓.吴宓日记续编:第 1 册[M].北京:三联书店,2006:432.

失非吾之得失，其恩仇非吾之恩仇，故可望游泳自如，脱然绝累”①。因此，吴宓一直以来都对政治保持着中立的态度，专注于内心的安定和平和。“无偏无党，不激不随”不仅仅是吴宓等人的学术理想，也是他为自己的行为思想所确立的准则。观其吴宓一生，他一直都身处于党派纷争的大环境之中，但却如其宗旨所说，他没有参与过任何的党派争斗，也从未有确定的党派偏向。即使被迫多次参与到了政治活动中，但他始终都以专注于文化研究的知识分子自居，保持着独立的品格和姿态，与政治保持着距离，“惟宓殊恶参加党派团体”。而面对民盟领导的邀请，他亦表示不愿入，为捍卫思想的独立和自由，他甚至表现出了愿意为其献身的坚决：“总之，他人求入党，宓求不入党、不入盟：许我生则生，不许我生则乐死。”②而综其原因，首先在于自身对政治的拒绝，“因宓素不喜政治及社交，为之亦不宜。故宁始终远避此类团体活动，而独行自乐耳”③。其次，他认为政党的观念必然会成为自由思想的牵绊，而独善其身、保持独立的唯一的办法只能是拒绝参与一切政治活动，从而拒绝一切政党思想的同化。但是在这其中，我们却发现了一个例外，那就是吴宓曾连续三届担任四川省的政协委员，而这似乎与吴宓之前的态度相左，但纵观这个事件本身，我们发现吴宓参与政协会议无关政治的需要，而更多夹杂着私人情感，同是他也将此作为自我身份认同的一种方式。最初，吴宓也对当局表示：“宓述生平从未参加任何‘政治’会议，思想改造虽勉为之，以及痛苦，但愿为教师，安心苟活；若为政协之委员，傀儡鹦鹉，附和传声，宓实羞为之，且厌为之。”④最后在领导的劝解下，吴宓才勉强为之。他到了成都，除了开会之外，其余时间都用来寻访众多老友，成都之行使他暂时脱离了紧张的政治环境，通过与朋友的会面交谈，排遣了自己的忧郁情绪，这无疑是一次有效的精神缓冲。同时，会议并非想象中的苛刻，一反平时严厉的思想批判，而以自由发言的方式展开，且都只是“虚与敷衍而已”。而他的家人亦认为，他拥有政协委员的资格正是当局对其知识分子身份尊

---

① 吴宓.吴宓日记：第 2 册[M].北京：三联书店，2006：45.

② 吴宓.吴宓日记：第 2 册[M].北京：三联书店，2006：397.

③ 吴宓.吴宓日记续编：第 1 册[M].北京：三联书店，2006：450.

④ 吴宓.吴宓日记：第 2 册[M].北京：三联书店，2006：98.

重和认同的一种表现，而当时深陷改造之苦的吴宓正迫切得到这样一种肯定，因此也就同意了这种安排。所以，我们不能将其政协委员的身份看作是其独立思想的偏离，相反，从他自我价值被认同的渴望中，我们更能深切地体会到他对自我独立的强调。

同时，吴宓的文化本位思想也影响了他对政治的态度。他曾在给家人的信中表示："宓年五十六，身非国民党员，又无政治兴趣，亦无活动经验，然以中西文学及历史道德之所昭示，由宓之愚，自愿在甲方局域中为一教员或民人。"[①]他留在大陆，只是因为对民族文化的热爱，与政治无关。而他也在学习座谈会上表明过这个观点："宓一向不关心政治革命及经济情况，与夫个人享受，而惟念念在文化，尤其文字、文学。"[②]对他而言，文化才是他生命的信仰，因此在思想改造中，他坦白可以对党的一切政策予以拥护，唯独反对废繁体字。他在"文化大革命"之中，即使身处囹圄，仍会抽出一些时间看书学习。吴宓一直游走于政治的边缘，哪怕是被迫卷入斗争，他也一直秉持着沉默和敷衍的态度。

另外，他对政治的疏远也是一种出于避祸的自我保护。陈寅恪曾评价吴宓为"本性浪漫"，吴宓也认为自己"阴性多欲"，这两个词是对他性格的最好概括。从吴宓日记中，我们可以看出他是一个很情绪化的人，身处在如此荒唐的政治运动中，他感到十分痛苦和愤恨，并时常不能抑制自己的冲动，发出一些惊人的"反动"之词，他也因此多次在会上遭到批评。随着思想控制的不断加强和自我检讨次数的不断增多，吴宓更是"开口就错"，他深知这种冲动会让他惹祸，并对此感到十分困扰。他时常告诫自己："夫以宓为高年宿学之教授。又在人民政府及共产党之国立学院中，首宜谨慎自保，勿多预诸事，次当矜持养望，勿下亲琐屑，反致为人轻贱。"[③]"默处深居最我宜"[④]，"至于在学习中出席发言，但当依样葫芦，随众敷衍，以为应世悦人、避

---

① 吴宓.吴宓日记续编：第 2 册[M].北京：三联书店，2006：195.
② 吴宓.吴宓日记续编：第 4 册[M].北京：三联书店，2006：166.
③ 吴宓.吴宓日记续编：第 2 册[M].北京：三联书店，2006：195.
④ 吴宓.吴宓日记续编：第 1 册[M].北京：三联书店，2006：234.

祸余生之具而已”[①]。并常以“忍默”“静超”二字为箴,督责自己少发言,多沉默。不仅如此,他还经常向朋友讲述自己的经历,私劝他们应谨言慎行,巧于应世。在新中国成立后的二十多年里,吴宓一直都被政治跟随,亦一直在欲说而不能说的困扰中生活,他的日记里有无数次的“悔多言”和“强忍之”,也有无数次的“宓随众”和“不曾发言”,从中我们看到了文人不得鸣的悲哀。他们本是见识独特的精英分子,却被政治无情地封口,吴宓的悲剧是万千知识分子的悲剧,亦是一个时代的悲剧。他用苦难警醒我们铭记历史,不要让悲剧重演。

(本文选自《三峡论坛·三峡文学》[理论版],2015 年第 1 期)

① 吴宓.吴宓日记续编:第 1 册[M].北京:三联书店,2006:279.

吴宓晚年经济生活研究

——以 1957 年为例

贺 州　何 涛

吴宓是学衡派代表人物,清华研究院创办者之一,早年留学美国弗吉尼亚大学和哈佛大学,熟谙中国古典文学和西方文学,学贯中西,有“中国比较文学之父”之称。吴宓回国后先后在国立东南大学(今南京大学)、东北大学、清华大学、西南联大和武汉大学任教,1950 年至 1977 年在西南师范学院外语系、历史系和中文系担任教授,1978 年 1 月在陕西泾阳故里离世。

众所周知,吴宓有写日记的习惯,从 1906 年在陕西三原敬业学塾学习时开始,一直到“文化大革命”后期眼力不济时方止,洋洋洒洒数百万言。这些带有生命体温的私人记录,没有遮掩,没有虚饰,也许更能接近历史的真实。

与大部分名人日记不同,吴宓在日记中除了记述重要活动、人际交往及学术研究外,还用不小的篇幅记录了自己的收入、支出等经济活动。有关 1950 年代中国知识分子经济生活的资料不多,相形之下,吴宓遗墨关于这方面的记录颇为详细,涉及其工作、生活的各个方面,极具参考和研究价值。从这些细节中,我们可以观察一个大学教授的生存状况,也可以一窥当时的物价情况及老百姓的生活消费水平,对了解、认知那个时代大有裨益。

对于中国知识分子来说,1957 年是一个重要节点,在这一年的“反右”运动中许多人坠入深渊。但令人庆幸的是,由于西南师范学院(今西南大学)相关领导近乎呵护般的态度,吴宓有惊无险地度过了 1957 年,平安着陆。

本文将以 1957 年这一重要年份为例,梳理吴宓晚年的经济生活,尽可能地接近、还原建国初期知识分子的真实生活状态。

一、1949 年后吴宓受到新政权礼遇

1949 年 4 月 29 日，时任武汉大学外文系主任的吴宓突然从武汉飞到重庆，随后在两家名不见经传的学校勉仁文学院和私立相辉学院担任教授。1950 年 4 月，经好友李源澄推荐，吴宓担任了四川省立教育学院外文系专任教授。同年 8 月，四川教育学院与重庆国立女子师范学院合并为西南师范学院，吴宓随校并入西南师院，从此再未离开。

从民国乍入新中国，虽然吴宓“不喜政治及社交”，但政府和学校还是给予了他相当的礼遇。1951 年 5 月，吴宓以特邀代表的身份参加重庆市第一届文学艺术工作者代表会；随后被列为西南师院十三名校务委员会委员之一，后又被邀为四川省政协委员；1956 年春，中国共产党在知识分子中积极发展党员，吴宓作为历史清白的著名学者，也被列为发展对象之一，但后因吴宓极力推辞而作罢。

1956 年，国内各大专院校实行新的教授分级制度，吴宓被评为二级教授。据说，西南师院初拟其为一级教授，但吴宓屡屡请辞，自请降等，后学校决意为其申报二级教授，吴宓虽坚辞不就，但最终还是顺利通过。

当时全国高校教师工资发放标准按地域划分为十一类工资区，不同地区工资待遇略有差别，西南师范学院位于四川重庆（当时重庆属于四川省），工资标准低于北京，同是二级教授，吴宓的工资是 265 元，比北京地区少了 22 元。1956 年北京地区教授工资见表 1。

表 1　1956 年工资调整后北京地区教授工资待遇（单位：元）

教授等级	一级	二级	三级	四级
工资待遇	345	287	241.5	207

资料来源：《关于 1956 年全国高等学校教职工工资评定和调整的通知》，载中国人民大学劳动人事学院编《学校劳动工资政策指南》，内部发行本，中国劳动出版社，1990 年。

早在 1942 年，吴宓即被国民政府教育部聘为首批部聘教授，当时全国仅

有二十九位。1947 年 8 月,吴宓任教的武汉大学接到教育部训令,称吴宓部聘教授任期自 1942 年 8 月至 1947 年 7 月业已届满,教育部决定续聘五年,任期自 1947 年 8 月至 1952 年 7 月。

1948 年,中央研究院评选首批院士,首批部聘教授几乎全部当选,吴宓得到国立清华大学和武汉大学两校推举,但最终却因中研院不设外国文学科而未被列入候选人名单。当时主持中研院日常工作的是新文化派的傅斯年,据吴宓女儿吴学昭透露,与新文化派意见相左的学衡派领军人物多为外国文学学者,因此无一人入选。

今天看来,吴宓等二十九位首批部聘教授都是当时各个学科的领军人物,代表着中国学术的最高水平。如果以此作为衡量标准,1956 年吴宓评为一级教授也不为过。

二、吴宓 1957 年收入情况

作为收入不菲的二级教授,吴宓 1957 年究竟收入了多少钱？支出情况又是如何呢？按照日记所述,吴宓 1957 年的收入主要来自下列几个方面:

(一)工资收入

吴宓在日记中详细记录了每月的工资及扣除款项。1957 年 1 月 10 日记载:“今日上午,开桂代领西师发给宓 1957 年元月 265 元,除扣去(一)房租 3.08 元(二)自来水 0.26 元(三)电灯 0.98 元外,实领到 260.68 元。”日记中代替吴宓领薪的“开桂”即吴宓夫人邹兰芳的亲戚邹开桂,1950 年代初至 1960 年代,曾长期照料吴宓生活起居。据吴宓 1957 年日记记录,本年度每月工资分别为 1 月 260.68 元(实领,下同);2 月 259.51 元;3 月 259.51 元;4 月 163.34 元;5 月 163.34 元;6 月 160.15 元;7 月 160.26 元;8 月 161.50 元;9 月 259.50 元;10 月 259.36 元;11 月 259.12 元;12 月份薪资在日记中没有记录,按照前几个月的工资估算,12 月吴宓实领工资在 260 元左右。按照以上数目合计,1957 年吴宓实领工资 2462.93 元。

(二)回收欠款

因为吴宓工资很高,又是单身,所以向他借钱的人很多,1957 年吴宓一共收回欠款 70.30 元。

(三)稿费

1957 年吴宓共收到报刊稿费 31 元。据其日记记载,本年度共收到《重庆日报》稿费 24 元,《西师院刊》稿费 7 元。

(四)阅卷费

当时西师教员为进修生阅卷,学校发给阅卷费,阅卷费的数额按时间计算。吴宓在 1957 年 8 月 19 日日记中这样写道:“研究部答访黄淑秀,进修生阅卷费,按时计,诸人或取‘一日’‘二日’,宓决取‘半日’,黄以为廉,待后发给云。”9 月 7 日发薪时,阅卷费一并发放,吴宓领到 2.5 元。

(五)亲友资助

吴宓常以钱物接济亲友,但受他人资助很少。1957 年 8 月 1 日日记记述:“系中得娴 7 月 29 日京航挂函,汇来 50 元。”这笔 50 元的汇款是吴宓 1957 年接到的唯一一笔资助,汇款人“娴”即吴宓的学生关懿娴。关懿娴 1943 年毕业于西南联大外文系,1948 年赴美国密歇根大学研究生院学习,1952 年赴英攻读图书馆专业,1954 年至 1955 年在香港大学图书馆任职,1955 年回国后一直在北京大学图书馆学系任教。据吴宓日记记载,吴宓与关懿娴经常通信,吴宓还曾计划向她借钱资助前妻陈心一,他们之间的关系非常密切。

(六)公债及利息

1957 年吴宓收回公债及利息 29.8 元。9 月 6 日日记:“核算同人所购国家经济建设公债利息,计兰 1954 年公债中签还本 15 元,收回宓、兰 1954 至 1956 公债利息 14.80 元,以上宓今应领得公债本息共计 29.80 元。”日记中的

“兰”即吴宓的第二任妻子邹兰芳,四川万源人,1952 年毕业于重庆大学法律系,1953 年 7 月与吴宓结婚,分配至西南师范学院教育系任系务员,因患肺病一直未到校工作,1956 年 4 月病逝。邹兰芳去世后,其亲属家人得到吴宓长期资助和照顾。

综上所述,吴宓 1957 年共收入 2646.53 元。略见表 2。

表 2　吴宓 1957 年收入明细(单位:元)

项　目	金　额
工资	2462.93
回收欠款	70.3
稿费	31
阅卷费	2.5
亲友资助	50
公债及利息	29.8
合计	2646.53

资料来源:表中数字均源自《吴宓日记续编》第 3 册,内部发行本,北京:三联书店,2006 年。

三、吴宓 1957 年支出情况

吴宓一生自奉甚俭,关于日常生活的账目记得很详细,甚至连理发、压岁钱这样的小账也不漏过。梳理吴宓 1957 年日记,发现其开支主要集中在以下几个方面:

(一)生活及日常支出

由于水电费、房租及家具使用费等已在工资中扣除,所以这些费用不再计算。吴宓的生活及日常支出大体有下面几项:

1.雇佣费。由于年老体迈,行动不便,吴宓雇佣妻子邹兰芳的亲戚邹开桂为其服务,每月为邹支出工资及其他费用,其中一月份 30 元,二月份 25 元,三月份 20 元,十月份 23 元,其他月份每月 18 元,全年共计 242 元。

2.开水灶炭费。此项一年共花费 32.7 元。

3.洗衣费。女工陈嫂为吴宓洗衣,每月 2 元,全年 24 元。

4.豆浆费。每月 1 元,全年 12 元。

5.膳食费。吴宓与邹开桂每月膳食支出大约 25 元,全年 300 元。

6.理发制衣费 26.57 元。

7.其他杂项开支 24.77 元。综合以上各项,吴宓全年生活及日常支出共计 662.04 元。

(二)工会费

每月 2.65 元,全年共计 31.8 元。

(三)资助亲友

资助亲友在吴宓所有支出中所占比重最大,其中 1957 年吴宓无偿赠送 1677 元,借出 65 元(短时间内即偿还者未列入),共计 1742 元。

(四)招待费

招待费主要指吴宓请客吃饭、款待亲朋好友的开支,共计 75.87 元。

(五)书报通信交通费

此项包括吴宓的购书、邮寄、报刊订阅和来往车票等费用,共 49.93 元。

(六)偿还欠款

吴宓工资虽然很高,但因资助众多故交亲朋,所以经常入不敷出,在这种情况下,只好向友生借钱以渡难关。吴宓前妻陈心一在北京居住,1957 年准备到厦门探望次女吴学文一家,吴宓闻讯后致信京中友生贺麟、周辅成、李赋宁、关懿娴等,欲为陈心一筹借旅费。后来吴宓从贺麟处借款 300 元,以 200 元赠陈,100 元自己使用。吴宓 1957 年共还 210 元欠款,其中 200 元就是还给贺麟的。略见表 3。

表 3　吴宓 1957 年支出明细(单位:元)

项　目	金　额
日常生活开支	662.04
工会费	31.8
资助亲友	1742
招待费	75.87
书报通信交通费	49.93
偿还欠款	210
合计	2771.64

资料来源:《吴宓日记续编》第 3 册,内部发行本,北京:三联书店,2006 年。

综上所述,1957 年吴宓实际收入 2646.53 元,其中,支出 2771.64 元,超支 125.11 元,超出部分由吴宓自行筹款补足。

四、1957 年重庆地区的物价状况

自 1949 年 4 月底至 1977 年 1 月,吴宓一直居住在重庆,研究吴氏晚年的经济状况,必须厘清当时重庆地区的经济发展及物价状况。

重庆位于四川盆地东部,与川、黔、湘、鄂四省相邻,长江、嘉陵江于此汇合,极富舟楫之利。早在宋朝时期,重庆即是西南地区的物资集散中心,近代以来特别是抗战爆发后,重庆更是成为长江上游的政治、经济和文化中心。

1949 年后,新生的共和国结束了国民党统治下的恶性通货膨胀,重庆地区的物价也由乱到治。从 1953 年起,新中国制定了发展国民经济的第一个五年计划,开始了大规模的经济建设,同时对私营工商业进行社会主义改造。其间,国家适当提高农产品的收购价格,缩小工农业产品间的交换比价,对主要农产品实行统购统销价格。若以 1950 年为 100,则 1957 年重庆零售物价指数为:食品 125.1,衣着 118.5,日用品 102.9,文化娱乐用品 88.3。总的说来,"一五"期间的重庆物价,在适当调高农产品价格的同时,保持了工业品零售物价的稳定,工农业生产得到发展,居民生活水平有所提高。

当时重庆具体的物价情况究竟如何,以居民的日常生活用品为例。据《重庆物价志》记载,1957 年重庆的猪肉销售价为 0.49 元/斤,牛羊肉为 0.33 元/斤;鸡蛋当时采取议价制,1957 年议价 15 次,最高 0.74 元/斤,最低 0.50 元/斤,全年均价 0.59 元/斤;受农产品价格上涨影响,1957 年重庆蔬菜价格持续上涨,全年平均零售价为 0.1052 元/斤,其中海产品价格较高,海带 1.19 元/斤,鱿鱼 3.22 元/斤,墨鱼 1.42 元/斤。作为重庆城乡居民的主要副食品,1957 年鲜牛奶零售 0.20 元/斤,白糖 0.74 元/斤,红糖 0.37 元/斤,白酒分 50 度和 57 度两种价格,其中 50 度白酒零售 0.47 元/斤,57 度白酒 0.55 元/斤。

相比较而言,当时在饭店吃饭消费也不是很高。据吴宓 1957 年 6 月 16 日日记记载,他在重庆北碚餐厅请客,有名厨掌勺,有著名的汾酒,属于高档酒席,主客 7 人共花费 5.62 元,平均每人 0.80 元左右。如果换成普通酒菜,估计不过两三元而已。从这些数字可以看出,1957 年重庆物价还是比较稳定的,像吴宓这样经济优裕的大学教授,与佣仆邹开桂两人每月生活费支出才 25 元,加上豆浆、鸡蛋等副食品费用,也不过 30 元左右。按照吴宓的社会地位和经济收入,其生活水准应该远远高于普通老百姓,但参照当时重庆的物价情况,每月十几元的生活开支并不是很高,可见吴宓日常生活还是非常节俭的,与普通人没有什么两样。

从吴宓 1957 年的支出情况来看,与邹开桂两人衣食住行的费用,全年开支 400 多元。按照这个标准,当时稍具资历的大学教授月薪大都集中在 100~200 元之间,配偶如果也有公职,双方年收入不会低于 2000 元。按一家四口人计算,如果没有意外的额外支出,基本生活应该是绰绰有余了;若夫妻双方只有一人有教职,稍微勤俭持家也会生活得不错。

由此可见,1956 年工资改革以后,知识分子特别是高级知识分子的生活水平有了比较明显的改善和提高,与普通城乡居民相比,这一群体的生活水准和消费能力都处于金字塔上层。

五、结语

建国初期,中国共产党对知识分子采取“团结、教育、改造”的方针。吴宓在思想改造运动中起到了榜样和示范作用,因而受到了政府、学校的保护。这种保护不仅包括吴宓的省政协委员头衔和二级教授待遇,更包括1957年“反右”运动后的平安着陆。

吴宓虽然对政治不敏感,但许多旧识因言获罪,这让他在新中国成立后特别是1957年前后言行非常谨慎,极少在报刊上发表文章,这从他1957年只有区区几十元稿费即可看出。

作为高级知识分子和统战对象,与普通老百姓相比,吴宓的经济条件相对宽裕,但物质生活却非常节俭。除了教学和科研外,他将大部分财力用于资助亲友故旧。这些受助人中,有他的同胞姐妹,有前妻和子女,有亡妻家人,有故交后代,有同事学生,数额也从几元、几十元到上百元不等。

吴宓是学衡派的核心人物。作为一位知名文学人物,吴宓晚年经济生活不仅可以反映20世纪中叶中国社会、经济发展状况,更折射出一位学人的心路历程。

参考文献:

①吴宓.吴宓诗话[M].北京:商务印书馆,2005.

②王本朝,张勇.西南大学文学院史[M].重庆:西南师范大学出版社,2016.

③吴学昭.吴宓与陈寅恪[M].北京:清华大学出版社,1992.

④吴学昭编.吴宓日记续编:1957-1958[M].北京:三联书店,2006.

⑤重庆物价志编纂委员会.重庆物价志.内部发行本,2000.

(本文选自《山西大同大学学报》[社会科学版],2019年第1期)

编后记

1949年后，吴宓是在西南师范学院[1]（今西南大学）度过的，这里是先生生活、工作时间最长的地方。在现在的西南大学校园，命名有吴宓路，图书馆还专设有吴宓赠书陈列柜；一教学楼（雨僧楼[2]）前，是先生手持讲义的雕像，楼后侧建有“宓园”，园中有书法家秦效侃先生撰并书之《宓园赋》碑和吴宓轩；文化村一舍曾为先生居家之处，现辟为吴宓旧居陈列室，楼前建有吴宓广场。学校还设有“吴宓”基地班，文学院有校友捐资的“吴宓基金”，编辑《后学衡》集刊，出版了“雨僧文库”。可以说，与吴宓相关的种种旧迹及文化符号存在于校园世界的各个角落。

吴宓先生早年留学美国，在哈佛大学师从新人文主义代表人物白璧德教授。先生立志宏远，博学多识，旧学深厚，又习西学精髓。归国后在东南大学、清华大学、西南联大、武汉大学等校执教。曾参与主持清华国学院，编辑《学衡》杂志，堪称学贯中西的博雅之士，尤其对比较文学、比较诗学及《红楼梦》有开山之功和精辟之论。新中国成立后，先生曾在西南师范学院外语系、历史系和中文系执教，持一介书生、浪漫诗人和知名教授身份，行事端直，待人诚厚。其印象和故事依然活跃于师生的记忆里，成为津津乐道的话题。先生的经历、感受和思想不断被人们所谈论、怀念和研究，留下了不少有意味的文字。

关于吴宓先生的回忆和研究文章散见于世，数量宏富。本书仅摘其一

---

① 2005年7月，原西南师范大学和西南农业大学两校合并组建西南大学；西南师范大学前身，即为吴宓工作的西南师范学院。

② 吴宓曾在此授课，后一教楼以吴宓的字“雨僧”命名，以志纪念。现“雨僧楼”为文学院办公楼，大楼外墙之“文学院”，亦集吴宓先生手迹。

枝一叶，所选文章作者均为过去之西南师范学院或现在的西南大学师生，他们或于此传道授业，或在此问学修德，在这里学习、工作或生活过，与先生有共事的经历，或持有真挚的感念和思绪。所以，我们特意编选一册西南大学师生回忆先生、论说先生的文集，既是对先生学术的传承，精神的永恒怀念，也想通过西南大学这个独特视角，给读者呈现一些不同于他人他处的文献材料。

所选文章均在报刊或文集中刊出过，现据文章内容和行文风格，分为三辑：第一辑“忆吴宓”，主要收入先生之同事及学生的回忆文章。从这些身边人的回忆里，可以了解到先生的生活境遇，特别是晚年情景，可与先生日记形成补阙或互证，加深对先生晚年之文化学术及道德的理解。第二辑“说吴宓”，主要是对先生的言说，多为对先生平生事迹的议论和考证。第三辑“论吴宓”，主要收入一些带有专题研究性文字，如对先生的教育情怀、文化理想、情感心态和红学研究等方面的探赜论析。由于资料阙如，或是兴趣使然，一般学界并不特别重视此阶段的吴宓研究，西南大学师生的成果或可具有填补空白的作用。

还需要说明的是，我们将散佚文献编选成册，意在文献资料的汇存，不作其他用途。在编选过程中，由于时间紧，资料驳杂，加上新冠疫情肆虐，联系不便，沟通不畅，不免有遗珠之嫌或怠慢之处。在此，特别感谢文章作者及家属的支持和理解，在此深表敬意与谢意。文集出版后，我们将给作者及家属奉赠样书。

本文集的出版得到了西南大学吴宓研究中心的大力支持，硕士研究生刘丹、郝梓珺对文献的整理、校对亦付出了不少心血。西南大学是吴宓研究的重镇，师生对其回忆、研究之文献，林林总总，当以百计。由于篇幅所限，只择其部分篇什，囿于编选者的识见，所选文献并不一定全面、精准，不当不宜之处，还请谅解，祈望读者批评指正。

编　者

2020 年 10 月 26 日

于重庆北碚西南大学文学院